Helmut Lammer / Oliver Sidla

UFO-Geheimhaltung

Die Hintergründe des weltweiten Komplotts:
Geborgene Wracks – Experimente an Tieren
Entführungen – Geheime Dokumente

*Mit einem Vorwort
von Illobrand von Ludwiger*

WILHELM HEYNE VERLAG
MÜNCHEN

HEYNE SACHBUCH
19/466

Bildnachweis

Fotos:
C. Barrus: 7; A. Bärwolf/USAF: 2, 3;
M. I. Birdsall: 28; A. Dodd/Quest International: 17; Flug Revue: 4;
M. Gaddy/Ranchland News: 12; L. M. Howe: From an Alien Harvest – Further
Evidence Linking Animal Mutilations and Human Abductions to Alien Life
Forms, by Linda Moulton Howe © 1989: 8, 11, 14, und Glimpses of Other
Realities, by Linda Moulton Howe ©: 9, 10 (Linda Moulton Howe
Productions, P.O. Box 538, Huntingdon Valley, PA. 19006, USA);
H. Lammer/Archiv: 22; M. Lindtner: 25;
MUFON-CES/Archiv: 15, 16, 30, 31; NASA: 33; E. Nash, The Independent: 6;
C. R. O'Dell/Rice University/NASA: 32; C. Rutkowski/Archiv Autoren: 29;
O. Sidla/Archiv: 18, 21, 24; Popular Science: 1; Die Presse/AP: 5;
Quest-UFO Magazine: 19, 20, 23, 26, 27; M. Strainic und
G. Conway/MUFON-Kanada/UFO BC: 13

Abbildungen:
A. Bray/G. Cameron und T. S. Grain, Jr.: 5, 6; G. Campbell: 10;
S. Friedman: 4, 48, 49; Kindergartenkinder/Oberaich: 22; Kleine Zeitung: 25;
E. Lindtner: 19; M. Lindtner: 20; T. Oliphant III: 17; Die Presse: 26, 35;
W. Steinman/G. Cameron und T. S. Grain, Jr.: 7, 8; Quest International/S.
Friedman: 52, 53; Quest-UFO Magazine: 54, 55; Archiv Autoren:
alle weiteren Abbildungen

2. Auflage

Ungekürzte Taschenbuchausgabe
im Wilhelm Heyne Verlag GmbH & Co. KG, München
Copyright © 1995 by F. A. Herbig Verlagsbuchhandlung GmbH, München
Printed in Germany 1997
Umschlagillustration: Agentur Luserke, Stuttgart/Mark Maxwell,
Knoxville, USA
Umschlaggestaltung: Atelier Adolf Bachmann, Reischach
Satz: Schaber Satz- und Datentechnik, Wels
Druck und Verarbeitung: Presse-Druck Augsburg

ISBN 3-453-11760-3

*Wir widmen dieses Buch
dem am 17. Februar 1600 als Ketzer
verbrannten Kosmologen*

GIORDANO BRUNO

*17. Februar 1600: Auf Anordnung des Papstes wird
auf dem Campo dei Fiori in Rom der 52jährige aus
Nola bei Neapel stammende Naturphilosoph Giordano Bruno als Ketzer auf dem Scheiterhaufen verbrannt. Bruno verfaßte vor allem zwischen 1583
und 1585 in London zahlreiche Schriften über Kosmologie, die die kirchlichen Dogmen grundsätzlich
in Frage stellten. So nahm der große Naturphilosoph ein unendliches Weltall und die Existenz anderer bewohnter Weltensysteme an. Er lehrte ein
heliozentrisches Weltbild und sah in den Sternen
ferne Sonnen.*

»Ich habe mich oft gefragt, was geschehen würde, wenn wir alle auf der Erde erfahren würden, daß wir von außen bedroht werden, von einer Macht im Weltraum, von einem anderen Planeten. Würden wir nicht alle herausfinden, daß wir keine Unterschiede aufweisen, daß wir alle menschliche Wesen sind, Bewohner des Planeten Erde, und würden wir diese Gefahr nicht gemeinsam bekämpfen?«

Ronald Reagan bei einer Versammlung
vor Mitgliedern des Nationalen Strategieforums
am 4. Mai 1988.

Inhalt

Illobrand von Ludwiger:
Vorwort

Als Albert Einstein Ende der vierziger Jahre einmal gefragt wurde, was er von den »Fliegenden Untertassen« halten würde, soll er geantwortet haben: »Wie soll ich wissen, was die anderen Leute gesehen haben?«

Damals gab es noch keine überprüften Photos und Filme von diesen unidentifizierbaren Flugobjekten. Heute können wir uns dagegen eine gute Vorstellung davon machen, was die Zeugen gesehen haben, denn es gibt inzwischen viele von Photoanalytikern untersuchte und für echt befundene Photos und Videofilme, und die Analyseergebnisse wurden in wissenschaftlichen Zeitschriften, beispielsweise im *Journal of Scientific Exploration,* publiziert. Es wurden auch gelegentlich von unidentifizierbaren Erscheinungen gleich mehrere Videofilme und Photos von unabhängigen Zeugen aufgenommen (in Mexico City am 11. Juli 1991: 15 Videofilme; bei Greifswald am 24. August 1990: 5 Videofilme und 11 Photos).

Auch die Zahl der vom militärischen Radar aufgezeichneten unidentifizierbaren Flugspuren erhöht sich von Woche zu Woche – wie aus unseren vertraulichen Unterlagen hervorgeht. Die Anzahl der physikalischen Beweise (Strahlungsemissionen von UFOs im optischen, infraroten, Radar-, UV- und radioaktiven Spektrum sowie mechanische Wirkungen am Boden und Strahlenwirkungen auf Pflanzen, Tiere und Menschen) erhöht sich ständig, so daß mit einer wissenschaftlichen Forschung anhand guten Datenmaterials längst begonnen werden könnte. Die Anzahl der als hervorragend klassifizierten Berichte über unidentifizierte Flugobjekte, also solcher, bei denen nicht nur die Zeugen absolut zuverlässig waren, sondern wo auch physikalische Wechselwirkungen der Objekte mit der Umgebung registriert wurden, betrug im September 1993 in der Datensammlung UNI-

CAT von Dr. Willy Smith vom *Hynek Center for UFO Studies,* Chicago, bereits 852. (Zum Vergleich: Von Kugelblitzen gibt es bei rund 2000 Berichten aus aller Welt nur ein Dutzend für wissenschaftliche Untersuchungen geeignete Berichte).

Doch noch immer fragen sich viele Menschen, ob sich die unbekannten Flugobjekte nicht doch noch irgendwie – zumindest für Spezialisten – als bekannte Phänomene herausstellen würden. Jedenfalls haben dies die Wissenschaftler und Militärs immer behauptet. 99 % aller UFO-Sichtungen lassen sich aufklären, glaubt die Öffentlichkeit. In Frankreich, wo man über UFO-Phänomene besser unterrichtet wird und ist, sammelt die Gendarmerie UFO-Berichte und läßt sie von einer Abteilung der französischen Raumfahrtbehörde CNES (Centre Nationale d'Etudes Spatiales) analysieren. Die französische Gendarmerie gab bekannt, daß sich 62 % aller Berichte auf bekannte Phänomene zurückführen ließen. 32 % blieben unidentifizierbar, was doch eine ziemlich große Anzahl ist, wenn man bedenkt, daß in Frankreich wöchentlich zwischen 100 und 200 Berichte bei den Gendarmerien gemeldet werden. Und gerade die Fälle mit den meisten Zeugen und Details sind nicht zu identifizieren!

Diese Fakten haben sich noch nicht herumgesprochen. Noch immer glauben die meisten Menschen, wenn sie von »UFOs« hören, an eine Erscheinung, die nur in der Vorstellung einer nicht ganz ernst zu nehmenden Gruppe von Gläubigen existiert, die vom Auftauchen und Einwirken außerirdischer Besucher und Kontakte mit ihnen überzeugt ist. Wissenschaftler, die sich mit dem UFO-Phänomen befassen, wissen dagegen keineswegs, worum es sich bei diesen Objekten handelt, und betrachten die außerirdische Hypothese nur als eine von mehreren möglichen Hypothesen, für die es bisher jedoch keinerlei strenge Beweise gibt. Viele Skeptiker begründen ihren Unglauben an die Existenz unidentifizierbarer Flugobjekte damit, daß sie sagen: Wenn es UFOs gäbe, müßten sie außerirdische Raumschiffe sein. Dann müßten sie aber auch landen und uns begrüßen. Weil sie das nicht tun, so schließen sie, gäbe es sie auch nicht.

Ted Phillips hatte 1981 bereits rund 2000 Berichte über Landespuren aus aller Welt gesammelt, in denen deutliche Spuren zurückgeblieben waren.[1] Heute umfaßt diese Datensammlung bereits mehr als 4000 solcher Fälle.[2] Die Ergebnisse der Untersuchungen des Berichts über die Landung eines unbekannten Objekts 1981 bei Trans-en-Provence, Frankreich, wurde sogar im *Journal of Scientific Exploration* (Vol. 4, Nr. 1, 1990) ausführlich behandelt. Bereits ein einziger glaubwürdig bezeugter und untersuchter Fall bestätigt aber schon die Behauptung: Unidentifizierbare Flugobjekte sind gelandet und haben Spuren hinterlassen!

Die unbekannten Fluggeräte werden von intelligenten Wesen gesteuert. Also sollten sie, wenn ihre Maschinen landen, auch gelegentlich neben ihnen gesehen werden. Dies ist in der Tat der Fall. Bis zum Jahre 1978 hatten Ted Bloecher und David Webb von der MUFON-Humanoid Study Group bereits mehr als 2000 Berichte über UFO-Insassen in ihrem EDV-Katalog HUMCAT gesammelt.[3] In rund 20 % der Fälle wurden normale Menschen neben den Flugapparaten gesehen, in rund 70 % waren die Insassen kleine graue Wesen mit großen Köpfen und sehr großen schwarzen Augen. In den restlichen Fällen wurde von Robotern, Zwergen, Riesen und anderen Gestalten berichtet. Niemand von diesen Wesen kam allerdings auf die Zeugen zu, um sich mit ihnen ausführlich zu unterhalten oder um diesen irgend etwas zu übergeben.

Andererseits melden sich immer wieder Menschen, die behaupten – auf medialem Wege (durch channeln, wie es moderner genannt wird) –, in einen Informationsaustausch mit Außerirdischen treten zu können. Wieso Insassen, die alles daransetzen, von uns weder gesehen noch photographiert zu werden, sich ausgerechnet diesen unsichersten aller Kommunikationswege aussuchen sollen, wissen nur diese »Kontaktler« selber.

In wenigstens einem einzigen Fall hat die skeptische U.S.-Luftwaffe, welche die UFO-Erscheinungen von ihren Soldaten im Projekt *Blue Book* untersuchen ließ, bestätigt, daß bei Socorro,

New Mexico, von dem Sheriff L. Zamora neben einem gelandeten UFO zwei fremde Wesen beobachtet worden sind.

Rätselhaft wie ihr Ursprung ist der Verbleib der unidentifizierbaren Objekte nach ihrem Auftauchen in unserer Atmosphäre. Was tun sie eigentlich für nur so kurze Zeit hier? Wäre es wirklich notwendig, einen Kontakt zu uns 40 oder 50 Jahre lang vorzubereiten, ohne sich uns offiziell zu präsentieren? Was hätten sie vor uns geheim zu halten?

Wir pflichten den Skeptikern bei: Vernünftig hören sich die UFO-Berichte meistens nicht an! Werden wir mit einer fremden Logik konfrontiert, die sich im Verhalten der unbekannten Flugobjekte und deren Insassen äußert? Sollen wir absichtlich verwirrt werden, oder sind wir der fremden Intelligenz in jeder Hinsicht hoffnungslos unterlegen, daß wir weder deren Absichten noch Denkweise und Moral begreifen können? Um diese Frage beantworten zu können, müssen wir uns an ihren verborgenen oder geheimen Handlungen orientieren.

Die Autoren des vorliegenden Buches behandeln gerade solche Berichte aus aller Welt, die Licht auf die Aktionen und Absichten der Intelligenz werfen, die sich hinter den unidentifizierbaren Flugobjekten verbirgt. Gläubige UFOlogen behaupten immer, daß die »Space Brothers« uns Menschen helfen wollen. Auf die Frage, warum sie dies so heimlich tun, daß nichts von dieser Absicht zu merken ist, erhält man von ihnen zur Antwort, daß die kosmischen Gesetze ein Eingreifen der Außerirdischen nicht gestatten würden.

Das statistische Material der geprüften Sichtungsdaten offenbart etwas ganz anderes. Die UFO-Insassen praktizieren offensichtlich routinemäßig kriminelle Handlungen (die Verletzung der Lufthoheit und das Eindringen in militärische Sperrgebiete sind dabei nicht einmal mit eingerechnet). In vielen Fällen sprechen die Zeugen eindeutig über Nötigung, mutwillige Belästigung, »Unfallflucht« durch die UFO-Insassen, wenn sie mit ihren Fluggeräten Autos, Boote und Flugzeuge verfolgen. Sie rauben, verstümmeln und töten Haustiere und zerstören technische Anlagen.[4] Es wird berichtet von Entführungen, unautorisierten medizinischen Experimenten, Körperverletzungen mit Todesfolge, Vergewaltigungen und Tötungen.[5] Es fällt natürlich schwer, solche Berichte zu glauben. Doch die Menge der gleichlautenden Schilderungen vieler ernstzunehmender Zeugen zwingt uns dazu, alle Aktionen der UFO-Insassen mit äußerstem Mißtrauen zu verfolgen.

Es gibt mehrere Hinweise darauf, daß für die Tausende verstümmelter Tiere, besonders in den USA, die Insassen von UFOs verantwortlich gemacht werden müssen. Die fremden Besucher hätten dann allerdings allen Grund, sich vor uns Menschen zu verbergen. In den USA tauchen häufig nach UFO-Landungen und bei Fällen von Tierverstümmelungen Hubschrauber in den betreffenden Gebieten auf. Wahrscheinlich werden Spezialeinheiten durch besondere Detektoren in den Überwachungsnetzen von Landungen unidentifizierbarer Objekte alarmiert und versuchen dann, diese Objekte zu stellen.

Vielleicht ist 1947 bei Roswell in New Mexico tatsächlich erstmals ein Gerät der UFO-Insassen abgestürzt und in den Besitz der amerikanischen Geheimdienste gelangt. Wir werden es nicht erfahren. Denn solange die Absichten der UFO-Insassen nicht deutlich erkennbar sind oder sich sogar als unfreundlich erweisen sollten, solange sie keinen Kontakt mit uns anstreben und solange unsere Abwehrwaffen gegen sie machtlos sind, gebietet es die Staatsraison, die Bürger nicht dadurch in Angst und Schrecken zu versetzen, daß man beispielsweise in einer Regierungserklärung zugeben würde, durch UFO-Aktionen beunruhigt zu sein.

Dr. Helmut Lammer und Dipl.-Ing. Oliver Sidla sind der Ansicht, daß die Verhaltensweisen der UFO-Insassen ein Grund dafür sein könnten, daß die Regierungen der Welt ihren Untertanen nichts über ihre Erkenntnisse über UFOs und deren Insassen eröffnen wollen. Daher wäre eine Geheimhaltungspolitik (cover-up) der U.S.-Regierung nicht nur verständlich, sondern auch vernünftig.

Das Erscheinen der UFOs ist gerade noch so selten, daß kein

Aktionsbedarf für eine Beschäftigung mit ihnen besteht, weil der Druck durch die Öffentlichkeit – anders als etwa in Belgien – sich noch in Grenzen hält. Die Sichtungswelle in Belgien von 1989 bis 1991 hatte dazu geführt, daß sich die Belgische Regierung gezwungen sah, beim Europaparlament in Straßburg um eine Ermittlung gegen die Luftraumverletzer anzusuchen. Im Frühjahr 1994 lehnte das EU-Parlament in Straßburg die Forderung des Physikers Prof. Tullio Regges, der mit der Untersuchung beauftragt worden war, ab, ein europaweites Überwachungsnetz zur Registrierung von UFOs zu finanzieren.

Niemand, außer den amerikanischen Militärs, scheint sonderlich daran interessiert zu sein, Meßgeräte zu installieren und eine Gruppe von geschulten Untersuchern zu finanzieren, um die Aktivitäten unidentifizierbarer Flugobjekte zu verfolgen. An den Kosten für die Errichtung eines solchen Netzes liegt es kaum. Radargeräte der militärischen Luftraumüberwachung sind vorhanden, und optische Überwachungs-Einrichtungen wären als Erweiterungen des Meteorüberwachungsnetzes ebenfalls verfügbar. Spezielle Magnetfeld-Detektoren könnten relativ preiswert hergestellt und in das Überwachungsnetz mit eingebaut werden. Doch ein eindeutiger Auftrag, nach unidentifizierbaren Spuren gezielt zu fanden, der an die entsprechenden Stellen gehen müßte, fehlt.

Das Problem des »Nicht-Kontakts« hat alle UFO-Forscher von Anfang an verwirrt. Wir müssen uns wohl oder übel damit abfinden, daß die Fremden mit uns keine Gespräche führen und uns keinerlei technologische, medizinische oder wissenschaftliche Hilfe zur Kenntnis geben wollen. Offenbar haben sie andere Gründe, um hier aufzutauchen. Sie brauchen möglicherweise etwas, das sie sich von uns holen, ohne uns um Erlaubnis zu fragen. Dabei richten sie sich keineswegs nach unseren ethischen Normen und Anstandsregeln.

Einige Forscher sind sogar der Ansicht, daß Entführungen von Menschen (Abduktionen) das eigentliche Motiv der UFO-Insassen sind.[6, 7] Die Skeptiker meinen, daß die Fälle von berichteten

Entführungen durch UFO-Insassen keinerlei physikalische Realität besitzen. Es gäbe allerdings ein relativ leichtes Verfahren, darüber Klarheit zu gewinnen. Die militärische Luftraumüberwachung könnte – wenn sie dazu den Auftrag bekommen würde – prüfen, ob zu der angegebenen Zeit an dem betreffenden Ort die Spur eines unidentifizierbaren Objekts registriert worden ist. Wahrscheinlich haben sich die amerikanischen Geheimdienste bereits seit langem auf diese Weise Erkenntnisse über die Realität von UFO-Entführungen verschafft. In der deutschsprachigen MUFON-CES-Gruppe verfolgen wir seit einiger Zeit in Zusammenarbeit mit Beschäftigten der militärischen Flugsicherung ein ähnliches Projekt. Gelingt eine Korrelation zwischen den Daten der Radaraufzeichnung und den Aussagen des Entführten, so ließe sich indirekt auf eine physikalische Ursache, also eine von UFOs bewirkte Handlung schließen, und die innerpsychische Erklärung falsifizieren.

Es wird noch einige Jahre dauern, bis die Mehrheit der Wissenschaftler von der Existenz unidentifizierbarer Flugobjekte überzeugt sein wird. Diejenigen, die dies bereits wissen, sollten sich, wie es die Autoren tun, nun endlich auch mit den Handlungen der Insassen befassen, um deren Absichten mit uns zu erkennen.

Dipl.-Phys. Illobrand von Ludwiger

Dipl.-Phys. Illobrand von Ludwiger ist Systemanalytiker in der Luft- und Raumfahrtindustrie und Leiter der wissenschaftlichen UFO-Untersuchungsorganisation MUFON-CES sowie Mitglied bei der Society for Scientific Exploration (SSE).

Einleitung

Sind die Dinge, die in diesem Buch behauptet werden, wahr? Es gibt Photographien, die angeblich beweisen, daß *Nessie* tatsächlich lebt, es gibt Augenzeugenberichte, die darauf hinweisen, daß der *Yeti* tatsächlich in den Bergen des Himalaya sein Unwesen treibt – und es gibt genügend Material, das die Existenz von UFOs belegt. Über alle drei dieser Themen wird in der Öffentlichkeit heftig diskutiert, spekuliert und in der *seriösen* Wissenschaft geschmunzelt. Dieses Buch versucht natürlich nur über UFOs nachzudenken, es stellt sich aber die Frage, ob es nicht ebenso sinnvoll und gewinnbringend ist, die anderen Geschichten ebenfalls genauer zu hinterfragen. Auf den ersten Blick mag dies so erscheinen, denn fragwürdige Beweise gibt es tatsächlich in allen drei Fällen.

Bei dem Versuch, hinter die Kulissen der UFO-Forschung zu schauen, sind wir jedoch auf Dinge gestoßen, die wir kaum jemals erwartet hätten. Im deutschsprachigen Raum ist den meisten Leuten nicht bekannt, was sich tatsächlich an vorderster Front der seriösen UFO-Forschung ereignet. Obwohl es zu diesem Thema Dutzende Bücher gibt, konnten die meisten unsere Ansprüche bezüglich Seriosität und Überblick nicht erfüllen. Die Forscher beschäftigen sich nämlich nicht mit dem Morgenstern, der für ein fremdes außerirdisches Raumschiff gehalten wird, es geht auch nicht darum, wann uns die Brüder aus dem Weltraum endlich retten wollen – diese Vorurteile werden von Skeptikern verbreitet, um die Thematik lächerlich zu machen, und von manchen *New Age*-Anhängern tatsächlich geglaubt.

Wir haben natürlich keinesfalls etwas gegen vernünftige Kritik und sachliche Argumente einzuwenden, beides ist für den menschlichen Fortschritt notwendig. Am Beginn der Arbeit an diesem Buch haben wir uns deshalb das Ziel gesetzt, das Thema UFOs kritisch zu durchleuchten und beide Seiten zu Wort kommen zu lassen. Viele der Phänomene, die vom Laien als UFO gedeutet werden, können vom Experten als natürliche Erscheinung (Lichtreflexionen, Meteore...) oder als Produkt menschlicher Ingenieurskunst (Flugzeuge, Wetterballone...) erklärt werden. Im täglichen Leben völlig vertraute Dinge, wie etwa ein landendes Flugzeug, können unter bestimmten Situationen optische Effekte hervorrufen, die einem ungeübten Beobachter völlig fremdartig erscheinen. UFOs, die keine natürliche Erklärung finden, müssen nicht unbedingt von anderen Planeten oder Sonnensystemen stammen. Deren Insassen könnten ihren Ursprung in einer anderen Zeit oder einer anderen Dimension, zum Beispiel einem Parallel-Universum, haben. Trotz aller Photos, Indizien und geheimer Regierungsdokumente sollte man sich deshalb immer vor Augen halten, daß eine herkömmliche Erklärung für alle Phänomene, die wir in diesem Buch beschreiben, nicht auszuschließen ist. Es gibt bis jetzt noch nicht den absoluten Beweis, der die Existenz von UFOs verifizieren kann, vielleicht wird es auch nie einen geben.

Wie schwierig die Materie zu behandeln ist, und wie schwer es wirklich ist, auch nur vorläufige Schlußfolgerungen zu ziehen, haben wir während unserer mehrjährigen Recherchen mehr als einmal erlebt. Durch das Bekanntwerden von Informationen, die bisher nicht bekannt waren, oder durch persönliche Gespräche mit Insidern erhielten Ereignisse oder Aussagen eine völlig andere Bedeutung als bisher. Es ist alleine schon aufgrund dieser Erlebnisse für uns nicht möglich, absolute Aussagen über die Existenz oder Nicht-Existenz von UFOs zu machen. Das Urteil muß dem Leser selbst überlassen werden. Unsere persönliche Meinung ist, daß durch vermehrte Aufklärung der Öffentlichkeit und breiteres Engagement von UFO-Forschern möglicherweise in den nächsten Jahren eine der westlichen Regierungen gezwungen sein wird, ihr Wissen über die Materie bekannt zu geben. Dann werden wir vielleicht sehen, ob es nicht doch lohnender gewesen wäre, die Spuren des *Yeti* weiter zu verfolgen oder *Nessie* in Schottland einen Besuch abzustatten.

20

I

Abgestürzte und vom Militär geborgene UFOs – werden Gerüchte zur Wirklichkeit?

»… Ein Ermittler der Luftwaffe stellte fest, daß drei sogenannte fliegende Untertassen in New Mexico geborgen wurden. Sie wurden in ihrem Aussehen als kreisförmig, mit erhöhtem Zentrum beschrieben, ungefähr 50 Fuß (15 Meter) im Durchmesser. Jede war von drei Wesen mit menschlicher Gestalt besetzt, die aber nur 3 Fuß (1 Meter) groß und mit einer metallischen Kleidung von sehr feinem Gewebe bekleidet waren. Die Körper waren mit Anzügen bekleidet, ähnlich wie sie für Hochgeschwindigkeitsflieger oder Testpiloten verwendet werden.«

Ausschnitt aus einem FBI-Memorandum an den Direktor J. Edgar Hoover, 22. März 1950.

1 1947 – Die Invasion der fliegenden Untertassen

Das UFO-Zeitalter begann am 24. Juni 1947 mit der Beobachtung des 32 Jahre alten Geschäftsmannes Kenneth Arnold aus Boise in Idaho, der von seinem einmotorigen Flugzeug aus neun unbekannte Flugobjekte über dem Mount Rainer im U.S. Bundesstaat Washington fliegen sah. Er schätzte die Geschwindigkeit aus der Zeit, die diese mysteriösen Objekte benötigten, um die Strecke zwischen zwei Berggipfeln zurückzulegen, auf ungefähr 2000 Stundenkilometer. Das entsprach einer Geschwindigkeit, die etwa dreimal so hoch war wie die der damals schnellsten Düsenflugzeuge des Militärs.

Als die Sichtung von Kenneth Arnold in der Öffentlichkeit bekannt wurde, wurde er von der Presse sofort mit vielen skeptischen Fragen konfrontiert. Er aber blieb bei seiner Darstellung. Da Arnold ein angesehener Bürger, ein Geschäftsmann und ein erfahrener Such- und Rettungspilot mit über 4000 Flugstunden war, beeindruckte er sogar die Skeptiker. Als er gebeten wurde, diese unbekannten Flugobjekte zu beschreiben, suchte er nach den richtigen Worten und sagte: »... sie sind geflogen wie eine über eine Wasseroberfläche hüpfende Untertasse«.[1] Das Zeitalter der fliegenden Untertassen war somit geboren. Kenneth Arnold wurde auch vom FBI und der Luftwaffe befragt. Die persönliche Meinung des FBI-Agenten, der Arnold interviewte, war, daß Arnold glaubte, was er sah, und daß er mit seiner Meldung mehr zu verlieren als zu gewinnen hatte.[2] Ein Zeitungsausschnitt in dem über Kenneth Arnolds Sichtung berichtet wird:

»Pendleton, Ore. – (AP) Militär und CAA-Sprecher äußerten sich am Donnerstag skeptisch über die Meldung von neun mysteriösen Objekten – so groß wie Flugzeuge – die über West-Washington mit 1200 Meilen pro Stunde (etwa 1900 Kilometer pro Stunde) zischten. Kenneth Arnold, ein fliegender Geschäftsmann aus Boise (Idaho), der die Sichtung meldete, hält jedenfalls an seiner Geschichte von den hellen, flachen Objekten, jedes so groß wie eine DC-4 Passagiermaschine, die über Washingtons Berge mit einer besonderen, schlängelnden Bewegung rasten, fest. ›Wie der Schwanz eines Papier-Drachen.‹ Ein Militärsprecher in Washington, D.C. bemerkte dazu: ›Soweit wir wissen, fliegt nichts so schnell außer eine V-2-Rakete, welche sich mit etwa 3500 Meilen pro Stunde (etwa 5600 Kilometer pro Stunde) fortbewegt – und das ist zu schnell, um gesehen zu werden.‹ Der Sprecher fügte hinzu, daß die V-2-Raketen nicht den Objekten gleichen würden, die Arnold gemeldet hatte, und daß zur Zeit, während Arnold seine Sichtung machte, keine Hochgeschwindigkeitstests in dieser Gegend durchgeführt worden wären. Ein Inspektor der zivilen Luftfahrtsbehörde in Portland, Oregon fügte hinzu: ›Ich bezweifle, daß irgend etwas so schnell fliegen könnte.‹ Arnold beschrieb die Objekte als flach wie eine Kuchenpfanne und so blank, daß sie das Sonnenlicht wie ein Spiegel reflektierten. Er sagte, daß er mit seinem eigenen Flugzeug vor zwei Tagen um 2 Uhr 59 nachmittags über dem Mount Rainer flog, als die Objekte plötzlich 25 bis 30 Meilen (40 bis 50 Kilometer) vor ihm in 10 000 Fuß (etwa 3 Kilometer) Höhe auftauchten.«[3]

Innerhalb weniger Tage nach Arnolds Sichtung wurden die USA und Kanada von einer wahren Flut von Berichten über fliegende Untertassen überschüttet. Die meisten Sichtungen wurden in New Mexico und in Arizona sowohl bei Tag als auch bei Nacht gemacht. Unter den Beobachtern befanden sich Piloten, Militärs, ein Team von Raketenspezialisten der Marine vom Raketentestgelände White Sands in Alamogordo, und viele andere Einwohner der USA und Kanadas, die aus allen Bevölkerungsschichten stammten.[4] Pressemitteilungen gingen damals um die ganze Welt. Die London *Times* schrieb am 8. Juli 1947:

»Fliegende Untertassen am Himmel, ein amerikanisches Mysterium. Während der letzten 14 Tage wurden Berichte von scheibenförmigen Objekten, mit dem Spitznamen fliegende Untertassen, die mit hoher Geschwindigkeit einzeln oder in Gruppen durch die Luft geflogen sind, in verschiedenen Teilen der USA und in Kanada gemeldet. Bis jetzt gibt es noch keine zufriedenstellenden Theorien von Wissenschaftlern, die alle in Betracht kommenden Phänomene, die beobachtet wurden, erklären können, außer daß bei warmem Wetter die Einbildungskraft dazu neigt, zu phantasieren. Beamte der Zivilluftfahrtsverwaltung in Augusta, Maine, sahen am Sonntag (gemäß einer Nachrichtenagentur) Dutzende von diesen Objekten nordwärts über die Stadt fliegen. Andere Berichte von Sichtungen dieser Scheiben kamen von weit auseinanderliegenden Orten wie: Port Huron, Michigan; Portland, Oregon; St. John, New Brunswick; New Orleans; Summerside, Prince Edward Island; Ohio; Sherbrooke, Quebec und Philadelphia.«[5]

Die Erklärung, daß es sich bei den Sichtungen um Luftspiegelungen, verursacht durch warmes Wetter handelte, kam sicher nicht für alle Beobachtungen in Betracht, da man diese Flugobjekte nicht nur über heißen Gebieten der USA, sondern auch über Kanada und anderen Teilen der Erde beobachtete. Außerdem ist anzumerken, daß es auch schon vor 1947 heiße Sommer gab und die Leute deshalb nicht anfingen, seltsame Objekte in der Luft zu sehen. Wir haben auch in österreichischen Zeitungsarchiven Meldungen von den damaligen Sichtungen ausfindig gemacht, in denen von UFO-Beobachtungen in Amerika und Australien berichtet wurde. Es bleibt die Frage offen, was diese Leute wirklich sahen. Es waren bestimmt keine hochfliegenden V-2-Raketen, wie manche Skeptiker meinen, da, wie schon vorher erwähnt, selbst Raketenspezialisten vom Testgelände White Sands unter den Zeugen waren und die Sichtungen sich nicht nur auf diesen kleinen geographischen Bereich beschränkten. Es ist auch zu einfach, die vielen Beobachtungen, auch von gut geschulten Piloten, Militärs und anderen, als autosuggestive optische Täuschungen oder reine Effekthascherei abzutun. Wie man aus den Pressemitteilungen der Nachrichtenagentur Reuter sehen kann, standen auf den Flugplätzen die Düsenjäger Tag und Nacht in Alarmbereitschaft, um das Geheimnis dieser mysteriösen

Flugkörper aufzuklären.[6] Die Militärs nahmen die Sache also viel ernster, als es vielleicht den Anschein hatte.

2 Der Roswell-Zwischenfall

Nach weiteren Sichtungen passierte Anfang Juli 1947 möglicherweise eines der wichtigsten Ereignisse in der Geschichte der Menschheit, nämlich der mutmaßliche Absturz einer fliegenden Untertasse in Roswell, New Mexico, und die Bergung dieses Flugkörpers mit seiner toten Besatzung durch die amerikanische Luftwaffe. Da die Zensur von Washington zu spät einsetzte, kamen anfänglich eine Presseaussendung von der Luftwaffe und Zeugenaussagen, die den Absturz einer fliegenden Untertasse und die Bergung des Wracks durch das Militär bestätigten, an die Öffentlichkeit.[7, 8, 9] Die militäreigene Pressemeldung wurde gleich danach von General Ramey in Fort Worth, Texas, dementiert und aus der fliegenden Untertasse wurde ein Wetterballon.[10, 11, 12]

Der Atomphysiker Stanton Friedman, der Luftfahrt-Journalist Don Berliner, Leonard H. Stringfield, William Moore, Captain Kevin Randle (Luftwaffen-Nachrichtendienst) und Donald R. Schmitt und andere Forscher der UFO-Forschungsorganisationen MUFON, CUFOS und des Fund for UFO Research gingen dem Vorfall auf den Grund. Sie forschten mittlerweile über 300 Zeugen aus, darunter mehrere, die direkt an der Bergung beteiligt waren, und interviewten sie. Unter diesen Zeugen befanden sich Generäle, ehemalige Sicherheitsoffiziere, Geheimagenten, die Piloten, welche das UFO-Wrack und die tote Besatzung zum Luftwaffenstützpunkt Wright Field flogen, sowie zahlreiche andere direkt beteiligte Personen.

Der Farmer William Mac Brazel fand am 5. Juli 1947 in Begleitung seines Nachbarsohnes Timothy Proctor einen etwa 400 Meter langen und über 100 Meter breiten Landstreifen, der mit merkwürdigen Trümmern eines in der Luft explodierten Flug-

Abb. 1: Zeitungen auf der ganzen Welt berichteten über das Roswell-Ereignis vom 10. Juli 1947. (Die beiden unteren Artikel sind der Wahrheit *und der* Neuen Zeit *entnommen.)*

körpers bedeckt war. Nachdem Mac Brazel einige Trümmer mitgenommen hatte um sie seinen Nachbarn, Floyd und Loretta Proctor zu zeigen, fuhr er in die Stadt zu Sheriff George Wilcox. Dieser verständigte den Luftwaffenstützpunkt Roswell, die Heimatbasis der damals einzigen Atombombereinheit der Welt, und führte weitere Untersuchungen mit Hilfe seiner Deputies durch. Bald nachdem das Militär mit der Sache in Berührung gekommen war, riegelte man die ganze Gegend für einige Tage ab und barg die Wrackteile.[13] Einer der wichtigsten Zeugen war Major Jesse A. Marcel, der Stabsoffizier und Leiter der Nachrichtenabteilung im Luftwaffenstützpunkt Roswell. Major Marcel war eine kompetente Person und einer der ersten beiden Militäroffiziere an der Absturzstelle. In einem Videointerview stellte Major Marcel 1979 fest, daß er so ziemlich alles, was damals in der Luft herumflog, sowohl die eigenen Flugzeuge, als auch die der Gegenseite, kannte. Er war mit allen damaligen Typen von Wetterballonen und Radarzielgeräten sowohl ziviler, als auch militärischer Herkunft vertraut. Marcel erklärte, daß das Wrack kein Wetterballon war und ebensowenig irgend eine Art von Flugzeug oder Rakete. Wie Major Marcel bei seinem Interview bemerkte, hatte er mit seinem Feuerzeug das Pergament- und Balsaholz-ähnliche Material des Wracks anzünden wollen. Er konnte es aber nicht zum Brennen bringen. Major Marcel versuchte den folienartigen Stoff mit einen Vorschlaghammer bleibend zu verbiegen, aber man konnte keine Delle erkennen. Das Material ließ sich nach seiner Beschreibung nicht bleibend verbiegen, zerreißen oder zerschneiden, und es war ganz leicht. Er beschrieb es als eine Art Metall mit der Eigenschaft von Plastik. Nach der Anzahl der Trümmer zu schließen, mußte das Objekt, was immer es auch sein mochte, sehr groß gewesen sein.[14, 15]

Es gibt mittlerweile Zeugen aus Militärkreisen, die behaupten, daß in der Nacht des 4. Juli ein unbekanntes Flugobjekt beobachtet wurde, welches nördlich von Roswell plötzlich von den Radarschirmen verschwand. Da man dieses Objekt von drei verschiedenen Stellen geortet hatte, war es kein Problem, die vermeintliche Absturzstelle ausfindig zu machen. Als das Militär schließlich den betreffenden Ort erreichte, befanden sich dort bereits mehrere Zivilpersonen. Unter Androhung von Gewalt wurden die anwesenden Personen zum Schweigen verpflichtet. Der

Zeuge Steve MacKenzie sagte aus, daß die Militärs ein seltsames zerstörtes flügelloses Flugobjekt vorfanden. Er bestätigt, daß er selbst vier nicht menschliche, kleine, haarlose humanoide Körper sah. Zwei tote Wesen sollen sich außerhalb des Wracks befunden haben, die anderen im Inneren. Später hörte MacKenzie von bei der Bergung beteiligten Kameraden, daß sich noch ein fünftes Wesen im Inneren des Wracks befunden haben soll. Die Trümmer und die toten Wesen wurden unter strengster Geheimhaltung zum Luftwaffenstützpunkt Roswell gebracht. Zu diesen Zeitpunkt wußte noch niemand, daß das Flugobjekt Teile über Mac Brazels Weide verloren hatte, bevor es etwas weiter entfernt abstürzte. Major Marcel und sein Begleiter, der CIC-Agent Cavitt, wurden scheinbar erst durch den Fund von Mac Brazel in das Geheimnis eingeweiht.[16]

Der UFO-Forscher Leonard Stringfield konnte mehrere Zeugen aus erster Hand ausfindig machen, die bestätigen, daß mindestens sieben, wenn nicht sogar neun Flüge zwischen dem 8. und 9. Juli 1947 nach Wright Field stattfanden, obwohl die Luftwaffe dies dementiert.[17] General Arthur E. Exon war im Juli 1947, als die Wrackteile aus Roswell eingeflogen wurden, als Leutnant in Wright Field bei Dayton, Ohio, stationiert. In einem Interview im Jahre 1990 berichtete General Exon, daß man Materialtests durchgeführt hatte. Exon sagte: »Es wurden chemische Analysen, Zerreißtests, Drucktests und Biegetests durchgeführt. Die Materialien wurden in unsere Entwicklungslabors gebracht und dort gründlich untersucht.«[15] Ein weiterer General, Thomas DuBose, war 1947 Oberst und General Rameys Stabchef im Hauptquartier der 8. Air Force-Gruppe in Fort Worth, Texas. Vor seinem Tode im Jahr 1992 bezeugte General DuBose, daß er selbst den Telefonanruf von General McMullen aus Washington D.C. entgegengenommen hatte, in dem die Vertuschung des Zwischenfalles angeordnet wurde. Er sagte bei einem Interview aus, daß er von General Ramey Instruktionen bekam, sich eine Vertuschungsgeschichte auszudenken um die Presse abzuwimmeln.[18]

Es wurden bis jetzt über 300 Zeugen, die direkt oder indirekt an der Bergung beteiligt waren, ausfindig gemacht und vor laufenden Kameras interviewt. Viele dieser Leute kannten sich vorher nicht, und trotzdem stimmten ihre Geschichten großteils überein. Gegenwärtig werden von den UFO-Forschern immer noch Zeitungsarchive aufgesucht, Anträge zur Informationsfreiheit gestellt und weitere Zeugen ausfindig gemacht. Es wird die Glaubwürdigkeit der beteiligten Personen überprüft, sowie die privaten Tagebücher der Piloten, in denen die geheimen Flüge mit den Wrackteilen und den Leichnamen zu den diversen Luftwaffenstützpunkten vermerkt sind, eingesehen. Alle Hauptbeteiligten würden vor einer offiziellen Anhörung im amerikanischen Kongreß aussagen. Dennoch, obwohl der Roswell-Zwischenfall bis heute sehr gut rekonstruiert werden konnte, lassen sich noch nicht alle Aussagen, Dokumente und Belege für den Vorfall widerspruchsfrei unter einen Hut bringen.

Von den vorher angeführten Organisationen und UFO-Forschern wurde alles unternommen, um die Senatoren und andere Politiker auf die Roswell-Angelegenheit aufmerksam zu machen. Angesichts dieser Tatsachen leitete Anfang 1994 der amerikanische Kongreßabgeordnete Steven Schiff eine Untersuchung über den Roswell Zwischenfall ein. Laut *Washington Post* vom 14. Januar 1994 wird die Untersuchung des General Accounting Office (GAO) vom Verteidigungsministerium behindert. Im März 1994 sagte der Director for Plans and Operations im Büro für Kongreßangelegenheiten des Verteidigungsministeriums, Colonel Larry G. Shockley, zu einem Untersuchungsbeamten vom GAO: »You've got no business getting into that.«[19] Diese Tatsache bestätigte Steven Schiff und das GAO-Untersuchungsteam, daß das Verteidigungsministerium in dieser Angelegenheit etwas zu vertuschen versucht.

Am 8. September 1994 wurde die Öffentlichkeit von Colonel Richard Weaver informiert, daß das bei Roswell aufgefundene Objekt kein gewöhnlicher Wetterballon war, sondern daß es sich möglicherweise um einen streng geheimen Ballon von Projekt *Mogul* zur Untersuchung der hohen Atmosphäre gehandelt haben könnte. Beim Projekt *Mogul* wurde die hohe Atmosphäre auf Spuren von sowjetischen Atombombentests untersucht. Zeugenaussagen über geborgene Leichname, die Flüge zu den verschiedenen Luftwaffenstützpunkten, die fehlenden Dokumente mehrerer an dem Vorfall beteiligter Personen und die Hinweise über eine aufwendige Bergungsaktion werden von der Luftwaffe ignoriert oder ins Reich der Märchen verwiesen. Wenn man der Luftwaffe glaubt, darf man verwundert sein, wieso diese Meldung eines für heutige Begriffe völlig unbedeutenden Ballon-Projekts 48 Jahre lang geheimgehalten wurde und noch im März 1994 von einem gewöhnlichen Wetterballon die Rede war! Es ist abzusehen, daß die Luftwaffe bei dieser Meldung bleiben wird und für viele Skeptiker der Roswell-Zwischenfall somit abgeschlossen ist. Man darf gespannt sein, ob sich das GAO der Meinung der Luftwaffe anschließen wird.

Es ist interessant, daß zwei Monate zuvor der UFO-Forscher und ehemalige Mitarbeiter des amerikanischen Geheimdienstes CIA Karl Pflock eine Arbeit über den Roswell-Zwischenfall beim Fund for UFO Research veröffentlichte, in der er ebenfalls behauptet, daß das von Brazel aufgefundene Objekt ein Ballon des *Mogul*-Projekts gewesen sei und die verwendeten Materialien Major Marcel vielleicht unbekannt waren. Obwohl Karl Pflock glaubt, daß ein Ballon von Projekt *Mogul* an dem Zwischenfall beteiligt gewesen sei, bereiten ihm die Berichte und Zeugenaussagen von den nicht menschlichen Leichnamen und Hinweise auf eine aufwendige Bergung an einer zweiten Absturzstelle Unbehagen. Kevin Randle und Donald Schmitt fanden in Archiven von Alamogordo, New Mexico, ebenfalls Hinweise, daß ein Ballon von Projekt *Mogul* am 3. Juli 1947 gestartet wurde. Der Start am 3. Juli bestand aus einer Ansammlung von zehn Ballonen, die ein ungefähr sieben Kilogramm schweres Meßinstrument trugen. Die beiden Forscher konnten keine Hinweise auf den Absturz eines solchen Ballons bei Roswell finden, wohl aber auf einen in Norwegen.[16] Sollte er aber wirklich abgestürzt sein, kann auch dieser Ballon mit dem relativ kleinen Meßinstrument nie das große

Trümmerfeld, die Widerstandsfähigkeit der Wrackteile und die Vorgänge an der Hauptabsturzstelle erklären. Auch dieser Ballon hätte als solcher identifiziert werden müssen.

Sollte Major Marcel zum Zeitpunkt des Roswell-Zwischenfalls Ballone, wie sie beim *Mogul*-Projekt eingesetzt wurden, nicht gekannt haben und sich geirrt haben, müßte er in seiner weiteren Laufbahn von diesem Projekt erfahren haben. Major Marcel wurde nämlich drei Monate nach dem Zwischenfall gegen Einspruch seines Vorgesetzten Colonel Blanchard nach Washington D.C. versetzt. Dort wurde er befördert und einer Kommission zugeteilt, die weltweit Luftproben einsammelte und analysierte, um herauszufinden, ob die Sowjetunion schon ihre erste Atombombe gezündet hatte.[13] Da das Projekt *Mogul* dieselbe Aufgabe hatte, müßte Major Marcel spätestens zu diesem Zeitpunkt erfahren haben, daß es sich bei den von ihm in Roswell geborgenen Teilen um die Trümmer eines solchen Ballons gehandelt hatte. Man kann erwarten, daß Major Marcel als ehrenhafter Mann dies bei seinen Interviews Stanton Friedman und William Moore auch mitgeteilt hätte. Wie es scheint, kommen der Luftwaffe Pflocks Behauptungen, auch wenn er einen echten UFO-Absturz nicht ausschließt, für eine neue Erklärung gerade rechtzeitig.

Wie wir in den nächsten Kapiteln sehen werden, sind die Hinweise auf geborgene UFOs nicht nur auf Roswell beschränkt, sondern setzen sich bis in die Gegenwart fort. Die Gerüchte, daß das amerikanische Militär im Besitz von bei Abstürzen geborgenen UFOs und ihrer toten Besatzungen ist, wurde durch Dokumente mehrerer amerikanischer Regierungsbehörden, die seit 1974 im Rahmen des von der amerikanischen Regierung erlassenen Gesetzes zur Informationsfreiheit (Freedom of Information Act, FOIA) freigegeben wurden, indirekt bestätigt. Der FOIA ermöglicht die Herausgabe von Dokumenten durch die amerikanischen Bundesbehörden, die auf Anfrage an jeden U.S.-Bürger erfolgt, sofern durch die Freigabe der Dokumente nicht die nationale Sicherheit, die Privatsphäre von Bürgern oder Wirtschaftsgeheimnisse der USA gefährdet werden. Manche Dokumente, die in diesem Buch abgebildet sind, wurden von Mikrofilmen kopiert und danach oftmals vervielfältigt. Aus diesem Grund ist die Qualität der schwarz-weißen Dokumente als mangelhaft zu bezeichnen. Seit der Veröffentlichung der sogenannten *MJ-12*-Dokumente, über welche in den folgenden Abschnitten berichtet wird, wandten sich immer mehr Geheimdienstmitarbeiter und Wissenschaftler an die Öffentlichkeit. Diese Personen behaupten, daß die USA geborgene und wieder hergestellte UFOs in einem streng geheimen Militärtestgebiet in der Wüste von Nevada aufbewahren und dort testfliegen. Tatsächlich weiß man heute, daß die amerikanische Luftwaffe unter strengster Geheimhaltung, finanziert aus einem Budget, das nicht unter der Aufsicht des Kongresses steht, ihre Wunderwaffen wie die auf Radarschirmen unsichtbaren B-2-Bomber, die F-117-Kampfflugzeuge oder das neueste Spionageflugzeug mit dem Code-Namen AURORA dort entwickelt. Es gibt auch Hinweise darauf, daß dort geborgene Wracks von fliegenden Untertassen gelagert und untersucht werden.

3 Ein Bergungsplan für abgestürzte Untertassen?

Der Atomphysiker Stanton Friedman, der Luftfahrt-Journalist Don Berliner, Leonard H. Stringfield, William Moore, Captain Kevin Randle (Luftwaffen-Nachrichtendienst) und Donald R. Schmitt und andere Forscher der zum Großteil aus Wissenschaftlern bestehenden UFO-Forschungsorganisationen MUFON, CUFOS und des Fund for UFO Research haben in den letzten Jahren umfassende Belege für den wahrscheinlichen Absturz einer fliegenden Untertasse in der Nähe von Roswell, New Mexico, dargelegt. Zu den interessantesten Hinweisen gehören sicher die zu spät zensierten Zeitungsartikel aus Roswell. Es muß jedoch betont werden, daß es bisher keinen der Allgemeinheit zugänglichen materiellen Beweis für die Echtheit der Ereignisse gibt. Dennoch bezeugen sowohl Aktivitäten innerhalb der amerikanischen Regierung, als auch Berichte von

Personen, die zur damaligen Zeit im Rampenlicht der Öffentlichkeit standen, daß sich in Roswell tatsächlich etwas Bedeutsames ereignet hat.

Die Wrackteile eines abgestürzten UFOs zu bergen und die Geheimhaltung aller dieser Aktivitäten lag im Jahr 1947 für das amerikanische Militär sicherlich im Bereich des Möglichen. Um so mehr ist es heute wahrscheinlich, daß Einrichtungen existieren, um Wrackteile aller Art (es könnte sich um Flugzeuge, Spionagesatelliten etc. handeln) schnellstmöglich zu bergen und einer gründlichen Untersuchung zuzuführen. Don Berliner, ein Journalist mit dem Spezialgebiet Flugzeugtechnologie, hat in einem seiner Artikel ein hypothetisches Einsatz-Szenario für so eine Bergung entworfen.[20] Er zeigt darin auf, welche Maßnahmen notwendig sind, um Wrackteile möglichst unauffällig zu lokalisieren, zu sichern und abzutransportieren. Die Schlußfolgerung seines Artikels ist, daß eine Regierung ähnliche Methoden anwenden würde, um ungewollte Beobachter zum Schweigen zu bringen und um die Medien gezielt zu desinformieren, wie es damals in Roswell vielleicht der Fall war. Eine weitere Erkenntnis seiner Überlegungen ist, daß schon im Jahr 1947 ein Notfallplan existiert haben könnte. Eine so prompte Reaktion des Militärs (abgesehen von den kleinen Pannen in den ersten Stunden), wie sie in Roswell demonstriert wurde, wäre seiner Meinung nach nicht ohne Vorbereitung möglich gewesen. Ohne eine Einsatzgruppe, die für solche Fälle vorbereitet war, könnte es durchaus so gewesen sein, daß die Meldung aus Roswell solange unbemerkt in einer Ablage verschwunden wäre, bis die Presse und das folgende öffentliche Interesse die Wahrheit ans Licht gezerrt hätten – eine Vertuschung des Falles wäre einige Tage nach den Entdeckungen von Mac Brazel vielleicht überhaupt nicht mehr möglich gewesen, da zu viele Neugierige das seltsame Objekt bereits gesehen hätten.

Es gibt Belege aus Kreisen der Air Force, daß auch heute jederzeit mit der Möglichkeit der Bergung von Wrackteilen gerechnet wird und Einsätze jederzeit stattfinden können. Clifford Stone, bis zur Pensionierung aktiv im Militär der USA, hat Beweise für die Existenz eines Projektes *Moondust* gefunden.[21] Aus Dokumenten des amerikanischen Außenministeriums geht hervor, daß weltweit alle Botschaften das Codewort *Moondust* verwenden sollen, wenn sie Nachrichten über Objekte unbekannter Herkunft weitergeben. Es heißt dort:

»Die Bezeichnung *Moondust* wird verwendet in Fällen, welche die Untersuchung von nicht-amerikanischen Weltraumobjekten oder Objekten unbekannter Herkunft betreffen.«

Dasselbe Dokument spricht weiters von der Operation *Bluefly,* die dazu dienen soll, Material, das für die Geheimdienste von Interesse ist, so schnell wie möglich an die entsprechenden Stellen innerhalb der USA zu bringen. Es heißt wörtlich:

»Diese drei Projekte, durchgeführt in Friedenszeiten, bieten alle die Möglichkeit qualifiziertes Geheimdienstpersonal, auf der Basis eines schnellen Einsatzes, für die Bergung und vor Ort Auswertung von unidentifizierten fliegenden Objekten, oder bekannten sowjetischen Luft- und Raumfahrzeugen, Waffensystemen und/oder Teilen solcher Ausrüstung, einzusetzten.«

Es muß hier hervorgehoben werden, daß deutlich zwischen Objekten bekannter Art (den sowjetischen, feindlichen) und nicht identifizierten unterschieden wird. Clifford Stone hat im Laufe seiner Untersuchungen viele FOIA-Anträge an die verschiedensten Regierungsstellen gerichtet, um mehr über *Moondust* und *Bluefly* zu erfahren. Einige seiner Anfragen waren erfolgreich und unterstützen die These, daß diese Projekte sich mit mehr als nur abgestürzten Satelliten beschäftigen. Eines der interessantesten Dokumente ist ein Memorandum der United States Air Force vom November 1961, in dem es unter anderem heißt:[22, 23]

»...Zusätzlich zu seinen gewöhnlichen Pflichten hat das Personal des Geheimdienstes Aufgabenbereiche in der Unterstützung der Air Force bei solchen Projekten wie *Moondust*, *Bluefly* und *UFO* und anderen AFCIN-Projekten, welche den Einsatz von Geheimdienstmitarbeitern notwendig machen...

5e. Unidentifizierte Fliegende Objekte (UFO): Das Hauptquartier der USAF hat ein Programm für die Untersuchung von glaubwürdig berichteten unidentifizierten Flugobjekten innerhalb der USA eingerichtet...

5f. *Bluefly:* Operation *Bluefly* wurde eingerichtet, um Material von großem geheimdienstlichen Interesse schnell an die FTD (Foreign Technology Division) von *Moondust* zu liefern...

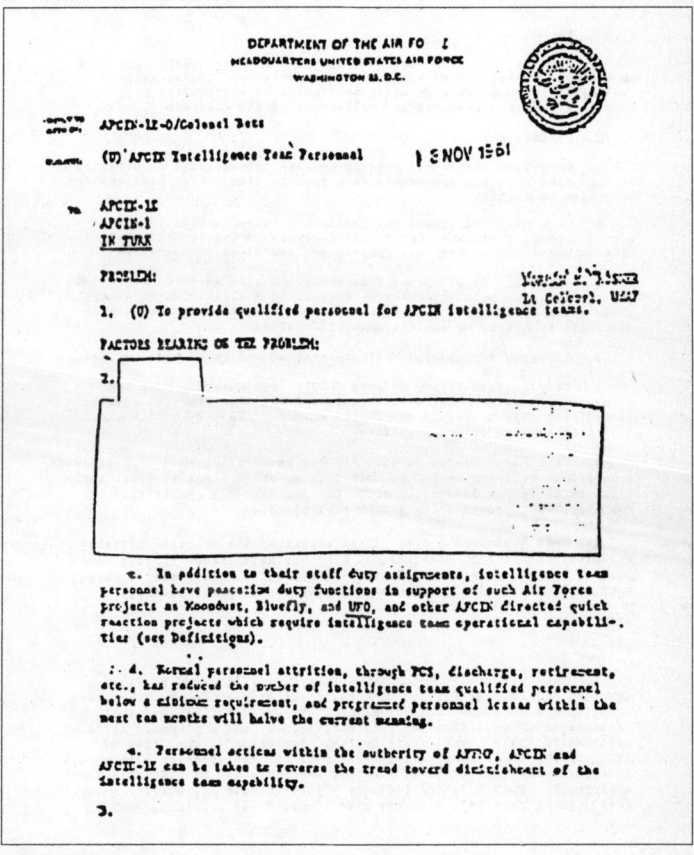

Abb. 2: Teil 1 des Luftwaffendokuments, das die Aufgaben der Projekte Moondust, Bluefly *und* UFO *beschreibt, 13. November 1961.*

5g. *Moondust:* Als einen speziellen Aspekt der USAF in ihrem Programm zur Material-Auswertung wurde Projekt *Moondust* ins Leben gerufen, um abgestürztes fremdes Material aus dem Weltraum zu bergen und abzuliefern...«

Clifford Stone kann anhand von freigegebenen Dokumenten

4. [redacted] Criteria.

a. Intelligence team personnel can perform effectively only with an adequate background of training and experience. Inadequately qualified personnel in such assignment would be a liability rather than an asset to successful accomplishment of the mission.

5. [redacted] Definitions.

a. Linguist: Personnel who can develop intelligence information through interrogation and translation from Russian and/or Bloc country languages to English.

b. Tech Man: Personnel qualified to develop intelligence information through field examination and analysis of foreign materiel, with emphasis on the Markings Program and technical photography.

c. Ops Man: Intelligence team chief. Qualified to direct intelligence teams in gaining access to target, in exploitation of enemy personnel and materiel, and in use of field communications equipment for rapid reporting of intelligence information.

d. Airborne Personnel: Military trained and rated parachutists.

e. Unidentified Flying Objects (UFO): Headquarters USAF has established a program for investigation of reliably reported unidentified flying objects within the United States. AFR 200-2 delineates 1127th collection responsibilities.

f. Blue Fly: Operation Blue Fly has been established to facilitate expeditious delivery to FTD of Moon Dust or other items of great technical intelligence interest. AFCIN SOP for Blue Fly operations, February 1960, provides for 1127th participation.

g. Moon Dust: As a specialized aspect of its over-all materiel exploitation program, Headquarters USAF has established Project Moon Dust to locate, recover and deliver descended foreign space vehicles. ICGL #4, 25 April 1961, delineates collection responsibilities.

DISCUSSION:

6. [redacted]

a. Headquarters USAF (AFCIN) maintains intelligence teams as a function of AFCIN-1E (1127th USAF Field Activities Group). Personnel comprising such teams have normal AFCIN-1E staff duties, and their maintenance of qualification for intelligence team employment is in addition to their normal staff duties. For example, the Chief of AFCIN-1E-OO, the Domestic Operations Section, additionally participates in approximately 18 hours of training per month for intelligence team employment. Such training includes physical training, classroom combat intelligence training, airborne operations, field problems, etc.

Abb. 3: Teil 2 des Luftwaffendokuments, das die Aufgaben der Projekte Moondust, Bluefly *und* UFO *beschreibt, 13. November 1961.*

nachweisen, daß eine Einheit mit der Bezeichnung 4602te AISS (Air Intelligence Squadron) für die Bergungsaktionen zuständig war. Diese Einheit änderte im Laufe der Jahre mehrmals den Namen. Sie ist heute dem USAFSAC (USAF Special Activities Center) zugeteilt und hat ihren Sitz in Fort Belvoir, Virginia. Obwohl er schon mehrere FOIA-Anfragen diesbezüglich eingereicht hat, wurden ihm weitere Informationen vorenthalten.

Noch ein weiteres Dokument beschäftigt sich mit Wrackteilen außerhalb des Hoheitsgebietes der USA. Im Jahr 1968 wurden in Nepal vier Objekte gefunden, die für Material aus dem Weltraum gehalten wurden. Die nepalesische Regierung informierte die USA in der Absicht, die geborgenen Teile dem Besitzer zurückzugeben. Die entsprechenden DIA (Defense Intelligence Agency)-Papiere, welche Auskunft über die damaligen Untersuchungen der gefundenen Teile geben würden, sind als geheim klassifiziert. Diejenigen Dokumente, die zugänglich sind, wurden so massiv zensiert, daß sie praktisch unleserlich sind. Im nicht zensierten Teil des Dokumentes scheint das Codewort *Moondust* auf. Bemerkenswert ist in diesem Zusammenhang auch, daß das Wright Patterson Airfield genannt wird. Wie bei der Darstellung des Roswell Falles erläutert wurde, spielt diese Basis eine besondere Rolle in Verbindung mit möglichen UFO-Wrackteilen. Auf den ersten Blick mag die Verbindung mit Wright Patterson ein Zufall sein, es könnte diese Information jedoch auch ein weiterer kleiner Puzzlestein zu einem recht konsistenten Bild der vermuteten UFO-Aktivitäten der amerikanischen Regierung in den letzten 45 Jahren sein.

4   Geheime Regierungsaktivitäten zur Wahrung der nationalen Sicherheit

Nach diesem Abstecher in das Feld geheimer Bergungsunternehmungen der USA zurück zu den Folgen des Roswell-Zwischenfalles. Die sicherheitstechnischen Aspekte standen für die Regierung in Amerika wohl an erster Stelle. Es mußte einerseits berücksichtigt werden, daß die aufgefundene Untertasse nur Teil einer größeren Flotte von unbekannten Objekten war. Diese konnten eine ernsthafte Bedrohung des Landes, das heißt der nationalen Sicherheit, darstellen, da man nicht wußte (was auch heute wahrscheinlich noch der Fall ist), ob die Eindringlinge freundliche oder feindliche Absichten hegten. Andererseits war es notwendig, daß auch alle Bemühungen, die sich bezüglich der Erforschung der fremden Technologie ergaben, auf höchster Stufe organisiert und geheimgehalten wurden.

Interessant ist an dieser Stelle die Eintragung von Präsident Harry S. Truman in sein persönliches Tagebuch[24] vom 30. Oktober 1947:

»...2. Die militärischen Implikationen einer Satelliten-Attacke: a) Brauchen wir einen Plan, um vorbereitet zu sein? b) Sollten wir beginnen, einen Plan zu entwerfen? ...«

Obwohl es möglich wäre, daß Truman mit *Satelliten* einige der Satelliten-Staaten der UdSSR gemeint haben könnte, besteht dafür eine geringe Wahrscheinlichkeit, denn kaum eines dieser Länder wäre 1947 in der Lage gewesen, die USA ernsthaft zu bedrohen.

An erster Stelle der ungewöhnlichen Aktivitäten steht die Einberufung des National Security Council (Nationaler Sicherheitsrat, NSC) am 26. Juli 1947, also wenige Wochen nach dem Roswell-Zwischenfall. Der NSC besteht aus dem Präsidenten, dem Vize-Präsidenten, dem Verteidigungsminister und dem Leiter des Büros für Katastrophenschutz (OEP). Das Bemerkenswerte an dieser Sitzung war, daß der Rat zum ersten mal in der Geschichte der USA in Friedenszeiten einberufen wurde! Nicht einmal der Angriff der Japaner auf Pearl Harbour wurde 1943 dafür als ausreichender Grund angesehen. Der NSC schuf damals eine beeindruckende Anzahl an neuen Organisationen, die sich in den nächsten Jahren größtenteils mit geheimen Angelegenheiten innerhalb und außerhalb des Landes beschäftigen sollten. Die bekannteste dieser Organisationen ist wohl die CIA (Central Intelligence Agency), deren erster Direktor Admiral Roscoe H. Hillenkoeter war. Ein Dokument, das durch das FOIA-Gesetz erlangt wurde, beinhaltet eine Weisung des Nationalen Sicherheitsrates an die CIA:[25]

»Der Direktor des CIA soll ein Programm entwerfen und ausführen, das sowohl wissenschaftliche als auch Spionage-Aktivitäten beinhaltet, um das Problem der sofortigen positiven Erkennung von unidentifizierten fliegenden Objekten zu lösen.«

Die Aussage dieser Anordnung ist eindeutig. Eine weitere Organisation, deren Bekanntheitsgrad jedoch unter dem der CIA liegt, ist die National Security Agency (NSA). Sie wurde im Jahre 1952 von Präsident Harry S. Truman gegründet und entwickelte sich seitdem zur größten Abhörorganisation der Welt. Auf die NSA und deren Verwicklungen in die UFO-Vertuschung wird in einem eigenen Kapitel ausführlich eingegangen werden. An dieser Stelle wollen wir uns mit einer weiteren unmittelbaren Reaktion der amerikanischen Regierung auf das Roswell-Ereignis beschäftigen: die *wahrscheinliche* Gründung der Organisation *Majestic-12*.

5 Majestic-12

Wie anfangs erwähnt, würde der Absturz einer fliegenden Untertasse inmitten eines militärisch sensiblen Gebietes der USA mit Sicherheit eine Reaktion der Regierung hervorrufen. Die Untersuchung des zerborstenen Flugkörpers und die damit verbundene technologische Ausbeute würde jedoch auch heute noch die besten wissenschaftlichen Kräfte eines Landes herausfordern. Man würde erwarten, daß Organisationen beziehungsweise eigens dafür ins Leben gerufene Arbeitsgruppen sich um die Auswertung aller relevanten Fakten rund um das fremde Objekt bemühen würden. Es ist weiters sehr wahrscheinlich, daß, um mögliche technische Vorteile gegenüber Konkurrenten zu wahren, diese Organisationen auf sehr hoher Geheimstufe operieren würden.

Im Jahr 1984 erhielt der Filmproduzent Jaime Shandera eine Rolle belichteten, aber unentwickelten 35-mm-Films, Absender unbekannt – die Negative enthielten Kopien von offensichtlich geheimen Dokumenten. Der britische UFO-Forscher und Journalist Timothy Good erhielt Abzüge dieser Papiere im Jahre 1987 ebenfalls mit unbekannter Quelle, und mit der Erlaubnis, sie in seinem Buch *Above Top Secret* zu veröffentlichen. Der Inhalt der Negative soll nach den Worten von Stanton T. Friedman das Ereignis des Jahrtausends beweisen: Kopien von mehreren Dokumenten, welche die Verwicklungen der amerikanischen Regierung in der Causa der UFO-Abstürze belegen. Die Papiere sollten unter dem Namen *Majestic-12, MAJIC-12* oder *MJ-12* weltweite Bekanntheit unter den UFO-Forschern erhalten. Ihre Bedeutung liegt darin, daß sie im Falle ihrer Authentizität erstmals eindeutig belegen könnten, daß die amerikanische Regierung im Jahre 1947 eine fliegende Untertasse geborgen hat, und (wahrscheinlich bis heute) versucht, hinter das Geheimnis der Überreste zu kommen.[26, 27]

6   Die Instruktionen für Präsident Eisenhower

Der erste Teil der Dokumente besteht aus Instruktionen für Präsident Dwight D. Eisenhower, datiert auf den 18. November 1952.[28] Der Verfasser der Anweisungen war Roscoe H. Hillenkoeter, erster Direktor der CIA. Dem Inhalt nach hat das Dokument die Aufgabe, den Präsidenten in eines der tiefsten Geheimnisse der damaligen Zeit einzuweihen:
Die Operation *Majestic-12* wird definiert als eine streng geheime Forschungseinrichtung, die vollkommen und alleine dem Präsidenten der Vereinigten Staaten unterstellt ist. Die Aktivitäten werden von der *Majestic-12*-Gruppe kontrolliert, welche vom damaligen Präsidenten Harry S. Truman am 24. September 1947 auf Anraten von Verteidigungsminister James Forrestal und Dr. Vannevar Bush gegründet wurde. Folgende Personen werden als die ersten Mitglieder von *MAJIC-12* aufgelistet:[27, 28]
Admiral Roscoe Hillenkoeter: Während des Zweiten Weltkrieges

aktiv im Geheimdienst der Navy, 1947 erster Direktor der CIA, war er hervorragend dazu geeignet, einer so geheimen wie wichtigen Gruppe zu dienen.

Dr. Vannevar Bush: Bush war Professor am Massachusetts Institute of Technology (MIT) mit der Fachrichtung Elektronik. Er war Leiter des Office of Scientific Research and Development (OSRD), einer Dachorganisation, die sich um alle technologischen Entwicklungen während des Zweiten Weltkrieges kümmerte. Eine der Entwicklungen des OSRD war unter anderem die Atombombe. Mit seiner vieljährigen Erfahrung in der Organisation und Leitung von geheimen Forschungsunternehmen wäre er die ideale Person, um die Gruppe *MAJIC-12* zu leiten.

James V. Forrestal: Als Verteidigungsminister im Jahr des Roswell-Zwischenfalles hatte er das vollste Vertrauen von Präsident Truman. Forrestal wurde nach seinem frühen Tod im Jahre 1949 durch General Walter B. Smith ersetzt.

General Nathan P. Twining: Verantwortlich für viele erfolgreiche Luftangriffe der Air Force während des Zweiten Weltkrieges, war Twining einer der herausragenden Kommandeure in den Kriegsjahren. Er war Leiter der 20. Einheit der amerikanischen Luftwaffe, jener Einheit, welche die Atombomben über Japan abwerfen sollte. Es ist bekannt, daß Twining einen Tag nach dem Roswell-Zwischenfall (am 8. Juli 1947) eine Reise an die Westküste absagte, um nach seinen eigenen Worten *einer sehr wichtigen* Angelegenheit nachzugehen. William Moore fand heraus, daß Twining sich entgegen den offiziellen Bekanntmachungen nach New Mexico begab, um dort bis zum 10. Juli zu verbleiben.

General Hoyt S. Vandenberg: Zuerst Leiter des G2, einer militärischen Geheimdienstorganisation, wurde er anschließend der zweite Direktor der Central Intelligence (DCI). 1948 wurde er *Chief of the Staff* der USAF und verblieb bis zu seiner krankheitsbedingten Pensionierung im Jahre 1953 in dieser Position.

Dr. Detlev Bronk: Als ausgezeichneter Wissenschaftler in den Disziplinen Elektronik, Physik und Physiologie war er Präsident der Johns-Hopkins-Universität und später Präsident der Rockefeller-Universität in New York. Er war Vorsitzender unter anderem des National Research Council (des nationalen Forschungsrates) und einer Menge von weiteren wichtigen amerikanischen Komitees. Mit seiner Kompetenz in Physiologie und dem notwendigen physikalischen Fachwissen war er sehr gut dazu geeignet, mögliche geborgene Opfer des UFO-Absturzes zu untersuchen, bzw. deren Obduktion zu beaufsichtigen.

Dr. Jerome Hunsaker: Hunsaker war ein erfolgreicher Konstrukteur von Flugzeugen. Seine Expertise in bezug auf die bei Roswell sichergestellten Materialien wäre eine wertvolle Bereicherung für deren Auswertung gewesen.

Sidney W. Souers: Er war der erste Direktor der Central Intelligence im Jahre 1946. Ein Jahr darauf wurde er Sekretär des National Security Council. Er war ein enger Vertrauter und Berater von Präsident Truman während dessen Amtsperiode. Es ist daher nicht unwahrscheinlich, daß er auch eine Rolle innerhalb von *Majestic-12* spielen sollte.

Gordon Gray: Gray war ein reicher Anwalt und Geschäftsmann, der während des Zweiten Weltkrieges in Geheimdienstoperationen eine wichtige Rolle spielte. Er war unter anderem CIA-Leiter des Psychological Strategy Board (des Psychologischen Strategie Ausschusses). Gray war auch Vorsitzender desjenigen Komitees, welches sich mit dem Fall Julius Robert Oppenheimer und dessen Diskreditierung bei der amerikanischen Regierung befaßte.

Dr. Donald Menzel: Menzel war Astronom und außerdem einer der größten Experten in Kryptoanalyse, der Wissenschaft, die sich mit der Entzifferung von verschlüsselten Nachrichten befaßt.[29] Er paßt auf den ersten Blick nicht in die Runde der illustren Mitglieder der Gruppe *MAJIC-12:* Bekannt in der Öffentlichkeit als ausgesprochener Gegner der UFO-Forscher, schrieb er mehrere Bücher, die sich mit einer herkömmlichen Erklärung des Phänomens auseinandersetzten. Dr. Menzel arbeitete auch für die NSA und hatte Zugang zu den geheimsten Dokumenten der Regierung.[30] Seine Ausbildung als Astronom konnte ihm sicherlich als Mitglied der Gruppe dienlich sein, wobei ihm der

Ruf als UFO-Gegner einen idealen Deckmantel für seine geheimen Aktivitäten geboten hätte.

General Robert M. Montague: Er war Kommandant von Fort Bliss in New Mexico zum Zeitpunkt des Roswell-Absturzes. Seine Tätigkeit umfaßte die Führung eines geheimen Projektes der Regierung in der Nähe von Albuquerque, dessen Inhalt bis heute noch nicht bekannt ist.

Dr. Lloyd V. Berkner: Berkner war 1946 als Sekretär des Joint Research Development Boards direkt Dr. Vannevar Bush unterstellt. Er war im Jahre 1953 ein Mitglied des Robertson-Gremiums, das sich, finanziert von der CIA, mit UFOs beschäftigte (mehr dazu in Kapitel IV).

Nach der Auflistung aller Mitglieder der *Majestic-12*-Gruppe, erläutert das Dokument die Geschichte des Roswell-Zwischenfalles von der Auffindung der Wrackteile durch Mac Brazel bis zur Untersuchung der geborgenen Körper. Es wird berichtet, daß einige der Teile mit kryptischen Zeichen bedeckt waren, die bis dato noch nicht entziffert werden konnten. Nach der Meinung von Dr. Menzel wurde das Fahrzeug nicht auf dieser Erde konstruiert und stammte sehr wahrscheinlich aus einem anderen Sonnensystem. Das UFO wurde also auch nicht von hypothetischen Marsbewohnern konstruiert – eine Möglichkeit, die in den vierziger Jahren noch nicht vollkommen auszuschließen war. Über das Antriebssystem des Fahrzeuges konnte nur spekuliert werden, da beim Absturz, so wurde vermutet, die betreffenden Teile völlig zerstört worden waren.

Der Schluß des *Majestic-12*-Dokumentes geht auf einen weiteren Absturz eines UFOs an der Grenze zwischen Mexiko und Texas ein. Angeblich sollen dort die Überreste des Wracks und seine Insassen bis zur völligen Unkenntlichkeit verbrannt sein.

Mit einem Hinweis, daß im Sinne der nationalen Sicherheit das Vorgehen der Operation *Majestic-12* unter strengster Geheimhaltung bleiben sollte, und der Erwähnung eines Notfallplanes für den Fall eines Informationsflusses nach außen, schließen die Instruktionen für den zukünftigen Präsidenten Eisenhower.

7 Das Truman-Forrester-Memorandum

Das *Majestic-12*-Hauptdokument schließt mit mehreren Beilagen (zusätzlichen Dokumenten), von denen jedoch nur zwei der Forschergemeinde zugänglich gemacht wurden. Die erste enthält die Anweisung von Präsident Harry S. Truman an den Verteidigungsminister Forrestal, die Operation *Majestic-12* in Angriff zu nehmen. Aus dem Memorandum wird ersichtlich, daß anscheinend Dr. Vannevar Bush und Forrestal betreffend der *MAJIC-12*-Angelegenheit sehr engen Kontakt mit dem Präsidenten hielten. Es ist wahrscheinlich, daß die beiden damals die Gründung von *MAJIC-12* initiierten beziehungsweise Harry S. Truman die entsprechenden Empfehlungen gaben.

»24. September 1947. Memorandum für den Verteidigungsminister. An Minister Forrestal:

Wie in unserer kürzlich erfolgten Unterhaltung betreffend der Sache vereinbart, sind Sie hiermit autorisiert, mit der angemessenen Geschwindigkeit und Vorsicht Ihr Unternehmen durchzuführen. Von jetzt ab soll die Angelegenheit nur mehr als Operation *Majestic Zwölf* bezeichnet werden. Es ist weiterhin meine Ansicht, daß zukünftige Überlegungen bezüglich der endgültigen Entscheidung der Sache nur innerhalb des Präsidentenbüros stattfinden sollten, nach geeigneten Beratungen mit Ihnen, Dr. Bush und dem Direktor der Central Intelligence.«

8 Das Cutler-Twining-Memorandum

Die UFO-Forscher Stanton Friedman, Jaime Shandera und William Moore fanden unter seltsamen Umständen noch ein weiteres Dokument in Zusammenhang mit *Majestic-12*. Durch anonyme Hinweise wurde die Aufmerksamkeit der Forscher auf ein bestimmtes Archiv in den Nationalarchiven in Washington gelenkt. Mitten unter den vielen *deklassifizierten* Dokumenten in der Schachtel mit der Nummer RG 341 befand sich ein Memorandum von Robert Cutler an General Twining.[26] Cutler war General während des Zweiten Weltkrieges, um anschließend für die CIA zu arbeiten. Im Jahr 1954 war er spezieller Assistent für Präsident Eisenhower, wobei seine Aufgabe darin bestand, als Bindeglied zwischen dem Präsidenten und dem Nationalen Sicherheitsrat zu dienen. In diesem Memorandum mit der Bezeichnung »NSC/MJ-12 Special Studies Project« bittet Cutler General Twining, der außerordentlichen Sitzung des Nationalen Sicherheitsrates am 16. Juli 1953 beizuwohnen. Er hält den General dazu an, alle Maßnahmen zu treffen, daß seine Teilnahme an der Sitzung unbemerkt bleibt. Dazu zählt, das Weiße Haus über den Diplomaten-Eingang zu betreten und das Dienstfahrzeug nicht in der näheren Umgebung warten zu lassen.

9   Sind die Majestic-12-Dokumente authentisch?

Sofort nach der ersten Veröffentlichung der Dokumente im Jahre 1987 durch Stanton T. Friedman, Jaime Shandera und William Moore gab es die heftigsten Diskussionen bezüglich ihrer Echtheit. Stanton Friedman, der die Untersuchung der Kopien am vehementesten vorantrieb, konnte vorerst die meisten Angriffe auf ihre Authentizität erfolgreich entkräftigen.[30] Einer der Vorwürfe beinhaltet, daß sich der Autor des Memorandums an General Twining, Robert Cutler, zum Zeitpunkt der Verfassung der Nachricht in Europa befand. Friedman konnte jedoch überzeugend belegen, daß der Partner von Cutler, James Lay, des öfteren im Namen seines Kollegen Mitteilungen aussandte.[31, 32] Diese Erklärung wird dadurch unterstützt, daß das Cutler-Twining-Memorandum keine Unterschrift trägt. Ein anderer Einwand, der auch in vielen anderen Situationen eingebracht werden kann, in denen geheime Informationen die Hauptrolle spielen, besteht darin, daß nach der Meinung einiger Gegner der *MAJIC-12*-Papiere die Hauptakteure der Gruppe mit ihren Familien über ein so sensationelles Geheimnis wie die Bergung eines abgestürzten

45

UFOs gesprochen hätten. Friedman sprach mit Angehörigen der oben aufgezählten *MJ-12*-Mitglieder und konnte dabei belegen, daß diese sich niemals im privaten Kreis über Geheimmaterial äußerten und ihre Familien niemals sensitive Informationen zu Gesicht bekamen. Man muß hier bedenken, daß die Mitglieder von *Majestic-12* die Erfahrung eines Weltkrieges hinter sich hatten, wo die Bewahrung eines Geheimnisses über Leben und Tod bzw. den Ausgang des Krieges entscheiden konnte.[26] Die strenge Trennung von Privatleben und Beruf ist also nicht weiter verwunderlich, wenn man die Geschichte der beteiligten Personen näher in Betracht zieht. Als Beispiel möchten wir hier noch einmal Donald Menzel erwähnen: Als die UFO-Forscher, und hier insbesondere Stanton Friedman, seinen Namen in den *MJ-12*-Dokumenten fanden, glaubten sie zuerst, daß sie es mit Sicherheit mit einer Fälschung zu tun hatten – der bekannte Astronom Menzel paßte auf den ersten Blick nicht in die Runde der anderen angeblichen Mitglieder. Intensive Nachforschungen von seiten Friedmans brachten jedoch unerwartete Einsichten.

Donald Menzel wurde 1901 in Florence, Colorado, als Sohn eines Eisenbahners geboren. Schon sehr früh interessierten ihn die Naturwissenschaften, insbesondere die Chemie. Er belegte dieses Fach auf der High School, und es sollte ein Leben lang eine seiner größten Leidenschaften sein. Als Menzel im Jahr 1918 seine erste Sonnenfinsternis beobachtete, war dies eines der ausschlaggebenden Erlebnisse, die ihn dazu brachten, sich der Astronomie zu widmen. Nach Beendigung seines Studiums ging er nach Princeton, um dort eine Assistentenstelle als Astronom auszuüben, wobei er sich im Laufe der Zeit auf Astrophysik spezialisierte. In diesen Jahren verfaßte er unter einem Pseudonym regelmäßig Science-fiction-Geschichten, die in Magazinen veröffentlicht wurden. Nach seiner Heirat im Jahr 1926 ging er nach Kalifornien zum bekannten Lick Observatorium am Mount Hamilton. Mit Kursen in Atomphysik, die er bei J. R. Oppenheimer belegte, erhielt er das notwendige Wissen, um seine Studien der Sonnenatmosphäre durchführen zu können. Nach den Jahren am

Mount Hamilton wechselte Menzel im Jahr 1932 nach Harvard und erlangte dort nach einer großartigen Karriere 1938 die Professur. Seine Studenten bezeichneten ihn als einen freundlichen, herzlichen Menschen, der sich jederzeit um ihre Anliegen kümmerte und ihnen jede notwendige Unterstützung bot. Im Zweiten Weltkrieg kamen Menzel seine Kenntnisse in Kryptoanalyse zugute. Er hielt unter anderem an mehreren Colleges Kurse über dieses Thema ab. Seine Hauptaufgabe während der Kriegsjahre war jedoch eine Stelle bei der Marine-Abteilung für Kommunikation. Er konnte dort sein Fachwissen über die Sonne und ihren Einfluß auf den irdischen Funkverkehr benutzen, um den weltweiten Funkverkehr der amerikanischen Truppen sicherzustellen. Donald Menzel war ein brillanter Kopf, der berühmt für seine Konzentrationsfähigkeit und seine Produktivität war. Leider, so zeigten die Nachforschungen von Stanton Friedman, hatte er auch seine negativen Seiten. Was jedoch keiner seiner Freunde wußte und nicht einmal seiner Frau bekannt war, ist die Tatsache, das Menzel lange Jahre ein hochrangiger Berater der National Security Agency war. Er schrieb dazu selber einmal in einem Brief: [26]

»Aufgrund meiner langen Dienstzeit weiß ich wahrscheinlich mehr von dem, was dort (in der NSA) vorgeht als die meisten, die jetzt dort arbeiten.«

Im Zweiten Weltkrieg lernte Menzel Japanisch, um die Kryptoanalyse des feindlichen Funkverkehrs durchführen zu können. Als einer seiner engsten Freunde (Dr. Taves) dazu befragt wurde, wußte nicht einmal dieser etwas davon. Donald Menzel war auch bekannt für seine Intoleranz, er verfolgte regelrecht diejenigen, die nicht seine Meinung vertraten. Er nutzte seine Position aus, um wissenschaftlich anders denkenden Kollegen zu schaden und deren Karrieren zu behindern, mit der gleichen Energie nutzte er aber auch seine Position, um seine politischen Freunde zu unterstützen. So sind heute Briefe an John F. Kennedy bekannt,[26] in denen er dem zukünftigen Präsidenten geheime Daten über Geheimdienstaktivitäten aus der Eisenhower-Ära anbietet. Die interessantesten Verbindungen zur *Majestic-12*-Gruppe liefert jedoch die Bekanntschaft Menzels mit Dr. Detlef Bronk, ebenfalls ein *MJ-12*-Mitglied, und mit Dr. Edward Condon. Über Condon, den Verfasser des gleichnamigen UFO-(Entlarvungs-)Reports, werden wir in einem späteren Kapitel noch ausführlicher berichten. Donald Menzel führte also ein Doppelleben, auf der einen Seite der Professor für Astronomie, der UFOs und alles, was damit in Zusammenhang steht, als lächerlich darstellte, und auf der anderen Seite der NSA-Berater mit Kontakten bis in die höchsten Regierungskreise. Falls die *Majestic-12*-Dokumente gefälscht sind, geht schon alleine aus dem Wissen über das Leben von Donald Menzel hervor, daß der Fälscher der Papiere Zugang zu geheimen Regierungsdokumenten haben mußte. Anders sind so detaillierte Informationen über geheimes Material sonst kaum zu erklären. Dieser Ausflug in die Biographie von Menzel zeigt aber auch, wie schwierig die Arbeit der UFO-Forscher bei der Suche nach der Wahrheit sein kann. Die Bedeutung von Aussagen, Dokumenten oder Personen kann nicht ohne das nötige Hintergrundwissen bestimmt werden, wobei in den meisten Fällen der Wahrheitsgehalt aller Informationen nur indirekt bewiesen werden kann.

Einer der hartnäckigsten und bekanntesten UFO-Entlarver der Gegenwart ist Philip Klass. Er nutzt seine Stellung als Redakteur der Zeitschrift *Aviation Week & Space Technology*, um systematisch alles UFO-Material als Täuschung oder Fälschung zu identifizieren. Ein schwerer Einwand gegen die Echtheit der *MAJIC-12*-Dokumente kam von seiner Seite, als er im Jahre 1989 die Dokumente von einem Experten untersuchen ließ. Am 12. Oktober desselben Jahres gab er bekannt, daß die Dokumente eine Fälschung sein müßten, da sie mit einer Schreibmaschine getippt worden seien, die erst ab dem Jahr 1963 hergestellt wurde. Sofort nach dieser Bekanntmachung ließ wiederum William Moore die Papiere von vier Experten untersuchen und gab einige Tage danach das Ergebnis bekannt. Die Fachleute konnten sich nicht auf eine eindeutige Aussage einigen, der Typ der Schreibmaschine war nicht exakt zu bestimmen.[26] Der von Klass engagierte Ex-

CHOATE. HALL & STEWART

30 STATE STREET

TELEPHONE CApitol 7-5020

BOSTON 9. MASS.

January 13, 1951

Dr. Vannevar Bush
Carnegie Institution of Washington
1530 P Street, N.W.
Washington 5, D. C.

Dear Dr. Bush:

I am happy to inform you that the Air Force
Central Loyalty-Security Board has under date of January 11,
1951 advised Dr. Donald H. Menzel and myself of Dr. Menzel's
complete clearance with respect to the loyalty and security
charges brought against him by the U. S. Air Force. The
letter of the Executive Secretary of the Board advising of
this determination contains the following paragraph:

"I am pleased to inform you that the Board determined
that, on all the evidence, reasonable grounds do not exist
for the belief that you are disloyal to the Government
of the United States and that reasonable grounds do not
exist for the belief that your immediate removal would
be warranted by the demands of national security. This
decision has been approved by the Assistant Secretary
of the Air Force (Management)."

I know that you will be hearing directly from Donald
Menzel, but I am, in accordance with my commitment to you,
advising you immediately of this result because of your great
interest in the matter. In doing so, I want to express
personally my very sincere appreciation of the all-out help
which you provided in the presentation of his case.

Sincerely yours,

RP:R

Abb. 4: Ein Brief an Dr. Vannevar Bush, in dem der NSA-Berater Dr. Donald Menzel erwähnt wird, 15. Januar 1951 (Stanton Friedman).

perte äußerte sich dahingehend, daß die Dokumente an sich zwar nicht aus den fünfziger Jahren stammen würden, deren Inhalt jedoch durchaus Realität sein könnte. »Das ist nichts Ungewöhnliches in solchen Situationen«, stellte der Experte fest. Neben den Angriffen von Klass gehen weitere skeptische Stimmen sogar so weit, den Forschern William Moore und Stanton Friedman den Vorwurf zu machen, die *MJ-12*-Dokumente gefälscht zu haben, aus welchen Gründen auch immer (eine Unterschrift von Truman ist jedenfalls nicht original, soviel konnte mit Sicherheit festgestellt werden.[33]) Die Begründung ist, daß kaum jemand sonst das nötige Hintergrundwissen gehabt hätte, um die Papiere so detailliert zu gestalten, wie sie nun einmal vorliegen.

Auf der anderen Seite gibt es Indizien, welche die *Majestic-12*-Dokumente als möglicherweise authentisch erscheinen lassen – es kann beispielsweise mit ziemlicher Sicherheit bewiesen werden, daß das Cutler-Twining-Memo authentisch ist. Dies wurde möglich durch eine Analyse der Papiersorte, auf der die Nachricht an General Twining getippt ist. Daß viele der angeblichen Beweise jedoch mit Vorsicht zu behandeln sind, zeigt ein ebenfalls *nicht* auf offiziellem Wege in die Öffentlichkeit gelangtes Telex des Air Force Office of Special Investigations (AFOSI), datiert auf den 17. November 1980:

»…Offizielle Regierungspolitik und Ergebnisse von Projekt *Aquarius* sind noch immer streng geheim ohne Freigabe nach außen, abgesehen von Geheimdienstkanälen und mit eingeschränkten Zugriff auf *MJ-12*.«

In diesem Dokument erscheint der Name *MJ-12*! Obwohl das AFOSI dieses Dokument als Fälschung bezeichnet hat, glaubten die meisten Forscher dennoch lange an seine Echtheit. Heute ist man inzwischen jedoch zu dem Schluß gekommen, daß es nicht nur Fehlinformation enthält, sondern auch absichtlich in Umlauf gebracht wurde, um unter den UFO-Forschern Verwirrung zu stiften. Die NSA hat zwar bestätigt, daß das im Dokument erwähnte Projekt *Aquarius* tatsächlich existiert, nur muß dieses aber nicht unbedingt etwas mit UFOs zu tun haben. Noch eine andere amerikanische Sicherheitsbehörde lieferte ebenfalls Stoff für die Kontroverse um *Majestic-12*. Der kalifornische Forscher Lee Graham versucht seit vielen Jahren seine Regierung dazu zu bewegen, die Authentizität der Papiere zu wiederlegen oder aber offiziell einzugestehen. Zu diesem Zweck stellte er wiederholt FOIA-Anträge und erhielt am 24. Mai 1990 tatsächlich eine Antwort vom Defense Investigation Service (DIS). Die Antwort bestand aus den *MJ-12*-Papieren, mit Stempeln bedruckt, die sie als unklassifiziert ausweisen. Diese Antwort könnte als ein Indiz einer amerikanischen Regierungsstelle angesehen werden, daß die Gruppe *Majestic-12* tatsächlich einmal existiert hat. Stanton Friedman, welcher über mehrere Jahre sehr intensiv alle Informationen in den Dokumenten nachgeprüft hat, kommt zu dem Schluß, daß es keinen Beweis für eine Fälschung gibt. Er schreibt in seinem Endbericht zur Untersuchung der Dokumente: [26]

»Die Belege für den Absturz eines UFOs in Roswell sind einfach überwältigend. Wenn es keine Operation *Majestic-12* gegeben hätte – wir müßten eine solche erfinden!«

Trotz aller positiven Ergebnisse von Stanton Friedman und trotz seiner detaillierten Nachforschungen gibt es dennoch keinen eindeutigen, unwiderruflichen Beweis für die Echtheit der *MJ-12*-Dokumente. Es gibt durchaus Kreise von UFO-Forschern, welche die Authentizität des Dokumentes sehr stark anzweifeln, denn zu seltsam ist die ganze bisherige Geschichte. Nach neuesten Entwicklungen scheint sich tatsächlich herauszukristallisieren, daß die *Majestic-12*-Dokumente doch nur eine Fälschung darstellen (die Zyniker unter den UFO-Forschern würden wahrscheinlich sagen: eine Irreführung von Seiten der Behörden). Die UFO-Forscher Lee Graham und Armen Victorian haben eine Aussage von der USAF erhalten, laut derer die Dokumente als sehr wahrscheinlich gefälscht eingestuft werden. Colonel Richard Weaver, Mitarbeiter der USAF aus Washington, antwortete auf eine Anfrage von Lee Graham folgendermaßen: [34]

»... Als zusätzliche Antwort zu ihren laufenden Anfragen bezüglich der sogenannten *Majestic 12-*, *Snowbird-* und *Aquarius*-Dokumente habe ich ihnen Kopien der Dokumente beigelegt, die richtigerweise so markiert sind: Kein offizielles USAF-Dokument, nicht geheim; Wahrscheinlich Fälschung oder unechte Dokumente. Wenn sie darauf bestehen, diese Dokumente weiter zu verbreiten, sollten sie das zumindest mit den entsprechenden Markierungen machen ...«

Man kann sich jetzt natürlich die Frage stellen, warum der ganze Aufwand betrieben wurde, die *MJ-12*-Papiere zu fälschen. Nun, dafür gibt es mehrere mögliche Gründe:[35] (1) Es könnte darum gehen, jegliche Forschungsarbeit rund um den Roswell-Zwischenfall zu diskreditieren, also unglaubwürdig zu machen; (2) es sollte Verwirrung rund um eine tatsächlich existierende, *MJ-12*-ähnliche, Organisation gestiftet werden, um die Recherchen einiger verbissener Forscher zu erschweren beziehungsweise vollkommen zu verhindern.

10 Das Zeugnis von Dr. Robert Sarbacher

Der Schriftsteller und Zeitungskolumnist Frank Scully schrieb 1950 ein Buch mit dem Titel *Behind the Flying Saucers*. Dieses Buch handelt von einer abgestürzten und vom Militär geborgenen fliegenden Untertasse bei Aztec, New Mexico (die Ortschaft Aztec befindet sich Hunderte Kilometer von Roswell entfernt). Das Buch wurde zwar ein finanzieller Erfolg, konnte aber auf Grund von unzureichenden Nachforschungen, Irrtümern und Desinformationen seitens der Luftwaffe sofort ins Reich der Legenden verwiesen werden. Der Journalist J. P. Cahn aus San Francisco wurde möglicherweise dafür bezahlt, um die Geschichten, die von Frank Scully im Umlauf gebracht wurden, schlecht zu machen. Cahns Artikel strotzte jedenfalls von Unwahrheiten und Verleumdungen über Frank Scully (es ist bezeichnend, daß alle anderen Buchkritiker sich mit den Nachforschungen von Cahn zufrieden gaben und seinen Artikel übernahmen). Die Frau von Scully berichtete, daß der Informant ihres Mannes ein Wissenschaftler der Regierung war, und daß sie seinen Namen kennen würde, jedoch nicht preisgeben könne. Der Luftwaffe jedenfalls gab das Buch einen ausgezeichneten Vorwand, um die Gerüchte über geborgene UFOs ins Reich der Märchen ableiten zu lassen und den Erfolg von anderen Büchern, die dieses Thema behandelten, im Keim zu ersticken.

Auf der Suche nach der Wahrheit über UFOs und hier im speziellen auch über die Operation *Majestic-12* treten immer wieder Personen in den Vordergrund, welche die UFO-Forscher durch ihre Kompetenz und Glaubwürdigkeit beeindrucken. Unter diesen Personen spielt bis heute Dr. Robert Sarbacher eine besondere Rolle. Der Physiker hat eine beeindruckende wissenschaftliche Karriere hinter sich, mit Studienabschlüssen an der Princeton- und Harvard-Universität, als auch einer Lehrtätigkeit als Professor für Elektronik am Illinois Institute of Technology. Dr. Sarbacher war Erfinder und Autor von mehreren technischen Publikationen. In den letzten Jahren seiner aktiven Laufbahn war er Präsident des Washington Institute of Technology. Am 15. September 1950 gab es in seinem Büro eine geheime Sitzung mit einigen Angehörigen der kanadischen Botschaft in Angelegenheiten der nationalen Sicherheit der USA. Bei dem Treffen ging es um ein Buch, in dem die Rede war von fliegenden Untertassen und dem Besitz von Wracks dieser UFOs in den Händen der amerikanischen Regierung (es handelt sich dabei um das oben erwähnte Werk von Frank Scully!). Eine der beteiligten Personen an diesem Treffen war der Kanadier Dr. Wilbert B. Smith, der ein Experte auf dem Gebiet der Rundfunktechnik war. Er interessierte sich für die technischen Beschreibungen in diesem Buch und bat nach dem geheimen Treffen um ein Interview mit Dr. Sarbacher, in der Absicht, weiterführende Informationen zu erhalten. Im folgenden soll das Interview, so wie es von Smith aufgezeichnet wurde, gebracht werden:[36]

»15. September 1950

Wilbert B. Smith (WBS): ›Ich arbeite auf dem Gebiet des Erdmagnetfeldes als Energiequelle, und ich glaube, unsere Arbeit könnte technische Aspekte mit den UFOs gemeinsam haben.‹

Robert Sarbacher (RS): ›Was wollen Sie wissen?‹

WBS: ›Ich habe Scullys Buch über die Untertassen gelesen, und ich würde gerne wissen, wieviel davon wahr ist.‹

RS: ›Die Tatsachen, wie sie in dem Buch dargestellt werden, sind im wesentlichen richtig.‹
WBS: ›Dann existieren die Untertassen?‹
RS: ›Ja, sie existieren.‹
WBS: ›Arbeiten sie, wie es Scully vorschlägt, magnetisch?‹
RS: ›Wir waren bisher nicht in der Lage, ihre Arbeitsweise zu kopieren.‹
WBS: ›Sie kommen also von einem anderen Planeten?‹
RS: ›Alles was wir wissen ist, daß wir sie nicht gebaut haben, und es ist ziemlich sicher, daß sie nicht von der Erde stammen.‹
WBS: ›Das ganze Thema um die fliegenden Untertassen ist selbstverständlich geheim.‹
RS: ›Ja, es ist zwei Stufen geheimer eingestuft als die Wasserstoffbombe. Tatsächlich ist es derzeit die geheimste Angelegenheit der amerikanischen Regierung.‹
WBS: ›Darf ich nach dem Grund der Geheimhaltung fragen?‹
RS: ›Sie dürfen fragen, aber ich darf ihnen nicht antworten.‹«
Wilbert Smith war von den Informationen, die er herausgefunden hatte, so beeindruckt, daß er ein Projekt vorschlug, mit dem der Zusammenhang zwischen den UFO-Antrieben und dem Erdmagnetfeld untersucht werden sollte.[25] Das Projekt hatte den Namen *Magnet* und wurde von der kanadischen Regierung im Jahr 1950 bewilligt. Ein erster Entwurf für den Antrag von Smith, um Geld für das Projekt *Magnet* zu erhalten, war bis 1969 als TOP SECRET klassifiziert. Erst der UFO-Forscher Arthur Bray konnte eine Kopie davon im Jahr 1978 von der kanadischen Regierung erhalten. Nachdem der UFO-Forscher William Steinman von dem Interview Smiths erfuhr, wandte er sich direkt an Dr. Sarbacher, um sich den Inhalt des Interviews bestätigen zu lassen und um weitere Informationen zu erhalten. Sarbacher antwortete auf die Anfrage von Steinman in einem Brief, in welchem er seine Aussage aus den fünfziger Jahren wiederholte: nämlich, daß UFOs existieren. Dieser Brief und das Interview vor 40 Jahren sind die Bestätigung eines angesehen Wissenschaftlers für die Anwesenheit einer fremden Intelligenz auf dieser Erde!

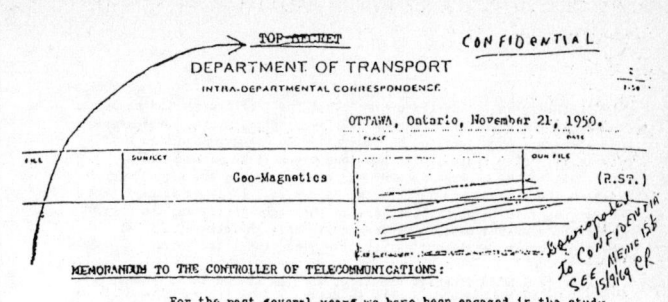

TOP-~~SECRET~~   CONFIDENTIAL

DEPARTMENT OF TRANSPORT
INTRA-DEPARTMENTAL CORRESPONDENCE

OTTAWA, Ontario, November 21, 1950.

FILE	SUBJECT		OUR FILE
	Geo-Magnetics		(R.ST.)

Downgraded to CONFIDENTIAL SEE MEMO 15/9/69 ER

MEMORANDUM TO THE CONTROLLER OF TELECOMMUNICATIONS:

For the past several years we have been engaged in the study of various aspects of radio wave propagation. The vagaries of this phenomenon have led us into the fields of aurora, cosmic radiation, atmospheric radio-activity and geo-magnetism. In the case of geo-magnetics our investigations have contributed little to our knowledge of radio wave propagation as yet, but nevertheless have indicated several avenues of investigation which may well be explored with profit. For example, we are on the track of a means whereby the potential energy of the earth's magnetic field may be abstracted and used.

On the basis of theoretical considerations a small and very crude experimental unit was constructed approximately a year ago and tested in our Standards Laboratory. The tests were essentially successful in that sufficient energy was abstracted from the earth's field to operate a voltmeter, approximately 50 milliwatts. Although this unit was far from being self-sustaining, it nevertheless demonstrated the soundness of the basic principles in a qualitative manner and provided useful data for the design of a better unit.

The design has now been completed for a unit which should be self-sustaining and in addition provide a small surplus of power. Such a unit, in addition to functioning as a 'pilot power plant' should be large enough to permit the study of the various reaction forces which are expected to develop.

We believe that we are on the track of something which may well prove to be the introduction to a new technology. The existence of a different technology is borne out by the investigations which are being carried on at the present time in relation to flying saucers.

While in Washington attending the NARB Conference, two books were released, one titled "Behind the Flying Saucer" by Frank Scully, and the other "The Flying Saucers are Real" by Donald Keyhoe. Both books dealt mostly with the sightings of unidentified objects and both books claim that flying objects were of extra-terrestrial origin and might well be space ships

...... 2

Abb. 5: Teil 1 des ursprünglich als TOP-SECRET klassifizierten Geo-Magnetics-Dokuments von Wilbert B. Smith, 21. November 1950 (Arthur Bray, Grant Cameron und Scott T. Crain Jr.).

from another planet. Scully claimed that the preliminary studies of one saucer which fell into the hands of the United States Government indicated that they operated on some hitherto unknown magnetic principles. It appeared to me that our own work in geo-magnetics might well be the linkage between our technology and the technology by which the saucers are designed and operated. If it is assumed that our geo-magnetic investigations are in the right direction, the theory of operation of the saucers becomes quite straightforward, with all observed features explained qualitatively and quantitatively.

I made discreet enquiries through the Canadian Embassy staff in Washington who were able to obtain for me the following information:

a. The matter is the most highly classified subject in the United States Government, rating higher even than the H-bomb.

b. Flying saucers exist.

c. Their modus operandi is unknown but concentrated effort is being made by a small group headed by Doctor Vannevar Bush.

d. The entire matter is considered by the United States authorities to be of tremendous significance.

I was further informed that the United States authorities are investigating along quite a number of lines which might possibly be related to the saucers such as mental phenomena and I gather that they are not doing too well since they indicated that if Canada is doing anything at all in geo-magnetics they would welcome a discussion with suitably accredited Canadians.

While I am not yet in a position to say that we have solved even the first problems in geo-magnetic energy release, I feel that the correlation between our basic theory and the available information on saucers checks too closely to be more coincidence. It is my honest opinion that we are on the right track and are fairly close to at least some of the answers.

Mr. Wright, Defenc Research Board liaison officer at the Canadian Embassy in Washington, was extremely anxious for me to get in touch with Doctor Solandt, Chairman of the Defence Research Board, to discuss with him future investigations along the line of geo-magnetic energy release.

.... 3

Abb. 6: Teil 2 des Geo-Magnetics-Dokuments von Wilbert B. Smith, 21. November 1950 (Arthur Bray, Grant Cameron und Scott T. Crain Jr.).

DR. ROBERT I. SARBACHER
PRESIDENT AND CHAIRMAN OF BOARD

*Answer
from Dr. Sarbacher
Received 12-5-83
Wm Steinman*

November 29, 1983

Mr. William Steinman
15043 Rosalita Drive
La Mirada, California 90638

Dear Mr. Steinman:

I am sorry I have taken so long in answering your letters.
However, I have moved my office and have had to make a
number of extended trips.

To answer your last question in your letter of October 14,
1983, there is no particular reason I feel I shouldn't or
couldn't answer any or all of your questions. I am delight-
ed to answer all of them to the best of my ability.

You listed some of your questions in your letter of
September 12th. I will attempt to answer them as you had
listed them.

    1.   Relating to my own experience regarding re-
covered flying saucers, I had no association with any
of the people involved in the recovery and have no knowledge regarding the dates of the recoveries. If I had I
would send it to you.

    2.   Regarding verification that persons you list
were involved, I can only say this:

       John von Neuman was definitely involved. Dr.
Vannever Bush was definitely involved, and I think Dr.
Robert Oppenheimer also.

       My association with the Research and Develop-
ment Board under Doctor Compton during the Eisenhower
administration was rather limited so that although I had
been invited to participate in several discussions associated withthe reported recoveries, I could not personally
attend the meetings. I am sure thatthey would have asked
Dr. von Braun, and the others that you listed were probably
asked and may or may not have attended. This is all I know
for sure.

500 BRAZILIAN AVENUE   PALM BEACH, FLORIDA 33480   305-833-1116

*Abb. 7: Teil 1 des Briefes von Dr. Sarbacher an William Steinman,
29. November 1983.*

3.   I did receive some official reports when I was in my office at the Pentagon but all of these were left there as at the time we were never supposed to take them out of the office.

4.   I do not recall receiving any photographs such as you request so I am not in a position to answer.

5.   I have to make the same reply as on No. 4.

I recall the interview with Dr. Brenner of the Canadian Embassy. I think the answers I gave him were the ones you listed. Naturally, I was more familiar with the subject matter under discussion, at that time. Actually, I would have been able to give more specific answers had I attended the meetings concerning the subject. You must understand that I took this assignment as a private contribution. We were called "dollar-a-year men." My first responsibility was the maintenance of my own business activity so that my participation was limited.

About the only thing I remember at this time is that certain materials reported to have come from flying saucer crashes were extremely light and very tough. I am sure our laboratories analyzed them very carefully.

There were reports that instruments or people operating these machines were also of very light weight, sufficient to withstand the tremendous deceleration and acceleration associated with their machinery. I remember in talking with some of the people at the office that I got the impression these "aliens" were constructed like certain insects we have observed on earth, wherein because of the low mass the inertial forces involved in operation of these instruments would be quite low.

I still do not know why the high order of classification has been given and why the denial of the existence of these devices.

I am sorry it has taken me so long to reply but I suggest you get in touch with the others who may be directly involved in this program.

Sincerely yours,

Dr. Robert I. Sarbacher

P. S. It occurs to me that Dr. Bush's name is inccorrect as you have it,. Please check the spelling.

and as I correct it.

Abb. 8: Teil 2 des Briefes von Dr. Sarbacher an William Steinman, 29. November 1983. (William Steinman, Grant Cameron und Scott T. Crain Jr.)

11   Dr. Eric Walker

In seinem Schreiben erwähnte Dr. Sarbacher geheime Treffen am Wright Patterson Airfield. Eine der dort anwesenden Personen war Dr. Eric Walker.

Die Karriere dieses amerikanischen Wissenschaftlers ist in der Tat beeindruckend. Er wurde 1910 in England geboren und erhielt seine Doktorwürde an der Universität von Cambridge, Massachusetts. Während des Zweiten Weltkrieges nahm er an der Entwicklung von Sonargeräten für den Unterwassereinsatz teil und wurde einer der Leiter des Unterwasser-Akustik-Labors der Harvard-Universität. Für seine darauffolgenden Arbeiten an einem Torpedo wurde er mit einer Medaille der Navy ausgezeichnet. Ab 1951 wurde Walker Präsident der Penn-State-Universität, seine Aufgabe war die Koordination und Leitung der dortigen Forschungsbemühungen. Seine Verwicklungen in diverse amerikanische Unternehmungen rund um UFOs kann bis heute nur indirekt bewiesen werden, obwohl er in einigen persönlichen Interviews (die alle telefonisch geführt wurden) Informationen preisgibt. Hier das erste Gespräch, das William Steinman im Jahr 1987 mit Dr. Walker führte:[36]

»Walker (W): ›Hallo.‹

Steinman (S): ›Hallo… Hier spricht William Steinman aus Los Angeles in Kalifornien. Ich rufe an bezüglich der Treffen, die Sie auf der Wright-Patterson Air Force Base in/um 1949–1950 besucht haben, betreffend der militärischen Bergung von fliegenden Untertassen und Körpern von Besatzungsmitgliedern. Dr. Robert Sarbacher berichtete mir das. Sie und Sarbacher waren beide Berater des DRB (Defense Research Board) 1950; Sie waren Sekretär 1950–51.‹

W: ›Ja, ich besuchte Treffen, bei denen es um diese Sache ging; warum wollen Sie davon wissen?‹

S: ›Ich glaube, es ist eine sehr wichtige Sache. Immerhin wir… sprechen über die tatsächliche Bergung einer fliegenden Untertasse (Raumschiff), die nicht auf dieser Erde gebaut oder konstruiert wurde! Und weiters sprechen wir über die Körper der Besatzung vom Schiff, die als nicht von dieser Erde stammend klassifiziert wurden!‹

W: ›Nun... was gibt es für einen Grund, darüber so aufgeregt zu sein? Warum die ganze Beunruhigung?‹

S: ›Ich bin nicht aufgeregt, nur sehr besorgt. Wir sprechen hier über eine Sache, die die U.S.-Regierung offiziell dementiert, das geht soweit, daß jeder Beweis als angeblich falsch entlarvt wird und Zeugen lächerlich gemacht werden. Sie sitzen also hier und fragen: Was gibt es: um so aufgeregt zu sein? Und: Warum die ganze Beunruhigung? Dr. Vannevar Bush, Dr. Detlef Bronk und andere dachten, es wäre sehr wichtig, und waren auch beunruhigt genug, um es als geheimer als TOP SECRET einzustufen, tatsächlich als die geheimste Sache der U.S.-Regierung! Haben Sie jemals von der *MJ-12*-Gruppe und dem Projekt *Majestic-12* gehört, welches als TOP SECRET/MAJIC klassifiziert wurde? Ich habe eine Kopie von Präsident Eisenhowers Einweisungspapieren hierzu, datiert auf den 18. November 1952.‹

W: ›Ja, ich weiß von *MJ-12.* Ich weiß von denen seit 40 Jahren. Ich glaube, daß Sie nach Windmühlen jagen und mit ihnen kämpfen!‹

S: ›Warum sagen Sie das?‹

W: ›Sie ergründen ein Gebiet, in dem Sie absolut nichts ausrichten können. Deshalb, warum sich darauf einlassen oder darum kümmern? Warum lassen Sie es nicht sein und lassen es fallen? Vergessen Sie es!‹

S: ›Nein, ich lasse es nicht sein. Ich ziehe es bis zum Ende durch.‹

W: ›Nun... wenn Sie alles darüber herausfinden, was machen Sie dann?‹

S: ›Ich glaube, daß die ganze Sache an die Öffentlichkeit gebracht werden muß. Die Leute sollten die Wahrheit erfahren!‹

W: ›Das ist es nicht wert! Lassen Sie es!‹

S: ›Können Sie sich an irgendwelche Details der Bergung oder der nachfolgenden Analyse der Untertassen oder Körper erinnern?‹

W: ›Ich bin sicher, ich habe Notizen von den Treffen auf der Wright-Patterson-Air-Force-Basis. Ich müßte Sie ausgraben und sie lesen, um mein Gedächtnis aufzufrischen.‹

S: ›Wenn ich Ihnen einen Brief schreibe, würden Sie so detailliert antworten, wie Sie sich erinnern? Könnten Sie die Notizen kopieren und Sie mir schicken?‹

W: ›Vielleicht. Zumindest werde ich Ihren Brief behalten, meine Notizen ausgraben und darüber nachdenken, ob ich antworten werde. Mehr kann ich im Moment nicht sagen.‹

S: ›Nun, Mr. Walker, ich schreibe so bald wie möglich einen Brief. Danke für ihre wertvolle Zeit. Auf Wiederhören.‹

W: ›Auf Wiederhören.‹«

In diesem Gespräch hat Dr. Walker bestätigt, geheime Treffen besucht zu haben, in denen es um UFOs und ihre Besatzung ging. Walker bestätigte auch, daß er mit *MJ-12* vertraut war und die Gruppe kannte. William Steinman schickte an Walker sofort einen Brief – und erhielt drei Wochen später eine seltsame Antwort. Im Schreiben hieß es, daß das abgestürzte UFO nur ein Landefahrzeug war und die Insassen vier menschlich aussehende Wesen gewesen seien. Sie wären sehr intelligent und seien bis heute in die normale Zivilisation integriert (als Computer-Experte, Athlet, Wall-Street-Makler, vom vierten habe man die Spur verloren). Offensichtlich hat Dr. Walker versucht, den UFO-Forscher Steinman mit seinem Schreiben zu verwirren, denn er könnte und würde kaum jemals Informationen preisgeben, die heute noch geheimer als TOP SECRET klassifiziert sind. Dr. Walker hat in seinem ersten Telefoninterview (vielleicht unabsichtlich) etwas von seinem Wissen preisgegeben (die Existenz von *MJ-12* oder einer ähnlichen Organisation), und er sah sich daraufhin gezwungen, diese Aussagen wieder zu diskreditieren, um größeren Schaden zu vermeiden:

»Lieber Mr. Steinman, Sie haben in einigen Dingen recht, in anderen nicht. Die Maschine selbst war offensichtlich nur ein Landefahrzeug, und zeigte keine ungewöhnlichen Merkmale und hatte einen Antriebsmechanismus, mit dem wir ziemlich vertraut waren. Ich glaube, es existiert noch immer und wird an einem Platz in der Nähe des Wright Field aufbewahrt.

Ihr größter Fehler liegt natürlich beim Fund der vier Körper – es gab keine Körper; da waren nur vier sehr normale Personen, alle männlich. Unglücklicherweise hatten sie keine Erinnerung an irgend etwas in der Vergangenheit (vielleicht mit Absicht), aber sie waren hochintelligent. Sie lernten innerhalb von wenigen Stunden Englisch, und es war unsere Entscheidung, kein öffentliches Spektakel um sie zu machen, sondern ihnen zu erlauben, von der amerikanischen Kultur absorbiert zu werden, sobald wir sicher waren, daß sie keine Kontamination mit sich bringen würden. Ich glaube, alle vier haben das sehr erfolgreich gemacht. Einer nahm einen einfachen Namen an und erwies sich als Computerexperte, obwohl er sich selbst an solche Geräte nicht erinnern konnte. Er wurde der Präsident und Erneuerer einer der größten und erfolgreichsten Computerorganisationen.

Ein zweiter wurde ein weltbekannter Athlet und übertraf aufgrund seiner schnellen Reaktionszeit jede normale Person mit seiner Leistung. Er ist noch immer ein bekannter professioneller Athlet.

Der dritte fühlte sich von Geldangelegenheiten in unserer kapitalistischen Welt sehr angezogen. Er machte sich selbst berühmt als Wall-Street-Makler und ist sehr reich.

Vom vierten habe ich die Spur verloren. Jedoch halte ich die Entscheidung, diese Leute in die amerikanische Gesellschaft zu entlassen, für vollkommen gerechtfertigt, und ich sehe keinen Grund diese Entscheidung zurückzunehmen. Ich hoffe, Sie belassen die Dinge so, wie sie sind. Die Ergebnisse sind wirklich zufriedenstellend, und nichts kann mit weiterer Bekanntheit in der Öffentlichkeit erreicht werden.«

Bei weiteren Kontakten von anderen UFO-Forschern mit Eric Walker reagierte der Wissenschaftler noch weit seltsamer. Er verlor bei einigen Gesprächen plötzlich sogar die Erinnerung an Ereignisse und Treffen, auf die er sich vor kurzer Zeit noch recht gut besinnen konnte, und er wußte auch nicht mehr, wer William

Steinman war (der immerhin mehrmals mit ihm Interviews geführt hatte). Armen Victorian, einem britisch-armenischen Forscher, ist es dennoch gelungen, mit Walker unter dem Pseudonym Henry Azadehdel einige sehr aufschlußreiche Telefonate zu führen. Zum Abschluß des Themas Eric Walker hier einer der interessantesten Ausschnitte: [36] Das Gespräch wurde am 8. März 1990 geführt und auf Band aufgezeichnet.

»Dr. Azadehdel (A): … ›Aber Doktor Walker, ich habe ein Buch mit Namen *Geheimer als TOP SECRET* gelesen. Darin gab es Dokumente, die sich auf eine Gruppe, bekannt als *MJ-12*, bezogen. Haben Sie von diesen Dokumenten gehört?‹

Dr. Walker (W): ›Seit langer Zeit schon habe ich nichts mit ihnen zu tun.‹

A: ›Sind die Dokumente authentisch?‹

W: ›Ich glaube nicht.‹

A: ›Doktor, ist so eine Gruppe noch immer aktiv?‹

W: ›Wie gut sind Sie in Mathematik?‹

A: ›So gut wie es für einen Doktor in Physik notwendig ist, aber warum?‹

W: ›Weil es nur wenigen möglich ist, mit dieser Sache umzugehen. Wenn Ihre geistige Kapazität nicht die von Einstein oder ähnlich ist, weiß ich nicht, wie Sie irgend etwas erreichen könnten.‹

A: ›Nun, Doktor, ich habe es seit vielen Jahren versucht. Aber, gibt es Wissenschaftler der Regierung?‹

W: ›Jeder liegt bei dieser Sache falsch. Ich vermute, daß Sie meinen, ob diese Wissenschaftler für die Verteidigung oder das Militär arbeiten.‹

A: ›Ja: Doktor, das habe ich gemeint.‹

W: ›Nun, das ist der Punkt, bei dem Sie falsch liegen. Sie sind eine Handvoll Elite. Wenn Sie in dieser Gruppe involviert wären, ich würde es wissen.‹

A: ›Ist es eine Gruppe wie Bilderbergs, Pugwash oder etwas ähnliches?‹

W: ›Das habe ich nicht verstanden.‹

A: ›Ist die Gruppe wie die Bilderbergs, Pugwash oder die Trilate-
ralen?‹

W (lange Zeit Stille): ›So etwas in der Art.‹

A: ›Sind einige Menschen wie ich und du in dieser Gruppe?‹

W: ›Was meinen Sie?‹

A: ›Ich meine normale Leute, die Jahre ihres Lebens dem Studium der UFOs gewidmet haben.‹

W: ›Nein.‹

A: ›Sind Sie ein Mitglied dieser Gruppe?‹

W: ›Ich kann das nicht beantworten. Wie gut ist Ihr siebter Sinn?
Wieviel wissen Sie über ESP (Außersinnliche Wahrnehmung)?‹

A: ›Ich weiß bis zu einem gewissen Grad etwas über ESP und
EVP. Aber, was hat das damit zu tun?‹

W: ›Sofern Sie nichts davon wissen, und nicht wissen, wie man es
benutzt, werden Sie nicht aufgenommen. Nur wenige wissen
davon.‹

A: ›Doktor, sind Leute des Militärs in dieser Gruppe?‹

W: ›Nein.‹

A: ›Haben wir irgend etwas von der Technologie, die wir gelernt
haben, von den UFOs im Militär verwendet?‹

W: ›Ich kann diese Frage nicht beantworten. Sie versuchen die
Antworten aus mir herauszupressen. Wenn Sie in diese Gruppe
eingeladen werden, ich würde es wissen.‹

A: ›Gibt es 10, 12, 14 Mitglieder, sind sie alle Amerikaner?‹

W: ›Ich kann ihnen die Anzahl nicht sagen, und nein, es müssen
nicht unbedingt alle Amerikaner sein.‹

A: ›Doktor, haben wir das Wissen bewältigt, arbeiten wir mit den
Wesen zusammen?‹

W: ›Nein, wir haben so viel gelernt, wir arbeiten nicht mit ihnen,
wir halten nur Kontakt.‹

A: ›Haben wir Untertassen erbeutet, irgendein Material von den
Scheiben, um es zu studieren?‹

W: ›Die Technologie geht weit über das hinaus, was in der Stan-
dard-Physik bekannt ist – daß man mißt und Meßergebnisse erhält. Sie drängen nach Antworten, nicht wahr?‹

A: ›Doktor, ich habe einen Bericht, genannt Projekt *Magnet,* erhalten. Haben Sie jemals Wilbert Smith, der an diesem Projekt in Kanada gearbeitet hat, getroffen?‹
W: ›Nein, ich glaube nicht, daß ich diese Person getroffen habe.‹
A: ›Ist das Konzept elektromagnetisch oder gravitativ?‹
W: ›Wie ich gesagt habe, es geht weit über die bekannte Physik hinaus. Sehr wenige wissen darüber.‹«
Dr. Walker fühlt sich seinem Gesprächspartner gegenüber anscheinend relativ sicher und beantwortet indirekt einige sensitive Fragen von Henry Azadehdel. Seine Antworten sind teilweise offen, teilweise sehr eingeschränkt, man hat jedoch den Eindruck, daß Walker sich um Ehrlichkeit bemüht und daß er seinen Gesprächspartner nicht belügen will. Als wesentliche Schlußfolgerung ist festzuhalten, daß Walker von einer Gruppe sehr talentierter Wissenschaftler spricht, welche zu der exotischen Technologie direkten Zugang hat. Obwohl der Name *MJ-12* nie erwähnt wird oder auch nur die Anzahl der beteiligten Personen ins Spiel kommt (Azadehdel hat offensichtlich versucht, Walker die Zahl 12 zu entlocken), betont Walker, daß nur sehr wenige Menschen darüber wissen. Das Gespräch könnte als ein weiterer indirekter Hinweis auf die Existenz eines Kreises von Forschern gesehen werden, die sich mit außergewöhnlichen Technologien beschäftigen.

12   Admiral Bobby Ray Inman

Dr. Robert Sarbacher, Dr. Eric Walker – beide Personen haben sowohl mündlich in Interviews als auch schriftlich bekannt, etwas über UFOs zu wissen. Es gibt jedoch noch eine weitere Person aus allerhöchsten Geheimdienstkreisen, die einem UFO-Forscher gegenüber Andeutungen über geborgene UFOs und insbesondere *Majestic-12* gemacht hat. Die Rede ist hier von Admiral Bobby Ray Inman. Er war während seiner beispielhaften Karriere sowohl Direktor der NSA von 1976 bis 1981 als auch einige Jahre Direktor der Naval Intelligence, des Geheimdienstes der Navy. Inman ging 1982 in Pension, er ist seitdem Präsident einer Firma mit dem Spezialgebiet Mikro-Elektronik. Kurzfristig erlangte Bobby Inman einen größeren Bekanntheitsgrad in der Öffentlichkeit, als er Anfang 1994 den damaligen Pentagon-Chef Les Aspin ablösen sollte,[37] aus unbekannten Gründen jedoch sein Amt nicht antrat. Dem ehemaligen NASA-Mitarbeiter Bob Oechsler gelang es, einige Minuten mit Ray Inman persönlich zu sprechen. Oechsler wagte einen direkten Vorstoß und bat Inman direkt um Hilfe in Sachen *Majestic-12*. Inman gab zu verstehen, daß er über *MJ-12* informiert war (!), und gab mit einem kurzen »Ok« sein Einverständnis bekannt. Danach war die kurze Begegnung der beiden Männer wieder vorbei, und nach einem Händeschütteln ging Admiral Inman wieder seiner Wege. Ein Jahr verging ohne weitere Kontakte mit Inman, und so versuchte Bob Oechsler den Admiral telefonisch zu erreichen. Oechsler hat das Gespräch mit Inman auf Band aufgezeichnet, und der Inhalt der Konversation ist wirklich brisant. Auf die Frage von Oechsler, ob einige der *geborgenen Objekte* jemals der Öffentlichkeit zugänglich sein werden, sagt Inman in etwa:[38, 39]

»Ich glaube, vor zehn Jahren wäre die Antwort ›Nein‹ gewesen. Aber die Zeiten ändern sich, und vielleicht werden sie (die Militärs) etwas offener werden ...«

Obwohl kein einziges Mal Worte wie UFO oder Außerirdischer fallen, geht aus dem Gespräch eindeutig hervor, daß Inman sich bewußt ist, über welche Thematik (nämlich UFOs!) er sich mit Oechsler unterhält (Bob Oechsler erklärt, daß er unter keinen Umständen den Eindruck erwecken wollte, einer der UFO-Spinner zu sein, er umschrieb deshalb vorsichtigerweise während seinem Gespräch alle sensiblen Worte mit neutralen, nüchtern wirkenden Worten). Ähnlich wie dies schon bei Eric Walker der Fall war, wurde dem Admiral offensichtlich erst nach seiner Unterhaltung klar, welche Informationen er preisgegeben hatte. Er reagierte deshalb auf weitere Kontakte seitens von Oechsler, Timothy Good und einigen anderen UFO-Forschern entweder gar nicht mehr oder er leugnete den Zusammenhang seiner Aussagen. So erklärte er gegenüber Jerold Johnson (der Bob Oechslers Behauptungen auf das schärfste zu widerlegen suchte), daß es sich in dem Gespräch um geborgene Unterwasserfahrzeuge und nicht um Untertassen gehandelt haben sollte. Bemerkenswert ist jedoch, daß Inman in einem Brief an Armen Victorian[39] wieder etwas anderes behauptet: Ihm sei erst gegen Ende des Telefongespräches bewußt geworden, daß Oechsler Informationen über UFOs haben wollte... Ein klarer Widerspruch zu der Aussage gegenüber Jerold Johnson!

Dr. Bruce Maccabee, ein Physiker, der für die Navy arbeitet, hat die Aufzeichnungen von Oechsler auf ihre Echtheit hin untersucht. Er beglaubigt schriftlich, daß sowohl die Korrespondenz mit Inman als auch die Tonbandaufnahme authentisch sind, und daß Inman darin indirekt bestätigt, daß die USA im Besitz von geborgenen nicht terrestrischen Fahrzeugen sind.

13 Die Verwicklungen des FBI in die UFO-Angelegenheit

Ein weiterer Puzzlestein, der sich perfekt ins Bild von geborgenen Untertassen einbauen läßt, liefert uns das amerikanische FBI. Ein Dokument, das an den damaligen FBI-Direktor J. Edgar Hoover gerichtet war und vor einigen Jahren durch das FOIA-Gesetz vom FBI freigegeben wurde, scheint die Gerüchte von abgestürzten und geborgenen UFOs zu bestätigen. Da die wesentlichen Teile des Memorandums leider zensiert wurden, ging Larry W. Bryant von Citizens Against UFO Secrecy (CAUS) vor Gericht, um dahinter zu kommen, was sich unter den schwarzen Balken der Zensur verbirgt. Das nunmehr größtenteils freigegebene Dokument belegt, daß das FBI auch drei Jahre nach dem Roswell-Zwischenfall von der Luftwaffe nicht genau über die Untersuchungsergebnisse der angeblichen UFO-Wracks und deren toten Besatzungen informiert worden ist, und daß Hoover deshalb interne Nachforschungen anstellen ließ. (Die schwarzen Balken in der Übersetzung entsprechen den zensierten Stellen im Dokument.):

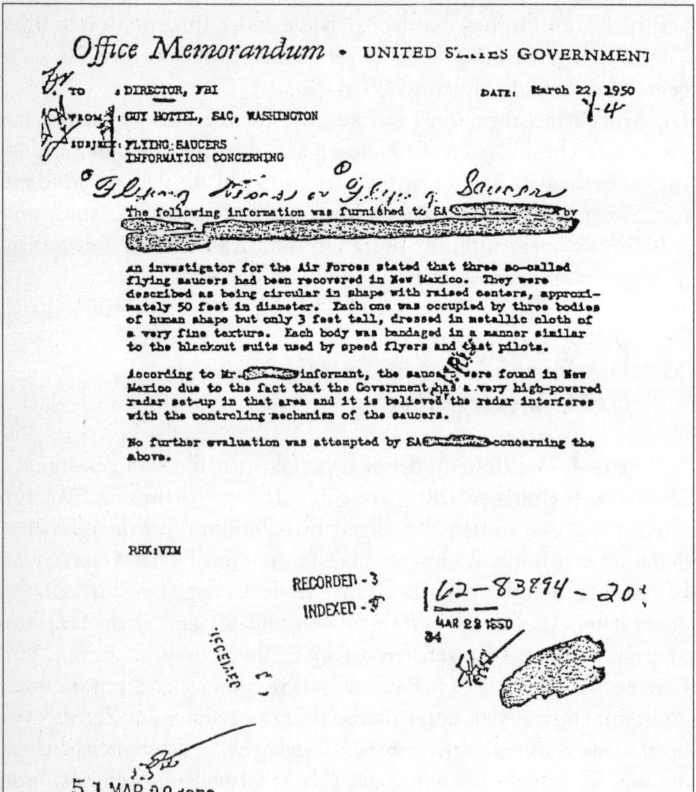

»Die folgende Information wurde von SA ▆▆▆▆▆▆ beschafft, durch ▆▆▆▆▆ ▆▆▆▆▆ ▆▆▆▆▆ ▆▆▆▆▆ ▆▆▆▆▆ ▆▆▆▆▆ ▆▆▆▆▆ ▆▆▆▆▆ ▆▆▆▆▆ ▆▆▆▆▆ ▆▆▆▆▆ ▆▆▆▆▆ ▆▆▆▆▆ ▆▆▆▆▆ ▆▆▆▆▆ ▆▆▆▆▆ ▆▆▆▆▆ ▆▆▆▆▆.

Abb. 9: FBI-Telex über geborgene UFOs, 22. März 1950

Ein Ermittler der Luftwaffe stellte fest, daß drei sogenannte fliegende Untertassen in New Mexico geborgen wurden. Sie wurden in ihrem Aussehen als kreisförmig, mit erhöhtem Zentrum beschrieben, ungefähr 50 Fuß (15 Meter) im Durchmesser. Jede war von drei Wesen mit menschlicher Gestalt besetzt, die aber nur 3 Fuß (1 Meter) groß und mit einer metallischen Kleidung von sehr feinen Gewebe bekleidet waren. Die Körper waren mit Anzügen bekleidet, ähnlich wie sie für Hochgeschwindigkeitsflieger oder Testpiloten verwendet werden.

Übereinstimmend mit Mr. ███████, einem Informanten, wurden die Untertassen in New Mexico aufgefunden, während die Regierung ein Hochleistungsradar in der Gegend einsetzte und man glaubt, daß das Radar den Steuermechanismus der Untertassen beeinträchtigte. Keine weitere Ermittlung wurde von SA███████ betreffend dem oberen unternommen.«

14 Das Projekt Aquarius

Das Projekt *Majestic-12* und alle bisher bekannten (und nicht immer auf offiziellem Wege erhaltenen) Dokumente dazu sind heiß umstritten; mit einem ähnlichen Projekt der U.S.-Regierung sieht dies ganz ähnlich aus. Die Rede ist hier vom Projekt *Aquarius*, von dem der Forscher William Moore wieder einmal über inoffizielle Kanäle als erster erfuhr.[36] Er erhielt in den achtziger Jahren angeblich von einem seiner Informanten ein schriftliches Memorandum, das von einer Besprechung mit Präsident Carter im Jahr 1977 angefertigt wurde. Die von Moore der Forschergemeinde präsentierten Papiere wurden anfangs wegen ihrer Echtheit sehr angezweifelt, zumindest wurde angenommen, daß die Papiere keine Originale darstellten. Es geht dabei, ähnlich wie bei *MJ-12,* um die Bemühungen der amerikanischen Regierung, die UFO-Technologie auszuwerten. Das Projekt, in dessen Rahmen dies geschehen sollte, wurde 1956 von Präsident Eisenhower gegründet und nannte sich seit dem Jahr 1960 Projekt *Aquarius.*

Zielsetzung war es, alle wissenschaftlichen, technologischen, medizinischen und geheimdienstlichen Informationen betreffend UFOs und IACs (Identified Alien Craft – Identifizierte Außerirdische Schiffe) zu sammeln. In dem Memo ist weiters die Rede von Projekt *Sigma,* dessen Aufgabe es war, Kommunikation mit der fremden Intelligenz aufzubauen. Es heißt dort, daß erste primitive Kontakte mit den Fremden im Jahr 1959 stattfanden und am 25. April 1964 die Bemühungen im Treffen eines Offiziers der USAF mit zwei Außerirdischen in New Mexico gipfelten. Ein weiteres Projekt mit dem Namen *Snowbird* soll sich laut Memo mit Testflügen eines Flugobjektes der Fremden befassen und bis heute in Nevada durchgeführt werden. In einem letzten Absatz wird noch die Existenz eines Projektes *Pounce* erwähnt. Einige UFO-Forscher haben sich seither bemüht, weitere Informationen rund um *Aquarius* auszugraben, und tatsächlich gelang es, eine offizielle Bestätigung der NSA für dessen Existenz zu erhalten. Ein FOIA-Antrag hatte eine Antwort von Dennis Chadwicka, Leiter der Informationszentrale der NSA, zur Folge:

»Dies ist die Antwort auf Ihren Brief vom 20. Februar 1986, in welchem Sie schrieben, daß Sie, bezugnehmend auf Ihren Freedom of Information Act (FOIA)-Antrag für Projekt *Aquarius,* an *Aquarius* interessiert sind, da dieses Projekt mit unidentifizierten fliegenden Objekten zu tun hat. Bitte nehmen Sie zur Kenntnis, daß sich Projekt *Aquarius* nicht mit unidentifizierten fliegenden Objekten beschäftigt. Wir haben daher keine Informationen, die wir ihnen betreffend dieser Sache mitteilen können.

In Ihrem Brief bitten Sie um Information über die Projekte *Sigma* und *Snowbird.* Das FOIA-Gesetz sieht vor, daß eine Person das Recht hat, die Akten der Bundesbehörde einzusehen, mit der Ausnahme, daß solche Akten vor ihrer Enthüllung durch eine von neun Ausnahmen geschützt sind. Wie ich in meinem Brief vom 20. Februar erwähnt habe, sind *Sigma* und *Snowbird* keine NSA-Projekte; wir haben daher keine Information, die wir Ihnen bezüglich dieser Projekte geben können.

Da sie in Ihrem Brief andeuten, daß sie die 150 000 Dollar Gebühr für die Suche nach Akten von Projekt *Aquarius* nicht bezahlen, erfüllt dieses Schreiben Ihre Anfrage.«

Die Tatsache, daß die NSA für die Recherche in ihren Archiven die stattliche Gebühr von 150 000 Dollar verlangt, läßt auf die Tatsache schließen, daß sich diese Behörde nicht sehr gerne in die Akten schauen läßt, obwohl sie nach dem Gesetz dazu verpflichtet ist. Die hohe Summe stellt eine Hürde für fast alle UFO-Forscher dar und trägt daher einfach aber effektiv dazu bei, daß sensitive Informationen trotz FOIA-Gesetz nicht enthüllt zu werden brauchen. Weitergehende Informationen lieferte Julia Wetzel, Leiterin der *NSA Policy,* die als Ergebnis auf einen FOIA-Antrag antwortete:

»...Das Dokument, das wir als Ergebnis auf Ihren Antrag vom 7. März gefunden haben, wurde von dieser Agentur begutachtet, wie es das FOIA-Gesetz vorsieht, und wurde als gegenwärtig TOP SECRET eingestuft... Das Dokument ist klassifiziert, weil eine Freigabe wahrscheinlich schwere Folgen für die nationale Sicherheit hätte...«

Es scheint zumindest so, als wäre Projekt *Aquarius* ein Unternehmen innerhalb des amerikanischen Geheimdienstes. Obwohl die meisten UFO-Forscher annehmen, daß *Aquarius* sich direkt mit UFOs beschäftigt, ist bisher nicht mit Sicherheit bekannt, ob diese Vermutung auch tatsächlich zutrifft. Die Quelle des Moore-Memorandums ist zwar in dieser Richtung eindeutig verläßlich, doch kann dessen Echtheit derzeit nicht verifiziert werden... Auf jeden Fall muß der Verfasser der *Aquarius*-Dokumente Wissen aus Geheimdienst-Insider-Kreisen haben (ähnlich wie bei den *MJ-12*-Papieren), sonst wäre es nicht möglich gewesen, so detaillierte Informationen zu präsentieren.

15   Die Rolle von Informanten

Die Geschichte um die *Majestic*-Dokumente und über Projekte wie *Aquarius* wurde komplizierter, als sich zwei angebliche Geheimagenten der Regierung bei UFO-Forschern meldeten, um

Informationen preiszugeben. Die erste Quelle mit Codenamen *Falcon* trat mit dem Forscher William Moore in Kontakt. *Falcon* und *Condor,* der zweite der Vögel unter den angeblichen Geheimagenten, gaben Interviews zum Besten, die auf Video aufgezeichnet wurden und im amerikanischen Fernsehen im Rahmen einer Dokumentation über UFOs gezeigt wurden.[40] Nach ihren Aussagen sei *MJ-12* eine von Präsident Truman ins Leben gerufene Gruppe innerhalb der Regierung. Ihre Aufgabe sei es, Aktivitäten zu koordinieren und Genehmigungen vom Präsidenten zu besorgen. Dies alles, um die Technologie, welche mit den UFOs verbunden ist, weiter zu erforschen. Das Hauptquartier von *MJ-12* sei das Marineobservatorium in Washington D.C. Die United States Navy habe die Verantwortung über die äußeren Aktivitäten, zusammengetragene Informationen würden der Marine zur Analyse übermittelt. Es wird weiters von geborgenen Untertassen, den Leichen von einigen fremden Wesen und Kontakten mit außerirdischen Zivilisationen vom Doppelsternsystem Zeta Reticuli gesprochen.

Obwohl in den Aufzeichnungen die Stimmen und die Gesichter der beiden Geheimagenten verändert und maskiert wurden, ist ihre Identität heute bekannt. Es handelt sich bei ihnen um Richard Doty (*Falcon*) und Robert Collins (*Condor*). Beide Männer waren nicht beim Geheimdienst selbst angestellt, sondern nur Mitarbeiter in Projekten, die in Verbindung mit geheimdienstlichen Kreisen standen. Beide können also gar nicht Zugriff auf solche brisanten Informationen gehabt haben, von denen sie in ihren Interviews so interessant erzählen.[41] Bisher kann keine ihrer Behauptungen auch nur in entferntester Weise konkretisiert, geschweige denn bewiesen werden. Was übrig bleibt, ist ein Netz aus Behauptungen die auf wackligem Untergrund gebaut sind, von Leuten, die in Kreisen arbeiten, denen Desinformationsaktivitäten nachgewiesen sind. William Moore hat bei einer MUFON-UFO-Konferenz 1989 übrigens sogar eingestanden, daß er sich manchmal dazu mißbrauchen ließ, Desinformation zu verbreiten. Warum betreiben also *Falcon*, *Condor* und ihre Mittelsmänner ihr Spiel? Wahrscheinlich geht es einerseits darum, die Glaubwürdigkeit der UFO-Forscher und deren seriöser Forschung durch den Schmutz zu ziehen. Der andere Beweggrund dürfte sein, daß die Forscher durch gefälschte Dokumente und Aussagen, die nur in eine Sackgasse führen, von den eigentlichen Zielen ihrer Neugierde abgelenkt werden sollen. Wenn z. B. Stanton Friedman Jahre seiner wertvollen Zeit dafür benutzt, gefälschte Dokumente zu untersuchen, wird er dadurch abgehalten, sich auf die eigentlich interessanten Fakten und Beweise der Regierung zu konzentrieren.

16 Robert Lazar

Wenn von den Amerikanern geborgene fliegende Untertassen existieren, muß es auch Wissenschaftler geben, die sie untersuchen. Wie aus den vorigen Abschnitten ersichtlich ist, arbeitet die Maschinerie des Geheimdienstes in den USA fast perfekt, um alle möglichen Löcher zu stopfen, aus denen Informationen sickern könnten. Dennoch gibt es einen Physiker, der an die Öffentlichkeit getreten ist und der behauptet, an fliegende Untertassen selbst Hand angelegt zu haben. Der Name dieses Mannes ist Robert Lazar.[42] Er hat nach eigenen Angaben von 1982 bis 1983 in den Los-Alamos-Laboratorien gearbeitet, um sich anschließend nach einer anderen Position umgesehen zu haben. Zufällig habe er die Bekanntschaft von Edward Teller (dem Erfinder der Wasserstoffbombe) gemacht, der ihm dabei geholfen habe, eine neue Anstellung bei der Firma EG&G zu bekommen. Nachdem Lazar immer wieder Geschichten über UFOs von seinem Freund John Lear (sein Vater war Designer des Lear-Jets) zu hören bekommen habe, sei er trotz seiner persönlichen Skepsis neugierig geworden, und mit der Hilfe von Teller habe er es geschafft, von EG&G in die AREA-51 und danach in den Sektor S-4 versetzt zu werden. Die AREA-51\S-4 ist eine streng geheime Einrichtung des amerikanischen Militärs, welche Hangars, Gebäude, unterirdische Einrichtungen und Rollbahnen enthält. Mehrere

Flugzeugtypen, darunter der Stealth Bomber B-2, sind in diesem Gebiet entwickelt und getestet worden. Im Jahr 1987 hat es angeblich einen Unfall in der AREA-51\S-4 gegeben, bei dem einige Wissenschaftler getötet worden seien, und Lazar sei angestellt worden, eine der verunglückten Personen zu ersetzen. Er dachte zuerst, daß sein Arbeitsgebiet neuartige Düsentriebwerke wären, aber als ihm Berichte über fliegende Untertassen inklusive Autopsieberichten von Körpern fremder Wesen gezeigt wurden, sei ihm klar geworden, was in S-4 wirklich vor sich geht. Im Laufe der Zeit, während er seiner Arbeit nachging, bekam er angeblich eine Menge Informationen darüber, wie die Untertassen funktionierten, welches Antriebssystem sie benutzten, und auch über die Beziehung zwischen Außerirdischen und der Regierung. Lazar ist sich bewußt, daß er vielleicht absichtlich mit falscher Information gefüttert wurde.

Als primärer Motor für die Fortbewegung der UFOs dient laut Bob Lazar die künstliche Erzeugung von Gravitation.[43] Das Prinzip ist, so erklärte er in einem TV-Interview, daß der Raum mittels einer extrem starken Gravitationsquelle zum UFO selbst gekrümmt wird, um dann die Gravitationsquelle abzuschalten. Das Schiff würde daraufhin durch den sich zurückbiegenden Raum mitgenommen und ohne jegliche Zeitverzögerung am Zielort anlangen. Der Grund dafür sei, daß neben der Manipulation des Raumes die Zeit ebenfalls verändert oder sogar zum Anhalten gebracht werden könne. Zur Erzeugung von Energie und der unwahrscheinlich hohen Gravitation würde das Element mit der Ordnungszahl 115 verwendet, das auf der Erde nicht vorkommt und auch kaum jemals künstlich erzeugt werden kann.[44, 45] Das Element hat den Namen von seiner Position im Periodensystem und gehört zu der Gruppe von schweren Elementen, die wieder stabil sind (bekannte andere schwere Elemente sind zum Beispiel Uran oder Plutonium), also nicht sofort in leichtere Atomkerne zerfallen.[46] Nach den Vermutungen von Lazar gibt es Orte im Universum, wo das Element auf natürliche Art und Weise erzeugt wird – etwa in Doppelsternsystemen. Der Energieinhalt von Element 115 ist so groß, daß ein Kilogramm davon die Wirkung von 46 Wasserstoffbomben hat. Hier liegt einer der Punkte in Lazars Geschichte, welche nicht eindeutig verifiziert werden können. Das Element 115 ist möglicherweise nicht so stabil wie der Physiker behauptet, nach heutigen Kenntnissen sind Elemente mit einer geraden Nummer im Periodensystem (114, 116) stabiler als solche mit einer ungeraden Zahl. Trotzdem, die physikalischen Grundlagen, die Bob Lazar bei den UFO-Antrieben beschreibt, hören sich zwar wie Science-fiction an, jedoch stellen sie keinen Widerspruch zu heutigen wissenschaftlichen Erkenntnissen dar.[45] Man muß dennoch bemerken, daß, zumindest für den gegenwärtigen Stand der Technik, Lazars Berichte nur reine Theorie darstellen.

Ein interessantes Detail, das Lazar zu erzählen hat, ist, daß das Projekt, welches auf dem Gelände durchgeführt wurde, *MAJESTIC* hieß. Nach Lazar trug das Personal Abzeichen mit der Aufschrift *MAJ*, bis auf den Leiter; der trug eine Plakette mit einem *MAJESTIC* Insignium. Hier könnte sich der Kreis mit der Gruppe *Majestic 12* schließen: Die geborgenen Untertassen wurden nach einer ersten Untersuchung in die AREA-51\S-4 geflogen, und seitdem laufen Projekte, um sie bis ins letzte Detail zu studieren. Koordiniert würden die Untersuchungen von einer Gruppe *Majestic (12)* wie schon vor vierzig Jahren. Die ehemaligen *Majestic*-Mitglieder sind heute alle schon gestorben, es ist jedoch anzunehmen, daß so eine Expertengruppe, wie sie damals wahrscheinlich gegründet wurde, auch heute noch in irgendeiner Form weiter existiert.[36, 46] Eric Walker hat dazu in seinem ersten Telefongespräch mit dem kanadischen UFO-Forscher Steinman ja Hinweise gegeben.

Insgesamt sollen sich neun Untertassen, davon mehrere verschiedene Typen, auf dem Testgelände befinden. Einige der Fahrzeuge würden zerlegt, um ihre Funktionsweise herauszubekommen und sie duplizieren zu können. Andere wiederum seien voll funktionsfähig und würden auch geflogen werden. Obwohl das meiste an der Technologie bisher kaum verstanden würde, sei man zumindest in der Lage, mit den Objekten kurze Testflüge zu machen. Lazar berichtet, daß er selbst einmal die Gelegenheit gehabt hätte, einen Blick in eines der UFOs zu werfen. Er sagt, daß er bis zu diesem Zeitpunkt immer geglaubt habe, daß die Geschichten über die Außerirdischen Märchen gewesen seien, als er jedoch die miniaturisierten Cockpits der Untertassen gesehen hätte, sei ihm zum erstenmal wirklich bewußt geworden, daß er es mit einer fremden Intelligenz zu tun habe.[43]

Der Grund dafür, daß er sein Schweigen gebrochen habe, sei gewesen, daß er nicht mehr hatte mit ansehen können, wie Informationen, die wertvoll für die ganze wissenschaftliche Gemeinde seien, so streng verschlossen bleiben. Lazar meint, daß die Möglichkeiten der Techniker und Forscher vor allem aufgrund der strengen Sicherheitsmaßnahmen sehr begrenzt sind und der Fortschritt bei der Untersuchung der Untertassen daher sehr langsam vor sich geht. Es sei sinnvoll, viel von dem Wissen das man bis heute angesammelt hat, unter Verschluß zu halten (weil das meiste davon gebraucht werden kann, um neuartige Waffen zu entwickeln), aber daß man die Beweise für die Existenz einer fremden Intelligenz freigeben sollte.

17   Was ist von Robert Lazar zu halten?

Bei all den phantastischen Geschichten stellt sich natürlich die Frage nach deren Wahrheitsgehalt. Es ist möglich, daß Lazar ein Informant der Regierung ist, der falsche Informationen verteilt, um die Forscher und das Thema UFO in der Öffentlichkeit zu diskreditieren. Er könnte aber auch jemand sein, der aufgrund von Geltungssucht oder persönlichen finanziellen Interessen versucht, Gewinn aus seinen erfundenen Erzählungen zu schlagen. Und schließlich besteht noch die Möglichkeit, daß Bob Lazar die Wahrheit, soweit sie ihm bekannt ist, berichtet und seine Erzählungen den Tatsachen entsprechen. Er wäre damit der erste Wissenschaftler, der von der Regierung angestellt wurde, um die fliegenden Untertassen zu untersuchen und der mit seinem Wissen an die Öffentlichkeit gegangen ist.

Um überhaupt abschätzen zu können, wie vertrauenswürdig Robert Lazar ist, haben UFO-Forscher versucht, seinen Lebenslauf zu rekonstruieren. Im Lauf der Zeit stellte sich heraus, daß viele Dokumente, unter anderem seine Geburtsurkunde, verschwunden waren. Lazar behauptet, daß er selbst einmal versucht hat, amtliche Dokumente bezüglich seiner Person zu erhalten, daß er aber feststellen mußte, daß diese nicht mehr vorhanden waren. Nach seinen eigenen Angaben war das einer der Gründe für ihn, an die Öffentlichkeit zu gehen, denn seiner Meinung nach müßte es den Geheimdiensten ebenso leicht möglich sein, seine Vergangenheit auszulöschen wie auch ihn selbst aus dem Weg zu räumen. Tom Mahood[47] hat nach intensiven Nachforschungen feststellen können, daß Robert Lazar nicht spurlos aus allen Registern verschwunden ist. Er konnte eine Reihe von Urkunden und Eintragungen finden, die es ermöglichen, den Lebenslauf von Lazar zumindest grob zu rekonstruieren. Nach dem derzeitigen Wissensstand gibt es einige Widersprüche zwischen den Angaben von Lazar und den Dokumenten, die man bis jetzt finden konnte. Es ist beispielsweise nicht möglich, ein Studium von Lazar am MIT (Massachusetts Institute of Technology) zu verifizieren. Mahood hat alle entsprechenden Quellen an dieser Universität durchsucht, um einen Hinweis auf den Physiker zu entdecken, er konnte aber nicht fündig werden. Andererseits ist eine Anstellung von Lazar am Los Alamos National Laboratory de facto bewiesen. George Knapp, der Fernsehjournalist, welcher Lazar als erster groß in der Öffentlichkeit präsentierte, versuchte dessen Anstellung zu überprüfen. Es wurde geleugnet (!), daß eine Person namens Lazar jemals dort gearbeitet hat, jedoch ist es Knapp gelungen, ein Telefonregister aus der damaligen Zeit zu finden, in dem sich tatsächlich *Bob Lazar* als Eintragung befindet.[33, 44, 46] Als weiterer Beweis für die Anstellung von Lazar am Los Alamos Laboratory ist die Tatsache zu werten, daß Knapp mehrere Kollegen von ihm ausfindig machen konnte, die sein ehemaliges Arbeitsverhältnis dort bestätigten. Und schließlich existiert noch ein Zeitungsartikel aus dem Jahr 1983, in welchem über eines der Hobbies von Lazar berichtet wird, nämlich dem Konstruieren von Autos mit Düsenantrieb. Es heißt dort: [48, 49]

»...Für Robert Lazar, einen Physiker an der Los-Alamos-Mesonen-Physik-Abteilung, ist das wichtigste das Strahl-Triebwerk...«

Die Dokumentarfilmerin Linda Howe kennt Lazar aufgrund von mehreren Interviews, die sie mit ihm geführt hat. Sie spricht von Lazar als jemandem, der versucht, so gut wie möglich seine Erlebnisse zu berichten und in jedem Punkt wahrheitsgetreu zu bleiben. Ein weiterer amerikanischer UFO-Forscher mit guten Kontakten zu Robert Lazar ist Bob Oechsler. Während einer Konferenz in Leeds, Großbritannien, ergab sich für uns die Gelegenheit, ihn nach seiner Meinung über Lazar zu fragen. Oechsler glaubt ebenfalls, daß Lazar die Wahrheit spricht – so weit sie ihm präsentiert wurde. Bob Oechsler ist der Überzeugung, daß Lazar ein Versuchskaninchen der Geheimdienste war. Unter dem Vorwand, noch einen Physiker zu brauchen, wurde Lazar in die AREA-51\S-4 gebracht und dort bewußt einem Teil der hochbrisanten Informationen ausgesetzt. Dabei wurden Tatsachen geschickt mit Desinformation gemischt, so daß für den Fall eines Ausbruchs Lazars an die Öffentlichkeit (der ja tatsächlich stattgefunden hat) keine wesentlichen Geheimnisse ans Tageslicht gelangen würden. Mehrere Spezialisten haben Robert Lazar durch verschiedene Lügendetektor-Tests geschleust. Drei der Experten kommen zu der Schlußfolgerung, daß der Physiker die Wahrheit erzählt, einer meint nach der Bewertung der Testprotokólle, daß Lazars Erzählungen auf Stoff beruhen, den er von anderen Leuten gehört hat.[46]

Dr. John B. Alexander, Programmanager für nicht-lethale Verteidigung am Los Alamos National Laboratory, New Mexico, unterrichtete 1993 seinen deutschen Kollegen Dipl.-Phys. Illobrand v. Ludwiger bei der DASA (Deutsche Aerospace AG), daß man Lazars Erzählungen nicht ernst nähme. Andererseits behauptet Lazar, die Erzeugung von Gravitationswellen gesehen zu haben, nach dem Prinzip wie es bereits 1978 aufgrund der Heimschen Feldtheorie durch v. Ludwiger vorhergesagt wurde. Nach Gesprächen einiger Kollegen von MUFON-CES mit Lazar kann jedenfalls als gesichert gelten, daß dieser kein Scharlatan, sondern – zumindest was Computertechnik anbelangt – ein befähigter Fachmann ist (persönliche Mitteilung von Dipl.-Phys. v. Ludwiger an die Autoren). Wie bei den meisten Zeugen in Verbindung mit UFOs kann man also auch im Falle Robert Lazar heute noch keine endgültige Aussage treffen. Es bleibt abzuwarten, ob vielleicht weitere Entwicklungen, insbesondere um die AREA-51, es ermöglichen, die endgültige Wahrheit herauszufinden.

18   Das geheimste Testgebiet der USA: AREA-51

Wir haben schon mehrmals das Gebiet AREA-51 erwähnt, eines der geheimen Testgelände der amerikanischen Regierung. Das Gelände ist so geheim, daß seine Existenz von offiziellen Stellen geleugnet wird. Im folgenden soll das derzeitige Wissen darüber vorgestellt werden, und besonders natürlich die Beziehungen von *Dreamland,* wie das Gebiet auch noch genannt wird, zu angeblichen geborgenen UFOs.

Etwa 130 km nördlich von Las Vegas gelegen, in einer Ecke der Nellis Air Force Base, wurde die AREA-51 an einem ruhigen, weil ungastlichen Ort in der Wüste Nevada angesiedelt. Der genaue Standort ist nordöstlich des trockenen Groom-Sees, der 1954 als geeignet für eine solche Anlage ausgewählt wurde.[50] Die Basis selbst besteht aus großen Hangars, technischen Einrichtungen und langen Rollbahnen (das Satellitenphoto im Bildteil vermittelt einen guten Eindruck über die Anlage). Am Rande des Geländes, das mit Zäunen und Bewegungsdetektoren umgeben ist, patrouillieren ständig Wachen mit Jeeps, die jeden unwillkommenen Besucher zurechtweisen und notfalls unter Androhung von Gewaltanwendung vertreiben. Zivilen Flugzeugen ist es strengstens verboten, das Gebiet zu überfliegen, eine Zuwiderhandlung hätte wahrscheinlich den Abschuß des betreffenden Flugzeuges zur Folge. In den sechziger Jahren wurde in *Dreamland* die SR-71 *Blackbird* entwickelt und testgeflogen, ein Jahrzehnt später der F-117 Stealth Fighter, der B-2 Stealth Bomber und sehr wahrscheinlich der Nachfolger der SR-71, das Aufklärungsflugzeug mit Codenamen *Aurora*.[50, 51] In der militärischen Zeitschrift *Gung-Ho* ist die Rede davon, daß die Technologie, die derzeit auf der AREA-51 entwickelt wird, jeglicher Beschreibung spotten soll. Ein pensionierter Ingenieur der Firma Lockheed drückte sich in derselben Ausgabe des *Gung-Ho* folgendermaßen aus: »Wir haben dort in der Wüste von Nevada Dinge herumfliegen, die George Lucas in Erstaunen versetzen würden.« Der Autor des genannten Artikels war James C. Goodall, ein Experte auf dem Gebiet der Radar-Technologie. In einem Interview für die Fernsehanstalt KLAS-TV in Las Vegas erzählte er von einem Gespräch mit einem anderen Lockheed-Mitarbeiter. Als die Rede auf UFOs kam, antwortete der Lockheed-Mann auf seine Frage nach deren Existenz: »Absolut, ohne Zweifel, sie existieren.« Es gibt also Aussagen von Ingenieuren der Luftfahrtindustrie, die, um es gelinde auszudrücken, auf Fluggeräte deuten, deren technologische Basis zumindest als fremdartig für herkömmliche Begriffe zu bezeichnen ist. Ob, und bis zu welchem Ausmaß, tatsächlich nichtirdische Unterstützung beteiligt ist, kann bis heute nicht beantwortet werden. Vielleicht kann die renommierte Zeitschrift für Flugwesen und Raumfahrttechnologie, *Aviation Week & Space Technology,* darauf Hinweise geben. In der Ausgabe vom 1. Oktober 1990 heißt es dort:[52]

»Fortgeschrittene, geheime Flugzeuge, entwickelt auf hoch-geheimen Regierungsbasen in der Wüste von Nevada während des letzten Jahrzehnts, demonstrieren und bestätigen neue Technologien für Kampfflugzeuge, Bomber und Aufklärungsflugzeuge der USA.« Einige Maschinen jedoch scheinen Technologien zu benutzen, welche diejenigen herkömmlicher Flugzeuge weit hinter sich lassen: »…es gibt starke Hinweise für eine weitere Familie

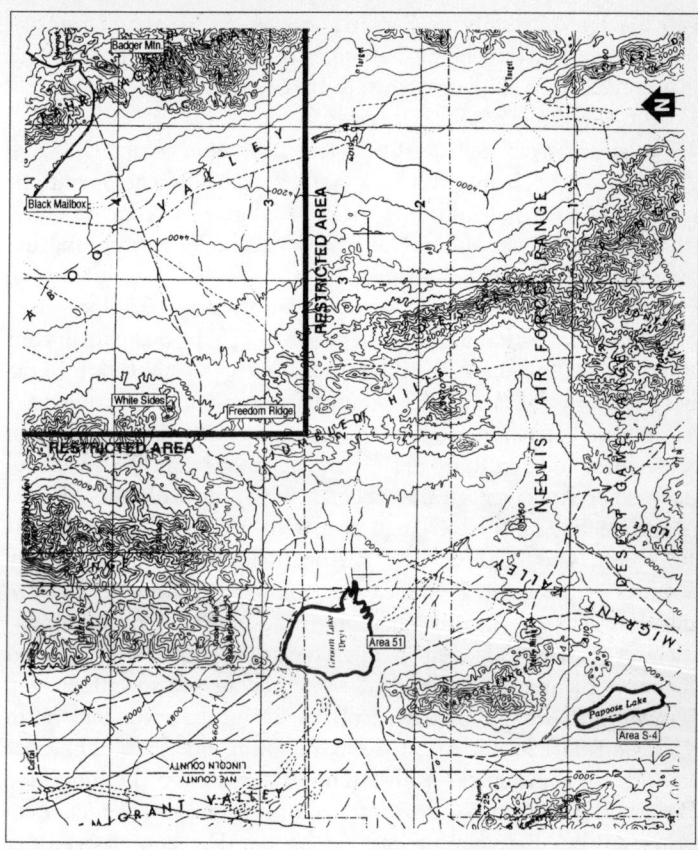

Abb. 10: Eine Karte des Gebietes um AREA-51/Dreamland (Glenn Campbell).

von Geräten, die auf exotischen Antriebssystemen und aerodynamischen Prinzipien beruhen, die bis zur heutigen Zeit noch nicht vollkommen verstanden werden.«

Die amerikanische Monats-Zeitschrift *Popular Science* berichtet in ihrer Märzausgabe aus dem Jahr 1994 von einem Kongreßabgeordneten, der aufgrund seiner hohen Sicherheitsbefugnisse mehrmals das Testgelände besuchen durfte.[52] Der Abgeordnete glaubt, daß im Gebiet um den Groom-See seit Jahren eine mysteriöse Technologie entwickelt wird:

»Das ist nicht ein Teil des offiziellen Programmes der U.S.-Regierung… Ich glaube, das ist eine Art Geheimdienstoperation, oder es könnte ausländisches Geld beteiligt sein… Es ist teuer, und es ist nicht einsehbar. Die amerikanische Regierung und die Öffentlichkeit werden betrogen…«

Obwohl *Dreamland* niemals von unautorisierten Zivilpersonen betreten werden kann, ist es dennoch möglich, manchmal vom Rand des Geländes aus Testflüge zu beobachten. Schon Bob Lazar hat erwähnt, daß zumindest einmal in der Woche Testflüge der Untertassen stattfinden sollen. Er besuchte mehrmals mit einigen seiner Freunde den Rand des Geländes, um sie vom Wahrheitsgehalt seiner Aussagen zu überzeugen. Inzwischen hat die AREA-51 große Bekanntheit erlangt und wird regelmäßig von UFO-Forschern und interessierten Personen besucht. Einmal stattete sogar ein japanisches Fernsehteam dem Gelände einen Besuch ab, um dort seltsame Lichterscheinungen zu beobachten und zu filmen. Auf dem Video einer amerikanischen Fernsehanstalt sind mehrere Lichter zu beobachten, die sich in schlangenförmigen Bahnen durch das Bild bewegen, um daraufhin sekundenlang in völliger Ruhe zu verharren. Kein Flugzeug oder Hubschrauber könnte die Kunststücke vollführen, welche die Objekte über den Bergen der AREA-51 demonstrieren – soviel wird auch dem Laien aus der Betrachtung des Videos klar. Die Bewegungen der Objekte stimmen mit anderen Beobachtungen aus aller Welt überein, die angeben, daß sich UFOs auf seltsamen, geschwungenen Bahnen fortbewegen, manchmal abrupt die Richtung ändern und oft bewegungslos für Minuten in der Luft stillstehen. Die seltsamen Lichterscheinungen über dem Testgelände des Groom Sees sind eine Tatsache; eine Erklärung durch Stellen der amerikanischen Regierung oder des Militärs steht bis heute aus.

II

Tierverstümmelungen

*»Es wurden hauptsächlich tote Nutztiere gefunden, an deren Kadaver verschiedene Körperteile, wie zum Beispiel ein Auge, ein
Ohr, das Euter und gewöhnlich ein Teil des Afters fehlten...
Teile der Bevölkerung schrieben den Schäden viele andere Ursachen zu, die von UFOs bis zu einer gigantischen Verschwörung
innerhalb der Regierung reichten... Die exakte Ursache wurde
nie vollständig erklärt...
... Wie anfangs erwähnt, gibt es Gruppen, die einen Zusammenhang zwischen Rinderverstümmelungen und UFO-Sichtungen
hergestellt haben. Im Juli 1978 wurde ein UFO von einem Einwohner aus Taos, New Mexico beobachtet, als es über die Ladefläche eines Lastwagens schwebte...«*

*Der obige Text ist ein Ausschnitt eines FBI-Memorandums vom
5. März 1980, in dem sich der FBI-Agent Kenneth Rommel Jr.
über das Phänomen der Tierverstümmelungen äußert.*

1   Ein Pferd namens Lady

Am 8. September 1967 fand der Farmer Harry King seine drei-
jährige Appaloosa-Stute Lady nahe einer kleinen, flachen Lich-
tung in der Nähe eines Chico-Busches tot auf. Das Seltsame an
dem Tierkadaver war, daß das Fleisch vom Nacken des Pferdes
aufwärts komplett fehlte. Das Skelett sah aus, als ob es schon seit
Tagen in der Sonne lag. Der Farmer wußte aber, daß er Lady am
Vortag noch mit ihrer Mutter Snippy herumtollen sah. Was
Harry King aber am meisten verblüffte, war die Tatsache, daß der
Rest von Ladys Körper völlig unberührt war. Das Fleisch wurde
vom Nacken des Pferdes mit einer unglaublichen Präzision abgelöst. Der Farmer meinte, daß man diesen exakten Schnitt nicht
einmal mit einem scharfen Messer zusammenbringen könnte.
Das Unglaublichste an dem ganzen Fall war aber, daß er nicht die
geringsten Blutspuren in der Umgebung des Kadavers finden
konnte.
Harry King war über den Vorfall so erschrocken, daß er sofort
seine Schwester Nellie und seinen Schwager Berle Lewis verständigte. Als Nellie und Berle die Stelle am 10. September erreichten
und den Pferdekadaver sahen, waren sie ebenfalls schockiert.
Beide bestätigten Harrys Aussage über den exakten Schnitt an
Ladys Nacken. Sie sagten, daß das Fleisch nicht abgehackt war,
sondern sauber vom Skelett abgelöst wurde. Als sie den umlie-
genden Boden nach Spuren absuchten, fiel ihnen auf, daß Ladys
Hufabdrücke ungefähr 30 Meter südwestlich ihres Leichnams
endeten. Es sah aus, als ob Lady in diesen Bereich gesprungen
wäre. Das Seltsame war, daß in der Umgebung der toten Stute
keine Spuren vorhanden waren. Diese Tatsache deutet auch darauf hin, daß Ladys Kadaver von Raubtieren und Aasfressern ge-
mieden wurde. Außer Ladys Spuren fanden sie ungefähr 12
Meter südlich von ihr einen beschädigten Busch. Als sie diesen
genauer betrachteten, bemerkten sie, daß sich um den Busch ein

großer Kreis von einem Meter befand, der von sechs oder acht Löchern gebildet wurde. Diese Löcher hatten einen Durchmesser und eine Tiefe von ungefähr 10 Zentimeter. Die Farmer waren ratlos und begannen nachzudenken, ob nicht doch etwas an den vielen UFO-Sichtungen war, von denen man zu dieser Zeit in und um das San Luis Valley berichtete.[1]

Die Zeitung *Pueblo Chieftain* berichtete zwischen September und Oktober 1967 häufig von diesen Sichtungen. Unter den Zeugen befanden sich unter anderem auch Wissenschaftler des National Atmospheric Research Center in der Nähe von Palestine, Texas. Auch Agnes King, Harrys Mutter, behauptete, daß sie in der Nacht, als Lady verschwand, ein seltsames Flugobjekt über der Farm fliegen sah. Zwei Wochen nach dem seltsamen Tod von Lady besuchte Dr. John H. Altshuler das San Luis Valley und wurde durch Zufall in die Untersuchungen von Lady verwickelt. Dr. Altshuler ist Doktor der Pathologie und Hämatologie und arbeitete 1967 als Pathologe am Rose Medical Center in Denver, Colorado. Dr. Altshuler ist heute Professor der Medizin an der Universität von Colorado im Health Sciences Center in Denver, besitzt eine eigene Praxis und erhielt mittlerweile mehrere medizinische Auszeichnungen und sieben Patente für medizinische Erfindungen. Er hörte ebenfalls von den seltsamen Objekten, die man über dem San Luis Valley gesehen hatte. Er wurde neugierig und wollte selbst sehen, ob er diese Objekte beobachten könnte. Da er als Hämatologe arbeitete, war es ihm unrecht, daß seine Kollegen von seinem Vorhaben erfuhren. Er fuhr mit seiner Frau und seinen drei kleinen Kindern über das Wochenende in das San Luis Valley. Dr. Altshuler traf am Abend beim Great Sand Dunes National Monument Park ein und beobachtete von seinem Auto aus den Himmel. Nach seiner Aussage sah er zwischen 2.00 Uhr und 3.00 Uhr früh drei weiße helle Lichter, die sich langsam über den Gipfeln der Sangre-De-Cristo-Berge bewegten. Diese Lichter bewegten sich zuerst langsam vorwärts, änderten plötzlich ihre Richtung und schossen dann mit großer Geschwindigkeit aus seinem Blickwinkel. Dr. Altshuler ist sich sicher, daß sich die

Lichter nicht so verhielten wie die Positionslichter eines Flugzeuges. Er war von dieser Beobachtung verblüfft, wenig später schlief er aber in seinem Wagen ein und wurde am Morgen von einer Polizeistreife aufgespürt. Die Polizei wollte für ein Protokoll seinen Namen wissen und fragte ihn, was er die ganze Nacht hier gemacht hätte. Dr. Altshuler fürchtete um seinen Ruf und seine Karierre und versuchte die Polizisten zu beruhigen. Als er ihnen erzählte, daß er Hämatologe sei, erzählten sie ihm, daß man in der Gegend ein Pferd gefunden hatte, das unter seltsamen Umständen ums Leben gekommen war.

Einer der Polizisten zeigte ihm den Weg zur Farm von Harry King. Er wurde Harry King als Mediziner vorgestellt und zu Ladys Kadaver geführt. Dr. Altshuler bezeugt heute, daß er ebenso den reinen, klaren Schnitt zwischen Nacken und restlichem Körper des Tieres sah. Er bemerkte, daß der Rand der Schnittstelle eine etwas dunklere Farbe aufwies als das restliche Gewebe, und meinte, daß die Schnittstelle aussah, als ob sie von einem modernen Lasergerät stammte. Dr. Altshuler schnitt Gewebeproben von der dunkleren Stelle ab und untersuchte sie später unter einem Mikroskop und kam zum Schluß, daß die Zellveränderung durch Hitzeeinwirkung ausgelöst wurde. Am meisten überraschte ihn die Tatsache, daß man kein Blut auf der Haut oder in der Umgebung des Pferdes fand. Innerhalb der Brust des Pferdes fehlten bestimmte Organe. Er erinnert sich noch, daß das Herz, die Lunge und die Schilddrüse des Tieres fehlten. Für Dr. Altshuler ist es heute noch unverständlich, wie man die Organe, ohne Blutspuren zu hinterlassen, aus dem Körper des Pferdes entfernen konnte.[2] Er verließ bald darauf dieses Gebiet und begann sich erst heute, nachdem sein wissenschaftlicher Ruf gefestigt war, wieder mit dem Phänomen der Tierverstümmelungen auseinanderzusetzen.

Harry King rief daraufhin den Sheriff von Alamosa County an und meldete seinen Fund. Sheriff Ben Phillips sah sich den Tierkadaver nicht einmal an und versuchte den Farmer zu beruhigen, indem er ihm einreden wollte, daß Lady sicher von einem Koyoten gerissen oder von einem Blitz erschlagen wurde. Die Farmer wußten in der Zwischenzeit, daß dies sicher nicht Ladys Tod verursacht hatte. Nellie Lewis war überzeugt, daß bei Ladys Tod UFOs eine Rolle spielten. Als die Presse von dem Fall erfuhr, machte Ladys Tod internationale Schlagzeilen, doch sollte Lady nicht das einzige Tier bleiben, das von den mysteriösen Verstümmlern getötet wurde. Zur selben Zeit als Lady starb, wurde auch in Twin Bridges, Kanada, ein Pferd ähnlich verstümmelt aufgefunden, nachdem ein Zeuge ein untertassenförmiges Flugobjekt in der Nähe der Weide beobachtet hatte. Im November 1967 wurden wieder zwei tote Pferde in der Nähe von Livingston, Ontario, verstümmelt aufgefunden. Auch bei diesen Kadavern fand man keine Blutspuren, und die Schnittstellen wurden ebenfalls mit chirurgischer Präzision ausgeführt. Der Astrophysiker Dr. Jacques Vallée forschte einige ältere Fälle aus, von denen sich einer am 29. Januar 1953 in Conway, South Carolina, zugetragen hatte.[3] Ein Farmer beobachtete über seiner Weide auf Baumhöhe ein seltsames Flugobjekt. Dieses UFO hatte eine gräuliche Farbe, war innen beleuchtet und hatte eine Form wie ein halbes Ei. Nach seiner Sichtung fand er mehrere Rinder tot auf, deren Todesursache nicht festgestellt werden konnte.

Nach dem mysteriösen Tod des Pferdes wurden Anfang der siebziger Jahre mehrere Rinderverstümmelungen aus dem amerikanischen Seengebiet, aus Minnesota, Wisconsin, South Dakota, Iowa, Kansas und Nebraska gemeldet. Zwischen 1970 und 1974 wurden im amerikanischen Bundesstaat Minnesota 22 Tierkadaver verstümmelt aufgefunden und den Behörden gemeldet.[4] Die Dunkelziffer dürfte wesentlich höher sein, da die meisten Farmer diese Funde nämlich nicht meldeten, um nicht für verrückt gehalten zu werden. Tierärzte zählen diese toten Tiere meist zu jener Statistik, in welcher natürliche Todesfälle vermerkt werden. Viele weigern sich auch, sich näher mit diesem Phänomen auseinanderzusetzen, da sie um ihre Reputation fürchten. Das Phänomen der Tierverstümmelungen beschäftigt mittlerweile Farmer und Polizisten in Kanada, den USA, Puerto Rico, Mexiko, Südamerika, Australien, auf den Kanarischen Inseln, in Nordafrika und Teilen Europas. In diesen Ländern wurden Nutztiere, Haustiere und wild lebende Tiere gefunden, von denen Gewebeteile, Augen, Ohren, Euter, Geschlechtsorgane und verschiedene innere Organe mit chirurgischer Präzision entnommen wurden. Manche Tierkadaver werden komplett ohne Körperflüssigkeiten aufgefunden. Man findet auch keine Spuren in ihrer Umgebung, die auf einen Kampf oder Fremdeinwirken hinweisen. Die meisten der gefundenen verstümmelten Tiere sind Rinder. Farmer suchen ihre Tiere, um die Ursache ihres Verschwindens zu klären. Wildtiere oder andere Haustiere werden meistens gar nicht oder oft zu spät entdeckt. Diese Tiere sind dann meistens schon verwest oder von anderen Raubtieren gefressen worden. In solchen Fällen läßt sich schwer feststellen, ob sie ebenfalls den mysteriösen Tierverstümmlern in die Hände fielen. Uns ist bis jetzt noch nicht bekannt, ob man auch in Deutschland, der Schweiz oder Österreich solche verstümmelten Tiere gefunden hat. Die Vermutung liegt nahe, daß diese Tierverstümmelungen mit dem UFO-Phänomen in Verbindung stehen. Gerade dieses Phänomen ist von größter Bedeutung, da man hier medizinische und physikalische Untersuchungen anstellen kann, um möglicherweise Hinweise für das Wirken fremder Intelligenzen auf der Erde zu finden.

2 Die Tierverstümmelungspanik

Mitte der siebziger Jahre stieg die Anzahl der Tierverstümmelungen in einigen amerikanischen Bundesstaaten so dramatisch an, daß so mancher Sheriff nicht mehr ruhig schlafen konnte. Sheriff Richards von Cochran County untersuchte einen Fall, bei dem eine tote verstümmelte Kuh in der Mitte eines verbrannten Kreises lag. Laut seinem Bericht war das Fleisch des Tieres unberührt, und es waren keine Blutspuren am Kadaver und in der Umgebung zu sehen. Dem Tier wurden ein Auge, ein Ohr und die Geschlechtsteile entnommen. Noch während Sheriff Richards die tote Kuh untersuchte, bekam er von Marschall Darwood einen Anruf. Dieser teilte ihm mit, daß er ungefähr einen halben Kilometer westlich einen verstümmelten Stier, der ebenfalls im Zentrum eines verbrannten Kreises lag, gefunden hatte. Laut Marschall Darwood waren die Pflanzen innerhalb des Kreises vollständig verbrannt. Das tote Tier hatte aber keine Brandwunden und außer den klassischen Verstümmelungsmerkmalen keine weiteren Verletzungen.[5]

Nachdem Sheriff Richards den toten Stier untersucht hatte, fuhr er in sein Büro und holte einen Geigerzähler. Als er die Kreise mit dem Geigerzähler untersuchte, stellte er fest, daß radioaktive

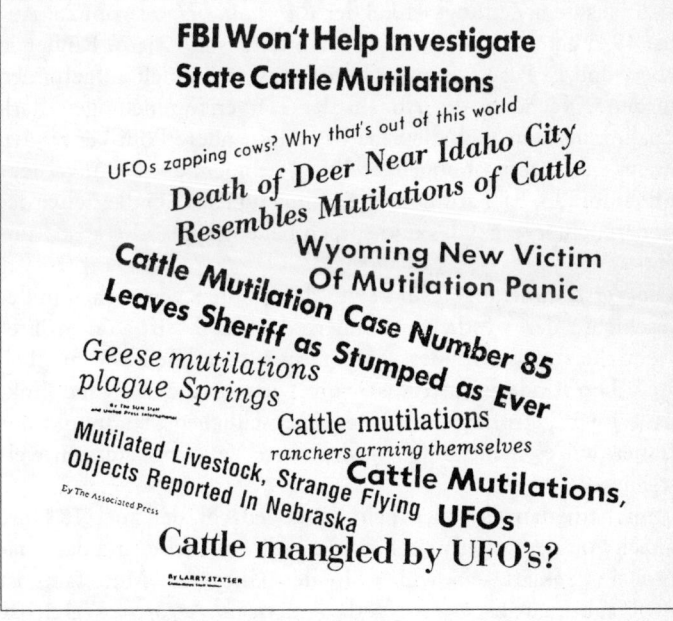

Abb. 11: Schlagzeilen über Tierverstümmelungen aus verschiedenen amerikanischen Zeitungen.

89

Strahlung vorhanden war. Er ersuchte die Reese-Luftwaffenbasis um Hilfe. Wenig später kamen einige Soldaten mit Strahlenmeßgeräten, die Sheriff Richards Ergebnisse bestätigten. Die Luftwaffenbediensteten erklärten dem Sheriff, daß die Strahlung nur von geringer Intensität sei, und er sich deshalb keine Sorgen zu machen brauchte. Auch Sheriff Richards bekam viele UFO-Meldungen aus diesem Gebiet. Mehrere Leute aus verschiedenen Gegenden sichteten dieselben Objekte. Die gemeldeten UFOs waren ungefähr so breit wie eine zweispurige Straße. Die Zeugen beschrieben auch, daß sie eine sonnenähnliche Farbe hatten und von einem bläulichen Schimmer umgeben waren. Was dem Sheriff am meisten Kopfzerbrechen machte, war, daß man kurz nach den Sichtungen dieser leuchtenden Objekte verstümmelte Tiere fand. Aus dem Zeitungsartikel der *Ranchland News* vom 28. August 1975 geht hervor, daß innerhalb kürzester Zeit 70 Rinder in Elbert und El Paso County, Colorado, verstümmelt aufgefunden wurden.[6] Nachdem die Anzahl der Tierverstümmelungen stark zunahm, mußten auch die Senatoren und andere Politiker zu den laufenden Untersuchungen Stellung nehmen. Der Gouverneur von Colorado, Richard Lamm, traf im August 1975 die Leiter des Rinderzüchterverbandes und sprach bei einer ihrer Veranstaltungen:

»Die Verstümmelungen sind eines der größten Verbrechen in der Geschichte der westlichen Rinderindustrie. Es ist von größter Wichtigkeit, daß wir dieses Mysterium so schnell wie möglich lösen. Die Rinderindustrie ist, vom wirtschaftlichen Standpunkt aus, schwer getroffen. Von einem menschlichen Standpunkt aus können wir es nicht erlauben, daß diese Verstümmelungen weitergehen.«[7]

Lamm hätte damals sicher nicht daran gedacht, daß auch 18 Jahre danach von den Tätern noch immer jede Spur fehlt und das Phänomen ungeklärt sein würde. In den Cheyenne Mountains ist das Hauptquartier vom North American Aerospace Defense Command (NORAD) und dem Canadian Air Defence Command. Der Zweck dieser Anlage, die sich tief in diesem Berg befindet, ist die komplette Überwachung des nordamerikanischen Luftraumes. Am 6. Juli 1975 wurde nahe dem Eingangstor von NORAD eine verstümmelte Kuh aufgefunden.[8] Der Vorfall ist deshalb so bemerkenswert, weil das ganze Gelände Militärsperrgebiet ist und zu einem der bestbewachten der Welt gehört. Nur knapp vier Monate später, am 21. Oktober 1975, wurde im nahegelegenen Cheyenne-Mountain-Zoo ein Büffel verstümmelt aufgefunden. Dem Tier wurde das Euter, die Vagina und ein quadratisches Stück Haut entfernt. Für den Zoodirektor Dan Davis stand fest, daß die Eingriffe an dem Büffel nicht von Raubtieren, sondern von Experten, durchgeführt wurden.

Daß es in diesen Gebieten tatsächlich sehr viele UFO-Sichtungen gab, kann man anhand der 1979 durch das FOIA-Gesetz freigegebenen Dokumente der amerikanischen Luftwaffe und des NORAD beweisen. Laut diesen Dokumenten wurden die Atomrakentenbasen in Montana, Michigan und Maine von UFOs überflogen. Die Luftwaffe hatte die UFOs auf ihren Radarschirmen und startete Jagdflugzeuge, um die ungewollten Eindringlinge abzufangen. Die Verfolgung in der Luft verlief jedoch erfolglos. Im Oktober 1975 versetzten große, orangefarbene UFOs die Atomwaffenbasen wiederum in Alarmzustand.[9] Zur gleichen Zeit stieg die Anzahl der Tierverstümmelungen weiter an, und die Farmer begannen sich zu bewaffnen. Neben den UFO-Sichtungen wurden auch tiefffliegende schwarze, unmarkierte Helikopter über diesen Gebieten beobachtet. Diese schwarzen Helikopter wurden auch in der Nähe von streng geheimen Militärbasen gesehen. Verschiedene Personen, die sich in der Nähe von AREA-51 in Nevada befanden, berichteten, daß sie ebenfalls von schwarzen unmarkierten Helikoptern aus dieser Gegend vertrieben wurden. Militärische Quellen berichten, daß Helikopter von verschiedenen Luftwaffenbasen aus ebenfalls diese Tierverstümmelungen untersuchen und manchmal auch mit den lokalen Sheriffbüros zusammenarbeiten.

Wir hatten Ende September, bei der 12. Quest International UFO-Konferenz in Leeds wie schon erwähnt die Gelegenheit, den umstrittenen UFO-Forscher Robert (Bob) Oechsler zu sprechen. Bob Oechsler behauptet, im Laufe der Jahre auch einige Kontakte zu CIA-Mitarbeitern aufgebaut zu haben. Bei dieser Gelegenheit sprachen wir auch über diese schwarzen, unmarkierten Helikopter. Bob Oechsler vermutet, daß diese Helikopter zu einer Spezialeinheit innerhalb des Militärs gehören. Diese Helikopter sind deshalb ohne Bezeichnungen, damit man ihre Herkunft verbergen kann. Augenzeugen, die diese Helikopter gesehen haben, sagen übereinstimmend aus, daß sie überdurchschnittlich leise waren. Bob Oechsler meint, daß diese Helikopter eine sehr fortschrittliche lärmherabsetzende Technologie besitzen und von einem *schwarzen* Programm der Luftwaffe entwickelt wurden.[10] Mit diesen schwarzen Programmen werden wir uns im vierten Kapitel etwas genauer auseinandersetzen. Im August 1975 war die Situation zwischen den Farmern so angespannt, daß der Senator von Colorado, Floyd K. Haskell, das FBI zu den Untersuchungen heranziehen wollte. Er schrieb dem Special Agent Theodore P. Rosack:

»Seit einigen Monaten erhält mein Büro Berichte von Rinderverstümmelungen aus Colorado und anderen westlichen Staaten. Mindestens 130 Fälle wurden allein in Colorado den lokalen Sheriffbüros und dem Colorado Bureau of Investigations (CBI) gemeldet. Das CBI hat nachgewiesen, daß diese Zwischenfälle seit den letzten zwei Jahren in mindestens neun Staaten auftraten. Die Farmer und Einwohner von Colorado sind betroffen und über diese Vorfälle besorgt. Die bizarren Verstümmelungen sind ebenfalls schreckenerregend: in beinahe allen Fällen fehlte ein Auge, ein Ohr, der Mastdarm und die Sexualorgane der Tiere. Das Blut der Tiere wurde ebenfalls entfernt. Es wurden weder Blutspuren noch Fußabdrücke am Tier oder in der näheren Umgebung entdeckt. In Colorados Morgan-County-Gebiet gab es auch Berichte, daß die Rinderverstümmler Helikopter benutzten. Mehrere Personen berichteten, daß sie von einem ähnlichen Helikopter verfolgt wurden. Da ich über diese Situation sehr betroffen bin, frage ich das FBI, ob es an den Untersuchungen teil-

DATE: January 19, 1976
OWNER: Sam Griego - Pintada, New Mexico   [Page 25]
ANIMAL DESCRIPTION: Black Motley face
DATE DIED: December 26, 1975
POSITION FOUND IN: Left side
ORGANS TAKEN: Cut all of the rectum, udder, two holes on jugler vein
            on right side, hole in between front legs, a little b;
            which looked like they might want to get to the heart,
            Two holes on back in front of hip bones same size as t
            ones in neck, one to each side of spine right across,
            looked like they were made from the air while cow was
            standing up. All sexual organs and udder were taken.
TRACK EVIDENCE: None except for bird tracks
INSPECTOR: Pete B. Marez

DATE: January 19, 1976
OWNER: Dipper Cattle Company - Pintada, New Mexico
ANIMAL DESCRIPTION: Crossbred red motley face
DATE DIED: December 19, 1975
POSITION FOUND IN: Left side
ORGANS TAKEN: All sexual organs and tongue
TRACK EVIDENCE: None
INSPECTOR: Pete B. Marez

DATE: February 14, 1976
OWNER: Rhea Howe - Engle, New Mexico
ANIMAL DESCRIPTION: 2 yr. old Charloais-Hereford heifer, 700 lbs.
DATE DIED: Between February 11 and 13, 1976
POSITION FOUND IN: Back and left side
ORGANS TAKEN: Udder j
TRACK EVIDENCE: Rained night before
INSPECTOR: Tom Bennett

DATE: April 23, 1976
OWNER: Pete Gutierrez - Chilli, New Mexico
ANIMAL DESCRIPTION: Blue Roan Mare
DATE DIED: Night of April 22 or 23, 1976
POSITION FOUND IN: Laying on her back
ORGANS TAKEN: Bag area and rectum area
TRACK EVIDENCE: Numerous track of coyote's (or dog) in evidence
INSPECTOR: A. J. Gibbs

Abb. 12: Ausschnitte über Tierverstümmelungsprotokolle von verschiedenen Sheriffbüros in New Mexico, 1975–1976.

93

nimmt. Das CBI und die lokalen Sheriffbüros untersuchen bereits diese Vorfälle. Das Fehlen einer zentralen gemeinsamen Richtung frustriert die Untersuchenden. Außer daß die Zwischenfälle mittlerweile seriös behandelt werden, scheint es keinen Fortschritt zu geben. Nun scheint es, daß sich die Farmer selbst bewaffnen, um ihre Nutztiere, sich selbst und ihre Familien zu schützen, weil sie von den derzeitigen erfolglosen Untersuchungen frustriert sind. Es muß Konsequenzen geben, bevor irgend etwas Schlimmeres passiert. Die Tatsache, daß Nutztiere unter ähnlichen Umständen in 21 Staaten aufgefunden wurden und daß mehrere Staaten involviert sind, sollte allein schon genügen, das FBI zu den Untersuchungen beizuziehen. Ich bitte Sie dringend, mit den Untersuchungen so schnell wie möglich zu beginnen und mein Büro zu kontaktieren, um die beschriebenen Fälle genauer zu besprechen. Wir sind bereit, Ihnen die nötige Hilfe zu gewähren.«[11]

Nach dieser Anfrage von Senator Haskell teilte ihm das FBI mit, daß die Beweise für die bundesstaatlichen Übergriffe der Verstümmelungen zu gering seien. Das FBI hielt sich daher auch nachher noch von den Untersuchungen fern. Heute kann man davon ausgehen, daß das FBI sich nicht in die Untersuchungen hineinziehen lassen wollte.[12] Anhand eines Zeitungsartikels in der *Colorado Springs Sun* vom 5. Oktober 1975 kann man erkennen, wie angespannt die Situation unter den Farmern war. Die Überschrift lautete: »Cattle mutilations … ranchers arming themselves.« Diese Zeitungsartikel lassen etwas von der Angst der Bevölkerung erahnen; sie fühlten sich von der Regierung im Stich gelassen. Zu dieser Zeit schoß in Texas ein frustrierter und von seinen Regierungsvertretern enttäuschter Farmer auf einen Helikopter, der gerade über seine Farm flog. Dieser Helikopter gehörte einem Geschwader vom Luftwaffenstützpunkt Fort Carson an. Nach diesem Zwischenfall wechselte Fort Carson die Flugpläne für seine Helikopter.[13] Daß das CBI die Untersuchungen ebenfalls nur oberflächlich ausführte, erfuhr man 1985 von Sheriff George Yarnell aus Elbert County, Colorado. Nachdem in der Nähe von Simla, Colorado eine verstümmelte Kuh gefunden wurde, interviewte Monty Gaddy von der Zeitung *Ranchland News* Sheriff Yarnell, da dieser schon in den siebziger Jahren mit Tierverstümmelungen zu tun hatte. Sheriff Yarnell erzählte, daß das CBI ihn beauftragt hatte, Hautstücke aus der Umgebung der Schnittstellen zu entnehmen. Er mußte die von ihm verursachten Schnittstellen markieren und zur Untersuchung ans CBI senden. Die Erklärung des CBIs war meistens, daß die Tiere von Raubtieren gerissen wurden. Sheriff Yarnell konnte sich mit dieser Erklärung nicht abfinden und sagte 1985 bei seinem Interview mit Monty Gaddy:

»Ich war mir ziemlich sicher, daß einige dieser Verletzungen nicht von Raubtieren stammten, da ich die verstümmelten Tiere mit meinen eigenen Augen sah. Einmal vertauschte ich die Markierungen an einem Hautstück und bekam dieselben Resultate.«

Das CBI untersuchte die Schnittstelle an der Haut, die Sheriff Yarnell verursachte, und schrieb wieder die Raubtiertheorie in den Abschlußbericht. Als Monty Gaddy Sheriff Yarnell fragte, ob das CBI die Absicht habe, Raubtiere als Verursacher der Verstümmelungen anzugeben, sagte er:

»Es ist möglich, daß das CBI die Verstümmelungen Raubtieren zuschrieb, um sein Gesicht zu wahren. Das CBI konnte sich so von dem Verdacht fernhalten, das Mysterium nicht lösen zu können.«[14]

3   Biologische und psychologische Kriegsführung

Da man die Täter einfach nicht fassen konnte, drehte die Dokumentarfilmerin Linda Moulton Howe 1979 für den amerikanischen Fernsehsender CBS eine Dokumentation über diese Tierverstümmelungen. Als sie mit ihrer Forschungsarbeit begann, glaubte sie zuerst, daß sie einem gewaltigen Umweltskandal oder militärischen Experimenten zur biologischen Kriegsführung auf der Spur wäre. Bei der biologischen Kriegsführung werden

Krankheitserreger (Viren, Bakterien) oder Schädlinge entwickelt, die die Pflanzen oder Tiere eines Feindes vernichten. Der Einsatz solcher biologischer Kampfmittel soll beim Feind Hungersnöte und Seuchen auslösen. Linda Howe hatte die amerikanische Regierung in Verdacht und vermutete, daß bei militärischen Versuchen solche biologischen Kampfmittel freiwurden. Sie glaubte, die Regierung wollte die Ausmaße dieser Verseuchung feststellen, indem sie das Gewebe freigrasender, kontaminierter Rinder untersuchte. Sie sprach auch mit den Sheriffs, mit Dutzenden betroffener Farmer, Journalisten, Militärbediensteten, Helikopterpiloten, Tierärzten und Medizinern. Alle sagten ihr übereinstimmend, daß, wenn die Regierung hinter diesen Verstümmelungen stehen würde, die Kadaver der Tiere verschwunden wären, um die Leute nicht zu schocken und keinen Aufruhr zu erzeugen.

Man sagte ihr, wenn die CIA oder eine andere Regierungsbehörde hinter den Tierverstümmelungen stünde, hätten diese sicher die Möglichkeit, die Verstümmelungen unter Ausschluß der Öffentlichkeit durchzuführen. Beim Durchsehen diverser Zeitungsarchive stellte sie außerdem bald fest, daß diese Tierverstümmelungen weltweit auftraten. Als sie die ersten verstümmelten Rinder selbst sah, erkannte sie, daß manche dieser Organe und Körperteile mit einem laserähnlichen Instrument von den Tieren entfernt worden sein mußten. Diese Tatsache schließt Raubtiere und satanische Sekten ziemlich sicher als Verursacher aus. Da manche der Tiere auch gebrochene Rippen aufwiesen, vermutete man, daß sie aus einigen Metern Höhe von irgendeinem Fluggerät abgeworfen wurden. Mehrere Helikopterpiloten stellten auch fest, daß es fast unmöglich und auch unsinnig sei, eine Kuh mit einem großen Hubschrauber zu entführen, ihr an irgendeinem unbekannten Ort ein Auge, ein Ohr und andere Organe zu entnehmen und sie dann mit dem Hubschrauber wieder in das unwegsame Gelände zurückzufliegen. Als Linda Howe auffiel, daß in den Zeitungen, unabhängig von den Tierverstümmelungen, immer wieder von UFO-Sichtungen in den gleichen

Gebieten berichtet wurde, begann auch sie sich ernsthaft für diese UFO-Geschichten zu interessieren, die ihr hinter vorgehaltener Hand immer wieder zugetragen wurden.

Wir meinen ebenfalls, daß man nach den vorher beschriebenen Schlußfolgerungen Experimente zur biologischen Kriegsführung als Ursache der Tierverstümmelungen ausschließen kann. Die Tatsache, daß neben Tierverstümmelungen und UFO-Sichtungen immer schwarze, unmarkierte, lärmverminderte Helikopter beobachtet werden, zeigt unweigerlich eine Verbindung mit einer amerikanischen Regierungsbehörde auf. Eine mögliche irdische Erklärung der Tierverstümmelungen könnte ein großangelegtes weltweites Experiment zur psychologischen Kriegsführung sein. Psychologische Kriegsführung dient zur geistig-seelischen Beeinflussung, sowohl zur Schwächung oder Aufweichung des gegnerischen wie zur Stärkung des Wiederstands und Kampfwillens des eigenen Volkes. Ein solches psychologisches Experiment würde erklären, warum man die Öffentlichkeit mit den Tierkadavern in Staunen und Schrecken versetzen möchte. Der amerikanische Geheimdienst könnte an den Einwohnern seines eigenen Landes testen, inwieweit sie an eine fremde Macht glauben. Das weltweite Auftreten der Tierverstümmelungen wäre durch die weltweite Militärpräsenz der USA ebenfalls erklärbar.

Was gegen ein solches psychologisches Experiment spricht, sind die schon erwähnten tatsächlichen Beobachtungen von sich auf unkonventionelle Weise fortbewegenden unbekannten Flugobjekten. Weiters ist die Wahrscheinlichkeit sehr gering, daß in den sechziger und siebziger Jahren eine Technologie existierte, mit der man die Organentnahmen und präzisen Schnitte unter den beschriebenen Umständen durchführen konnte, ohne die geringsten Spuren an dem Tier oder an seinem Fundort zu hinterlassen. Es kann aber nicht ausgeschlossen werden, daß eine Regierungsbehörde das durchaus real existierende UFO-Phänomen inklusive Tierverstümmelungen als Deckmantel für vorher erwähnte psychologische Experimente ausnützt.

4 Tierverstümmelungen und UFOs

Nordöstlich von Sterling, Colorado, beobachteten 1976 mehrere Leute, darunter auch Journalisten und der Sheriff von Logan County, Tex Craves, ein großes schwebendes weißes Licht. Sie beobachteten, wie aus diesem großen Licht kleinere Lichter herauskamen und in die Umgebung ausschwärmten, bis man sie nicht mehr sehen konnte, und wie sie später in das große, am Himmel wartende Licht zurückkehrten. Sheriff Tex Craves war sich sicher, daß es einen Zusammenhang zwischen diesen Lichtern und dem am Himmel wartenden, großen, unidentifizierten Objekt gab. Bei einem Interview mit Linda Howe berichtete der Sheriff, daß er mit einem kleinen Flugzeug versuchte, näher an das große UFO heranzukommen. Das UFO behielt aber immer die gleiche Entfernung bei. Mehrere Male beobachteten sie, wie kleinere Objekte vom großen herauskamen und am Boden landeten. Die Leute beobachteten auch, daß das große Licht ebenfalls unkonventionelle Bewegungen ausführte. Nachdem die kleinen Objekte wieder mit dem größeren vereint waren, verschwand das große UFO mit einer hohen Geschwindigkeit aus den Blickwinkeln der Beobachter. Am nächsten Tag wurden auf den Weiden wieder verstümmelte Rinder gefunden.[15]

Den Einwohnern von Logan County gelang es zwischen Dezember 1976 und Februar 1977, diese gewaltige Lichtershow mehrmals zu beobachten. Der *Sterling Journal*-Reporter Bill Jackson photographierte diese Objekte mit einem hochauflösenden Film.[16] Einem Photographen der *Little River News* gelang es 1988 ebenfalls, ein ähnliches Objekt über Ashdon, Akansas, zu photographieren. Diese Photos zeigen deutlich, wie aus dem großen UFO ein kleineres Objekt herausfliegt. Die unregelmäßigen Lichtspuren sind auf die Belichtungszeit und die Bewegung der UFOs zurückzuführen. Die Ähnlichkeit dieser beiden Szenen ist auf Grund des Zeitunterschiedes von ungefähr elf Jahren bemerkenswert. Wir haben diese beiden Aufnahmen im Phototeil abgebildet. Sheriff Tex Craves besitzt, wie auch seine Kollegen,

United States Senate
WASHINGTON, D.C. 20510

December 21, 1978

The Honorable Griffin B. Bell
Attorney General
Department of Justice
10th and Constitution Avenue, N.W.
Washington, D.C.   20530

Dear Mr. Attorney General:

During the past several years, ranchers throughout the West
including my home state of New Mexico, have been victimized
by a series of cattle mutilations. As a result, these ranchers
have as a group and individually suffered serious economic
losses.

These mysterious killings have been the subject of at least
two articles in national publications, copies of which are
enclosed. Mr. Cockburn's article in the December 1975 issue
of Esquire states that there had been a federal investigation
into this matter, but it was dropped. Mr. Cockburn implies
the investigation may have been terminated because cattle
mutilation per se is not a federal offense.

While an individual cattle mutilation may not be a federal
offense, I am very concerned at what appears to be a continued
pattern of an organized interstate criminal activity. Therefore,
I am requesting that the Justice Department re-examine its
jurisdiction in this area with respect to the possible reopening
of this investigation.

Enclosed are copies of my files on this subject. While awaiting
what will hopefully be a favorable reply, I shall continue to
gather materials that could be of help in such an investigation.
If you need further information in studying this matter, please
do not hesitate to contact me.

Sincerely,

Harrison Schmitt

HS:jri
Enclosures

RECEIVED

CRIMINAL DIVISION

*Abb. 13: Beantragung eines Untersuchungsausschusses über Tierver-
stümmelungen an das FBI, von U.S.-Senator Harrison Schmitt,
21. Dezember 1979.*

Hunderte Photos von verstümmelten Rindern. Nach der Beobachtung dieser Lichter sagte er schockiert zu Linda Howe: »How many of them do you think are coming here to do this?« (Wie viele, glauben Sie, kommen hier zu uns, um das zu tun?). Der Sheriff wollte einfach nicht in der Öffentlichkeit sagen, daß er glaubte, daß eine fremde Intelligenz für diese Verstümmelungen verantwortlich sei. Nach diesen Vorfällen und weiteren Rinderverstümmelungen wurde von Senator Harrison Schmitt eine Konferenz über Tierverstümmelungen einberufen.[17]

Senator Schmitt stellte bei dieser Konferenz fest, daß die Rinderindustrie und die Farmer einen enormen Schaden durch diese Verstümmelungen erleiden. Senator Schmitt war der Ansicht, daß diese Tierverstümmelungen, als Ganzes betrachtet, ein organisiertes innerstaatliches Verbrechen sind und sich deshalb das FBI bei den Untersuchungen einschalten sollte. Senator Schmitt wollte, wie schon andere Politiker auch, daß sich das FBI mit den Tierverstümmelungen befaßt. Am 2. März 1979 wurde das FBI vom Department of Justice (DOJ) aufgefordert, sich mit diesem Phänomen auseinanderzusetzen. Das FBI-Büro in Santa Fé, New Mexico, bekam 50 000 Dollar, um mit den untersuchenden Parteien zusammenzuarbeiten. Ein ausschlaggebendes Moment für diese Entscheidung war, daß man 15 verstümmelte Tiere auf Indianerland fand. Ein FBI-Memorandum vom März 1979 schildert die Situation folgendermaßen:

»Am 6. März 1979 wurde die FBI-Abteilung in Albuquerque aufgefordert, die Verstümmelungen von 15 Tieren, die sich im Indianergebiet ereignet hatten, zu untersuchen. (Genauere Beschreibungen befinden sich im DOJ-Memorandum vom 2. März 1979.) Am 20. April 1979 wurde in Albuquerque, New Mexico, eine Konferenz anläßlich dieser Tierverstümmelungen abgehalten. Hauptsächlich sind davon Rinder betroffen. Bei dieser Konferenz waren ungefähr 180 Leute, darunter Sheriffs aus verschiedenen Bundesstaaten und Medienrepräsentanten, anwesend. Senator Schmitt leitete die Konferenz, und der amerikanische Anwalt Forrest Putman Jr. aus New Mexico war ebenfalls vertreten.

Putman beauftragte das FBI, die Rinderverstümmelungen, die sich im Indianergebiet ereignet hatten, zu untersuchen. Während dieser Konferenz wurden unzählige Theorien über die Verursacher dieser Taten besprochen. Diese reichten von Mitgliedern satanischer Kulte, Raubtieren, Schwindlern, außerirdischen Besuchern bis zu Regierungsbehörden. Bei der Zusammenfassung dieser Konferenz wurde beschlossen, daß eine Stelle eingesetzt wird, welche alle untersuchenden Behörden der verschiedenen Zuständigkeiten koordiniert. Im Mai 1979 erhält das Bezirksanwaltsbüro von Santa Fé und Umgebung in New Mexico ungefähr 50 000 Dollar, um als die koordinierende Untersuchungsbehörde bei Rinderverstümmelungen tätig zu werden. Seit März 1979 traten keine neuen Rinderverstümmelungen im Indianergebiet auf und unsere Untersuchungen haben bis zum heutigen Tag kein nennenswertes Ergebnis gebracht.«[18]

Nach diesem Beschluß beunruhigte das FBI die Schlagzeile des *National Enquirer* vom 5. Juni 1979: »FBI Joins Investigation of Animal Mutilations Linked to UFOs«.[19] Natürlich blieben die 15 Rinderverstümmelungen im Indianergebiet und Hunderte andere, trotz Mitwirkung des FBI, ebenfalls unaufgeklärt. Viele Sheriffs beschwerten sich, daß das FBI die Untersuchungen nicht ernst nahm und auch heute noch nicht ernst nimmt. Manche Leute äußern die Vermutung, daß das FBI von höheren Stellen den Auftrag bekam, die Untersuchungen eher zu behindern als zu unterstützen. Ein Beispiel macht besonders deutlich, daß das FBI unter allen Umständen versuchte, den Zusammenhang zwischen Tierverstümmelungen und UFOs zu vertuschen. Laut der texanischen Zeitung *Amarillo Globe-News* vom Mai 1978 entdeckte Dr. Howard Burgess, ein pensionierter Wissenschaftler der Sandia Laboratories, eine metallische Substanz auf einem Rind.[20] Da es in seiner Gegend zu einer großen Anzahl von Rinderverstümmelungen gekommen war, führte Burgess einen Test mit ultraviolettem Licht an mehreren Rindern des Farmers Manuel Gomez durch. Dieser Farmer hatte 15 bis 20 Bullen und Kälber an die mysteriösen Verstümmler verloren. Bei dem Test wurden die Rinder von Gomez mit ultraviolettem Licht bestrahlt, und auf einigen der Rinder wurden ebenfalls Stellen dieser metallischen Substanz sichtbar. Vier Tage, bevor Burgess diesen Test an den Rindern durchführte, beobachteten mehrere Einwohner von Taos, New Mexico, unabhängig voneinander ein UFO, das über der Ladefläche eines Lastwagen schwebte. Die Leute sagten, daß das UFO, bevor es verschwand, eine grau-silbrige Substanz verlor. Einer der Zeugen sammelte Teile dieser Substanz in einem Plastikbecher. Als Burgess und der Sheriff von diesem Stoff hörten, dachten sie unmittelbar an die metallische Substanz, die sie auf einer der Kuhhäute gefunden hatten. Burgess ließ den Stoff, von den Schoenfeld Laboratories in Albuquerque untersuchen, und man bestätigte, daß die Substanz auf den Rinderhäuten die gleiche war wie der Stoff, den das UFO verloren hatte. Das Material sah aus wie eine eingetrocknete graue Farbe. Die Proben wiesen einen siebzigmal höheren Anteil von Magnesium und Kalium auf als die umliegende Erde im Taos-Gebiet. Ein Test unter dem Massenspektrometer enthüllte, daß das Material eine Ähnlichkeit mit Teflon aufwies.

Der FBI Special Agent Kenneth M. Rommel Jr. erfuhr ebenfalls von diesen Versuchen und schickte Proben dieser Substanzen ans FBI-Hauptquartier nach Washington. Wir haben Auszüge seines FBI-Memorandums am Anfang dieses Kapitels gebracht und wiederholen deshalb nur mehr jenen Absatz des Memorandums, der deutlich macht, wie dieser FBI-Beauftragte die Zusammenhänge zwischen dem UFO-Phänomen und den Tierverstümmelungen unter allen Umständen unterbinden wollte:

»... Wie immer, ich würde es schätzen, wenn diese Flocken unter Verwendung eines G.S.-Massenspektrometers oder eines anderen logischen Tests identifiziert werden könnten. Das wiederum würde mir bei meinem langen Weg helfen, den Zusammenhang von UFOs und Rinderverstümmelungen zu widerlegen. Wenn nötig, können die Flocken während ihrer Untersuchung auch zerstört werden. Ihre Zusammenarbeit bei dieser Nachforschung ist erwünscht.«[21]

Kenneth M. Rommel, Jr.
Director

Diana S. Moyle
Coordinating Secretary

LOCAL & STATE

Animal Mutilation Project
Post Office Box 1209
Espanola, New Mexico 87532

Cipriano Padilla
Investigator

Telephone: (505) 753-7131
827-2195

March 5, 1980

4d - MK   J03070
w.f.o.

Director
Federal Bureau of Investigation
J. Edgar Hoover Building
Washington, D.C.

Re: Mutilations of Animals on
Indian Reservation; Taos,
New Mexico, July 1978

Attention: F.B.I. Laboratory

Gentlemen:

For background information, I refer to your Albuquerque origin matter entitled
as follows:

Mutilations of Animals on Indian Lands in New Mexico --
Crime on Indian Reservation.

Enclosed for examination is one vial containing several flakes of an unknown
material which this office would like to have identified in connection with an
official investigation.

For your information, since approximately 1975, New Mexico and other states,
primarily those located in close proximity to New Mexico, have had incidents
referred to by many as "the cattle mutilation phenomena." Stock animals, primarily
cattle, have been found dead with various parts of the carcass missing such as one
eye, one ear, the udder, and normally a cored anus. Most credible sources have
attributed this damage to normal predator and scavenger activity. However, certain
segments of the population have attributed the damage to many other causes ranging
from U.F.O.s to a giant governmental conspiracy, the exact nature of which is never
fully explained. No factual data has been supplied supporting these theories.

In May, 1979, responding to pressure from his constituents, the District
Attorney, First Judicial District of New Mexico, applied for and was awarded a
one year L.E.A.A. grant to investigate these mutilations.

I retired after twenty-eight years as a special agent of the F.B.I. to direct
this investigation.

As previously stated, there are those that have attempted to make a connection
between cattle mutilations and U.F.O. sitings.

COPY AND SPECIMENS
RETAINED IN LAB FOR
.... REPORT

5 9 APR 17 1980

*Abb. 14: FBI-Memorandum über Rinderverstümmelungen von Special
Agent Kenneth M. Rommel Jr. an das FBI-Labor in Washington D.C.,
5. März 1980.*

In July, 1978, a U.F.O. was reportedly observed by a resident of Taos, New
Mexico, reportedly hovering over a pickup truck. The next morning, the enclosed
powder flakes were reportedly recovered from the roof of the aforementioned
pickup.

Some of the individuals that are most vocal to the media have inferred that these
flakes are identical with a substance that was taken from cowhides in a controlled
test conducted in the Dulce, New Mexico area.

Dulce, New Mexico, which has been the site of several reported mutilations, is
located approximately seventy miles from Taos, New Mexico. I have not been able
to locate a sample of the substance reportedly collected in the Dulce test, but
it has been described as a florescent material.

I have, to-date, been able to confirm any connection between these two substances,
and have been told by those that have seen both that they are not identical.

However, I would appreciate it if through the use of a G.S. Mas spectroscopy test
or any other logical test, that these flakes can be identified. This in itself
would go a long way to assisting me to discredit the U.F.O. -- Cow Mutilation
association theory.

If need be, the flakes can be destroyed during your examination.

Your cooperation in this investigation is appreciated.

                                        Sincerely,

                                        KENNETH M. ROMMEL, JR.

KMR/dsm
enclosure

*Abb. 15: Zweite Seite des FBI-Memorandums von Special Agent
Kenneth M. Rommel Jr., 5. März 1980.*

Dieser FBI-Agent, der eigentlich dem Gesetz dienen sollte, fordert in diesem Memorandum das FBI-Labor sogar auf, falls sich
herausstellen sollte, daß die Substanzen gleich sind, sie zu zerstören, um den Zusammenhang von UFOs und Rinderverstümmelungen zu vertuschen. Als Linda Howe mit Lou Cirodo, dem
Untersuchungsleiter der Tierverstümmelungen, in Colorado zu-
sammentraf, äußerte er sich vor laufender Fernsehkamera folgendermaßen: »Es ist möglich, daß diese Verstümmelungen durch
außerirdische Wesen verursacht werden.« Lou Cirodo war der
einzige Gesetzeshüter, der vor laufender Kamera das aussprach,

was viele andere Sheriffs und Farmer der Reporterin Linda Howe hinter vorgehaltener Hand zuflüsterten. Die beschriebenen Vorgänge lassen erkennen, daß sich die lokalen Sheriffs und Farmer mit der Situation abgefunden hatten, die Tierverstümmelungen mit UFOs in einen Zusammenhang zu bringen.

5 Eine genetische Ernte?

Linda Howes Dokumentation über die Tierverstümmelungen wurde am 25. Mai 1980 von einer Viertelmillion Zuschauer in Colorado und Wyoming gesehen. Am nächsten Tag hörten die Telefone im CBS-Büro in Denver, Colorado, nicht mehr auf zu läuten. Es meldeten sich viele Farmer, die bis zu dieser Sendung gar nicht wußten, daß es dieses Phänomen gab, aber ebenfalls solche Todesfälle unter ihren Rinderherden zu beklagen hatten. Viele Farmer ordneten die seltsamen Todesfälle ihrer Tiere Blitzschlägen oder ähnlichen Naturphänomenen zu. Nach dieser Fernsehsendung konnte man sich erst einen Überblick über das Ausmaß der Tierverstümmelungen machen. Die an den Untersuchungen beteiligten Personen fanden ihre Theorie bestätigt, daß nur ein kleiner Bruchteil dieser Verstümmelungen den Behörden gemeldet wurde. Viele Anrufer bezeugten auch, daß sie seltsame Lichterscheinungen über ihren Weiden beobachteten. Für Linda Howe wurde es immer mehr zur Gewißheit, daß nichtmenschliche Lebensformen Körperflüssigkeiten, Organe und andere Gewebeteile mit äußerster Genauigkeit von Rindern und anderen Tieren entnahmen. Über den Zweck dieser Tötungen machte sie sich damals noch keine Gedanken. Im Rahmen ihrer Untersuchungen stellte Linda Howe auch beim Air Force Office of Special Investigations (AFOSI) in Albuquerque Nachforschungen an. Das AFOSI ist eine Abteilung der Luftwaffe, dessen Special Agent Richard Doty 1983 Linda Howe mitteilte: »Diese Dokumentation, die sie über die Rinderverstümmelungen gemacht haben, hat einige Leute in Washington beunruhigt. Wir wollen nicht haben, daß diese Angelegenheit in der Öffentlichkeit mit UFOs und Außerirdischen zusammengebracht wird.«[22]

Richard Doty zeigte Linda Howe auch angebliche Regierungsdokumente, deren Inhalte den Behauptungen von Falcon, Condor und den Instruktionspapieren von Bob Lazar glichen. Heute kann man davon ausgehen, daß man Linda Howe als Fernsehproduzentin mit Desinformationen versorgte, um die UFO-Forscher in die Irre führen zu können und sie zu diskreditieren. Sie sprach während ihrer Nachforschungen mit vielen Leuten, die ihr immer wieder nahelegten, daß die Schnitte an den Tieren aussahen, als ob sie mit einer Art Laser durchgeführt worden wären. Wenn man bei den Tierverstümmelungen wirklich ein solches Instrument benützte, mußte man die Hitzeeinwirkung am Schnittstellengewebe feststellen können. Das Problem bei solchen Analysen entnommener Gewebeproben ist, daß die Hitzeeinwirkung nur unmittelbar nach der Tat nachgewiesen werden kann. Die meisten Tiere wurden aber erst Tage nach ihrer Verstümmelung gefunden.

Der Nachweis, daß diese Tierverstümmelungen wirklich mit einem Instrument, das große Hitze abgibt, durchgeführt wurden, konnte erst 1988 erbracht werden. Am 10. März 1988 wurden fünf trächtige Kühe auf der Farm von L. C. Wayatt in Hempstead County, Arkansas, verstümmelt aufgefunden. Die Kühe lagen wie aufgefädelt entlang einer Linie. Eine der Kühe sah aus, als ob sie im Davonlaufen gelähmt worden wäre, da ihre Füße noch angewinkelt waren. Der Farmer verständigte den Hempstead County Sheriff, der sofort zwei Hilfssheriffs zur Farm schickte. Sie sahen, daß die Täter ein Instrument für die Entnahme der Gewebeteile benützt hatten. Etwas später kam auch Juanita Stripling von den *Little River News* zur Farm und machte mehrere Photos. Eine der trächtigen Kühe hatte ein großes Loch an einer Körperseite, bei dem der Embryosack mit dem ungeborenen Kalb herausgerutscht war. Der Schnitt wurde klar und präzise ausgeführt und war ungefähr sechs Zentimeter tief und einen halben Meter lang. Es waren keine Blutflecken und keine anderen Körperflüssigkeiten auf den Kühen zu sehen.[23] Die Tiere hatten mehrere tiefe Löcher in der Aftergegend. Der Herausgeber der *Little River News,* Jim Williamson, sah am 9. März ein orangefarbenes Licht, das ihn an das UFO erinnerte, welches er 1988 photographiert hatte.

Jim Williamson kontaktierte Linda Howe, und sie verständigte wiederum Dr. John Altshuler. Dieser gab Jim Williamson Anweisungen, daß er Gewebeteile mit und ohne Schnittstellen von den Kühen entfernen und sie in einer zehnprozentigen Formaldehydlösung per Expreßdienst zu ihm nach Denver schicken sollte. Jim führte die Anweisungen aus, und Dr. Altshuler präparierte die Gewebeteile für einige mikroskopische Untersuchungen. Dr. Altshuler bestätigte, daß die Schnitte an den Tieren mit einem Instrument durchgeführt wurden, welches eine Hitze von über 135 Grad abgab. Dieses sei auch der Grund, wieso die Schnitte ohne Blutspuren ausgeführt werden können, da das Blut durch die große Hitze sofort verdampft. Anhand der mikroskopischen Untersuchungen an den Schnittstellen und an unbeschädigten Gewebeteilen kam Dr. Altshuler zu dem Schluß, daß die chirurgischen Prozeduren an den Tieren unglaublich schnell durchgeführt worden waren. Er schätzte den Zeitraum auf ungefähr eine oder zwei Minuten.[24] Auch die Tierärztin Madeline A. Rae bestätigte, daß die Gewebe- und Organentnahmen an den Tieren mit einem Instrument durchgeführt worden waren, das eine große Hitze abgab. Sie ließ die Gewebeteile eines zwei Jahre alten Stieres, der in der Nähe von Portland, Oregon, verstümmelt aufgefunden wurde, vom Veterinary Diagnostic Laboratory in Oregon untersuchen. Die Zusammenfassung des Pathologen lautete: »Die Schnittstelle weist einen Streifen einer geronnenen Nekrose auf, die durch Hitzeeinwirkung, ähnlich einer elektrochirurgischen Einheit, verursacht wurde. Es ist nicht möglich, zu sagen, ob diese Wunde durch einen Laser verursacht wurde. Sie scheint aber mit einer durch Hitzeeinwirkung hervorgerufenen Verletzung übereinzustimmen.«[25]

Diese Erkenntnis hat sich in der Zwischenzeit durch weitere Gewebeprobenanalysen von verstümmelten Tieren bestätigt. Dr. Altshuler und andere Pathologen, die dem Phänomen aufgeschlossen gegenüberstehen und nicht um ihre Reputation fürchten müssen, fanden mittlerweile dieselben Resultate an Hasen, Rehen, Pferden, Hauskatzen und an Rindern. Diese Tatsache scheint insofern interessant, als daß die erste signifikante Anwendung eines Lasers oder einer fortgeschrittenen elektrochirurgischen Einheit in der Chirurgie nicht vor Anfang der achtziger Jahre erfolgreich ausgeführt wurde. Linda Howe befragte für ihre Fernsehdokumentation 1980 einen Laserchirurgen des Rose Medical Center in Denver, ob er vor laufender Kamera ähnliche Schnitte an einem toten Huhn mit seinem CO_2-Laser machen könne. Sein Ärzteteam benötigte zuerst ungefähr eine halbe Stunde, um den Laser vorzubereiten. Der Chirurg brauchte weitere 17 Minuten, um ein Loch von 5 Zentimetern Durchmesser und von 0,3 Zentimetern Tiefe zu schneiden. Er erzählte vor laufender Kamera, daß man für große Schnitte Skalpelle oder elektrische Brenneisen verwendet. Bei der Anwendung solcher Instrumente kann man aber nicht die feinen klaren Schnitte, wie sie bei den Tierverstümmelungen auftreten, hervorrufen.

Jim Williamson von den *Little River News* setzte sich mit einem großen Laserhersteller in Massachusetts in Verbindung, um mehr über die gegenwärtige Lasertechnologie herauszufinden. Ein Ingenieur dieser Firma stellte fest, daß ein Laser, mit dem man ähnliche Schnitte wie an den verstümmelten Tieren verursachen kann, ungefähr 270 Kilogramm wiegen müßte. Dieses Instrument wäre so groß wie ein durchschnittlicher Bürotisch und würde bei einer Kuh ungefähr eine Stunde in einer Klinik brauchen, um ein durchschnittliches Loch einer typischen Verstümmelung zuzufügen. Ein Laser dieser Größe würde 20 000 Dollar kosten und für den Betrieb einen Generator, eine größere Menge spezieller Kabel, eine Schutzvorrichtung und ein Kühlungssystem benötigen. Diese Tatsachen zeigen, daß es unwahrscheinlich ist, diese präzisen, chirurgischen Eingriffe während der Nacht in der Wildnis unbemerkt durchzuführen.[26]

Ein etwas günstigeres Instrument wurde im August 1991 im Rhode Island Hospital vorgestellt. Es handelt sich dabei um ein neuartiges Skalpell, das 60 000mal innerhalb einer Sekunde vibriert und sehr feine Wassertröpfchen aussendet. Die Vibrationen werden durch einen in Schwingungen versetzten Kristall ausgelöst. Das Bemerkenswerte an dem Skalpell ist, daß die Blutgefäße während des Schneidevorganges sich verengen. Dieses sogenannte harmonische Skalpell reduziert die Narbenbildung und unterbindet Blutungen während der Operation. Dieses Skalpell kostet weniger als 15 000 Dollar. Der Vorteil des harmonischen Skalpells gegenüber einem Laser oder elektrochirurgischen Einheiten besteht darin, daß keine Gewebeteile zerstört werden.[27] Wenn dieses Gerät auch geeignet wäre, Schnitte solcher Art auszuführen wie sie an den verstümmelten Tieren vorgefunden werden, muß man aber zu bedenken geben, daß es diese Technologie in den sechziger und siebziger Jahren noch nicht gab.

Die Tierverstümmelungen halten bis heute an; im Januar 1992 wurden Oklahoma, Kansas und Missouri in großem Ausmaß heimgesucht. Mehrere Tierärzte weigerten sich, Untersuchungen an den Tieren durchzuführen. Der Sheriff vermerkte »satanisches Ritual«, da er nicht in irgendwelche weiteren Untersuchungen hineingezogen werden wollte. Ein MUFON-Team ließ ebenfalls Gewebeproben von einer toten Kuh entnehmen und zur Analyse ans Oregon State Diagnostic Laboratory schicken. Die Analyse dieses Labors bestätigte, daß die Verstümmelungen wiederum mit einem Instrument ausgeführt wurden, das sehr große Hitze abgab. Am 11. Februar 1992 fanden der Farmer Robert Jacobs und sein Sohn Travis Dean einen Stier, bei dem die Zunge, die Genitalorgane und der Mastdarm fehlten. Sie fanden keine Spuren, die auf eine Fremdeinwirkung hindeuteten. Am Abend desselben Tages wollte Travis seiner Freundin den toten Stier zeigen. Als sie in die Nähe der Weide kamen, sahen sie ein schwebendes Licht. Travis beschrieb es zehnmal heller als einen Stern. Als sie näher kamen, sahen sie, daß das Objekt rot, blau, gelb und weiß zu leuchten begann. Als sie ungefähr einen Kilometer vom Objekt entfernt waren, bekam Travis' Freundin Angst. Als sie umkehrten, flog das Objekt hoch in den Himmel und folgte den beiden ein Stück. Bevor das Objekt verschwand, vollführte es noch einige seltsame Flugmanöver. Am folgenden Nachmittag kehrte Travis mit seinem Vater zur Weide zurück. Sie fanden wieder einen verstümmelten Stier, der dieselben Merkmale aufwies wie der vorher beschriebene. In Arkansas wurde eine acht Jahre alte Kuh gefunden, bei der das linke Auge, die Zunge und ein Stück

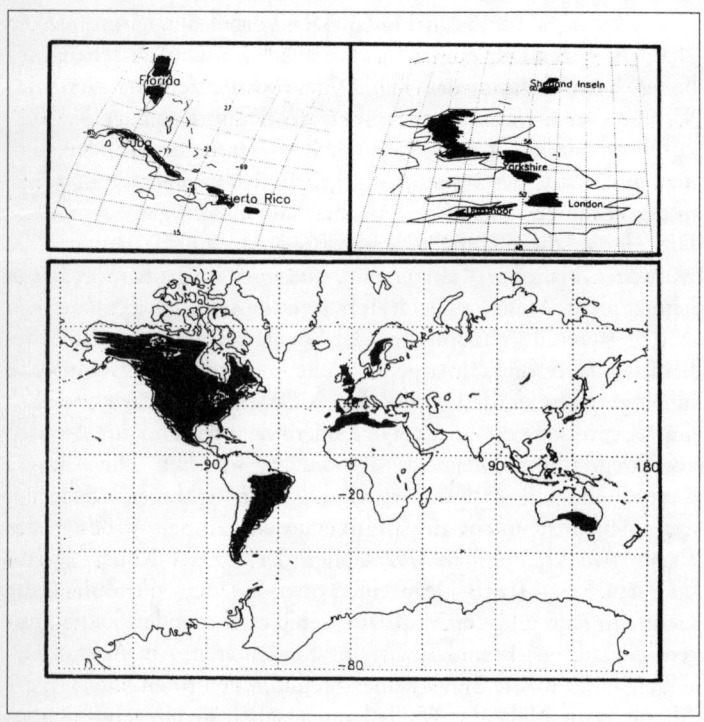

Abb. 16: Gebiete, in denen man verstümmelte Tiere gefunden hat.

110

Haut fehlten. Das Stück Haut war ungefähr 50 Zentimeter lang und 70 Zentimeter breit. Das Mysteriöse an der Sache war, daß die Haut so präzise entfernt worden war, daß man am darunterliegenden Muskelgewebe keine Verletzungen feststellen konnte. Zur selben Zeit wurden wieder seltsame Lichtobjekte in der Gegend beobachtet. Die Untersuchungen an den verstümmelten Rindern enthüllten, daß fast das ganze Blut aus dem Tier entfernt wurde. Die Farmer bekamen es mit der Angst zu tun und verließen ihre Häuser nur mehr bewaffnet.[28] Ein Farmer in Alberta, Kanada, verlor zwischen dem 14. Juni und dem 16. Juli 1992 fünf Rinder.

Wir hatten am 14. August 1993 bei der IUFON (Independent UFO Network)-Konferenz in Sheffield, England, die Gelegenheit, mit Linda Howe über ihre Untersuchungen zu sprechen. Sie berichtete uns, daß vom Oktober 1992 bis zum März 1993 23 Tierverstümmelungen an die Sheriffbüros in Fyffe, Alabama, gemeldet wurden. Ab Januar 1993 wurden von mehreren Einwohnern in dieser Gegend helle, sich seltsam bewegende Lichter beobachtet. Einige dieser Objekte konnten sogar mit Videokameras gefilmt werden, als sie seltsame Flugmanöver und Sprünge am Himmel vollführten. Diese ungewöhnlichen Flugmanöver schließen jede Art von konventionellen Flugzeugen aus. Zwei Familien berichteten von großen, scheibenförmigen Flugobjekten in der Nähe ihrer Schlafzimmerfenster. Mehrere Zeugen sahen auch wieder die seltsamen, unmarkierten, schwarzen Helikopter. Die Polizei fragte bei den nahegelegenen Flughäfen nach, ob sich zur gegebenen Zeit Helikopter in der Luft befanden. Keiner der Flughäfen wußte über die angeblichen Helikopterüberflüge Bescheid. Die Beamten schlossen daraus, daß diese Helikopter einer Militäreinheit angehörten. Linda Howe fuhr mit einem Kamerateam Ende Februar nach Alabama, um sich von den seltsamen Ereignissen selbst zu überzeugen.

Bei der IUFON-Konferenz präsentierte Linda Howe mehrere Photos von verstümmelten Rindern, Ziegen und einer Henne. Ein anonym bleibender Mitarbeiter der amerikanischen Weltraumbehörde NASA in Huntsville teilte ihr mit, daß Einheimische in Alabama schon 1962 tote Tiere mit seltsamen Schnitten und blutleeren Körpern fanden. Am 4. Februar 1993 stieß Linda Howe auf einen der grausamsten Fälle dieses Phänomens. In der Nähe der Farm von Nickey Larkin in Arab, Alabama, wurde eine trächtige Kuh tot und verstümmelt aufgefunden. Das Euter der Kuh war entfernt und der Kopf des ungeborenen Kalbs ragte teilweise aus der Vagina der Mutterkuh. Das linke Auge des ungeborenen Kalbs war mit chirurgischer Gründlichkeit entnommen worden und um den leeren Augensockel fehlte ebenfalls ein rundes Stück Fleisch.[29] Der Polizist Ted Oliphant III. fand die Spuren einer wachsähnlichen Substanz auf einer verstümmelten Kuh. Er schickte sie an ein Labor, das die Proben untersuchte. Der an der Untersuchung beteiligte Wissenschaftler blieb aus persönlichen Gründen anonym. Er schrieb in seinem Bericht, daß er bei dieser Substanz keine Hinweise auf radioaktive Strahlung fand und sie sich in Wasser nicht auflöst. Die Untersuchung ergab, daß die Substanz hauptsächlich aus Aluminium, Silikon, Titanium und Sauerstoff bestand, lackähnliche Eigenschaften besaß und künstlich hergestellt wurde. Es kann natürlich nicht mit Sicherheit gesagt werden, ob sich diese Substanz nicht auch schon vorher auf dem verstümmelten Tier befand.[30] Am 7. April 1993 wurde vom Police Department in Fyffe, Alabama, eine Pressekonferenz über diese Vorfälle einberufen. Unter anderen war auch der amerikanische Fernsehsender CNN anwesend, der Teile dieser Konferenz weltweit ausstrahlte. Die Einleitung dieses Tierverstümmelungsreportes lautete:

»Seit Anfang November 1992 stellt das Fyffe Police Department in Zusammenarbeit mit der benachbarten Polizei und Justizbehörden Untersuchungen über unerklärte Rinderverstümmelungen an. Diese gemeldeten Vorfälle begannen am 20. Oktober 1992 und setzten sich bis letzte Woche in Marshall und DeKalb County fort.

Bis jetzt wurden über dreißig (30) Tiere auf ihren Weiden tot aufgefunden. An ihnen fehlten verschiedene innere und äußere Organe. Die Eingriffe wurden präzise und chirurgisch durchgeführt. In vielen Fällen wurde an den Schnittstellen des Gewebes eine Einwirkung von extrem hoher Hitze festgestellt. Das Nichtvorhandensein von physikalischen Beweisen trägt zum Mysterium der Tierverstümmelungsorte bei. Viele Tiere wurden im weichen Weideland aufgefunden. In vielen Fällen wurden auch in schlammigen Böden und in der Umgebung der verstümmelten Tiere keine Spuren, Fußabdrücke oder Markierungen gefunden. In mehreren Fällen fehlten sogar die eigenen Hufabdrücke der verstümmelten Tiere. Zur Zeit hat keine Polizeibehörde eine Theorie, die die Verdachtsmomente oder Motive dieser phantomchirurgischen Vorfälle an Nutztieren erklären könnte. Bis jetzt sind auch keine Augenzeugen oder Informanten aufgetaucht, die eine glaubwürdige Zeugenaussage machten. Der erste dokumentierte Fall wurde am 20. Oktober 1992 von dem Rinderfarmer John Strawn aus Albertville gemeldet. Das Tier wurde in einer bewaldeten Gegend von Mr. Strawns Weide von einem Nachbarn tot auf der Seite liegend gefunden. Der komplette Milchsack fehlte, ohne daß man Blutspuren fand.«[31]

Bei der UFO-Konferenz von Quest International am 25. September 1993 in Leeds wurden auch Ausschnitte von amerikanischen und kanadischen Nachrichtenprogrammen, die von aktuellen Tierverstümmelungen handelten, vorgeführt. Aus diesen Meldungen geht hervor, daß die Sheriffs und die Farmer von der amerikanischen Regierung in dieser Angelegenheit keine Unterstützung erhalten. Ein Sheriff sagte in einem Interview mit einem Fernsehteam, daß die Regierung dieses Problem einfach ignoriere. Als er in Washington anrief, teilte man ihm mit, er solle sich keine Sorgen machen, da die Verstümmelungen von Koyoten verursacht werden. Der Sheriff zeigte dem Fernsehteam aber Laborprotokolle, die bewiesen, daß die Schnitte mit einem Instrument, das große Wärme abstrahlt, ausgeführt wurden. Er meinte zur Aussage Washingtons nur lächelnd, daß diese Koyoten sehr intelligent sein müssen, wenn sie mit einem Laser umgehen können. Andere Regierungsvertreter beschuldigen die Farmer, daß

CHIEF OF POLICE

FYFFE   ALABAMA

CHARLES JUNIOR GARMANY

FOR IMMEDIATE RELEASE

Report on Cattle Mutilations

Sand Mountain, Alabama
Press Conference - Fyffe, Alabama
Presented by the Fyffe Police Department; Fyffe, Alabama
Charles "Junior" Garmany, Chief of Police
Boyd Graben, Mayor, City of Fyffe
Ted Oliphant, Investigating Officer
Date: Wednesday, April 7, 1993, 1 P.M.

INTRODUCTION

Beginning in November of 1992, the Fyffe Police Department has been conducting an investigation into unexplained cattle mutilations in cooperation with neighboring police and law enforcement agencies. These reported incidents began on October 20, 1992 and have continued through the last week in Marshall and DeKalb counties.

To date over thirty (30) animals have been discovered dead in pastures with various internal and external organs missing. The incisions examined on these animals exhibit precise surgical cutting. In many of the cases there has been evidence of extremely high heat at the tissue excisions. The absence of physical evidence adds to the mystery at the majority of mutilation sites. Though many animals have been found in soft pasture land, and in many cases mud, there have been no footprints, tracks, or marks found anywhere near the mutilated animals. In multiple cases, there is even the absence of the animal's own hoofprints in the ground.

To date no police agency has established a suspect or motive for these incidents of phantom surgery perpetrated on area livestock. Neither has an eyewitness or informant come forward to offer any credible insight or testimony.

The first documented incident of cattle mutilation was reported on October 20, 1992 by Albertville cattle farmer John Strawn. The animal was discovered in a wooded area of Mr. Strawn's pasture by a neighbor who found the animal dead, lying on its side. The animal's entire milk sac was missing with no evidence of blood

---

Abb. 17: Einleitung des Tierverstümmelungsreports der Pressekonferenz im Polizeihauptquartier von Fyffe, Alabama, USA, 7. April 1993.

114

sie ihre Rinder selbst verstümmeln, um eine gute Story zu verkaufen. Diese Aussagen machen deutlich, daß die Bevölkerung in den betroffenen Gebieten immer radikaler reagiert und den Glauben an ihre Regierung weitgehend verloren hat. Es läßt sich natürlich nicht mit Sicherheit sagen, wie viele Tiere auf der ganzen Erde im Laufe der Jahre verstümmelt worden sind, da die meisten Todesfälle gar nicht gemeldet wurden. In den USA wurden jedenfalls von 1967 bis heute zwischen 10 000 und 20 000 Rinder verstümmelt aufgefunden.

Die Nachforschungen von Linda Howe, Jacques Vallée und vielen anderen zeigten, daß es sich um ein weltweites Phänomen handelt, da auch in Kanada, Mexiko, Panama, Puerto Rico, Brasilien, Australien, Japan, den Kanarischen Inseln, England, Schweden und in Teilen Frankreichs Tiere gefunden wurden, die die typischen Merkmale dieser Verstümmelungen aufweisen. In Brasilien wurden 1975 und 1980 ebenfalls Rinder verstümmelt aufgefunden. In Santa Victoria wurden einer Kuh das Euter und andere Körperteile mit chirurgischer Präzision entfernt. Die Kuh wurde nur hundert Meter vom Farmhaus entfernt aufgefunden. Blut und andere Spuren in der Umgebung der toten Kuh fehlten. Auf den Kanarischen Inseln wurden 1979 nach mehreren UFO-Sichtungen einige Schäferhunde verstümmelt aufgefunden. Die Hunde hatten ein Loch in ihrer Brust, durch das ihnen Lungen und Herzen entfernt wurden. Man fand auch in diesem Fall keine Blutspuren in der Umgebung der toten Hunde. Einige Tage später wurden in der Nähe von Taco einige verstümmelte Ziegen blutleer aufgefunden. Laut der australischen Zeitung *Sunday Times* vom 15. Juli 1984 fanden Farmer in der Nähe von Adelaide verstümmelte Rinder, deren Gehirne entfernt wurden. Polizeiberichten zufolge hatten viele Leute in dieser Gegend ebenfalls UFOs beobachtet.[32]

In England wurden im Laufe der Jahre mehrere Schafe, Ponies, Pferde, Möwen, Seehunde und Rinder verstümmelt aufgefunden. Anfang 1992 brachten die englischen Medien einen Bericht über den mysteriösen Tod von mehr als 30 Seehunden auf den

Orkney-Inseln. Die Seehunde wurden am Sandstrand verstümmelt, ohne Kopf und blutleer aufgefunden. Die Polizei war ratlos, da man keine Spuren im Sand sehen konnte. Die Autopsie der toten Seehunde bestätigte, daß die Köpfe mit einer chirurgischen Präzision entfernt und nicht abgebissen oder abgehackt worden waren. Laut Polizeiberichten sahen die Einwohner der Orkney-Inseln einige Tage, bevor man die Seehunde fand, seltsame Lichter über den Himmel fliegen. Quest International sprach mit einem der Tierärzte; er sagte, daß die Täter über die Anatomie der Seehunde Bescheid wußten, da die Schnitte präzise und klar ausgeführt wurden.[33] Die Knochen waren unbeschädigt und das Blut der Tiere war komplett verschwunden. Im Juli 1993 wurden in Südwest-Wiltshire, in der Nähe von Midcombe, nahe Dorset, zwei junge Kälber verstümmelt aufgefunden. Den Kühen fehlten die Zungen, die Geschlechtsorgane und das Blut. Die lokale Polizei war ratlos, da sie keine Spuren fand, die auf Fremdeinwirkung hindeuteten.[34]

Zwischen dem 15. Mai und 4. Juni 1992 wurden fünf Katzen in der Nähe von Vancouver in Kanada gefunden, die fein säuberlich in der Mitte durchgeschnitten waren. Man fand weder Blutspuren noch die fehlenden Katzenhälften. Am 5. August 1992 wurde wieder eine halbe Langhaarkatze gefunden, die ein perfektes ovales Loch in ihrem blutleeren Körper aufwies. Dieser Fall ist deshalb von besonderem Interesse, da Langhaarkatzen zum Teil sehr feine und extrem poröse Haare besitzen, die jede Art von Körperflüssigkeit in sich aufsaugen. Auch bei dieser Katze wurden keine Blutspuren entdeckt. Von den Schnittstellen wurden Gewebeproben entnommen und zu Dr. Altshuler nach Denver geschickt. Er stellte wie schon bei vielen anderen verstümmelten Tieren fest, daß die Schnitte mit einem laserähnlichen Instrument ausgeführt worden waren.[35] Ob man auch in Deutschland, Österreich und der Schweiz solche verstümmelten Tiere gefunden hat, ist zur Zeit nicht bekannt, denn vielfach zählen Tierärzte, Bauern und Jäger diese Tiere zu den Fällen mit natürlichen Todesursachen.

Wir wollen nun noch einmal die wichtigsten Merkmale dieser Tierverstümmelungen zusammenfassen:

Blutlose Umgebung: Die Tiere werden in einer sauberen Umgebung aufgefunden. Am Boden sind keine Blutspuren zu finden. Die Einschnittumgebung der Wunden ist ebenfalls blutfrei. Es wird auch kein Blut in den durch die Verstümmelung hervorgerufenen Körperöffnungen gefunden. Oft wurde das ganze Blut aus dem Tier entfernt.

Entfernung der Geschlechtsteile: Die Geschlechtsorgane der Tiere werden fast immer entfernt. Bei den männlichen Tieren fehlen der Penis und die Hoden. Bei den weiblichen Tieren fehlen die Gebärmutter, die Eierstöcke und die Eileiter. Diese Organe sind meistens teilweise entfernt oder abgeschnitten.

Zerlegung der Haut: Um das Maul sind die Haut und das darunterliegende Gewebe meistens bis zu den Knochen komplett entfernt. Die Schnittstellen und die Grenzen an der entfernten Haut und am Gewebe sind exakt und weisen keine Fransen auf. Bei manchen Tieren scheint der Verwesungsprozeß um einige Wochen aufgehalten worden zu sein. Die Ränder der Schnittstellen sind härter als das umliegende unverletzte Gewebe. Die Farbe des Gewebes ist durch Hitzeeinwirkung dunkler geworden.

Die entnommenen Organe: Meistens wird der komplette Afterbereich des Tieres entfernt. Häufig fehlt auch ein Auge, ein Ohr und die Zunge. Oft werden alle Brustorgane der Tiere entfernt, ohne daß man Blutspuren findet. Die Rippen und Knochen bleiben bei diesen Prozeduren unverletzt. Die verbliebenen Organe weisen ebenfalls keine Verletzungen auf.

Mikroskopische Untersuchungen: Diese ergaben, daß die Schnitte am Tiergewebe mit einem laserähnlichen Instrument durchgeführt worden sein mußten.

Diese Erkenntnisse entkräften jene Theorien, wonach Raubtiere, Kulte, Militärs und Blitzschlag für dieses Phänomen verantwortlich sein sollen. Raubtiere reißen ihre Beute in Stücke und richten dabei ein Blutbad an. Kultmitglieder wären nie imstande, diese präzisen Eingriffe an den Tieren durchzuführen, ohne

Blutspuren zu hinterlassen und hochwertige läserähnliche Instrumente zu verwenden. Gegen biologische Versuche des Militärs sprechen die liegengelassenen Tierkadaver, das weltweite Auftreten dieses Phänomens und die Sinnlosigkeit dieser Verstümmelungen. Psychologische Experimente der Geheimdienste können ebenfalls nicht alle Fragen, die das Phänomen aufwirft, erklären. Die Erklärung durch natürliche Prozesse ist ebenfalls zweifelhaft, da Blitzentladungen nicht in der Lage wären, bestimmte Organe und Körperteile zu entfernen. Die Vertuschungsversuche der Regierung und die häufigen UFO-Beobachtungen lassen auch bei kritischer Betrachtung nichtirdische Lebensformen zu einem naheliegenden Erklärungsmodell für dieses Phänomen werden. Das folgende Unterkapitel wird sich mit den mutmaßlichen Verursachern dieser Tierverstümmelungen eingehender beschäftigen.

6 Zusammenhänge zwischen Tierverstümmelungen und Menschenentführungen durch UFO-Insassen

Linda Howe stieß 1980 bei ihren Nachforschungen auf eine unfreiwillige Augenzeugin dieser Tierverstümmelungen. Judy Doraty fuhr mit ihrer Tochter Cindy, ihrer Schwiegertochter, ihrem Schwiegersohn und ihrer Mutter im Mai 1973 in Houston, Texas, mit ihrem Auto nach Hause, als sie plötzlich ein helles Licht am Himmel sahen. Ihr Schwiegersohn dachte zuerst, daß es sich bei dem Licht um einen Helikopter handelte, der den Flughafen in Galveston anflog. Mit der Zeit kam ihnen das Licht aber immer seltsamer vor. Judy beschloß, mit dem Auto in der Nähe einer Weide anzuhalten, um sich das Licht genauer anzusehen. Sie stieg aus dem Wagen und ging zur Rückseite des Autos. Als Judy wieder ins Auto stieg, hatte sie plötzlich großen Durst und verspürte Übelkeit. Als sie zu Hause ankamen, bemerkten sie, daß sie eigentlich schon eine gute Stunde früher hätten ankommen müssen. Judy und ihre Familienmitglieder konnten sich nicht erinnern, was während dieses fehlenden Zeitabschnittes geschehen war.

Nach diesem mysteriösen Ereignis litt Judy über Jahre hinweg an schrecklichen Kopfschmerzen und Angstzuständen. Fünf Jahre später begab sie sich in psychiatrische Behandlung. Diese Behandlung brachte Teile dieses ungewöhnlichen Erlebnisses ans Tageslicht. Sie begann sich an ein seltsames Gesicht und an eine Kuh, die in einem Lichtstrahl nach oben schwebte, zu erinnern. Der behandelnde Arzt verwies Judy an Dr. Leo Sprinkle, einen Psychologen an der Universität von Wyoming in Laramie. Dr. Sprinkle ist Fachmann auf dem Gebiet »Menschen mit UFO-Begegnungen«. Als Dr. Sprinkle erfuhr, daß Linda Howe an einer Fernsehdokumentation über Tierverstümmelungen arbeitete, vermittelte er Judy Doraty als mögliche wichtige Zeugin. Am 13. März 1980 trafen sich Judy Doraty und Linda Howe mit ihrem Filmteam bei Dr. Sprinkle, der die fehlende Erinnerung von Judy mittels einer Regressionshypnose ans Tageslicht brachte. Bei einer Regressionshypnose wird der Patient in einen entspannten Zustand versetzt und zu jenem Zeitpunkt zurückgeführt, bei dem seine Erinnerung aussetzte. Der Psychiater befragt den Patienten dann, was er während dieser Phase erlebt hat. Diese Behandlungsmethode wird auch bei Vergewaltigungsopfern, Kriegsgeschädigten und anderen Patienten angewandt, die schreckliche Dinge verdrängt haben. Wir werden uns mit dieser Methode noch ausführlich im nächsten Kapitel beschäftigen. Dr. Sprinkle führte Judy Doraty zuerst zu dem Zeitpunkt zurück, bei dem sie aus dem Auto stieg.[36]

Dr. Sprinkle: »Was passiert, als sie aus dem Auto steigen?«

J. Doraty: »Es ist, als ob ein Scheinwerfer auf mein Auto scheinen würde. Es ist blaß, leicht gelb. Es ist wie eine Substanz... wie Staubpartikel, die durch das Sonnenlicht gesehen werden... ein braunes Kalb ist nahe dem oberen Ende... es krümmt und windet sich.«

Als Judy aus dem Auto stieg, wurde sie in ein gelbes Licht gehüllt. Anhand der Erinnerungslücken konnte Dr. Sprinkle schließen, daß Judy ebenfalls mit dem Kalb in dem Licht in die Höhe gehoben wurde und sich in einer Art Kammer befand.

J. Doraty: »Es ist ein kleiner runder Raum. Mir wird übel, ich sehe, wie sie Teile des Kalbs sezieren. Es geschieht sehr schnell, aber das Kalb stirbt nicht sofort. Sie arbeiten sehr schnell... sie nehmen die Proben und bringen sie hinaus... die Augen, die Ohren, die Zunge und Teile der Haut... das Euter des Kalbs... sie machen es mit allen Tieren.«

Bei der Hypnosesitzung verzog Judy Doraty ihr Gesicht vor Schrecken und änderte ihre Stimmlage mehrmals, da sie die Verstümmelung des Tieres mitansehen mußte. Auf die Frage, wie ihr die Informationen mitgeteilt wurden, antwortete Judy, daß die Kommunikation über Telepathie stattfand.

J. Doraty: »Sie sprechen nicht mit ihrem Mund. Man kann sie innerhalb seiner Gedanken hören... sie meinen, daß das Leben eines Tieres nichts ist gegen den Nutzen, den sie erhalten...«

Dr. Sprinkle: »Was erzählten sie ihnen noch?«

J. Doraty: »...Sie sind schon seit einiger Zeit hier und testen unsere Erde, unser Wasser, unser pflanzliches und tierisches Leben... es ist eine Menge involviert, nicht nur Umweltverschmutzung... es wird einen großen Verlust an Leben geben.«

Dr. Sprinkle: »Sagten sie, warum sie wissen, daß es zu einem großen Verlust an Leben kommen wird?«

J. Doraty: »Weil alles ein bestimmtes Stadium überschritten hat. Da ist so viel Gift... und es hat mit Atomabfällen zu tun... eine Änderung einer chemischen Zusammensetzung... es sieht aus, daß, wenn wir so fortfahren, nicht nur wir betroffen sind, sondern auch andere... sie versuchen etwas zu stoppen, das eine Kettenreaktion verursachen könnte, was sie ebenfalls betreffen würde... sie sind hier stationiert...«

Dr. Sprinkle: »Was geschieht mit den Teilen der Tiere?«

J. Doraty: »...das Wichtigste sind die Fortpflanzungsorgane. Sie können bei jedem Neugeborenen feststellen, wie weit die Vergiftung fortgeschritten ist... sie sind von unserer Verschmutzung auch betroffen.«

Nach einigen anderen Fragen stellte Dr. Sprinkle Judy die Frage, wie diese Wesen aussahen.

J. Doraty: »Ihre Hände sehen lustig aus. Sie haben vier lange Finger mit langen Nägeln. Ihr Kopf ist sehr groß. Sie sehen aus wie Zwerge. Vielleicht einen Meter groß. Ihre Körper sind dünn. Sie haben einen grauen hautengen Anzug an… aber ich kann Teile ihrer Haut sehen. Sie sieht sehr filigran aus… wenn man sie anfassen würde, könnte sie brechen… sie sehen sehr gebrechlich aus. Ihre Augen sind sehr groß und sehr hypnotisch… sie zwinkern nicht, ihre Augen zwinkern nicht… Wenn sie eine Nase hatten, habe ich sie nicht gesehen, sie muß sehr klein sein… sie haben einen kleinen Schlitz als Mund…«

Die Ähnlichkeit dieser von Judy beschriebenen Wesen mit den angeblich in Roswell, New Mexico, aufgefundenen ist erstaunlich.

Etwas später sah Judy, wie das verstümmelte Kalb in dem Lichtstrahl wieder zu Boden sank.

J. Doraty: »Als es am Boden ankam war es tot. Ich fühle mich krank und übel…«

Plötzlich bekam Judy während der Hypnosesitzung furchtbare Angstzustände, Schweißausbrüche und Weinkrämpfe. Es gelang Dr. Sprinkle aber, Judy zu beruhigen und mit der Befragung fortzufahren. Das folgende Erlebnis war sehr traumatisch für Judy, da sie ihre Tochter Cindy plötzlich ebenfalls im UFO sah.

J. Doraty: »Ich habe furchtbare Angst.«

Dr. Sprinkle: »OK, entspannen sie sich, gehen sie an die Erfahrung heran. Überwältigen sie das Angstgefühl. Welche Eindrücke kommen in ihr Bewußtsein?«

J. Doraty: »Ich sehe sie auf einem Tisch.«

Judy begann wieder zu weinen, und Dr. Sprinkle mußte sie wieder beruhigen.

Dr. Sprinkle »Was passiert als nächstes?«

Nach dieser Frage begann Judy mit ihrer Hand vor lauter Nervosität auf der Sessellehne zu klopfen. Nach einiger Zeit begann sie unter Tränen weiterzusprechen.

J. Doraty: »Ich habe Angst, daß sie mit Cindy das gleiche wie mit dem Tier machen.«

Dr. Sprinkle wollte Judy Doraty aus der Hypnose aufwachen lassen. Judy wollte aber dann doch sehen, was mit Cindy geschah, da sie wußte, daß Cindy das Erlebnis überlebt hatte und wohlauf zu Hause war.

Dr. Sprinkle: »... Sie sehen Cindy auf einem Tisch, was geschieht als nächstes.«

Judy weinte noch immer. Nach einiger Zeit begann Judy wieder zu erzählen.

J. Doraty: »Sie untersuchen sie (Cindy)... sie gehen in ihren Mund.«

Dann begann sie wieder zu weinen und flehte Dr. Sprinkle an, er solle ihre Tochter aus den Händen dieser grauen Wesen befreien. Dr. Sprinkle brauchte wieder einige Zeit, um Judy mitzuteilen, daß sie sich in seiner Klinik befand und sich das ganze vor sieben Jahren ereignet hatte.

J. Doraty: »Aber ich habe Angst, daß sie Cindy etwas antun. Ich flehe sie an, meine Tochter in Ruhe zu lassen... Es hilft nichts, sie zeigen keine Emotionen... sie lassen sich nicht abhalten... sie machen das gleiche wie wir mit den Tieren.«

Dr. Sprinkle: »War es Routine?«

J. Doraty: »Ja.«

Dr. Sprinkle: »Wie ein Labortier oder so ähnlich?«

J. Doraty: »Ja.«

Plötzlich sah Judy sich wieder neben ihrem Auto stehen. Sie setzte sich wieder auf ihren Platz und fuhr heim. Die anderen Fahrgäste bekamen von der ganzen Entführung nichts mit. Die UFO-Besatzung mußte sie in einen Schlafzustand versetzt haben. Judys Mutter konnte sich noch erinnern, daß das Licht nach dem Zwischenfall steil in den Himmel schoß und verschwand. Linda Howe und Dr. Sprinkle wollten 1980 auch Judys Tochter Cindy hypnotisieren, um zu sehen, ob ihre Geschichten übereinstimmten. Cindy hatte aber zu dieser Zeit vor der Hypnose noch Angst. Zehn Jahre später wollte Cindy aber dann doch herausfinden, was diese Wesen mit ihr gemacht hatten. Cindy wurde vom Hypnotherapeuten Dr. John Carpenter in Hypnose zu ihrem Erlebnis im Jahre 1973 zurückgeführt und beschrieb ebenfalls, wie das Kalb in dem gelben Licht nach oben schwebte und in dem UFO verschwand.[37]

C. Doraty: »…Sie heben eine Kuh in die Höhe… ein Babykalb … sie heben es in die Höhe…«

Danach beschreibt Cindy, daß sie sich in einem runden Raum befand und nackt auf einem Tisch lag. Bei der Beschreibung der Wesen begann Cindy emotioneller zu werden.

J. Carpenter: »Was passiert jetzt?«

C. Doraty: »…Sie haben große Augen… ich versuche, mich vor ihnen zu schützen… ah… sie fahren mit einem nadelähnlichen Gegenstand in meine Mundhöhle… einer greift mir auf den Magen… ich glaube, sie wollen mir Schmerzen zufügen… sie machen mir Angst…«

Das Wesentliche aber war, wie Cindy von ihrer Sicht aus beschrieb, wie sie ihre Mutter weinen sah, da sie nichts unternehmen konnte, um ihr zu helfen.

C. Doraty: »Ich kann meine Mutter durch ein Fenster sehen. Sie weint… sie schreit… ich glaube, sie schreit: Das ist meine Tochter!«

Die vollständige Hypnosesitzung dauerte drei Stunden. Cindys Erinnerung stimmte exakt mit der ihrer Mutter überein. Die kleinen grauen Wesen untersuchten Cindy an ihren Genitalien und entnahmen ihr Gewebeproben aus der Mundhöhle. Es war für Judy sehr unangenehm, diese Prozeduren hilflos mitansehen zu müssen.

Alle jene, die über kleine grüne Männchen nur amüsiert lächeln können, mögen sich Linda Howes Fernsehdokumentation ansehen, um diesem Thema andere Perspektiven abzuringen. Außer den Doratys gibt es noch andere Zeugen, die scheinbar von den gleichen Wesen entführt wurden und sahen, wie diese Wesen Tiere verstümmelten. Am 6. Mai 1988 kontaktierte die UFO-Forschungsorganisation APRO den Hypnotherapeuten Dr. Sprinkle. APRO war auf eine Mutter und ihren Sohn gestoßen, die einen Zeitverlust von ungefähr vier Stunden feststellten, als sie mit ihrem Auto durch das Farmland von Cimarron, New Mexico, fuhren. Myrna Hansen und ihr sechs Jahre alter Sohn konnten sich nicht erinnern, was während der vier Stunden mit ihnen passiert war. Die Ereignisse begannen ähnlich wie bei den Doratys. Als die beiden auf einer einsamen Landstraße fuhren, wurde das Auto plötzlich in ein helles weißes Licht getaucht.[38]

M. Hansen: »Gott! Das ist das hellste Licht, das ich jemals gesehen habe… das ist real… ich bin erschrocken… wie können sie das machen. Sie töten diese Kuh!«

Sie und ihr Sohn hörten die Kuh brüllen.

M. Hansen: »Sie ist nicht tot… sie nehmen uns mit der Kuh in ihr Schiff…«

Dann beschreibt die Frau, wie die Wesen mit einem Instrument ein ungefähr 40 Zentimeter großes Loch in den Brustkorb der Kuh schnitten. Kurz darauf arbeiteten sie an den Geschlechtsorganen der Kuh. Plötzlich sah sich die Frau auch auf einem Tisch liegen. Sie beschrieb unter Hypnose von Angst gezeichnet, wie ihr die Wesen ein kühles, metallisches Objekt in ihre Vagina einführten.

M. Hansen: »Ich kann ihre Gesichter sehen. Sie haben große Augen… wie leere Löcher… sie haben böse Augen, keine Pupillen, nichts in ihren Augen… wie schwarze Löcher… Der, der meinen Arm hält, sieht nicht so wie die anderen aus… lange schräge Augen… keine Nase.«

Nach dieser Beschreibung der Wesen mußte Dr. Sprinkle die Frau ebenfalls beruhigen, da sie unter Hypnose an ähnlichen Angstzuständen wie Judy Doraty litt.

M. Hansen: »Ich schreie! Ich will mein Kind! Oh mein Gott, sie kümmern sich nicht… sie stecken etwas in mich hinein. Es fühlt sich kalt an. Es ist metallisch… ich schreie: Nehmt dieses Ding aus mir heraus!… Oh, hier ist einer weiß angezogen,… lange Fingernägel, wirklich lange Finger… sein Kopf ist rund, er hat keine Haare… knochig,… ich kann mich an keine Nasen erinnern. Drei Männer in Weiß, sie sehen seltsam aus… sie teilen mir mit, daß mit meinem Sohn alles in Ordnung ist… sie gaben mir zu verstehen, daß das, was sie machen, nötig ist... es ist notwendig, was sie machen.«

Plötzlich fand sich Myrna Hansen in einem spärlich beleuchteten Raum wieder, in dem man einen krankhaft süßlichen Geruch wahrnahm.

M. Hansen: »Ich bin ihnen entkommen... nun sehe ich Wasserbecken. Irgend etwas erschreckt mich.«

Dr. Sprinkle: »Konzentrieren sie sich auf die Becken.«

M. Hansen: »Ich kann nicht genau sehen was es ist. Bin mir nicht sicher... scheinen Körperteile zu sein.«

Dr. Sprinkle: »Körperteile?«

M. Hansen: »O ja!«

Dr. Sprinkle: »Was sehen sie?«

M. Hansen: »...Das Licht ist dunkel. Ich glaube ich sehe einen Arm mit einer Hand... menschlich! Andere... O mein Gott, irgend etwas Rotes, blutig Aussehendes. Ich bin so erschrocken... daß ich das sehe... Ah, Zungen. Sie sind in dieser Flüssigkeit... es ist so verrückt. Alle möglichen Dinge sind in diesem Tank... Herzen, Körperteile, nicht alles von Kühen... ich fühle mich, als ob ich in Auschwitz wäre...«

Nach diesem schrecklichen Erlebnis mußte Dr. Sprinkle Myrna Hansen aus der Hypnose wecken. Sie glaubte, daß die Flüssigkeit mit den Körperflüssigkeiten und Geweben von Tieren in Zusammenhang stand. Man kann natürlich spekulieren, ob die Gewebe und Körperteile in dieser Lösung nur aufbewahrt wurden, oder ob das Ganze einem anderen Zweck diente. Durch weitere Hypnosesitzungen erfuhr man, daß die Wesen Eizellen aus ihren Eierstöcken entnommen hatten. Myrna Hansen und Judy Doraty kannten sich nicht und hatten vor ihren schrecklichen Erlebnissen kein Interesse an UFOs. Daß Myrna Hansen auch menschliche Körperteile in dem Becken gesehen hatte, ist nicht ganz auszuschließen. Myrna Hansen ist nicht die einzige Entführte, die behauptet, sie habe auch menschliche Körperteile während ihrer Entführung gesehen.

Ein Student aus Oklahoma, dem Dr. Karla Turner das Pseudonym James gab, wurde ebenfalls ein Entführungsopfer dieser kleinen grauen Wesen. James hatte 1988 schreckliche Erinnerungen an eine Entführung durch diese Wesen. Er erinnerte sich, daß er als kleines Kind in ein UFO entführt wurde. Dort wurde er Zeuge, wie diese Wesen einen Mann sezierten. James beschrieb, wie die Fremden Körperteile entfernten. Nachdem diese Erinnerung, die tief in James Unterbewußtsein saß, hervorgeholt wurde, verweigerte er aus Angst weitere Hypnosesitzungen. Es gibt auch Hinweise von ehemaligen Militärbediensteten über menschliche Verstümmelungen. Solchen Geschichten sollten aber eher skeptisch betrachtet werden, da man bei Militärs und Geheimdienstmitarbeitern nie weiß, ob sie nicht bewußt falsche Informationen verbreiten.[39]

Eine Psychotherapeutin in South Carolina stieß ebenfalls auf einen UFO-Entführungsfall, der im Zusammenhang mit den Tierverstümmelungen steht. Sie gab dem Mann, der von seinem Schlafzimmer aus in ein UFO entführt wurde, das Pseudonym Fred. Er konnte sich ebenfalls erinnern, daß er sich nackt in einem runden Raum befand und auf einem Tisch lag. Ihm fiel auf, daß sich in dem Raum auch eine Kuh befand.

Fred: »...ich kann nur einen Teil des Raumes sehen.«

Auf die Frage, ob er seinen Kopf bewegen konnte, antwortete Fred:

Fred: »Ein bißchen... aber ich kann meine Hände und meine Beine nicht bewegen...«

Danach sah Fred zwei kleine graue Wesen mit übernatürlich großen haarlosen Köpfen in den Raum kommen. Sie hatten medizinische Gegenstände bei sich. Fred kann dann erkennen, daß die Wesen Nadeln in die Vaginalgegend der Kuh stachen.

Fred: »Sie scheinen irgend etwas mit diesen Nadeln aus dem Tier zu entnehmen... Ja, sie ziehen eine Flüssigkeit aus dem Tier heraus.«

Danach brachten die beiden Wesen die Kuh aus dem Raum und wandten sich wieder Fred zu. Er mußte noch einige schmerzhafte Untersuchungen über sich ergehen lassen, bevor er wieder in sein

Schlafzimmer zurückgebracht wurde und am nächsten Tag mit kleinen Narben am Körper erwachte.[40]

Entführungsfälle wie die vorher beschriebenen sind mittlerweile keine Seltenheit mehr. Es gibt Hunderte, wenn nicht Tausende ähnlicher Fälle in den USA und in anderen Teilen der Erde, bei denen Einzelpersonen oder eine kleine Gruppe ein seltsames Licht am Himmel sahen und danach feststellten, daß sie einen unerklärbaren Zeitverlust erlitten hatten. Manchmal finden diese Leute rote Flecken, Schnitte, Narben und Nadeleinstiche auf ihrem Körper. Danach haben sie meistens Alpträume und andere psychische Störungen. Wenn man ihre verlorene Erinnerung unter Hypnose aufzuarbeiten beginnt, kommen oft schreckliche Dinge zum Vorschein. Sie beschreiben alle, daß sie von kleinen grauen vierfingrigen Wesen mit großen Köpfen und großen schwarzen schrägstehenden Augen schmerzhaft untersucht wurden. Den Menschen werden Eizellen, Sperma und Gewebeteile entnommen. Judy Doraty und ihre Tochter Cindy wurden nicht wie die Tiere getötet, aber ihnen wurden ebenfalls Gewebeteile entfernt.

Das Entführungsphänomen wird im nächsten Kapitel ausführlich behandelt. Es gibt auch einige Farmer, die behaupten, daß sie Zeugen waren, wie diese Wesen ihre Rinder verstümmelten. Der Farmer Ron Watson aus Springfield, Missouri, sah 1983 durch sein Fernglas ein glänzendes Objekt auf der Weide hinter seinem Haus stehen. Er holte seine Frau Paula, die ebenfalls bestätigt, daß sie durch das Fernglas sah, wie zwei kleine graue Wesen und eine reptilienartige Kreatur eine ihrer Kühe verstümmelten. Nachdem die beiden dieses Szenario einige Zeit beobachtet hatten, bekamen sie es mit der Angst zu tun und verließen ihre Farm. Nach einigen Tagen kehrten sie wieder auf die Farm zurück und fanden ihre Kuh verstümmelt vor. Bei solchen Behauptungen ist man natürlich auf die Glaubwürdigkeit der Zeugen angewiesen.

Über die Gründe dieser Tierverstümmelungen gibt es nur Spekulationen. Eine Theorie besagt, daß diese Wesen, falls sie wirklich die Verursacher dieses Phänomens sind, Desoxyribonucleinsäure (DNS) sammeln, um biologische und genetische Experimente durchzuführen. Die DNS ist die wesentliche Komponente der lebenden Materie und das grundlegende Material in den Chromosomen und den Zellkernen. Sie trägt das Erbgut der Lebewesen in sich. Die Tatsache, daß Rindergene den menschlichen Genen ähnlich sind, stellte 1984 Dr. James Womack von der A&M-Universität in Texas fest.[41] Judy Doraty hatte von den Wesen den klaren Eindruck vermittelt bekommen, daß das, was sie mit dem Kalb machten, mit dem Überleben unserer und ihrer Rasse zu tun hatte. Wenn diese Wesen genetisches Material sammeln, bleibt noch immer die Frage offen, wieso sie das seit so vielen Jahren machen und wieso sie die mysteriös verstümmelten Tierkadaver, die unter den Farmern Angst und Wut verursachen, auffindbar zurücklassen.

III

Entführungen

»Die Wissenschaft hat gemessenen Schrittes unsere Einsicht in die
Welt vertieft, vorsichtig, damit unser Leben vorhersagbar
bleibt – und damit für uns kontrollierbar. Herausforderungen an
diese akzeptierten Normen können unheimlich sein; jede Änderung von Denksystemen ist riskant. Widerstand gegenüber Än-
derungen wird im psychologischen Prozeß der Ablehnung gezeigt – die Weigerung, eine beunruhigende Änderung der eigenen Existenz genauer zu betrachten, zu studieren und sie möglicherweise zu akzeptieren. Wir minimieren, diskreditieren und
ignorieren solche Herausforderungen, um sie mit unserer beque-
men Art und Weise die Welt zu strukturieren in Einklang bringen zu können.«

Dr. John Carpenter, Hypnotherapeut

1 Historischer Überblick

Die meisten der in den vorhergehenden Kapiteln besprochenen Fakten, die auf die Existenz von UFOs hinweisen, ergeben sich aus der Tatsache, daß entweder photographische Aufnahmen oder mögliche materielle Beweise vorhanden sind. Im folgenden wollen wir uns mit Forschungen beschäftigen, die heute zu den aktuellsten, aber auch zu den kontroversesten überhaupt, gehören. Die Rede ist dabei von der Tatsache, daß im Laufe der letzten drei Jahrzehnte immer mehr Personen behaupten, von UFOs respektive deren Insassen entführt worden zu sein. Auf den ersten Blick mögen diese Behauptungen absurd und völlig irrational klingen, die meisten Naturwissenschaftler (die an dieser Stelle am wichtigsten wären, um den Tatsachen auf den Grund zu gehen) sind jedenfalls nicht bereit, diese Behauptungen zumindest einmal einer kritischen Prüfung zu unterziehen. Ein Blick auf die bis heute gesammelten Daten, Tonbandprotokolle beziehungsweise Aussagen von vielen Hunderten Personen rücken jedoch die Realität dieses Phänomens in den Bereich des Möglichen. Es soll hier betont werden, daß Entführungsberichte von Leuten ausgehen, die in allen sozialen Schichten der Gesellschaft angesiedelt sind; Universitätsprofessoren sind genauso betroffen wie Fabrikarbeiter.

Es ist notwendig, einen kleinen historischen Rückblick zu machen, um besser verstehen zu können, warum die Thematik der Entführungen bis heute so unbekannt ist und von den meisten Forschern der etablierten Naturwissenschaften völlig abgelehnt wird.

Mit der berühmten Sichtung von fliegenden Untertassen durch Kenneth Arnold Ende der vierziger Jahre und den Sichtungswellen in den darauffolgenden Jahren begannen viele Menschen den Gedanken zu akzeptieren, daß es tatsächlich fremde Existenzen geben könnte, die unsere Erde besuchen, um sie zu erforschen. Diese Vorstellung schloß jedoch nicht die Möglichkeit ein, daß deren

Fahrzeuge landen würden, geschweige denn, daß die Insassen versuchen würden, Kontakt mit Bewohnern der Erde aufzunehmen. Die offizielle Regierungspolitik in den USA war es, einerseits festzustellen, ob die Sichtungen Bedeutung für die nationale Sicherheit hätten. Andererseits waren die damaligen Machthaber auch dringlich darauf bedacht, das Phänomen offiziell herunterzuspielen und für die Öffentlichkeit uninteressant zu machen. Im Jahr 1948 gab die Regierung der Air Force daher den Auftrag, eine offizielle Untersuchung zu beginnen. Die wissenschaftliche Gemeinde akzeptierte die Ergebnisse der Luftwaffe, ohne die Methoden, mit denen diese gewonnen waren, zu hinterfragen. Die damaligen Forscher machten ja schon immer psychologische Ursachen für das ganze Phänomen verantwortlich – allein schon aus dem Grund, weil eine andere Erklärung keinen Platz im Gebäude der Naturwissenschaften finden konnte. Nach 1950 versuchte die Air Force sich mehr und mehr von den UFOs zu distanzieren. Man hoffte, daß die Bevölkerung durch die Haltung der Regierung beruhigt worden war und die Modeerscheinung UFO von selbst auslaufen würde. Dem war jedoch nicht so. Es traten weiterhin Wellen von Sichtungen auf, und die Air Force sah sich gezwungen, ihre Untersuchungen wieder aufzunehmen. Man wollte in Zeiten des kalten Krieges der UdSSR keine irgendwie gearteten Schwachpunkte präsentieren, die Untersuchungen der Air Force über UFOs stellten jedoch einen möglichen wunden Punkt dar, den man auf alle Fälle vermeiden wollte.

Deshalb bekam diese den Auftrag, eine großangelegte Beruhigungskampagne ins Leben zu rufen, deren Sinn es war, der Bevölkerung glaubhaft zu machen, daß man die Situation unter Kontrolle habe und alle Sichtungen erklärbar seien. Das Phänomen wurde also, anstatt untersucht zu werden, nur mehr heruntergespielt und manchmal sogar lächerlich gemacht. Sehr unterstützt wurden diese Bemühungen durch Personen wie George Adamski oder Daniel Fry, die wundersame Geschichten über Kontakte mit Außerirdischen erzählten. Ihre nachweislich falschen Berichte handeln von stundenlangen Gesprächen mit den Fremden, von Reisen zu anderen Planeten und von Aufträgen, welche die Außerirdischen auf der Erde zu erfüllen haben. Die Hauptsorge der »Brüder aus dem Weltraum«, wie sie von Adamski bezeichnet wurden, besteht darin, die Erde und ihre Bewohner vor dem Untergang zu retten. Alle diese Berichte erzeugten einen unglaublichen Presserummel, dessen Nachwirkungen heute noch spürbar sind – und die Öffentlichkeit war in ihrer Meinung gespalten.

Diese Geschichten von den Planetenbrüdern sind nicht neu, schon Ende des vorigen Jahrhunderts gab es Spiritisten, die von sich behaupteten, mit Wesen von anderen Planeten in Kontakt zu stehen. Eine Frau unter dem Pseudonym Helen Smith begann sogar eine eigene Sprache der Fremden zu entwickeln, sie ging sogar soweit, detaillierte Aufzeichnungen über die Kultur und Lebensweise der *Marsmenschen* aufzuzeichnen. Der UFO-Kult, der sich in den Fünfzigern entwickelte, war also durchaus nichts Neues, sondern stellte nur eine Variante von bisher schon bekannten (Glaubens-) Bewegungen dar.[1] Manche Fanatiker gingen soweit, UFO-Kirchen zu gründen, um mit ihren Lehren der Menschheit endlich die Augen öffnen zu können. Obwohl die Anhänger von Adamski in unseren Breiten sicherlich die bekannteste Gruppe von UFO-Gläubigen darstellen, sind Namen wie Georg van Tassel oder Gabriel Green in manchen Kreisen nicht unbekannt.

Heute scheinen manche dieser Bewegungen eine Art Wiedergeburt in einigen Zweigen der New-Age-Kultur zu erfahren, wobei das Hauptaugenmerk größtenteils wieder auf den sogenannten »Space Brothers«, die unsere Erde retten wollen, liegt. Das Schlimme an diesen Entwicklungen (es gab noch in den Siebzigern die Gründung von UFO-spiritistischen Vereinigungen) ist jedoch immer, daß es Menschen gibt, die sich von solchen Irrlehren überzeugen beziehungsweise beeinflussen lassen. Die Hoffnung stellten damals jedoch schon einige private UFO-Organisationen dar, die versuchten, ernsthafte Untersuchungen anzustellen. Die zwei bedeutendsten waren *APRO,* Aerial Phenomena Research Organisation, und *NICAP,* National Investigations

Committee on Aerial Phenomena, das vom ehemaligen Major der Marine, Donald Keyhoe, geleitet wurde. Alle diese Gruppen versuchten verzweifelt, sich von diesen Kontaktlern mit ihren absurden Geschichten zu distanzieren. In naturwissenschaftlichen Kreisen wurde die Meinung über UFOs nur noch schlechter, als sie ohnehin schon war. In der Folge zogen sich auch die letzten wenigen Wissenschaftler, die sich mit dem Phänomen beschäftigt hatten, zurück, und überließen das Feld bis auf wenige Ausnahmen (CUFOS, MUFON, APRO, NICAP, CAUS) den Amateuren alleine. Diese hatten jetzt die schwierige Aufgabe zu lösen, Material zu sammeln und nach wissenschaftlichen Standards auszuwerten – ein Unterfangen, das größtenteils mangels Ausbildung und Unerfahrenheit scheitern mußte.

Etwa zu dieser Zeit gab es erste Entführungsberichte von Personen, die mit den klassischen Geschichten der Kontaktler nicht direkt etwas zu tun hatten. Von den damaligen UFO-Organisationen wurden diese Berichte jedoch ängstlich verworfen, um nicht noch mehr der Lächerlichkeit preisgegeben zu werden. Der Air Force waren diese Entwicklungen recht, und man hoffte, daß das Problem sich bald von selbst lösen und im Sand verlaufen würde. Im Jahr 1957 gab es jedoch eine weitere gigantische Sichtungswelle von UFOs, und die Beruhigungskampagne der Regierung geriet, auch von Seiten der Presse, unter Druck. Die Bevölkerung wollte die einfachen Erklärungen der Air Force nicht akzeptieren, es breitete sich Unruhe aus. Die Situation hielt einige Jahre an, und unter dem verstärkten Druck gab die Air Force Ende der sechziger Jahre eine weitere Studie in Auftrag. Die Untersuchung der Universität von Colorado kam zu dem Ergebnis, daß alle Sichtungen zu erklären wären und keinesfalls außerirdische Aktivitäten als Ursache hätten. Damit waren die offiziellen Regierungsaktivitäten in Sachen UFOs beendet und wurden bis dato nicht mehr aufgenommen. Zurück blieben Erinnerungen an die phantastischen Geschichten von selbsternannten Propheten wie George Adamski und das Flair von Unglaubwürdigkeit und Lächerlichkeit, das die UFO-Thematik bis in unsere Zeit umgibt.

2 Erste Hinweise auf Entführungen

Neben den spektakulären Erzählungen der Kontaktler beginnend in den fünfziger Jahren gab es jedoch auch Berichte, die im Presserummel kaum Beachtung fanden. Es handelte sich um Erlebnisse von einfachen und meistens sehr glaubwürdigen Zeugen, die nicht versuchten, Kapital aus ihren Geschichten zu schlagen. In den fünfziger bis siebziger Jahren waren noch sehr wenige Informationen über mögliche tatsächliche Entführungen durch UFOs bekannt. Erst als sich die Anzahl der Personen mit ähnlichen, typischen Erfahrungen häuften und die seriöse, gewissenhafte Arbeit einiger weniger Forscher hinzukam, gewann das Phänomen allmählich an Akzeptanz. Erst heute kann man darum die Fälle um Betty und Barney Hill, Antonius Villas Boas, Travis Walton und Betty Andreason unter der richtigen Perspektive betrachten und aus ihren Darstellungen die wesentlichen Informationen extrahieren.

3 Der Fall Villas Boas, 1957

Dieses Ereignis fand 1957 statt und war der erste Fall einer Entführung, der veröffentlicht wurde, allerdings erst im Jahr 1965.[2] Antonius Villas Boas lebte in Brasilien und war der Sohn eines dort ansässigen Ranchers. Eines nachts, er arbeitete gerade, sah er ein UFO in der Nähe landen. Dem Fahrzeug entstiegen vier kleine Wesen, die auf ihn zutraten und ihn zwangen, sie ins Innere des Raumschiffes zu begleiten. Dort wurde er seiner Kleidung entledigt, und es wurden ihm einige Haut- und Blutproben entnommen. Villas Boas berichtet, daß anschließend eine kleine Frau mit langen blonden Haaren den Raum betrat. Sie sah zwar menschlich aus, unterschied sich aber doch in einigen anatomischen Merkmalen von normalen Menschen. Antonius fühlte sich auf einmal sehr stark sexuell erregt und hatte, beinahe wie unter Zwang, zweimal Geschlechtsverkehr mit der kleinen Frau. Nach diesem Erlebnis wurde Villas Boas wieder angezogen und anschließend aus dem UFO begleitet.

Die Erzählungen des Bauernsohnes wurden von den Forschern damals mit Entsetzen aufgenommen, denn man glaubte sich in die Zeiten der Kontaktler Anfang der fünfziger Jahre zurückversetzt. Die Befürchtungen waren umsonst, denn Antonius Villas Boas erzählte einfach seine Geschichte und wandte sich dann wieder seinem normalen Alltagsleben zu. Er ging später sogar wieder auf die Schule und wurde ein bekannter Anwalt. Das Bemerkenswerte ist, daß er nie Profit aus seiner Erzählung schlug und er weder versuchte, eine Botschaft der Außerirdischen an die Menschheit zu richten, noch daß er selbst glaubte, einen besonderen Auftrag von ihnen ausführen zu müssen. Es gibt hier also kein offensichtliches Motiv für eine bewußte Erfindung der Geschichte durch Villas Boas, man muß also eine Erklärung dafür in einer anderen Richtung suchen.

4 Der Fall Betty und Barney Hill, 1961

Das Ehepaar Betty und Barney Hill[3] befand sich auf dem Nachhauseweg in Richtung Portsmouth, im amerikanischen Bundesstaat New Hampshire, als es am Himmel in südwestlicher Richtung ein helles Objekt bemerkte. Barney Hill glaubte in dem Objekt ein Kleinflugzeug zu erkennen, er hielt mehrmals an, um seiner Frau eine Beobachtung mit dem Feldstecher zu ermöglichen. Nach einiger Zeit änderte das Objekt seine Bewegungsrichtung, um auf das Auto der Hills zuzufliegen. Es stoppte in einiger Entfernung und schwebte bewegungslos in etwa 40 Metern Höhe über dem Boden. Barney Hill ließ sich von seiner Frau das Fernglas geben und stieg aus, um das Objekt näher betrachten zu können. Was er dann sah, erschreckte ihn tief und entlockte ihm erstaunte Ausrufe: »Ich kann es nicht glauben! Ich kann es nicht glauben!« Er erblickte hinter einer Reihe von erleuchteten Fenstern schemenhafte Figuren, die sich, offensichtlich sehr beschäf-

135

tigt, hin und her bewegten. Als sich das Objekt dem Auto zu nähern begann, bekam es Barney Hill mit der Angst zu tun, er rannte zurück zum Auto und fuhr davon. Zu Hause angekommen, bemerkten die Hills, daß ihre Reise um zwei Stunden länger gedauert hatte als ursprünglich geplant. Diese merkwürdige Beobachtung von fehlender Zeit ist ein typisches Merkmal von UFO-Entführungen, im Falle der Hills sollte sie erst viel später eine Erklärung finden.

In den nächsten Tagen und Wochen hatten sowohl Barney als auch Betty Hill gesundheitliche Probleme. Barney litt unter starker Schlaflosigkeit, sein Magengeschwür verschlimmerte sich, und er litt genauso wie seine Frau unter Alpträumen. Die psychischen Probleme des Ehepaares verschlimmerten sich soweit, daß der Hausarzt beiden den Rat gab, einen Psychiater aufzusuchen. Dieser wollte den Tag, an dem die Hills ihr seltsames Erlebnis hatten, noch einmal in Form einer Hypnosesitzung aufarbeiten. Er vermutete, daß die Ereignisse dieses speziellen Tages für ihre Probleme verantwortlich waren. Hypnose ist ein bewährtes, jedoch nicht völlig exaktes Werkzeug, um verborgene Gedächtnisinhalte wieder ans Tageslicht zu holen (auf diese Problematik wird später noch eingegangen), und wird regelmäßig für therapeutische Zwecke angewendet. So begannen sich die Hills 1963 einer Behandlung bei Dr. Benjamin Simon zu unterziehen. Unter Hypnose erzählten beide die identische Geschichte von einer Entführung durch fremde Wesen. Während der zwei Stunden fehlender Zeit befanden sich sowohl Barney als auch Betty Hill im UFO, um dort medizinische Untersuchungen über sich ergehen lassen zu müssen. Betty Hill hatte Gelegenheit, während ihrer Untersuchung zu fragen, woher die Wesen kämen. Als Antwort wurde ihr eine Sternkarte präsentiert, die sie später während einer Sitzung nachzeichnen konnte. Diese Karte zeigt angeblich das Sonnensystem vom Sternsystem Zeta Reticuli aus gesehen, sie galt jahrelang als einer der stärksten Beweise für die Echtheit der Erlebnisse der Hills. Aus heutiger Sicht ist die Wichtigkeit und Echtheit der Karte zu bezweifeln, wir werden auf diese Thematik jedoch noch in einem anderen Zusammenhang eingehen. Dr. Simon hielt die Erzählungen der beiden für Phantasiegebilde und versuchte während der langwierigen Sitzungen, Widersprüche zu finden und die beiden Hills zu einem Geständnis zu bewegen. Es gelang ihm aber nicht, die Geschichte der Entführung zu widerlegen – bis heute kann der Fall von Betty und Barney Hill nicht auf herkömmliche Weise erklärt werden. Zum einen war das Ehepaar aufgrund seiner sozialen Stellung erhaben über jeden Schwindel. Barney hatte einen ausgezeichneten Ruf als Mitglied zweier Bürgerorganisationen, Betty Hill war als Sozialarbeiterin tätig. Zum anderen versuchte keiner der beiden, die seltsame Geschichte gewinnbringend zu verkaufen. Hervorzuheben sind weiters die großen Unterschiede zu den UFO-Kulten mit den Kontaktlern der fünfziger Jahre. Die Hills haben niemals behauptet, Botschaften von Außerirdischen mit auf den Weg bekommen zu haben, noch sahen sie sich selbst als besondere Auserwählte.

5 Der Fall Travis Walton, 1975

Der Fall von Travis Walton, einem einfachen Forstarbeiter, ist einer der bis heute am besten untersuchten.[4] Walton fuhr am Abend des 5. November 1975 nach der Arbeit mit sechs anderen Kollegen entlang einer Gebirgsstraße in Arizona zur gemeinsamen Unterkunft. Irgendwann während der Heimfahrt sahen die Männer auf einmal eine hell erleuchtete Scheibe in einiger Entfernung in der Luft schweben. Der Fahrer hielt an, Travis Walton sprang aus dem Wagen und rannte beinahe direkt unter das Objekt. Plötzlich kam ein blauer Strahl aus der Unterseite des UFOs und warf Travis um! Die anderen Männer bekamen es mit der Angst zu tun und flüchteten voller Entsetzen. Später kehrten sie an die Stelle zurück, fanden Travis aber nicht mehr. Daraufhin fuhren sie so schnell wie möglich in die nächstgelegene Stadt. Dort berichteten sie dem Sheriff ihr Erlebnis, der nahm sie aber aufgrund ihrer absurden Geschichte wegen Mordverdachtes fest (könnte ein gewissenhafter Sheriff anders reagieren?). Um die Wahrheit herauszufinden, wurden alle einem Test mit dem Lügendetektor unterzogen, und das Ergebnis war eindeutig: Alle hatten offenbar die Wahrheit erzählt. Niemand konnte sagen, was mit Travis Walton geschehen war, Suchmannschaften konnten keine Spur von ihm entdecken, der Mann war scheinbar spurlos verschwunden. Genau fünf Tage später jedoch tauchte Walton 50 Kilometer weit von seinem Entführungsort entfernt wieder auf. Er war etwas verwirrt und fühlte sich physisch ermattet. Travis Walton mußte sich ebenfalls einem Lügendetektortest unterziehen, und um seinen Erlebnissen auf den Grund zu gehen, willigte er auch in eine Hypnosebehandlung ein. Die Geschichte, die er dann mit Hilfe eines Psychiaters wieder in sein Gedächtnis rief, ähnelt sehr stark den klassischen Entführungsfällen, wie sie in den nächsten Abschnitten dieses Kapitels genauer behandelt werden. Die Entführung von Travis Walton wurde von mehreren Zeugen beobachtet, und durch Lügendetektortests konnte mit großer Sicherheit eine Erfindung von seiten der Forstarbeiter ausgeschlossen werden. Falls die beteiligten Männer aus irgendeinem Grund Halluzinationen oder ähnliche psychische Ausnahmezustände erlebt haben, wäre zu erklären, warum alle *präzise dieselben* Phantasien durchlebt haben. Ein unwahrscheinliches Ereignis, wenn man die sonst übliche Bandbreite menschlicher Phantasie in Betracht zieht.

6 Der Beginn ernsthafter Forschungen

Ende der siebziger Jahre und zu Beginn der Achtziger häufte sich die Anzahl der Personen, die entweder behaupteten, entführt worden zu sein, oder aus deren vagen Erinnerungen nach UFO-Sichtungen zu vermuten war, daß sie potentielle Entführungsopfer sein könnten. Das Phänomen wurde zwar langsam zur Kenntnis genommen, aber die meisten UFO-Forscher hielten es entweder für ein äußerst selten auftretendes Ereignis oder lehnten seine Existenz noch immer von vorneherein ab. Dennoch gab es einige wenige, die dem Thema offen gegenüberstanden und versuchten, Datenmaterial zu sammeln und Auswertungen vorzunehmen. Einen Meilenstein in dieser Richtung stellte Budd Hopkins' Arbeit dar, der mit seinem Buch *Missing Time* als erster die bemerkenswerten Ähnlichkeiten in den Berichten von Entführten aufzeigen konnte. Er erkannte zum Beispiel, daß alle Opfer Gedächtnislücken im Bereich von Minuten bis zu Stunden aufweisen, über die sie keine Angabe machen konnten, was sie während dieser Zeit gemacht beziehungsweise, wo sie sich befunden hatten. Hopkins erahnte auch schon, was alle nachfolgenden wissenschaftlichen Studien herausfinden sollten, daß alle Personen, die als Entführungsopfer identifiziert werden, vom Durchschnitt der Normalbevölkerung nicht abweichen und auch nicht an offensichtlichen psychischen Krankheiten leiden.

Mitte der achtziger Jahre, teilweise als Folgeeffekt auf *Missing Time*, stieg die Zahl von Entführungsberichten so stark an, daß die Forscher kaum mehr mit der Auswertung mitkamen. Bis heute existieren Hunderte von Fällen, die bereits sehr gut untersucht sind; dieses Material bietet also genügend Stoff für wissenschaftlich korrekte Analysen. Es kann als Basis dafür dienen, Theorien zu entwickeln, die erklären, was wirklich hinter den Entführungsberichten von Personen steht. Sei es entweder, daß man bisher unbekannte psychologische Mechanismen aufdeckt, oder sei es, daß man es mit wirklichen Entführungen durch unbekannte Intelligenzen zu tun hat.

7 Grundlegende Beobachtungen

Was ist nun eine Entführung genau? Wie spielt sie sich ab? Wir werden versuchen, diese Fragen in den nächsten Abschnitten so gut als möglich zu beantworten. Es wird dabei von der Interpretation des Phänomens als reales, physisches Ereignis ausgegangen, obwohl das nicht unbedingt der Fall sein muß. Alle Aussagen von Zeugen und Erzählungen von Begebenheiten sollten immer unter dem Licht betrachtet werden, daß eine alternative (dann wahrscheinlich psychologische) Erklärungsmöglichkeit nicht auszuschließen ist. Man sollte nicht vergessen, daß es derzeit keinen hundertprozentigen Beweis für die Echtheit aller Behauptungen gibt, so aufschlußreich und konsistent alle Indizien auch sein mögen.

Die erste Frage, die sich natürlich aufdrängt, ist, wer von dem Phänomen eigentlich betroffen ist. Die Antwort läßt sich wiederum sehr schnell geben: Es kann jeden von uns treffen, den einfachen Fabrikarbeiter ebenso wie einen Universitätsprofessor. Wir wissen nicht, nach welchen Kriterien die Personen von den Fremden ausgesucht werden, vielleicht werden die Betroffenen nur nach einem mehr oder weniger zufälligem Schema bestimmt, vielleicht spielt das Genmaterial dieser Menschen eine entscheidende Rolle. Es gibt nur zwei Beobachtungen, die man als sicher annehmen kann. Die erste ist, daß praktisch alle Betroffenen seit ihrer frühesten Kindheit Entführungserlebnisse haben. Selten wurden Menschen erst im jugendlichen Alter oder noch später zum ersten Mal von den Fremden in ein UFO geholt. Die zweite signifikante Beobachtung ist, daß es eine Situation gibt, in der man einen Menschen als potentielles Entführungsopfer betrachten muß: wenn sein Vater oder seine Mutter die gleichen Erfahrungen durchgemacht hat. Es sieht so aus, als ob die Fremden in jeder neuen Generation einer Familie ihre Opfer suchen. Bisher konnte man dafür Beweise für etwa die letzten 70 bis 90 Jahre finden, es drängt sich aber der Verdacht auf, daß manche Familien schon über viele Generationen heimgesucht werden.

Warum werden Menschen überhaupt entführt? Vielleicht haben wir bereits eine Antwort auf diese Frage gefunden, denn die vielen Berichte von Zeugen ermöglichten es, zumindest teilweise hinter die Kulisse der Ereignisse zu blicken. Die vorläufige Antwort ist schockierend und faszinierend zugleich. Nach all dem, was wir bisher zu wissen scheinen, führen die Fremden ein Programm zur Erzeugung von künstlich befruchteten, genmanipulierten Wesen durch. Das genetische Material von Menschen in Form von Eizellen und Sperma wird kombiniert und die daraus entstehenden Embryos werden Frauen eingepflanzt. Nach einigen Wochen entnehmen die Fremden die Föten wieder, um sie dann in künstlichen Umgebungen weiter wachsen zu lassen. Wozu diese hybriden Nachkommen gebraucht werden, ist völlig unbekannt. Es gibt keinerlei Informationen darüber, was die Fremden wirklich mit ihnen vorhaben.

Wie oben bereits erwähnt wurde, gibt es heute schon eine große Anzahl von Entführungsberichten. Die meisten davon wurden erhalten, indem man die betroffenen Personen in Hypnose versetzt hat, um ihr Gedächtnis von Blockaden und Hindernissen zu befreien. In entspannter Atmosphäre ist es dann einem geschulten Therapeuten möglich, Erinnerungsstücke und Details aus vergangenen Erlebnissen ans Tageslicht zu holen, auf die der Betroffene sonst niemals Zugriff gehabt hätte.[5] Ein Problem bei der Anwendung von Hypnose besteht jedoch darin, daß die Patienten manchmal Wünsche, Trauminhalte und andere Gedächtnisinhalte mit realen Erlebnissen mischen. Das heißt, der Psychiater muß in der Lage sein, die Spreu vom Weizen zu trennen, Phantasien von wirklichen Ereignissen zu unterscheiden.[6] Dies ist nicht immer leicht, von Skeptikern wird behauptet, daß es unmöglich sei. Ein Anhaltspunkt für die Echtheit einer Erinnerung besteht darin, daß gewisse Details einer Geschichte nicht nur von einer einzigen Person berichtet werden, sondern immer wieder auch bei anderen Zeugen auftauchen. Wir werden aus diesem Grund nur von solchen Erfahrungen berichten, die durch viele Personen bestätigt wurden, und deren Existenz, sei sie auf einer physischen oder psychischen Ebene, damit sehr wahrscheinlich ist. Die folgenden Beschreibungen sind daher Zusammenfassungen von oftmals wiederholten Zeugenaussagen. Alle Details sind durch mehrfache (oft hundertfache!) unabhängige Aussagen bestätigt. Es ist zumindest von diesem Standpunkt aus wahrscheinlich, daß sie tatsächlich stattgefunden haben. Ob nun die Zeugen von realen, physischen Ereignissen berichten, oder diese nur durch bisher unberücksichtigte psychische Vorgänge als real empfunden wurden, konnte bis jetzt noch nicht entschieden werden.[7]

8 Der Beginn einer Entführung

Sinn und Zweck einer Entführung besteht darin, einen Menschen in das Innere eines UFOs zu holen und dort einer genauen medizinischen Untersuchung zu unterziehen. Dazu ist es notwendig, das Opfer aus seiner normalen Umgebung zu befreien und dessen Verschwinden für einen Zeitraum von manchmal mehreren Stunden unbemerkt zu lassen. Es verwundert daher nicht, daß praktisch alle Entführungen zu Zeitpunkten und an Orten stattfinden, in denen es unwahrscheinlich ist, daß Aufsehen erregt wird. Manchmal werden Personen geholt, wenn sie sich auf einer Wanderung oder einem Spaziergang in einer abgelegenen Gegend befinden. Sie können sich oft nur daran erinnern, ein helles Licht oder vielleicht ein seltsames Objekt am Himmel gesehen zu haben, das sich nach wenigen Sekunden wieder entfernt. Erst eine Hypnosesitzung fördert dann zutage, daß zwischen dem Zeitpunkt, an dem das Licht gesehen wurde, und der Erinnerung an sein Verschwinden eine Entführung von mehreren Stunden Länge stattgefunden hat.[6] Die Personen werden anscheinend sofort in einen außerordentlichen psychischen Zustand versetzt, in dem ihnen jegliche Kontrolle über ihr Gedächtnis entzogen wird.[8] In selteneren Fällen ist es jedoch auch möglich, daß sich die Opfer von Entführungen direkt, ohne Unterstützung durch Hypnose oder ähnliche Maßnahmen, an eine Entführung erinnern. Obwohl ihnen dabei oft Details ihres Erlebnisses aus dem Gedächtnis entschwunden sind, wissen sie dennoch, daß sie für eine bestimmte Zeit an einem ungewöhnlichen Ort mit noch ungewöhnlicheren Begleitern waren. Alle entführten Personen berichten, daß in dem Augenblick, in dem sie bemerken, daß außergewöhnliche Dinge vor sich gehen, ihre Fähigkeit eigenständig zu handeln und klar zu denken, verloren geht.[9] Offensichtlich ist es den Entführern möglich, über große räumliche Entfernung physiologische Vorgänge (in diesem Fall die geistigen Funktionen) eines Menschen zu beeinflussen. Eine UFO-Sichtung, die subjektiv nur wenige Sekunden gedauert hat, wird objektiv zu einem Ereignis von wesentlich längerer Dauer. So erging es beispielsweise vier jungen Männern, deren Erlebnisse als Allagash-Entführung großes Aufsehen erregt haben.[10, 20]

Ende August 1976 brachen die vier Kunststudenten Jack und Jim Weiner und Chuck und Charlie Foltz auf, um eine Kanufahrt in der Gegend des Allagash-Flusses im amerikanischen Bundesstaat Massachusetts zu unternehmen. Sie erreichten schließlich am 26. August den Telos-See und bauten dort ihr Camp auf. Am selben Tag beschlossen sie, in der einbrechenden Dunkelheit fischen zu gehen. Um den Rückweg leichter finden zu können, bereiteten sie bei ihrem Lagerplatz ein großes, offenes Feuer vor, das mehrere Stunden brennen sollte. Kurz nachdem sie sich mit ihrem Kanu auf den Weg gemacht hatten, bemerkte Chuck eine helle leuchtende Kugel, die etwa hundert Meter über dem Seeufer schwebte. Er machte seine Freunde auf die Beobachtung aufmerksam, so konnten alle vier Männer das rotierende, wie von glühenden Fäden umhüllte, Objekt sehen. Als Charlie ein Blitzlicht in Richtung der Kugel auslöste, begann diese sofort, sich in Richtung des Kanus zu bewegen. Gleichzeitig erschien auf ihrer Unterseite ein Lichtstrahl, der die Wasseroberfläche des Sees beleuchtete. Die Männer bekamen es jetzt mit der Angst zu tun und versuchten verzweifelt, das Ufer zu erreichen. Vergeblich, denn der Lichtstrahl konnte sie mühelos einholen, er umhüllte das Kanu und seine vier Insassen komplett. In diesem Augenblick setzten die *bewußten* Erinnerungen der Männer aus. Obwohl im Detail die Erinnerung eines jeden etwas anders ausfiel, war das nächste, an das sie sich erinnern konnten, wie sich das Objekt wieder in einiger Entfernung befand und nach etwa vier Minuten davonflog. Die Männer hatten zu diesem Zeitpunkt das Ufer erreicht und waren völlig erstaunt, daß das große Feuer schon abgebrannt war, denn für ihr Empfinden waren seit der ersten Sichtung des UFOs und der Rückkehr zum Lager nur wenige Minuten vergangen. Keiner von ihnen erahnte, daß dazwischen ein komplexes Entführungserlebnis stattgefunden hatte. Das wurde erst viele Jahre später aufgedeckt. Bemerkenswert am Erlebnis der vier Männer ist, daß das UFO unabhängig von ihnen auch von anderen Campern beobachtet wurde!

Manchmal verspüren die Opfer den unerklärlichen Wunsch, sich mit ihrem Auto an einen abgelegenen Ort zu begeben.[11] Nach einigen Minuten erscheinen daraufhin kleine menschenähnliche Wesen, öffnen die Fahrzeugtüre und begleiten sie in ein wartendes UFO. In einer anderen Variante befinden sich die Opfer auf dem Nachhauseweg von der Arbeit, als ihre Aufmerksamkeit auf ein UFO in einiger Entfernung gelenkt wird. Ohne eigentlich genau zu wissen warum, bleiben sie mit ihrem Fahrzeug am Straßenrand stehen, um das Objekt genauer beobachten zu können. Während sie aussteigen, nähert sich das Objekt auf

Abb. 18: Kleine graue Wesen entführen eine Frau aus ihrem Schlafzimmer.

einige Dutzend Meter, landet, und kleine Wesen machen sich auf den Weg, um die Person ins Innere des UFOs zu begleiten.

Die größte Anzahl von Entführungen findet in der Nacht oder am frühen Morgen statt. Hier ist offensichtlich die Gefahr am kleinsten, Aufsehen zu erregen und entdeckt zu werden.[9] Ein anderer Vorteil ist weiters, daß die Entführung selbst (von Seiten der Fremden) leicht als unangenehmer Traum getarnt werden kann, der vielleicht etwas lebhafter ausfiel als gewöhnlich, aber ansonsten kaum Aufmerksamkeit hervorruft. Für viele beginnt die Entführung damit, daß sie auf seltsame Lichter und Geräusche in der Wohnung aufmerksam werden. Viele Betroffene berichten auch davon, daß sie kurz vor der Entführung seltsame Geräusche (Brummen) in ihrem Kopf hören. Die geschockten Opfer bemerken einen Lichtstrahl, der durchs Fenster oder mitten durch die Wände in ihr Schlafzimmer leuchtet und einige Wesen auf unerklärliche Art und Weise in die Wohnung transportiert. Praktisch alle Berichte von Entführungen enthalten für unser derzeitiges physikalisches Wissen unerklärliche Komponenten. Es ist den Fremden sowohl möglich, durch geschlossene Fenster und manchmal sogar Wände zu dringen, als auch ihre Opfer selbst auf diesem Weg direkt in ein UFO zu befördern. Die betroffenen Personen berichten, wie sie aus ihrem Bett schweben, ohne merkliche Empfindungen durch ein Fenster transportiert werden und oft viele Hunderte Meter hoch in ein UFO gleiten. Daß daran vielleicht ein bis jetzt völlig unbekannter, physikalischer Mechanismus beteiligt sein könnte, zeigt eine Geschichte der Filmemacherin und Journalistin Linda Howe:[12]

Im Schlafzimmer einer Frau, die mehrmals entführt wurde, befand sich ein Fenster mit vielen kleinen Porzellanfiguren am Sims. Nach einem ihrer Erlebnisse konnte sich die Frau daran erinnern, daß ihr eines der Wesen nahegelegt hatte, die Figuren zu entfernen, um ihren Transport durch das geschlossene Fenster zu erleichtern. Tatsächlich fand sie einige Zeit später einmal nach einer ihrer Entführungen eine zerbrochene Figur am Boden vor. Die Frau, so berichtete sie Linda Howe persönlich, konnte sich den Unfall nur dadurch erklären, daß bei ihrer Beförderung durch das Fenster versehentlich eine Figur berührt und zu Boden geworfen wurde.

Egal, ob die Personen aus ihrem Fahrzeug geholt oder mitten aus dem Schlaf gerissen werden, allen ist eines gemeinsam: Sie empfinden Todesängste und sind in völliger Panik. Trotz dieser großen Furcht und den damit verbundenen Fluchtgedanken besteht jedoch nicht die geringste Möglichkeit für Gegenwehr. Manchmal sind die Opfer am ganzen Körper gelähmt, so daß sie nicht einmal mehr ihre Augen bewegen können, geschweige denn Hände oder Füße. Ein anderes Mal sind sie zwar in der Lage zu gehen, jedoch ist ihre Willenskraft so eingeschränkt, daß sie nicht einmal auf den Gedanken kommen, einen Fluchtversuch zu wagen. Bemerkenswert ist auch eine eingeschränkte Wahrnehmungsfähigkeit praktisch aller Entführter. Viele erzählen unter Hypnose, daß sie nur schlecht und undeutlich sehen und ihre allgemeine sensorische Aufnahmefähigkeit reduziert ist.

9 Was geschieht mit unbeteiligten Zeugen?

Falls tatsächlich Hunderte bis Tausende von Entführungen stattgefunden haben, taucht natürlich die Frage auf, warum es keine Zeugen gibt, die Entführungen direkt beobachtet haben. Die Befragung von Verwandten und Freunden der Entführten hat die Erkenntnis zutagegebracht, daß einerseits die Fähigkeiten der Fremden zur Beeinflussung der menschlichen Psyche enorm sind, andererseits auch deren technologischer Vorsprung unsere Phantasie bei weitem sprengt. Die Wahrnehmungsfähigkeit von Personen, die nicht von direktem Interesse für die Entführer sind, wird durch bisher unbekannte Manipulationen einfach ausgeschaltet. Es kann passieren, daß die Teilnehmer einer Wanderung oder eines Reitausfluges das Verschwinden einer Person nicht wahrnehmen und sich nicht über ein längeres Fernbleiben derselbigen wundern. Es sieht so aus, als ob sie ihre Erinnerung an das Opfer für eine Zeitlang verloren haben. Manchmal berichtet ein Entführter, daß die restlichen Anwesenden bei Beginn des Ereignisses sich plötzlich kaum mehr bewegen, sehr ruhig sind und den Eindruck machen, als ob sie sich in Trance befänden. Nachdem das Opfer nach seiner Untersuchung aus dem UFO entlassen wurde und sich wieder in der alten Umgebung befindet, reagieren alle anderen Personen so, als ob nie etwas Außergewöhnliches stattgefunden hätte. Ein billiger Hypnosetrick könnte nicht eindrucksvoller ablaufen. Auf ein Schnippen mit den Fingern erstarren Personen, um sich nach einiger Zeit mit dem gleichen Signal wieder aufwecken zu lassen – ohne sich im geringsten zu erinnern, was mit ihnen passiert ist, ja ohne überhaupt zu wissen, daß sie einige Minuten oder länger in Trance waren. Was geschieht, wenn eine Entführung mitten in einer Stadt unter Tausenden von Menschen, auf einem belebten Strand stattfindet? Es gibt auch dafür einige Beispiele, und die Antwort auf diese Frage ist gleichzeitig faszinierend und verwirrend. Die Intelligenz, die hinter dem Phänomen steht, ist vielleicht in der Lage, ihre Flugobjekte unsichtbar zu machen. Ein Bericht von Budd Hopkins, präsentiert während der IUFON Konferenz in Sheffield in England, soll hier als Beispiel dienen: [13]

Hopkins befand sich im Jahr 1992 auf einer Vortragstournee quer durch Australien, und es war nach einer seiner Reden, daß er mit einem Ehepaar ins Gespräch kam. Beide Personen hatten im Laufe ihres Lebens typische Erlebnisse, die auf Entführungen hinwiesen, insbesondere der Mann schien seit seiner Kindheit von diesem Phänomen verfolgt gewesen zu sein. Nach einigen Minuten im Gespräch holte die Ehefrau Jenny vier Photos, die eine typische Strandszene zeigten, aus ihrer Handtasche. An den Aufnahmen konnte Budd Hopkins nichts Besonderes feststellen, außer, daß die Bilder nach seiner Beurteilung einige Jahre alt waren, und eine eigentümliche rötliche Färbung zeigten, so als ob die Blau- und Grünanteile verblichen wären. Hopkins bemerkte, daß er noch nie Photos in so einer Farbe gesehen hätte, aber daraufhin antwortete ihm Jenny: »Nein, das habe ich nicht gemeint.

Das Seltsame an diesen Photos ist, daß ich, mein Mann und meine Kinder darauf abgebildet sein sollten, aber von uns nichts zu sehen ist! Wir sind dort am Wasser gestanden und haben uns gegenseitig photographiert, wir sind aber nicht auf den Aufnahmen. Ist ihnen so etwas schon einmal untergekommen?« Budd Hopkins konnte schließlich beide Ehepartner dazu überreden, sich einer Hypnoseregression zu unterziehen. Ihre (selbstverständlich getrennte) Befragung ergab ein übereinstimmendes Bild: Alle zwei Personen und die Kinder wurden am Strand, mitten unter den vielen Dutzenden Menschen, die sich dort aufhielten, entführt. Jenny wurde zuerst mit ihren Kindern in ein wartendes UFO befördert, danach ihr Mann Sam. Alle schwebten wie von einem unsichtbaren Aufzug bewegt nach oben, um dann im Inneren des gleißend hellen Objektes zu verschwinden. Jenny beschrieb, wie sie ihren Mann am Boden stehen sah, während sie nach oben gehoben wurde. Sam war währenddessen völlig bewegungslos, wie zu einer Salzsäule erstarrt. Bei seiner Sitzung beschrieb Sam, daß er gerade ein Photo machen wollte, als er das UFO am Himmel sah. Wie er durch den Sucher blickte, waren seine Frau und die Kinder schon nach oben geschwebt, um gleich darauf an der Unterseite des Objektes zu verschwinden. Er berichtete, daß er sich nicht bewegen konnte und er völlig verzweifelt war, da ihm keine der umstehenden Personen helfen wollte. Er hatte den Eindruck, daß man ihn ebensowenig wie das UFO sehen konnte. Das Rätsel mit den Photos kann also dadurch (zugegebenermaßen sehr phantasievoll) gelöst werden, daß sich die Familie von Sam gerade im UFO oder in der Luft befand, als er mehr oder weniger zufällig in seinem Zustand der Trance den Auslöser betätigt hatte. Dadurch waren zwar der Strand und das Meer, aber nicht die Familie selbst auf den Aufnahmen zu sehen. Unerklärlich bleibt jedoch, warum keiner der anderen Badegäste etwas von den Vorgängen bemerkt hat. Eine Möglichkeit besteht darin, daß das UFO und die Familie tatsächlich während der Zeitspanne der Entführung von den anderen Personen am Strand nicht gesehen werden konnte, daß sie also quasi unsichtbar gemacht wurden. Die andere Erklärung wäre, daß das Ereignis nie stattgefunden hat – außer in der Phantasie des Ehepaares. Offensichtlich ist es den Verursachern des Entführungsphänomenes sehr daran gelegen, die totale Kontrolle über jede Regung der von ihnen ausgesuchten Menschen zu haben. Alle Vorgänge machen den Eindruck systematisch und minutiös geplant zu sein, um dann möglichst effizient in Aktion umgesetzt zu werden. Dies gilt insbesondere für den nächsten Abschnitt in der Chronik einer Entführung: der medizinischen Untersuchung. Ende der achtziger Jahre und zu Beginn der neunziger Jahre haben Autoren wie Budd Hopkins und Raymond Fowler begonnen, den Hauptabschnitt der Entführungen phänomenologisch zu strukturieren. David Jacobs, John Mack, Edith Fiore, Thomas Bullard und einige weitere Forscher haben wesentlich dazu beigetragen, den Ablauf einer Entführung systematisch aufzudecken.

10 Die medizinische Untersuchung

Die Größenunterschiede zwischen den verschiedenen UFOs können gewaltig sein. Es scheint Objekte mit einem Durchmesser von nur etwa zehn Metern zu geben, viele Entführte haben aber auch schon von UFOs mit mehr als hundert Metern Länge berichtet. In den kleineren Schiffen werden die Opfer meistens sofort in den Untersuchungsraum gebracht, in den großen Schiffen unterscheiden sich die Prozeduren etwas. Die Menschen werden zuerst in eine Art Warteraum gebracht, um erst dann nach einigen Minuten in einen Untersuchungsraum begleitet zu werden. Nach übereinstimmenden Aussagen sind die Opfer dort nicht alleine. Die Wesen, die sie schon ins Innere des Fahrzeuges gebracht haben, befinden sich ebenfalls im Raum und beobachten ihr Zielobjekt aufmerksam. Selten sind die Opfer alleine, die Wartehallen sind nach vielen Berichten gefüllt mit anderen Menschen, die anscheinend ebenfalls auf ihre Untersuchung warten. Alle der dort anwesenden Personen sind apathisch und nehmen ihre Umgebung kaum war. Sie sitzen auf ihrer Bank in kleinen Nischen, manchmal angeschnallt, um nicht auf den Boden zu sinken, oder sie stehen bewegungslos an der Wand. Kommunikation findet nicht statt, dazu sind die Beteiligten entweder zu betäubt oder zu verschreckt. In einigen Fällen sind die Wartenden ihrer Kleider schon entledigt, es kommt jedoch ebenso oft vor, daß sie sich erst direkt vor Untersuchungsbeginn ausziehen müssen.

Nach diesem spukhaften Erlebnis in der Wartehalle sind die Opfer endlich bereit, in den eigentlichen Untersuchungsraum geführt zu werden. In den kleinen UFOs stellt ein Untersuchungstisch, ähnlich wie in einer Arztpraxis, das dominierende Möbelstück dar. Um den Tisch herum stehen Instrumentenwagen, welche verschiedenstes Laborgerät und Maschinen beherbergen. Zeugen behaupten übereinstimmend, daß in den großen UFOs Hallen existieren, in denen ein Tisch neben dem anderen gereiht ist, die meisten davon mit Menschen belegt. Eine Entführte berichtete einmal unter Hypnose, daß es gespenstisch still in diesen großen Hallen sei, nichts als das Klappern von Instrumenten und ab und zu das Geräusch von stöhnenden Menschen sei zu hören. Man kann sich bei diesen Beschreibungen des Eindrucks einer großangelegten Massenuntersuchung kaum erwehren. Nachdem die selektierte Person zu ihrem Tisch begleitet worden ist, muß sie sich entkleiden, falls dies noch nicht geschehen ist. Danach wird sie auf den Untersuchungstisch gelegt. Zu diesem Zeitpunkt beginnt oft, wenn überhaupt, Kommunikation zwischen den Menschen und den Fremden stattzufinden. Worte werden dabei nicht mittels Schallwellen übertragen, sondern die Entführen hören die Stimmen der Wesen in ihrem Kopf, ein Vorgang ähnlich dem, was man unter Telepathie versteht. In manchen Fällen wissen die Menschen auf eine Frage einfach die Antwort, oder sie fühlen, was sie als nächstes zu tun haben, zum Beispiel sich aufzusetzen oder vom Tisch aufzustehen. Es wird fast nie berichtet, daß die Wesen ihren Mund öffnen, um zu sprechen, nicht einmal wenn sie offensichtlich Information untereinander austauschen. Die meisten Menschen sind zu diesem Zeitpunkt noch immer sehr ängstlich, und die Fremden versuchen sie mit einigen Worten zu beruhigen. Die dabei gebrauchten Phrasen klingen sehr neutral und unbeteiligt: »Hab keine Angst. Beruhige dich. Es wird dir nichts geschehen.« Nach manchen Prozeduren stellen die Wesen manchmal Fragen, etwa: »Wie geht es dir?« oder: »Wie fühlst du dich?« Auf Anschuldigungen oder Drohungen der Menschen reagieren sie praktisch nicht. Falls jemand den Mut aufbringt, um Fragen zu stellen, antworten die Wesen entweder überhaupt nicht oder sie weichen der Frage aus. Eine Frau flehte die Wesen einmal an, aufzuhören und sie gehen zu lassen. Die ruhige und wie selbstverständlich vorgebrachte Antwort darauf war: »Wir können nicht aufhören.«

Die Vorgänge während einer Untersuchung konnten bis heute schon recht gut dokumentiert werden, einige der medizinischen Prozeduren kann man mit irdischen Techniken vergleichen. Professor David Jacobs von der Temple-Universität in den USA fand nach eingehenden Befragungen mehrere Abschnitte, in die eine typische Untersuchung eingeteilt werden kann. Jeder Abschnitt ist weiter in die drei Kategorien »physisch«, »geistig« und »reproduktiv« unterteilt:[11]

Primäre Erfahrungen: Das sind diejenigen Prozeduren, die in den meisten Fällen und an den meisten Personen durchgeführt werden. Die Wichtigkeit der primären Erfahrungen wird dadurch noch unterstützt, daß sie praktisch immer am Beginn der Untersuchung stattfinden.

Physisch: Oberflächliche Musterung des Körpers des Entführten.
Mental: Mindscan (Abtastung der Gedanken und Gefühle).
Reproduktiv: Ei-Entnahme, Sperma-Proben, Föten (?).

Sekundäre Erfahrung: Diese Untersuchungen werden nicht bei allen Entführten durchgeführt, sie dienen vielleicht einer Vertiefung der Ergebnisse aus der primären Phase, oder sie sind vielleicht auf die Persönlichkeit der untersuchten Person abgestimmt.

Physisch: Untersuchung mit Maschinen (Scanner).
Mental: Visualisierung, Visionen, Schauspiel.

Reproduktiv: Inkubatoren, Kinderkrippe, Babykontakt.
Zusätzliche Erfahrungen: Diese Erfahrungen werden relativ selten gemacht, ihre Bedeutung ist oft unbekannt.
Physisch: Chirurgie, Heilung.
Mental: Informationstransfer.
Reproduktiv: Kontakte mit Babies.
Wir wollen nun die verschiedenen oben erwähnten Untersuchungsmethoden genauer betrachten.

11   Die primären Untersuchungsvorgänge

Die primären Untersuchungen finden bei den allermeisten der Entführten statt. Offensichtlich sind sie von besonderer Wichtigkeit für die Fremden – man kann annehmen, daß sie den Hauptgrund für die Entführungen selbst darstellen. Es ist deshalb insbesondere notwendig, soviel Information wie möglich über diese Vorgänge zu sammeln, um einer Lösung des Rätsels, das uns die Entführer aufgeben, näher zu kommen.
An erster Stelle der physischen Untersuchungen steht eine detaillierte Begutachtung der Körper der Entführten. Einige der Wesen, die rund um den Tisch stehen, beginnen damit, die Füße des Menschen abzutasten. Dann arbeiten sie sich langsam über die Knöchel und Waden bis in die Hüftgegenden vor. Manchmal werden an Knien oder an den Waden Hautproben entnommen. Die Entführten erinnern sich daran, daß kein Blut fließt und die dabei entstehenden Verletzungen des Körpergewebes (entweder gerade Schnitte oder löffelförmige Vertiefungen) sich sofort vernarben. Bei Frauen werden gynäkologische Untersuchungen angestellt, unter anderem werden Gewebeproben aus der Vagina oder dem Uterus entnommen. Bei Männern werden die Genitalien beobachtet und betastet. Danach wandert das Interesse der Fremden weiter entlang des Körpers nach oben. Bei Frauen findet eine Begutachtung der Brust statt, der Brustkorb und die Rippen werden bei beiderlei Geschlecht abgetastet. Besondere

Aufmerksamkeit findet der Kopf der Entführten. Ein Wesen steht am hinteren Ende des Tisches, nimmt den Hinterkopf des Menschen in beide Hände und dreht ihn langsam von Seite zu Seite. Mit Instrumenten, die auch ein irdischer Arzt verwenden würde, werden die Ohren und Augen der Entführten inspiziert. Als nächstes folgt die Mundhöhle. Die Zähne und das Zahnfleisch werden betrachtet. Oft entnehmen die Wesen eine Probe aus dem Rachen oder bringen den Untersuchten zum Husten, in einigen Fällen betasten sie das Innere der Mundhöhle mit ihren Fingern. Nachdem die Untersuchung des Kopfes abgeschlossen ist, folgen der Nacken mit einer Untersuchung der Lymphdrüsen. Danach wird der Entführte in eine sitzende Position gebracht, und jedem Wirbelknochen des Rückgrates wird große Aufmerksamkeit gewidmet. Vom Nacken bis zur Hüfte wird das gesamte Rückgrat manchmal wiederholt abgetastet und von mehreren Wesen begutachtet. An dieser Stelle kann es vorkommen, daß Hautproben aus dem Rücken entnommen werden. Als nächstes wird die Person auf die Seite gerollt, und eine Untersuchung des Rektums wird vorgenommen. Die Wesen benutzen dabei verschiedenartigste Instrumente, keine der Prozeduren ist jedoch schmerzhaft. Darauffolgend werden die Entführten in Bauchlage gebracht. Mit Regelmäßigkeit werden jetzt Gewebeproben entnommen, falls dies nicht schon vorher geschehen ist. Bevorzugte Stellen sind die Kniekehlen oder die Waden. Einige Frauen haben berichtet, daß sie das Gefühl hatten, ihre Köpergröße wurde ermittelt. An dieser Stelle ist normalerweise die physische Untersuchung beendet, obwohl es anschließend noch abweichende beziehungsweise zusätzliche medizinische Prozeduren geben kann. Interessant ist, wie Veränderungen von körperlichen Merkmalen der Personen seit der letzten Entführung Aufmerksamkeit bei den Wesen erregen. Verletzungen der Opfer, Narben, Ausschläge oder so einfache Dinge wie gefärbte Haare werden von den Fremden sofort als Abweichung von der Norm erkannt. Mit offenkundigem Interesse, man möchte beinahe sagen mit Sorge, werden die Veränderungen wahrgenommen. Falls die Ursache oder der Sinn und Zweck nicht erkannt werden, kann es vorkommen, daß die Fremden ihre Untersuchungsobjekt befragen. Dies geschah beispielsweise einmal, als sich eine junge Frau eine Zahnspange anpassen ließ und den Entführern die Bedeutung dieses medizinischen Hilfsmittels nicht bekannt war.

In der zweiten Phase der physikalischen Untersuchung werden den Personen Implantate eingesetzt. Welchen Zweck diese erfüllen sollen, ist bisher nicht bekannt. Die Vermutungen reichen von kleinen Sendern, die die Auffindung der Personen auf der Erde ermöglichen sollen, bis hin zu notwendigen Geräten um den Transport der Menschen in und aus dem UFO zu gestatten. Die Implantate werden bevorzugt in die Ohrengänge oder Nasenhöhlen eingesetzt, beschrieben werden sie als kleine metallische Kügelchen oder Körper.

Heute sind bereits einige Objekte, von denen vermutet wird, daß

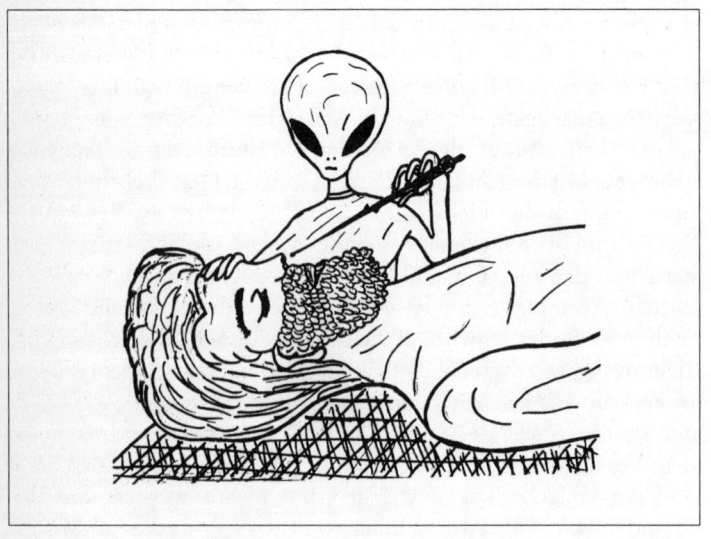

Abb. 19: Einem Entführungsopfer wird von einem Wesen ein Implantat durch die Nase in den Kopf eingeführt.

sie von den Fremden in die Köper von Menschen eingesetzt wurden, im Besitz von Forschern. Bislang haben jedoch Laboruntersuchungen und chemische Analysen dieser Objekte noch keine wesentlich neuen Erkenntnisse gebracht (vor allem weil ihr Ursprung nicht eindeutig belegt werden konnte, Verwechslungen mit banaler irdischer Materie waren nicht auszuschließen).

Nach dem Ende der physischen Untersuchung beginnt die nächste Phase in der Reihenfolge der primären Erfahrungen. Dieses Mal stehen die mentalen und emotionalen Eigenschaften der Entführten im Mittelpunkt des Interesses. Die kleineren Wesen rücken dazu etwas vom Untersuchungstisch ab und machen einem etwas größeren Wesen Platz. Es unterscheidet sich weniger in seinen anatomischen Merkmalen von seinen Genossen als vielmehr in seinem äußeren Verhalten. Viele Zeugen berichten, daß das neu hinzugekommene Wesen so etwas wie Autorität und Kompetenz ausstrahlt. Manchmal konnte beobachtet werden, wie es den anderen Wesen Aufträge erteilte oder diese in verschiedenen Tätigkeiten unterwies. Nun beginnt ein Vorgang, den sein Entdecker Prof. David Jacobs *Mindscan* (könnte man als Gedankenabtastung übersetzen) getauft hat, mangels eines besseren deutschen Begriffes werden wir bei dieser Bezeichnung bleiben. Nachdem der Fremde an den Tisch getreten ist, blickt er starr in die Augen des Entführten und beugt sich hinunter. Berührt die Stirn des Wesens beinahe die seines Gegenübers, beginnt es noch intensiver in dessen Augen zu blicken. Der Entführte kann seinen Blick von dem des Wesens nicht abweisen; versucht er seine Augen zu schließen, wird er durch telepathische Anweisungen dazu gezwungen, sie wieder zu öffnen. Bis jetzt hat niemand diesem Vorgang widerstehen können. Die Betroffenen erzählen, daß sie das Gefühl haben, dem Wesen vollkommen ausgeliefert zu sein. Sie haben den Eindruck, daß ihr Geist bis auf den hintersten Winkel durchforstet und ihr Gedächtnisinhalt vom Fremden aufgesaugt wird. Vielleicht dient die Prozedur tatsächlich dazu, Erinnerungen und vergangene Emotionen aus den Köpfen der Entführten zu holen, um diese Informationen anschließend für unbekannte Zwecke zu analysieren und weiter zu verwenden. Den meisten Menschen ist an dieser Stelle äußerst unangenehm zumute, und das Gefühl und die Angst, einer fremden Macht ausgeliefert zu sein, steigert sich beinahe bis zur Unerträglichkeit. Während des *Mindscans* kann es vorkommen, daß das Wesen die verschiedensten emotionalen Reaktionen in der untersuchten Person auslöst. Die Regungen gehen dabei von Verständnis für die Notwendigkeit der Entführung bis zu sexuellen Gefühlen gegenüber dem fremden Wesen. Wozu diese Manipulationen dienen, ist nicht bekannt, es steht nur fest, das alle Personen davon nachhaltig tief beeindruckt sind. Wie erwähnt, bringen einige Menschen nach dieser Prozedur Verständnis für die Wichtigkeit ihrer Entführung auf, sie haben das Gefühl, Teil eines extrem wichtigen Vorhabens zu sein, wobei sie auserwählt wurden, eine kleine, aber wichtige Rolle zu spielen.

Die dritte Phase der primären Untersuchung stellen ausgedehnte gynäkologische Prozeduren dar. Schon die ersten historischen Fälle von Entführungen beinhalteten diese Komponente, und es wird heute vermutet, daß sie den Kernpunkt der Bemühungen der Fremden darstellen. Einige Forscher glauben, daß ihr Ziel schlußendlich die Schaffung von künstlich befruchteten, genmanipulierten, menschenähnlichen Wesen ist. Bei weiblichen Entführten liegt das Ziel der reproduktiven Prozeduren darin, eine Eizelle aus den Ovarien zu entnehmen. Die Wesen scheinen dabei zwei unterschiedliche Verfahren anzuwenden. Die erste Methode besteht darin, mit einem langen, dünnen Instrument durch die Vagina in die Eierstöcke zu gelangen, und die Zelle direkt zu entnehmen. Die Empfindungen der Frauen dabei sind unterschiedlich. Die meisten fühlen sich benommen und ihnen wird übel, andere berichten von Schwächegefühlen, die sie überkommen, und einer anschließenden körperlichen Erschöpftheit. Bei einer anderen Methode der Ei-Entnahme verwenden die Wesen ein dünnes, nadelartiges Instrument, mit dem sie den Frauen durch den Nabel in die Bauchhöhle stechen und so zu den Eierstöcken gelangen.[14] Nachdem das Ei entnommen wurde, legt das Wesen es in einen vorbereiteten Behälter und übergibt diesen einem seiner Gehilfen. Bemerkenswert an der letzteren Methode ist, daß schon Betty Hill dieser Prozedur unterzogen wurde – zu einer Zeit, als Mediziner auf der Erde diese medizinische Technik noch nicht entwickelt hatten![11] Die Erklärung, daß Betty Hills Erfahrung nur aus einer vergessenen Operation bestand, die sie einfach nur wiedererzählte, muß also hier eindeutig verworfen werden. Die Wesen erklärten der Frau damals ausweichend auf ihre ängstlichen Fragen, daß sie einen Schwangerschaftstest durchführen würden – heute kennt man vielleicht den wahren Hintergrund.

Wesentlich bizarrer wird es bei einer weiteren Manipulation der fremden Wesen. Es muß nach den Berichten von Frauen heute angenommen werden, daß die Fremden ihnen Embryos einsetzen und nach etwa zehn Wochen einen Fötus entnehmen.[15] Obwohl die Frauen nicht direkt sehen können, wie ihnen der Embryo eingesetzt wird, ist es für sie in manchen Fällen möglich, auf den Fötus bei der Entnahme einen kurzen Blick zu werfen (eine Entführte beschrieb sein Aussehen als typisch für das Ergebnis einer vorzeitig abgebrochenen Schwangerschaft). Betty Andreason konnte beispielsweise beobachten, wie einer anderen Frau gerade der Fötus entnommen wurde. Betty mußte die auf einem Tisch liegende, sehr verängstigte Frau durch gutes Zureden und Streicheln während der gesamten Prozedur beruhigen. In der Zeit zwischen der Einpflanzung des Embryos und seiner Entnahme durch die Wesen zeigen die Frauen fast immer die Symptome einer Schwangerschaft. Es ist vorgekommen, daß einige von ihnen eine Abtreibung durchführen lassen wollten, um beim Arztbesuch feststellen zu müssen, daß der Fötus nicht mehr vorhanden war. Es gibt Berichte von Medizinern, welche die Schwangerschaft einer Patientin diagnostiziert haben und einige Wochen später den Verlust des Kindes ohne ersichtlichen Grund, auch ohne daß sich die Patientin daran erinnern konnte, zur Kenntnis nehmen mußten. Die Problematik bei diesen Berichten ist jedoch noch immer, daß bis jetzt keiner der Fälle bisher von Anfang bis zum Ende vollkommen beweiskräftig dokumentiert (Krankenblatt,

Aufzeichnungen von Fachärzten) wurde.[15] Es ist hier also abzuwarten, ob sich die oben genannten Behauptungen bestätigen werden, oder ob man die Vorstellung in Zusammenhang mit der künstlichen Befruchtung von Frauen aufgeben muß. Wenn dies der Fall ist, stellen die gynäkologischen Prozeduren ein noch tieferes Rätsel dar als bisher. Alternativ gibt es dann jedoch ein Argument gegen Entführungen im allgemeinen, denn mit dem Verwerfen einer der Kernaussagen von Entführungsopfern wird diesen Berichten wesentlich an Glaubwürdigkeit genommen.

Abb. 20: Ein Wesen mit einem Fötus im Glasbehälter.

Die reproduktiven Erfahrungen der männlichen Entführten sind denen der Frauen ähnlich. Die Wesen verwenden röhrenförmige Instrumente, um den Männern Sperma zu entnehmen. Oft passiert dies noch während des *Mindscans,* so daß die Betroffenen kaum fähig sind, die Vorgänge rund um sich herum wahrzunehmen. Es kommt häufig vor, daß das größere Wesen in dieser

158

Situation manchmal Bilder mit sexuellem Inhalt in den Kopf der Entführten projiziert, dies soll offensichtlich die Entnahme des Spermas erleichtern und den Mann ablenken. Der Fall von Villas Boas könnte mit dieser Feststellung eine elegante Erklärung finden: Anstatt wirklich mit einem Wesen Verkehr gehabt zu haben, könnte er einfach jenen Trugbildern erlegen sein, die ihm die Fremden während seiner Untersuchung suggeriert haben.

12 Die sekundären Untersuchungsvorgänge

Die Erfahrungen, welche wir unter den Begriff *sekundär* einreihen, werden nicht von allen Entführten berichtet. Sie treten wesentlich unregelmäßiger auf als die primären und können zusätzlich noch stark in der Art und Weise der Durchführung voneinander abweichen. Wie wir noch weiter unten sehen werden, liegt dies teilweise in der Natur der Untersuchungen begründet. Zum Zweck der physikalischen Untersuchung muß die entführte Person oft den Tisch wechseln oder sogar einen anderen Raum im Inneren des UFOs betreten. Anschließend wird eine Maschine über den Körper des Betreffenden bewegt. Manchmal wird dazu ein Wagen mit den entsprechenden Aufbauten herbeigerollt, manchmal schwenken die Fremden ein Gerät von der Wand bzw. von der Decke herab. In wenigen Fällen berichten die Betroffenen von zylindrischen Apparaturen, von denen sie eingehüllt werden; eine Analogie zu den irdischen Computertomographen ist hier nicht zu übersehen. Die Maschinen werden von den Wesen wahrscheinlich benutzt, um den ganzen Körper der Menschen damit abzutasten. Zeugen haben berichtet, daß sie in dieser Situation das Gefühl haben, daß ihr Körper durchleuchtet und abgescannt wird. Besonderes Augenmerk wird dabei dem Kopf, den Brustbereichen und den Geschlechtsorganen, sowohl bei den Männern als auch den Frauen, geschenkt. Falls es der Zustand der Personen erlaubt, können sie unter Umständen ein summendes Geräusch, welches wahrscheinlich mit der Arbeit der Maschine in Verbindung gebracht werden kann, wahrnehmen. Regelmäßig sind die Vorgänge begleitet von blinkenden, weißen und blauen Lichtern, die auf der Oberfläche der Scanner angebracht sind.

Nachdem diese körperliche Untersuchung der Entführten beendet ist, leiten die Wesen den Vorgang der mentalen Tests ein. Nach heutigem Wissen besteht der Sinn der in den folgenden Absätzen beschriebenen Prozeduren darin, emotionale Reaktionen im Menschen hervorzurufen und zu analysieren. Anstatt die Ergebnisse jedoch mit Hilfe von Maschinen aufzuzeichnen, begibt sich eines der größeren Wesen in seine Nähe und starrt ihm intensiv in die Augen. Anscheinend ist es ihm damit irgendwie möglich, alle gewünschten Informationen aus dem Kopf, der Psyche, des Entführten zu extrahieren. Wenn die Testperson bequem in einem Sessel sitzt oder auf einem Tisch liegt, wird ein Schirm in ihren Sichtbereich geschoben, und eine Anzahl von Bildern erscheint darauf. Der Inhalt der Szenen variiert über die gesamte Bandbreite irdischen Lebens, in jedem Fall wirken die Bilder sehr stark auf den jeweiligen psychischen Zustand der Betroffenen. Idyllische Naturszenen treten ebenso auf wie Bilder mit sexuellem Inhalt. Sehr oft werden von den Fremden Bilder generiert, die schockierend auf die Menschen wirken: Krieg, Tod und Zerstörung sind ihr Generalthema. Die Zeugen haben dabei das Gefühl, dem Untergang der Welt durch Atomkrieg oder Naturkatastrophen beizuwohnen. Besonders schockierend wirken Bilder, in denen Menschen Phantasien zu sehen bekommen, in denen ihre Familienmitglieder unter Katastrophen zu leiden haben. In einer etwas anderen Variante der mentalen Untersuchung sehen die Entführten die Bilder nicht auf einem Schirm, sondern bekommen sie direkt in ihren Kopf projiziert. Dadurch wirken die Szenen natürlich noch wesentlich stärker auf die Menschen ein, manchmal haben die Bilder einen so intensiven Eindruck hinterlassen, daß die Betroffenen während der Rückerinnerung in einer Hypnoseregression die Endzeitvisionen für wahr hielten. Wahrscheinlich stellen diese mentalen Prozeduren der

Fremden eine Erklärung für so manche bizarren Erzählungen einiger Entführter dar. Durch die Erklärungen von den Wesen zu diesen Bildern kann man annehmen, daß sie an den auftretenden starken emotionalen Reaktionen interessiert sind und nicht die Menschen vor dem Ende der Welt warnen wollen.

Eine interessante Variation zur Präsentation beziehungsweise Projektion von Bildern sind bühnenartige Vorstellungen unter teilweiser Mitwirkung der Fremden. Der Entführte wird zu diesem Zweck meistens in einen speziellen Raum begleitet, der in seiner Ausstattung (Sitzgelegenheiten etc.) auf die Anforderungen einer bestimmten Situation eingerichtet ist:

Beispielsweise fand sich eine Frau einmal scheinbar in einem Wohnzimmer wieder. Nach einigen Sekunden betrat plötzlich eine ihr sehr nahestehende Person den Raum und ging auf sie zu. Die Frau war sehr überrascht und wollte schon sehr stark emotionell auf die Anwesenheit des Bekannten reagieren, als sie das Gefühl bekam, daß irgend etwas an der Situation nicht stimmte. Vorübergehend hatte sie offenbar ihre derzeitigen Umstände durch die Illusion der ihr vorgespielten Szene vergessen. Als sie jedoch versuchte, sich auf das Bild der anderen Person zu konzentrieren, erkannte sie mit einem Mal einen Fremden, den sie für einen Menschen gehalten hatte.[16] Statt der Bühnenvorstellungen kann es vorkommen, daß der Entführte einem Test seiner intellektuellen Fähigkeiten unterworfen wird. Dies kann die Bedienung einer Konsole mit unbekannter Funktion sein (obwohl die Zeugen behaupten, daß sie in dem Augenblick wissen, was sie zu tun haben) oder das Wiedererkennen von einem der Wesen, nachdem es sich unter eine Gruppe seiner sehr ähnlich aussehenden Mitarbeiter gemischt hat. In den weniger harmlosen Tests kann es auch vorkommen, daß sich der Entführte in einer gefährlichen Situation befindet, um anschließend in letzter Sekunde gerettet zu werden. Budd Hopkins berichtet von einem solchen Erlebnis, das Roger aus Florida einmal hatte:[17, 18]

Roger fand sich irgendwann während einer Entführungsepisode mit zwei Kindern, einem Mädchen und einem Jungen, mitten auf der Flucht vor einer wilden, riesigen Eidechse wieder. Alle drei Menschen rannten auf nur zwei schützende Container am anderen Ende der Halle zu, in der Gewißheit, daß einer von ihnen als ein Opfer des Tieres enden würde. Roger nahm das Mädchen und steckte es in den einen Behälter. Als nächstes wollte er sich in den anderen begeben, aber schließlich übermannte ihn sein Mitleid mit dem Jungen und er half diesem, Schutz im zweiten Container zu suchen. Roger hatte schon mit seinem Leben abgeschlossen und erwartete nur mehr die Attacke des Tieres. In dem Augenblick, in dem das Tier zum Sprung ansetzte, erstarrte es auf einmal in völliger Bewegungslosigkeit – die Wand hinter Roger öffnete sich, und er schwankte in den benachbarten Raum, wo schon einige Wesen warteten und ihn sofort einer Aufzeichnung und Messung seiner Reaktionen unterzogen (die Identität von Roger ist heute bekannt – es handelt sich um niemand anderen als Ed Walters, der seit 1987 spektakuläre UFO-Erlebnisse in Gulf Breeze, Florida, hatte). Die Vorgänge während der reproduktiven Erfahrungen in der sekundären Phase machen vermutlich erst deutlich, was wirklich als Zweck hinter den Bemühungen der Fremden steht. Die in der Mehrzahl weiblichen Entführten werden mit den Ergebnissen der künstlichen Befruchtungen konfrontiert: [6, 17]

Nachdem alle mentalen Tests beendet sind, werden die Frauen in einen speziellen Raum geführt. Dort sehen sie eine Unzahl von Glasbehältern Reihe an Reihe an den Wänden stehen, die Entführten sprechen von etwa 50 bis 100 Stück. Die Behälter sind mit einer Flüssigkeit gefüllt, und darin schwimmen kleine rosarote Föten. Eine Frau beschrieb einmal, daß sich die kleinen Lebewesen nicht bewegten und beinahe wie tot wirkten. In der Mitte des Raumes befindet sich ein Apparat, der ein leichtes Surren von sich gibt, von diesem Gerät aus gehen Drähte oder Verbindungsleitungen zu jedem einzelnen Glasbehälter an der Wand. Offensichtlich ist diese Maschine für die Ernährung der heranwachsenden Föten verantwortlich. Manchmal werden die Frauen durch den ganzen Raum geführt, dann sehen sie, daß sich die kleinen Lebewesen in verschiedenen Entwicklungsstadien befinden. Die jüngeren (kleineren) an einer Stelle, daneben aufgereiht die Behälter mit etwas weiter entwickelten. Daß diese Wesen wahrscheinlich tatsächlich das Ergebnis eines Brutprogrammes der Fremden mit Menschen sind, belegen viele übereinstimmende Aussagen von Entführten:

Eine Frau war beispielsweise in der Lage zu beobachten, wie ihr ein Fötus entnommen wurde. Ein Wesen nahm ihn vorsichtig in seine Hände und legte ihn in einen bereitgestellten Glasbehälter. Anschließend wurde die Frau in einen Raum geführt, und eines der Wesen zeigte ihr verschiedene Inkubatorien, in denen sich angeblich Föten von ihr aus vergangenen Entführungen befinden sollten. Mit dieser Prozedur des Herzeigens von Babies ist die zweite Phase in den reproduktiven Erfahrungen erreicht. Die Entführten werden einzeln oder mit anderen Leidensgenossen in Räume, die man als überdimensionale Brutkästen bezeichnen kann, geführt. Auf etwa zehn bis hundert Tischen liegen schon etwas weiter entwickelte Babies, die meisten nackt, die älteren in eine Art Stoffkleidung eingehüllt. Die Frauen berichten, daß es in dem Raum sehr ruhig ist, die Babies geben keinen Lärm von sich und bewegen sich kaum. Manchmal wird den Frauen ein Baby gezeigt, das angeblich von ihnen selbst stammt. In einer weiterer Stufe der reproduktiven Erfahrungen gehen die Fremden sogar noch weiter. Die Entführten müssen eines der Babies in den Arm nehmen und es streicheln und umarmen. Falls sich eine Frau dagegen wehrt, wird sie durch Zureden und sanften Druck von den Wesen dazu angehalten, ihre Pflicht zu erfüllen. Es ist zu vermuten, daß die Babies den Kontakt benötigen, um überleben zu können, gleich wie dies auch bei herkömmlichem menschlichen Nachwuchs der Fall ist. So werden die Entführten also auch dazu benutzt, um den Babies etwas zu geben, was diese Wesen offenbar nur in der Lage sind zu analysieren, nämlich menschliche Wärme, Liebe und Fürsorge.

163

13 Die zusätzlichen Untersuchungsvorgänge

Von einigen der Erfahrungen, von denen Entführte berichten, weiß man nur sehr wenig. Größtenteils liegt das daran, daß sie nur sehr selten auftreten und daher bis jetzt noch nicht genügend Daten gesammelt werden konnten, um sich ein konkretes Bild von diesen Vorgängen machen zu können. Es wird jedoch vermutet, daß die meisten der zusätzlichen physischen Prozeduren dazu dienen, die Menschen, mit denen das Brutprogramm durchgeführt wird, gesund zu erhalten. Einer der Betroffenen hat diese Vermutung in einer betroffen machenden Aussage zusammengefaßt: Instandhaltung der Ausrüstung.[16] Er hat damit gemeint, daß er und die vielen anderen Menschen für die Fremden nichts anderes darstellen als Rohstoff, Material, lebende Maschinen, mit denen künstliche Nachkommen für unbekannte Zwecke produziert werden. Es ist in einigen sehr seltenen Fällen vorgekommen, daß die Fremden Krankheiten der Entführten geheilt haben. Man weiß heute von einigen Fällen, in denen Lungenentzündungen kuriert wurden, es gibt auch einen Bericht, der die Heilung von Diphtherie beinhaltet. Einige Entführte behaupten, *operiert* worden zu sein, anderen wurden Proben von Flüssigkeit aus dem Kopf entnommen und manchen sogar Gehirnzellen entfernt. Diese Berichte passen alle in das Bild einer Art Gesundenvorsorge für die betroffenen Menschen; es ist jedoch auf jeden Fall notwendig, weiteres Datenmaterial zu sammeln, um mit einiger Sicherheit sagen zu können, daß diese Vermutung wirklich zutrifft.

Einige mentale Prozeduren, denen die Entführten unterworfen werden, dienen wahrscheinlich dem Austausch von Informationen zwischen den Menschen und den Fremden. Manchmal haben die Personen das Gefühl, daß sie irgendeine Art von Wissen in ihr Gedächtnis eingepflanzt bekommen haben. Sie aber können während der Hypnosesitzung auf dieses Wissen nicht direkt zugreifen oder konkretisieren, um welche Art von geistigem Material es sich handelt. Vielleicht ist dieses Phänomen daher nur ein

Nebeneffekt der mentalen Prozeduren aus der primären oder sekundären Phase. In einem speziellen Fall von Kommunikation setzt ein Wesen sich selbst und einem Entführten jeweils eine Art Kopfhörer auf. Beide Geräte sind mit einem Kabel verbunden, und der Entführte hat den Eindruck, daß seine geistige Aktivität vom fremden Wesen aufgenommen und verarbeitet wird. Diese Vorgänge (wie auch die Mental- und Verhaltenstests aus der sekundären Untersuchungsphase) machen deutlich, daß die Fremden offensichtlich sehr stark an emotionalen und geistigen Vorgängen der Menschen interessiert sind. Als Teil der Erforschung einer fremden Kultur würde jeder irdische Forscher ähnliche Methoden anwenden, falls die technologischen Möglichkeiten dazu vorhanden wären. Welchen Zweck die Untersuchungen der Wesen jedoch tatsächlich haben, darüber kann man nur spekulieren. Ebenso rätselhaft sind Erfahrungen, die vor allem die jugendlichen Entführten machen. Sie werden manchmal mit augenscheinlich jungen Wesen konfrontiert, die vielleicht die Ergebnisse des Brutprogrammes darstellen. Die irdischen Kinder werden von den älteren Wesen (die natürlich immer in der Nähe sind) dazu aufgefordert, mit ihren fremdartigen Altersgenossen zu spielen oder sich zu unterhalten. Vielleicht dienen diese Begegnungen wiederum dazu, den fremden Kindern die Nähe von menschlichem Kontakt und Wärme zu vermitteln, die Vorgänge und Hintergründe für diese seltsamen Begegnungen bleiben dennoch im Augenblick ein Rätsel.

14 Das Ende der Entführung

Schließlich ist es Zeit das UFO zu verlassen, und die Entführten werden auf ihre Heimreise vorbereitet. In den großen Schiffen werden sie entlang von Gängen zurück in den ersten Untersuchungsraum begleitet. Die Wesen zeigen sehr deutlich, daß sie es eilig haben, und treiben den Entführten mit Worten wie »Beeilung, Beeilung!« und sanften Stößen an. An die eigentliche

Rückkehr können sich nur sehr wenige Zeugen erinnern, denn in der Mehrzahl der Fälle sind sie noch immer wie betäubt und unfähig, die Umgebung deutlich und konzentriert wahrzunehmen. Dazu kommt noch, daß die meisten direkt vor dem Ausstieg aus dem UFO die Besinnung verlieren und erst wieder am Boden zu Bewußtsein kommen. Die wenigen, die Erinnerungen an den Ausstieg haben, berichten, gleich wie beim Einstieg in das UFO, durch die Luft und nach unten geschwebt zu sein. Falls der Entführte aus seinem Schlafzimmer geholt wurde, landet er meistens wieder direkt neben seinem Bett und wird dann von einem Wesen richtiggehend schlafen gelegt.

In einem sehr interessanten Fall wurde einmal ein Kind mitten in der Nacht entführt.[19] Die Fremden setzten es im Garten vor dem Haus ab, und die geschockten Eltern mußten ihr weinendes Kind, das draußen mitten auf dem Rasen stand, ins Innere holen. Die Eltern hatten von der Entführung ihrer Tochter natürlich nichts bemerkt und konnten daher nicht begreifen, wie ihr Sprößling hinaus gelangt war – insbesondere wo alle Türen und Fenster zu diesem Zeitpunkt von innen verschlossen waren!

Falls der Entführte aus einem Auto geholt wurde, steigt er wieder in sein Fahrzeug ein, startet den Motor und setzt seine Reise fort, als ob in der Zwischenzeit nichts passiert wäre. Wenn sich noch andere Personen im Auto befinden, werden diese ebenfalls aus ihrer Erstarrung befreit, und niemand kann sich an etwas erinnern.

15 Hinweise auf ungewöhnliche Ereignisse

Hinweise darauf, daß etwas Seltsames passiert ist, geben Perioden fehlender Zeit. Manchmal fällt Eltern auf, daß ihr Kind längere Zeit verschwunden war. David Jacobs berichtete einmal in einem Interview für einen amerikanischen Radiosender, daß es einige belegte Fälle von verschwundenen Jugendlichen gab, bei denen Suchaktionen von der Polizei gestartet wurden und die sich später als Entführungsfälle herausgestellt haben. Wie im Fall von Betty und Barney Hill kann es ebensogut sein, daß Reisen oder Aufenthalte wesentlich länger dauern, als ursprünglich geplant (normalerweise weiß man vor Antritt einer Autofahrt, wie lange diese etwa dauern sollte). Als extremes Beispiel sei hier noch einmal das Erlebnis von Travis Walton erwähnt, der sogar einige Tage spurlos verschwunden war.

Manchmal setzen die Fremden einen Menschen nicht genau am gleichen Ort ab, von dem sie ihn geholt haben. Das kann so weit gehen, daß ein Entführter, der mit seinem Fahrzeug unterwegs war, sein Bewußtsein auf einer ihm fremden Straße wiedererlangt und der Betreffende Probleme hat, seinen Heimweg zu finden.

Die interessantesten Fälle sind jene, in denen es physische Beweise für eine Entführung gibt. Aufgrund der vielfältigen Untersuchungen an Bord des UFOs müßte man meinen, daß an den Betroffenen Einstiche und andere körperliche Veränderungen zu finden sein sollten. Dies ist tatsächlich der Fall, die meisten Entführten finden am Morgen nach ihrem Erlebnis blaue Flecken, Narben und Male an ihrem Körper. Natürlich können sie sich an die Vorgänge in der Nacht nicht mehr erinnern, und es ist ihnen ein Rätsel, woher ihre Verletzungen stammen. Selbstverständlich ist es möglich, daß man sich einen Bluterguß während eines lebhaften Traumes mitten im Schlaf holen kann, aber das folgende Erlebnis (eines der vielen) von Linda Cortile läßt sich wahrscheinlich nicht darauf zurückführen:

Ihr etwa zehnjähriger Sohn hatte einmal einen seiner Freunde für mehrere Tage auf Besuch. Eines Morgens während dieser Zeit wachte Linda plötzlich auf. Sie blutete heftig aus der rechten Nasenhöhle und hatte sich deshalb ins Badezimmer begeben, um ihre Verletzung zu verarzten. Zu ihrer Überraschung traf sie dort ihren Mann, ihren Sohn und dessen Freund wieder. Alle drei hatten ebenfalls Nasenbluten! Eine mögliche Erklärung ist, daß alle vier Personen in der Nacht von den Fremden einer bestimmten Untersuchung unterzogen wurden und dabei alle an derselben Stelle in der Nasenhöhle in Mitleidenschaft gezogen wurden.

16 Eine Beschreibung der Wesen

Bis zu Beginn der achtziger Jahre hatte man nur eine sehr vage Vorstellung von der Anatomie der fremden Wesen. Erst mit den Anfängen der Entführungsforschung begann langsam das Bild vom Aussehen der Wesen durch die Berichte der vielen Zeugen Form anzunehmen.[6, 7, 20] Es stellte sich heraus, daß eine Spezies offensichtlich dominierend ist – sie wird in den meisten Entführungsberichten beschrieben. Es gibt daneben jedoch noch einige weitere Typen, die immer wieder in den Berichten auftauchen.[21, 23] Das Besondere an ihnen ist, daß sie an einigen geographischen Orten, im Vergleich zum Rest der Welt, vermehrt auftreten und an anderen überhaupt nie gesichtet werden. Vielleicht spiegelt diese Beobachtung eine Spezialisierung der Fremden auf bestimmte Gebiete der Erde wieder, eine andere (irdische) Erklärungsmöglichkeit, unter Berücksichtigung psychologischer Aspekte, würde vielleicht unterschiedliche kulturelle Faktoren in Betracht ziehen.

17 Die kleinen Grauen

Die sogenannten kleinen grauen Wesen werden in der überwältigenden Mehrzahl der Entführungen beschrieben. Sie sind in den USA und England so populär, daß sie dort schon einen eigenen Namen erhalten haben: *the little greys* (die kleinen Grauen). Von ihnen gibt es zwei Typen, die sich vor allem in der Körpergröße unterscheiden. Die kleineren sind etwa 70 cm bis 130 cm hoch, die größeren Typen sind um etwa 5 cm bis 15 cm höher gewachsen. Die Hautfarbe der Wesen wird als eintönig grau beschrieben, kann jedoch manchmal einen bräunlichen Ton enthalten oder im Gegensatz dazu reinweiß sein. Vielleicht hängen diese Variationen mit den Lichtverhältnissen während einer Entführung zusammen oder sind eine Folge des veränderten Bewußtseinszustandes der Zeugen. Es fällt auf, daß die Haut der Wesen makellos ist, noch nie hat ein Zeuge Flecken, Muttermale oder ähnliches bemerkt. Die Beschreibung ihrer Beschaffenheit reicht von rauh und lederartig bei den größeren Wesen bis zu glatt und plastikähnlich bei den kleineren. Die Wesen haben zwei Arme, zwei Beine und einen Kopf, aber ihre Körper scheinen nicht so differenziert und detailreich zu sein wie bei einem Menschen – er ist außerdem völlig unbehaart. Die Zeugen können keine Knochen und Muskeln wahrnehmen. An den Stellen wo man normalerweise Gelenken vermuten würde, verbiegen sich die Gliedmaßen einfach. Es gibt keinen Hinweis auf anatomische Konstruktionen wie Ellenbogen oder Kniegelenke. Den Entführten fällt als erstes sofort auf, daß die Köpfe der Wesen im Verhältnis zum restlichen Körper überproportional groß sind. Seine allgemeine Form kann am besten mit der einer Glühbirne oder einer Parkuhr verglichen werden. Riesige schwarze Augen,[14] welche beinahe die gesamte Vorderfront des Gesichtes einnehmen, dominieren das Bild des Kopfes. Sie sind an den Seiten spitz zusammenlaufend und scheinen völlig unbeweglich zu sein. So etwas wie Pupillen oder eine Iris wurde nicht beobachtet. Die Wesen haben keine Ohren, und

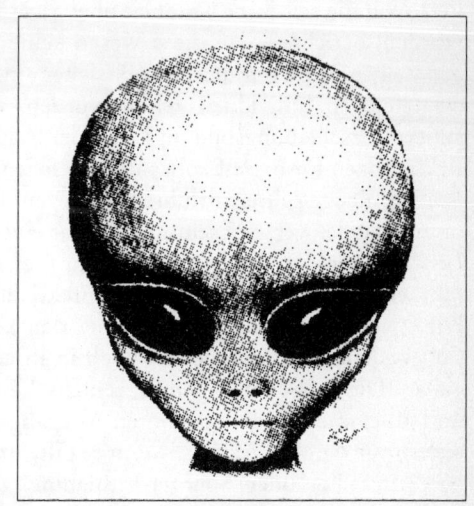

Abb. 21: Ein typischer kleiner Grauer.

statt der Nase befindet sich nur eine kleine Ausbuchtung an der entsprechenden Stelle im Gesicht. Der Mund scheint zu einem lippenlosen, dünnen Schlitz degeneriert zu sein. Es gibt keine Hinweise auf seine Funktion, denn bis jetzt wurde nur in äußerst seltenen Fällen bemerkt, daß er überhaupt bewegt wurde. Ein kurzer und zerbrechlich wirkender Hals geht über in einen Brustkorb ohne sichtbare Rippen und andere anatomische Besonderheiten. Der Körper der Wesen hat von den Schultern bis zu den Hüften etwa den gleichen Durchmesser, eine Taille scheint nicht vorhanden zu sein, ebensowenig Genitalien beziehungsweise andere Geschlechtsmerkmale. Die Arme der Wesen sind lang und dünn mit einheitlichem Durchmesser von den Schultern hinab zu den Handgelenken. Von den vier Fingern, die die Wesen besitzen, wird einer als Daumen verwendet. Die Finger besitzen anscheinend keine Fingernägel und haben kleine polsterartige Verdickungen an ihren Spitzen.[20] Die Füße der Fremden sind ähnlich gleichförmig gestaltet wie ihre Arme, die Funktionalität scheint den irdischen Pendants zu entsprechen – die Wesen gehen auf dieselbe Weise wie wir Menschen. Einige Personen die seit ihrer Kindheit über viele Jahre hinweg entführt wurden, berichten, daß diese Wesen keine Alterungserscheinungen zeigen. Obwohl die Zeugen sicher sind, daß sie immer von den gleichen Individuen geholt wurden, veränderte sich deren äußeres Erscheinungsbild im Laufe der Zeit überhaupt nicht. Die Erklärungen für diese Beobachtung reichen von der Möglichkeit, daß die Zeugen ihre Entführer (entgegen den Aussagen) einfach untereinander verwechseln, bis hin zu einer wesentlich längeren Lebensdauer der Wesen, so daß eine Zeitspanne von mehreren Jahrzehnten noch keine Alterungseffekte hervorruft.

Die zwei verschiedenen Arten bei den Grauen unterscheiden sich voneinander am ehesten noch in ihren Pflichten und Aufgaben. Die größeren Typen führen anscheinend das Kommando und überwachen den gesamten Vorgang der Entführung. Sie treten nur dann in Aktion, wenn es gilt, eine spezielle Prozedur, wie etwa Ei- oder Sperma-Entnahme, durchzuführen. Viele

Entführte hatten das Gefühl, daß es von dieser Art sowohl männliche als auch weibliche Individuen gibt. Die Unterschiede sind nicht so sehr von körperlichen Merkmalen geprägt, sondern von Verhaltensweisen und der Ausstrahlung gegenüber den Menschen (hier wird wiederum eine wesentliche Komponente einer Entführung deutlich: viele der Wahrnehmungen basieren nicht nur auf objektiven, greifbaren Fakten, sondern manifestieren sich mehr durch subjektive Gefühle und Empfindungen der Menschen). Sie kommunizieren mit den Entführten immer telepathisch, manchmal hören die Betroffenen Worte in ihrem Kopf, manchmal sehen sie nur Bilder oder Eindrücke, die dann erst durch Interpretation Sinn ergeben. In jedem Fall jedoch ist das Benehmen der Wesen geschäftsmäßig und konzentriert. Es macht nicht den Eindruck, daß die Grauen auf Ereignisse besonders emotional reagieren, sie scheinen in keinem Augenblick die Kontrolle über sich selbst zu verlieren. Auf offensichtliche Ängste der Menschen antworten sie mit beruhigenden Worten oder einer sanften Berührung mit der Hand. Wenn einer der Entführten in der Lage ist, Fragen zu stellen, geben sie immer ausweichende Antworten, so als ob es ihr oberstes Gebot wäre, keine Informationen über ihre Pläne preiszugeben. Dies ist sicherlich der Hauptgrund, warum wir über Motivation und Zweck der Entführungen an sich praktisch überhaupt nichts wissen.

Die kleineren grauen Wesen sind anscheinend die Arbeiter, sie müssen dafür sorgen, daß der ihnen anvertraute Mensch stets zur richtigen Zeit am richtigen Ort ist. Sie wirken aufgrund ihrer Körpergröße schwach und zerbrechlich, wenn es jedoch darum geht, einen Menschen während aller Stadien seiner Untersuchung zu begleiten, können sie beträchtliche Kräfte aufbringen. Zwei oder drei der kleinen Grauen sind in der Lage, einen Menschen auf den Untersuchungstisch zu tragen und ihn physisch unter totaler Kontrolle zu halten. Gibt es aus irgendeinem Grund Verzögerungen oder kleine Pannen im normalen Ablauf der Ereignisse, kann es vorkommen, daß sie von ihren Überwachern, den großen Grauen, zurechtgewiesen werden. Normalerweise erledigen sie ihre Aufgaben jedoch extrem flink und kompetent, bei der Entnahme von Hautproben oder chirurgischen Eingriffen demonstrieren sie eindrucksvoll, wie präzise sie arbeiten können. Welche Lebensform, wenn überhaupt, die grauen Wesen darstellen, ist völlig unbekannt. Aufgrund ihrer anatomischen Merkmale kann man schließen, daß sie wahrscheinlich weder essen noch trinken und keine Luft zum Atmen verwenden (zumindest nicht auf die Art und Weise, wie es Menschen tun). Vielleicht sind sie nur äußerst intelligente biologische Roboter, programmiert als Arbeitskräfte von noch unbegreiflicheren Wesen. Sicher scheint nur zu sein, daß sie nicht an oberster Stelle einer Machthierarchie stehen, denn dazu wirkt ihre Verhaltensweise manchmal zu unselbständig und eingeschränkt.

18 Andere Spezies

Über die im folgenden beschriebenen Spezies ist nicht sehr viel bekannt. Man kann im Moment davon ausgehen, daß ihre Existenz real zu sein scheint, denn sie wurden trotz ihrer Seltenheit wiederholt von Zeugen gesichtet und übereinstimmend beschrieben. Zur Zeit sieht es so aus, als würden sie ihre Aktivität auf bestimmte geographische Gebiete der Erde beschränken. Die wenigen Berichte sind bisher nicht geeignet, weitergehende Informationen als solche über ihr Aussehen zu erhalten:
Große Blonde Humanoide: Sie werden als sehr menschenähnlich, mit blauen Augen und langen blonden Haaren beschrieben. Von einigen Forschern werden sie auch als nordische Typen bezeichnet. Jenny Randles, die sich in England sehr intensiv mit dem Entführungsphänomen beschäftigt, berichtete auf einer Konferenz am MIT 1992, daß sich Beschreibungen über Verhalten und charakteristische Eigenschaften der nordischen Typen fast Wort für Wort gleichen.
Kleine humanoide Graue: Sie sind den oben beschriebenen

Grauen ähnlich, aber nicht mit ihnen identisch. Sie wirken wesentlich humanoider als die eingangs beschriebenen *little grays*.

Eidechsen-Typen:[21,22] Ihre Existenz wurde mehrmals von Entführten bestätigt. Sie werden als reptilähnlich, mit grünen Augen und gelben Pupillen beschrieben. Sie wurden außerdem einmal im Zusammenhang mit Tierverstümmelungen beobachtet. In übereinstimmender Weise zeichnen die Berichte von diesen Wesen ein Charakterbild, das mit dem ihrer äußeren Erscheinung in Einklang zu stehen scheint: wild, ohne Gefühle, kalt.

Gottesanbeterin:[1,2,21] Dieser Typ wird als insektenartiges Wesen von grünlich grauer Farbe beschrieben. Die meisten Entführten, die es gesehen haben, vergleichen es mit einer Gottesanbeterin (einer Insektenart).

19 Was ist von den Entführungsberichten wirklich zu halten?

Auf den vorangegangenen Seiten wurde einiges an unglaublichen und phantastischen Dingen berichtet. In den vorhergegangenen Abschnitten sind wir stillschweigend davon ausgegangen, daß die Hypnosesitzungen der Betroffenen uns ein Bild von tatsächlich geschehenen Ereignissen zeichnen:

Es sollen angeblich Leute von fremden Wesen entführt worden sein. Die Opfer dienen allein nur dazu, ein Brutprogramm von uns fremden Intelligenzen zu nähren. Wenn man diese Geschichte jemandem ohne Vorwarnung erzählen würde, dann würde man im besten Falle für leicht verwirrt gehalten. Wenn auch nur ein Teil der Geschichten wahr wäre, würde das unser heutiges Weltbild von einem Tag auf den anderen völlig aus den Angeln heben und ziemlich sicher einen globalen Umbruch von gesellschaftlichen und politischen Denkweisen und Systemen mit sich bringen. Falls tatsächlich fremde Wesen praktisch unerkannt auf unserer Erde operieren und nach Belieben Menschen entführen, Tiere zerstückeln und abschlachten können, bedeutete das, daß unser Planet von einer schleichenden Invasion, derer wir uns mit den gegenwärtigen Mitteln nicht erwehren können, betroffen wäre. Es stellt sich also die Frage, was an diesen Geschichten wirklich real ist. Leiden all die angeblichen Zeugen nur an einer bisher unbekannten geistigen Krankheit, wie manche Skeptiker zu wissen glauben, oder liegt ihren Berichten tatsächlich ein wahrer Kern zugrunde? Wir wollen an dieser Stelle versuchen, einen Überblick darüber zu bekommen, was sich die Befürworter und die Skeptiker zum Thema Entführung denken, was es an Argumenten gibt, die dafür sprechen, und welche alternativen Erklärungsmodelle es gibt.

20   Was spricht für die Entführungstheorie?

Solange es UFO-Sichtungen gibt, solange werden auch Versuche existieren, dieses Phänomen zu erklären. Stellvertretend für die ersten Fälle, wollen wir uns hier noch einmal mit dem Fall von Barney und Betty Hill auseinandersetzen. Anhand dieser Begebenheit werden die meisten typischen Probleme rund um das Thema UFO, speziell im Bereich der Entführungen, schnell klar werden. Auf der einen Seite stehen hier zwei Berichte von absolut glaubwürdigen Zeugen aus dem Jahr 1963. Ein anerkannter Psychiater unternimmt Hypnoseregressionen an beiden Personen, und sowohl Barney als auch Betty geben die Ereignisse übereinstimmend wieder. Dr. Benjamin Simon glaubte natürlich nicht, daß die Hills ihre Geschichte tatsächlich erlebt hatten, er wandte deshalb einige Zeit auf, um nachzuweisen, daß die beiden nur eine interessante Art von Phantasie durchlebt hätten. Er versuchte die beiden in Widersprüche zu verwickeln und sie dazu zu bringen, einzugestehen, daß nicht sein durfte was nicht sein konnte – eine Entführung durch fremde Wesen. Simon gelang es nicht, den Fall zu widerlegen, im Gegenteil, heute ist der Bericht der Hills vielfach durch die Erlebnisse der anderen entführten Personen bestätigt. Hier stehen wir also vor der Situation, daß ein mündlicher, glaubwürdiger Bericht einer UFO-Sichtung vorliegt. Noch dazu wird dessen Korrektheit indirekt durch eine andere Informationsquelle bestätigt:

Eine in der Nähe gelegene Basis der Air Force hatte das Objekt, das die Hills als Ursache ihrer Probleme sahen, auf ihren Radarschirmen detektiert.[23] Auf der anderen Seite gibt es jedoch auch Komponenten im Fall von Barney und Betty Hill (und anderen Entführungen), die Zweifel an dessen Echtheit aufkommen lassen und von Skeptikern in ihrer Argumentation gegen UFOs verwendet werden: Betty konnte sich unter Hypnose daran erinnern, daß sie im Inneren des UFOs eine Sternkarte gesehen hatte. Ihrer Meinung nach diente diese dem Piloten des Raumschiffes dazu, den langen Weg von seinem Heimatplaneten bis zu unserer Erde zu finden. Es gelang Betty, die Karte nachzuzeichnen – die nachfolgenden Ereignisse sind charakteristisch dafür, welche Irrwege die UFO-Forschung gehen kann, um Erklärungen und Antworten zu finden.

Anfang der siebziger Jahre versuchte die Amateurastronomin Majorie Fish die Zeichnung zu entschlüsseln.[23] Dazu baute sie ein dreidimensionales Modell von damals bekannten Sternen, die einige Kriterien bezüglich Farbe, Leuchtkraft und Rotationsgeschwindigkeit erfüllten, kurzum Sterne, für die eine gewisse Wahrscheinlichkeit besteht, daß sie vielleicht von Planeten umkreist werden, auf denen Leben entstehen kann. Ms. Fish kam auf 46 Sterne in der näheren Sonnenumgebung, und nach eingehenden Versuchen konnte sie eine Konstellation von 16 Sternen finden, die mit der Karte von Betty Hill übereinstimmte. Der angebliche Ursprung der Wesen befand sich demnach auf einem Planeten vom Doppelstern Zeta Reticuli (diese Information wird von Desinformanten immer noch dazu verwendet, um die Öffentlichkeit zu verwirren). Die Astronomen Prof. Walter Mitchel und Mark Stegart bestätigten die Ergebnisse von Majorie Fish aufgrund von Computer-Analysen. Damit schien das Geheimnis um die Herkunft der Fremden gelüftet zu sein, so mancher UFO-Gläubige konnte sich zurücklehnen und erleichtert aufatmen. Daß es jedoch schwerwiegende Bedenken rund um die ganze Geschichte gibt, haben anfangs wenige Leute bemerkt. Hat eine fremde Intelligenz, die in der Lage ist, kosmische Entfernungen mit Leichtigkeit zu überwinden, es wirklich nötig, solche altertümlichen Sternkarten für die Navigation von Raumschiffen zu verwenden? Noch dazu, wo der Maßstab der Karte kaum ausreichen würde, um überhaupt die Sonne mit entsprechender Genauigkeit anzupeilen? Man beginnt sich auch zu fragen, wie zufällig die Übereinstimmung des Modells von Majorie Fish mit der Karte von Betty Hill ist – wie viele mögliche Standorte existieren, um das dreidimensionale Modell und einige Sterne aus der Zeichnung in Übereinstimmung zu bringen, wobei man auch noch berücksichtigen muß, daß Betty Hill ihre Karte nach ihrer Hypnosesitzung sicherlich nicht perfekt wiedergeben konnte.

Diese und ähnliche Probleme gibt es auch in vielen anderen Berichten von Personen, die behaupten, direkten Kontakt mit fremden Wesen gehabt zu haben. Wenn sie nach ihren Heimatorten gefragt werden, enthüllen die Fremden manchmal ihr Geheimnis, und die Spannweite der Antworten reicht dabei vom Planeten Uranus bis hin zu den Plejaden. Bis jetzt waren alle diese Identifizierungen weit außerhalb jeglicher wissenschaftlicher Plausibilität, und sie stehen damit meistens in krassem Widerspruch zu den ansonsten glaubwürdigen Berichten der Entführungen. Die Antwort auf die Frage nach der Realität von Entführungen scheint also stark davon abzuhängen, von welcher Seite aus und mit welchen Informationen man Zeugenaussagen untersucht. Es scheint notwendig zu sein, das bisher bekannte Wissen über UFOs zu kompilieren um dann abzuwägen, welche Fakten für das Phänomen sprechen, und welche Möglichkeiten es aufgrund der vorhandenen Daten noch gibt, andere, alternative Erklärungen zu finden. Denn daß etwas mit Leuten passiert, daß es einen bisher unbekannten Grund dafür gibt, daß Menschen wie du und ich von bizarren Erfahrungen auf der Schattenseite ihrer Existenz berichten, diese Tatsache wird auch von den Kritikern kaum angezweifelt. Die Unterschiede bestehen im wesent-

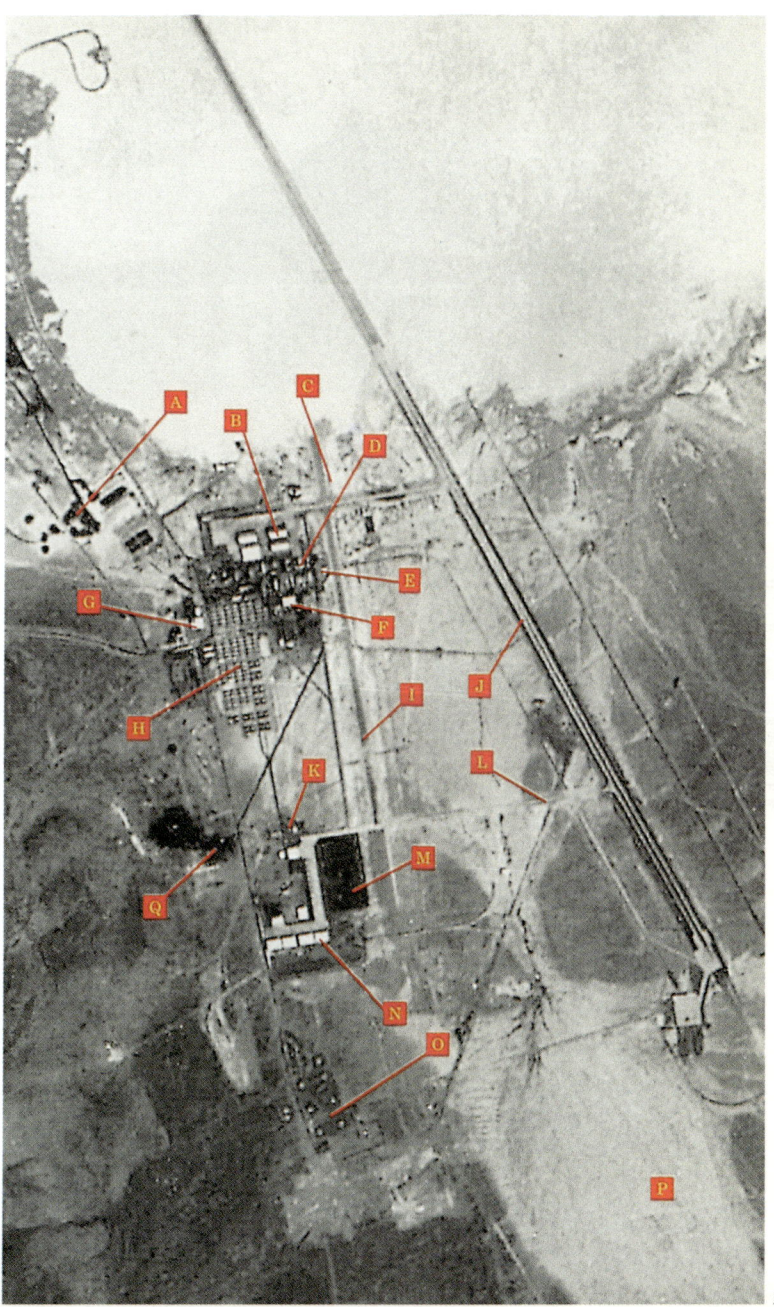

1

2 Der Stealth-Fighter F-117. Er besitzt einen Radarrückstrahlquerschnitt von etwa 0,025 m² und ist deshalb für Radar beinahe unsichtbar. Dieses Militärflugzeug wurde mittels eines schwarzen Budgets unter Ausschluß des US-Kongresses entwickelt und in der AREA-51 getestet.

3 Der 900 Millionen US-Dollar teure B-2-Bomber. Er besitzt einen Radarrückstrahlquerschnitt von 0,1 m² und ist daher für Radar ebenfalls beinahe unsichtbar. Der Radarquerschnitt des etwa gleich großen konventionellen B-52-Bombers beträgt 100 m². Der B-2-Bomber wurde unter strengster Geheimhaltung entwickelt und in der AREA-51 testgeflogen.

1 Aufnahme von 1968: AREA-51, das geheimste Testgelände der USA, das bis zur Gegenwart ausgebaut wurde. A: Golfplatz auf der Basis; B: Hangars für die SR-71 »Blackbird« und russische MIGs; C: Flugzeugmontagegelände; D: U-2-Hangars; E: Kontrollturm; F: Speiseräume für die Mannschaft; G, H: Unterkünfte für das Personal der Basis; I: Alte Startbahn für U-2-Testflüge; J: Rollbahn; K: Hangar für Testflugzeuge; L: Überdachte Zone zum Schutz vor Beobachtung der Flugzeuge aus der Luft; M: Parkplatz für Transportflugzeuge; N: SR-71-»Blackbird«-Hangars; O: Treibstofftanks; P: Absturzort einer SR-71 »Blackbird«; Q: Rauchwolken durch Verbrennen von Müll (©) Popular Science, Stuart Brown, März 1994)

Geheimprojekt „Aurora" als Modell

Während in Washington um die Fortsetzung bekannter Programme gerungen wird, ist von den Geheimprojekten der Amerikaner in letzter Zeit wenig Neues zu hören. Damit auch künftig keine Details ihrer möglicherweise vorhandenen futuristischen Flugzeuge an die Öffentlichkeit dringen, hat die USAF jüngst weitere Gebiete um die Basis Groom Lake in Nevada bis nach dem Jahr 2000 absperren lassen.

Dies bestärkt natürlich die Spekulationen, daß der als Nachfolger der SR-71 vermutete Aufklärer „Aurora" tatsächlich existiert. Wie er aussehen könnte, darüber gehen die Meinungen allerdings weit auseinander. Aus ungenauen Beobachtungen schließen manche Experten auf ein Mach 8 schnelles Flugzeug mit Staustrahlantrieb und Methan-Kraftstoff. Es soll eine Dreiecksform mit etwa 75 Grad Nasenpfeilung und 20 Meter Spannweite haben.

Die zweite „Aurora"-Variante geht von einem Deltaflügler mit weit nach vorn gezogenem Rumpf aus. Seine Geschwindigkeit soll über Mach 3 betragen. Ähnlich wie die SR-71 könnte er ein kleineres Flugge-

rät auf dem Rücken tragen und in großer Höhe starten. Dieser Sichtweise haben sich inzwischen die Modellhersteller Testors und Italeri angeschlossen. Seit September ist der

„SR-75 Penetrator" samt dem „XR-7 Thunderbolt" für 52.95 Mark im Handel. Ähnlich wie beim „F-19 Stealth Fighter" (alias F-117) erhoffen sich die Firmen mit dem spekulativen Design prächtige Geschäfte. Bis die wahre „Aurora" enthüllt wird, kann es nämlich noch Jahre dauern.   KS

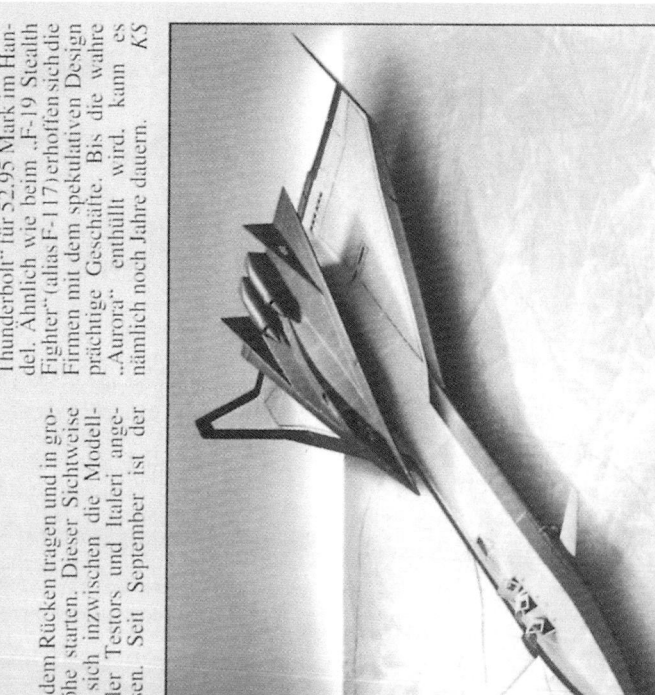

So stellen sich die Modellbauer die „Aurora" samt aufgesetzter „XR-7" vor

4   In der Ausgabe vom Januar 1994 berichtet die Zeitschrift Flug Revue *von dem Geheimprojekt* AURORA.

Cosmic cover-up alleged

5 Admiral Bobby Ray Inman, er sollte Anfang 1994 Verteidigungsminister der USA als Nachfolger von Les Aspin werden, trat aber seinen Posten nicht an. Er gab dem UFO-Forscher Bob Oechsler gegenüber zu verstehen, etwas über geborgene UFOs zu wissen.

6 Ein Zeitungsausschnitt aus der englischen Tageszeitung The Independent, in dem auf Admiral Bobby Ray Inmans Gespräch mit dem UFO-Forscher Bob Oechsler über die angeblich von der US-Luftwaffe geborgenen UFOs eingegangen wird (© E. Nash. The Independent).

UFO-SPOTTERS are convinced that Bobby Inman, United States Defense Secretary designate and expert in satellite intelligence, is a repository of vital information about flying saucers, **writes Elizabeth Nash**.

Bob Oechsler, a UFO enthusiast from Edgewater, Maryland, says he approached Admiral Inman in May 1988 "seeking guidance on how to get access to information on non-human-made disk technology" (a euphemism for UFOs) in government hands, and that the admiral "validated that the government had information, and provided me with the names of people I should see".

Stan Freedman, a nuclear space systems researcher, who has written 62 academic papers and a book about UFOs, believes that Admiral Inman holds the secrets to "a cosmic Watergate", a massive cover-up of a flying saucer crash in Roswell, New Mexico, in 1947.

A researcher at the US Center for Military History in Washington yesterday confirmed that the government had been "obsessively secret" about objects crashing in the New Mexico desert in 1947, but suggested that this had more to do with the Cold War space-race.

6

7   Besucher, die einen Blick auf die AREA-51 werfen wollen, finden wenige Kilometer entfernt, mitten in der Wüste, im »Little Ale Inn« einen letzten Stützpunkt vor.

8   Mit dem Pferd Lady begann 1967 die unheimliche Serie der Tierverstümmelungen. Lady wurde im September desselben Jahres von seinem Besitzer tot und verstümmelt aufgefunden, nachdem in der Gegend seit Wochen immer wieder UFO-Sichtungen aufgetreten waren. Das komplette Fleisch wurde vom Kopf und vom Nacken des Pferdes mit einer unglaublichen Präzision und ohne Spuren zu hinterlassen entfernt (© Linda M. Howe).

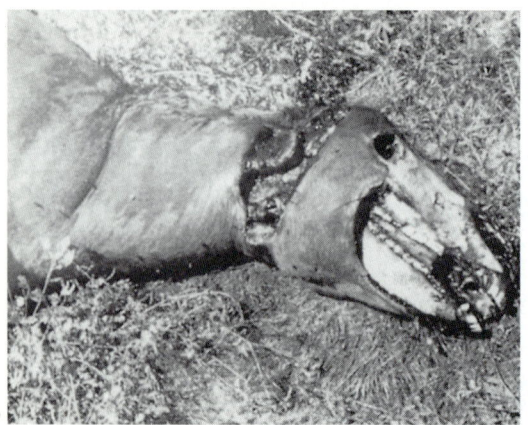

9   Im Juni 1993 wurde dieses Pferd in New Raymer, Colorado, verstümmelt aufgefunden. Dem Pferd wurden ein Auge, ein Ohr und mehrere Gewebeteile am Kiefer und anderen Stellen ohne Spuren zu hinterlassen entnommen (© Linda M. Howe).

10   Am 4. Februar 1993 wurden in Arab, Alabama, diese Kuh und ihr ungeborenes Kalb tot aufgefunden. Der trächtigen Kuh wurde in einer präzisen Operation das Euter entfernt. Der Pfeil weist auf den Kopf des ungeborenen Kalbes, dem das linke Auge, Gewebe um das Auge und ein Ohr entfernt wurden (© Linda M. Howe).

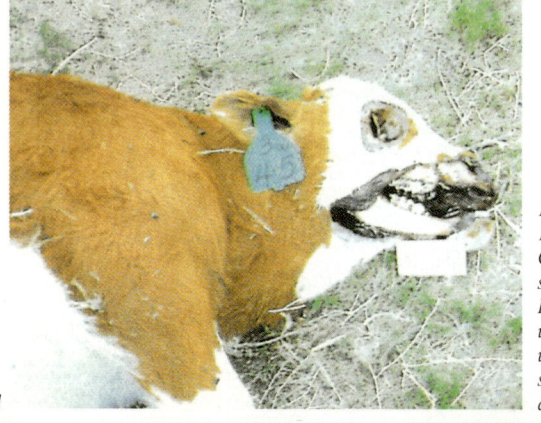

11   Diese Kuh wurde im Mai 1988 nahe einer Ranch bei Greeley, Colorado, tot und verstümmelt aufgefunden. Der Kuh wurden ein Auge, Gewebe um das Auge und Gewebeteile um den Kiefer mit einer präzisen Operation entfernt (© Linda M. Howe).

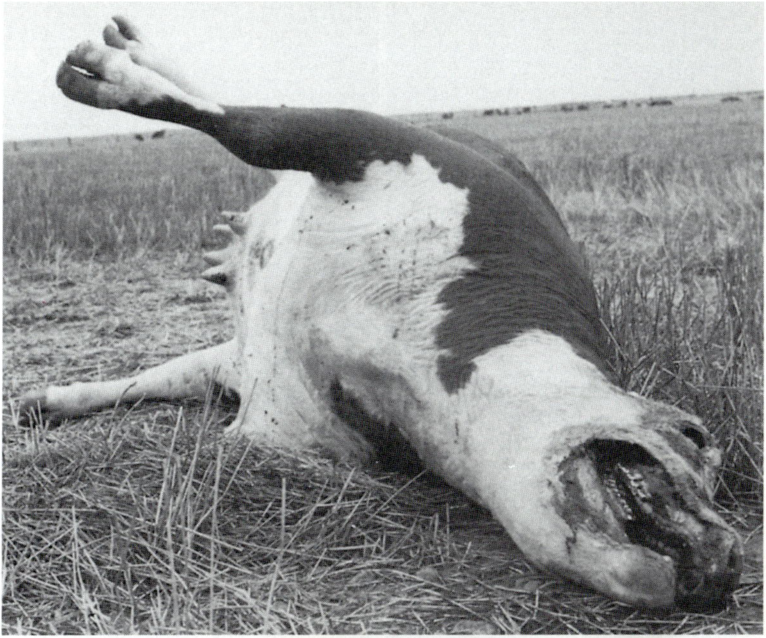

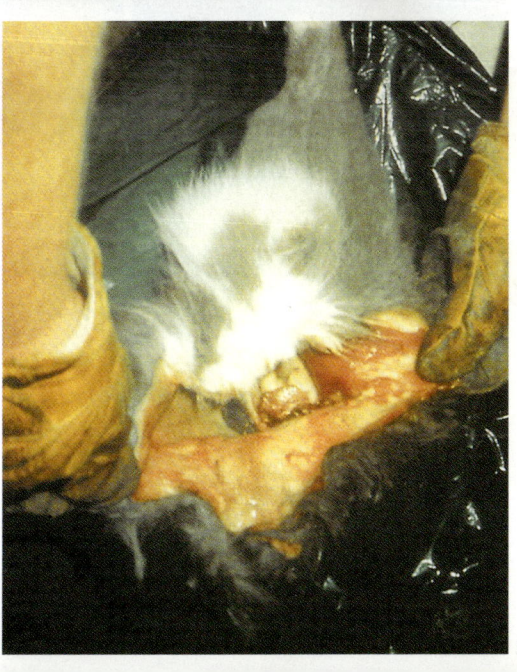

12 Diese Kuh wurde Anfang der achtziger Jahre in Simla, Colorado, tot und verstümmelt aufgefunden. Der Kuh fehlten ein Auge und Gewebeteile um den Kiefer.

13 Ein Verstümmelungsfall aus Vancouver in Kanada vom August 1992. Die Aufnahme zeigt eine Langhaarkatze, die buchstäblich zweigeteilt wurde, wobei nur eine Hälfte aufgefunden wurde. Besonders bemerkenswert ist, daß sich auf dem Fell des Tieres kein einziger (!) Tropfen Blut befand – hier müssen Spezialisten am Werk gewesen sein (© Michael Strainic, MUFON-Kanada/ Graham Conway/UFO BC).

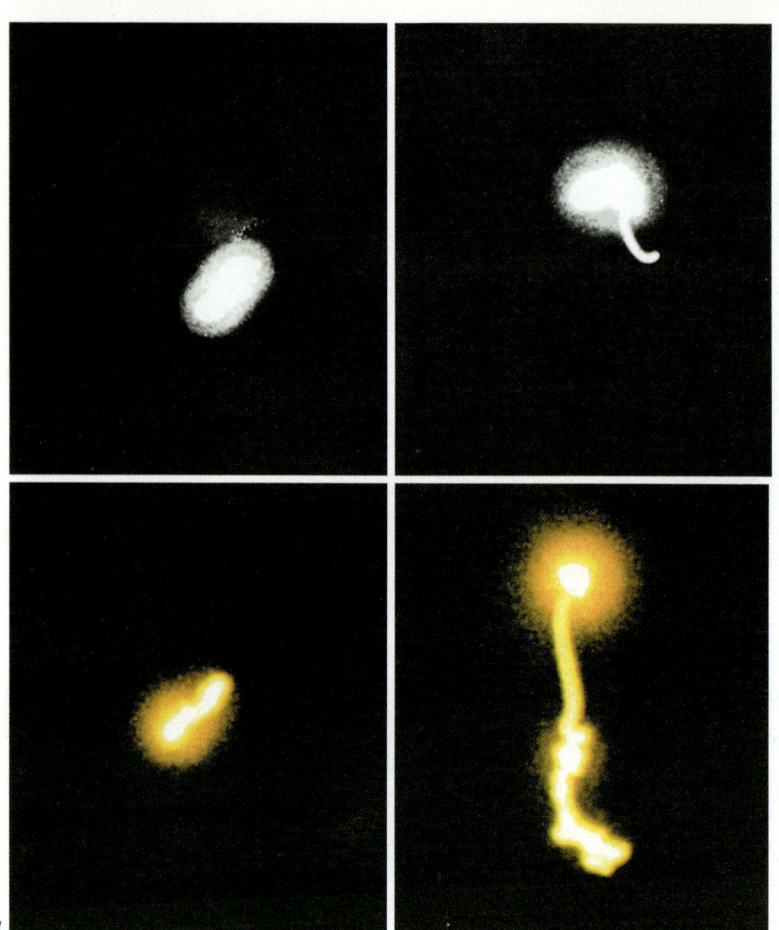

14   Eine Serie von UFO-Fotos, die als »Big Mama«-Aufnahmen bekannt wurden. Die Flugobjekte wurden in Gegenden, in denen Tierverstümmelungen gemeldet wurden, aufgenommen. Der obere Bildteil zeigt ein Objekt aus Sterling, Colorado, aus dem Jahr 1976, das der Sterling Journal-Advocate-Reporter Bill Jackson fotografierte. Es vollführte unkonventionelle Manöver in der Luft und konnte seine Farben und seine Form anscheinend nach Belieben ändern. Der Sheriff des Ortes, ein Astronom und mehrere andere Personen konnten es zwischen Dezember 1976 und Februar 1977 während der Nächte beobachten. Mehrere kleinere Objekte verließen das größere Objekt mehrmals und vereinigten sich etwas später wieder mit ihm. Der untere Bildteil zeigt ein ähnliches Objekt, das am 4. Februar 1988 über Ashdown, Arkansas, aufgenommen wurde. Auch aus diesem UFO flog ein kleineres Objekt heraus und vereinigte sich später wieder mit dem Hauptobjekt (©Linda M. Howe).

15 Dieses unbekannte Flugobjekt wurde 1971 vom Münchner Rudi Nagora in der Nähe von Deutschlandsberg in der Steiermark, Österreich, fotografiert. Da Herr Nagora mehrere Bilder machte, konnte mit Hilfe einer von MUFON-CES durchgeführten computergestützten Bildanalyse festgestellt werden, daß es sich bei diesem Flugobjekt um einen vom Fotografen weit entfernten großen Flugkörper handelte.

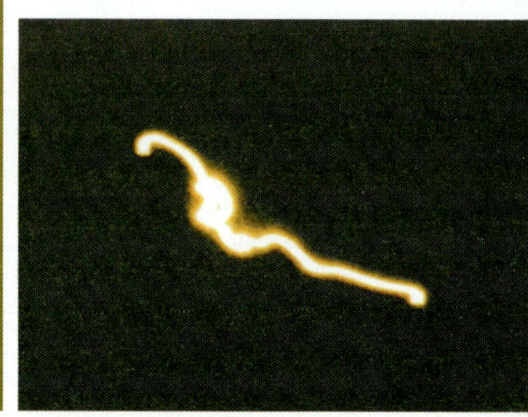

16 Diese Abbildung zeigt eine Vergrößerung des von Rudi Nagora fotografierten unbekannten Flugobjektes.

17 Die Leuchtspur eines unbekannten Flugobjektes über Wiltshire in England. Die Belichtungszeit betrug nur 1/60 Sekunde, das Objekt muß sich rasend schnell über den Himmel bewegt haben. Aufgrund einer Computeranalyse von 5 Aufnahmen kann eine Fälschung der Fotos ausgeschlossen werden. Im kleinen Ausschnitt sieht man das UFO vor Ort verharren.

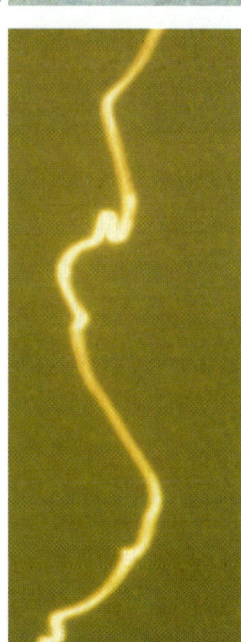

18 Die Journalistin Linda M. Howe präsentiert auf der IUFON-UFO-Koferenz 1993 in Sheffield Zeichnungen, die veranschaulichen sollen, wie Entführungsopfer ihre traumatischen Erlebnisse beschreiben. In dieser Aufnahme wird eine Frau gerade von mehreren fremden Wesen untersucht.

19 Ein typischer »kleiner Grauer«.

20 Diese etwas größeren »insektoiden« Wesen werden von Entführten manchmal zusammen mit den »kleinen Grauen« gesehen.

21 Die Aufnahme zeigt einen sogenannten reptiloiden Fremden, wie ihn Linda M. Howe anhand von Zeugenaussagen rekonstruiert hat.

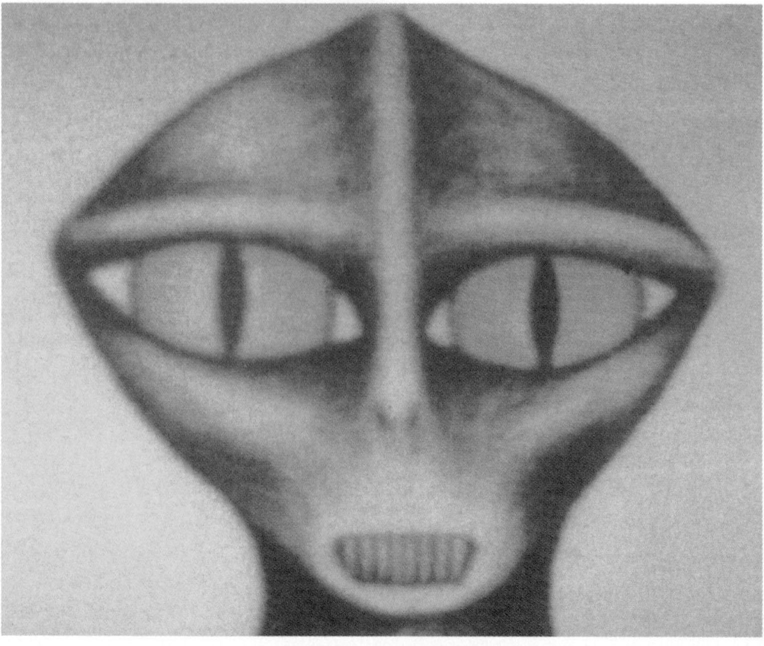

20

21

22 Das Bild stellt eine Rekonstruktion dar, welche von dem Paläontologen Dr. Dale Russel durchgeführt wurde. Er versuchte zu projizieren, wie sich Dinosaurier entwickelt haben könnten, wenn sie nicht vor 65 Millionen Jahren ausgestorben wären. Die Ähnlichkeit mit dem reptiloiden Wesen (Abb. 21) ist verblüffend.

22

23 Dieses Bild zeigt Betty Hill, die während einer Autofahrt durch die einsame Gegend von New Hampshire, USA, 1961 mit ihrem Mann angeblich von UFO-Insassen entführt und an Bord eines UFOs untersucht wurde.

23

24 *Budd Hopkins, einer der bekanntesten Entführungsforscher, während der IUFON-UFO-Konferenz in Sheffield, England.*

25   *Dr. Lammer traf im Sommer während der BUFORA-UFO-Konferenz im englischen Bristol Walt Andrus, den internationalen Direktor der weltweiten, zum Großteil aus Wissenschaftlern bestehenden UFO-Forschungsorganisation MUFON.*

26 Der Astronom Dr. Allen Hynek war während der 50er und 60er Jahre bei der Air Force angestellt, um UFO-Sichtungen kritisch zu untersuchen. Anfangs ein Skeptiker, verließ er die Air Force und gründete in den 70er Jahren in Chicago das Center for UFO Studies (CUFOS).

26

27 Dieses Bild zeigt Dr. Edward Condon, dessen Untersuchungsreport aus dem Jahr 1969 der UFO-Forschung den Todesstoß versetzen sollte. Heute wissen wir, daß die Air Force Condon nur für ihre Vertuschungsabsichten eingesetzt hatte.

27

28

28   Die Radaranlagen in der Nähe der RAF-Luftwaffenbasis Fylingdales in Nord-Yorkshire, England. Wie aus freigegebenen Geheimdienstdokumenten ersichtlich ist, werden von diesen und ähnlichen Anlagen Dutzende Male pro Jahr unbekannte Flugobjekte erfaßt und manchmal sogar mittels Kampfflugzeugen verfolgt. Mittlerweile wurden in Fylingdale die golfballähnlichen Kuppeln durch ein ursprünglich für SDI (Strategic Defense Initiative) konzipiertes Hochleistungsradar ausgewechselt (Insert).

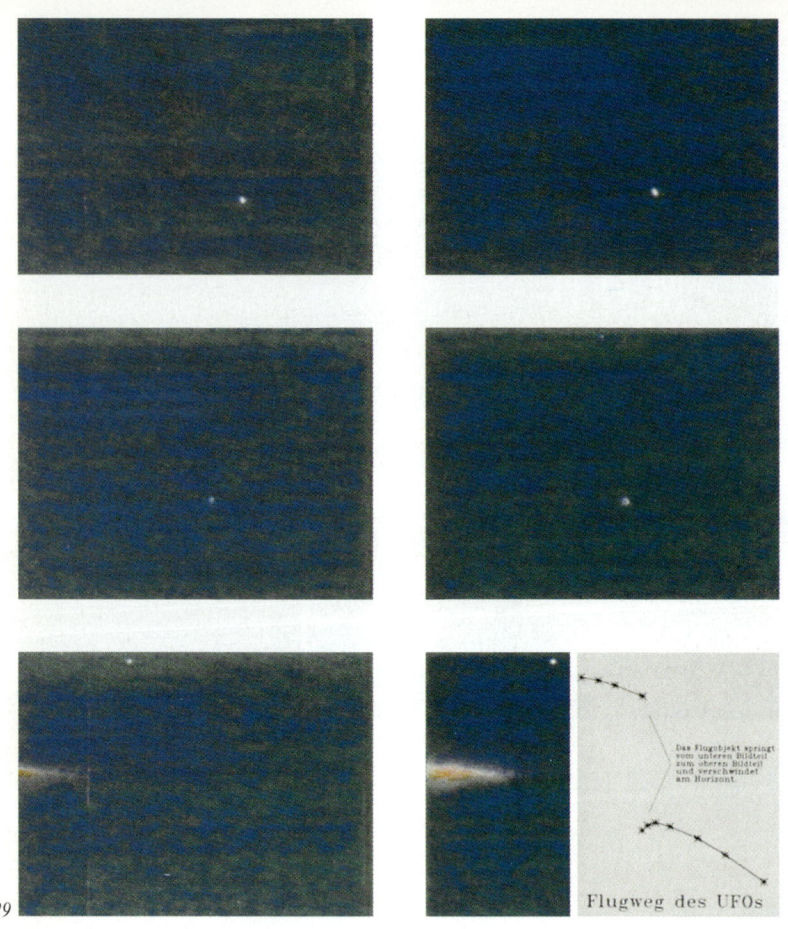

Das Flugobjekt springt
vom unteren Bildteil
zum oberen Bildteil
und verschwindet
am Horizont.

Flugweg des UFOs

29 Die Aufnahme eines UFOs über Manitoba in Kanada. Dieses Objekt wurde 1972 von einem professionellen Videofilmer zufällig aufgenommen. Die Teilbilder zeigen mehrere Abschnitte des Films, in dem das UFO vom unteren Teil des Bildes zum oberen Teil springt. Am Schluß des Films scheint das Objekt den Horizont unter sich mit einem Lichtblitz zu erleuchten. Das Insert rechts unten dokumentiert den gesamten Flugpfad des UFOs.

30 Die leuchtenden Kugeln von Greifswald, Deutschland, stellen gegenwärtig einen der interessantesten UFO-Sichtungsfälle dar. Auf diesen beiden Ausschnitten eines Amateur-Videofilmes von Herrn Luchterhand kann man deutlich erkennen, wie sich eine helle Kugel von rechts nach links über den Himmel auf die anderen Lichtbälle zubewegt.

31 Zwei Detailaufnahmen der Greifswald-Objekte. Obwohl auf Grund der Flugbewegungen einzelner Objekte unwahrscheinlich, untersuchen Wissenschaftler von MUFON-CES, ob es sich bei den Objekten um Leuchtmunition handeln kann.

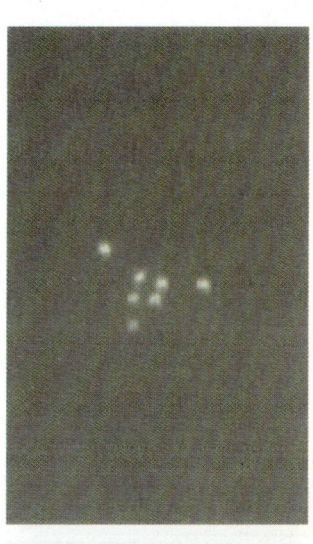

30

31

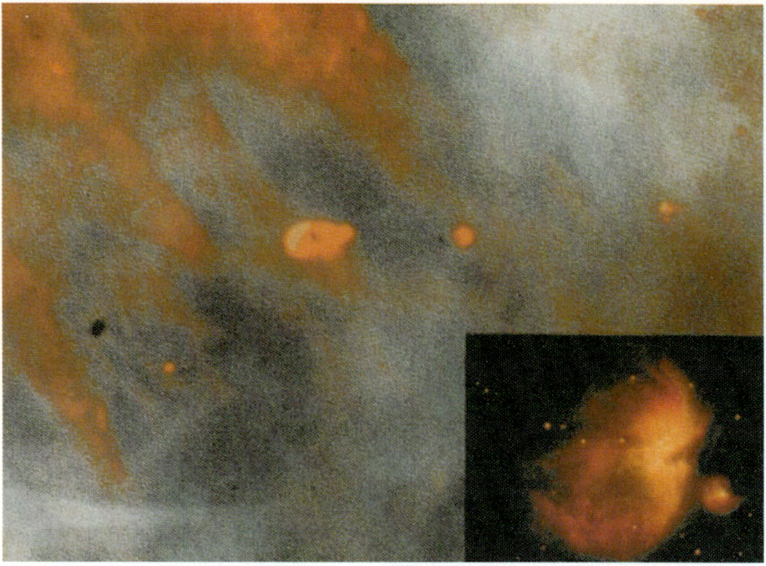

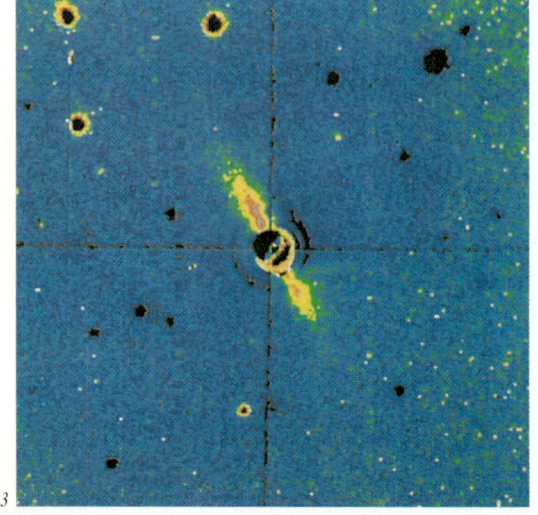

32 Diese Aufnahme eines Sternentstehungsgebietes im Orionnebel (einen Überblick über dieses Himmelsgebiet gibt das Insert) wurde mit dem Hubble-Weltraumteleskop gemacht. Sie zeigt fünf junge Sterne, von denen vier von einer Staub- und Gashülle umgeben sind – aus diesem Material werden einmal Planeten entstehen und so möglicherweise die Basis für neues Leben schaffen.

33 Dieses Bild zeigt den Stern Beta Pictoris, der von einer gigantischen Staub- und Gasscheibe umgeben ist. Auch dieser Stern ist ein Kandidat für die Entstehung eines Planetensystemes.

lichen nur in der Interpretation und in der Erklärung für die Berichte.

Bis heute gibt es keinen absolut eindeutigen Beweis für die Realität der Entführungsgeschichten, noch niemand hat die Fremden bei ihren nächtlichen Aktivitäten photographiert oder gefilmt. Dennoch, es gibt eine große Anzahl von (indirekten) Belegen, die in Summe gesehen ein Plädoyer für die Betroffenen darstellen und sich nicht so leicht von der Hand weisen lassen wie es einige Skeptiker gerne hätten. Wenn jemand behauptet, entführt worden zu sein und wenn seine geistige Gesundheit außer Frage gestellt worden ist, dann gibt es nur zwei Möglichkeiten: Entweder er ist ein Schwindler, der aus selbstsüchtigen Gründen seine Geschichte erfunden hat, oder er berichtet seine Erfahrung so wie er glaubt, sie tatsächlich erlebt zu haben. Vieles spricht für die zweite Version. Welche Gründe hätten Professoren, Bankdirektoren, Geschäftsleute oder Polizisten, Entführungsberichte zu fälschen und trotz der Gefahr, von ihren Freunden und Bekannten für verrückt gehalten zu werden, nicht davon abzuweichen? Wenn ein Polizist vor Gericht eine Aussage machen muß, wird auf sein Wort großer Wert gelegt, er wird als zuverlässiger Zeuge angesehen. Spricht er jedoch von anderen, nicht so alltäglichen Ereignissen, wird seine Qualifikation als Beobachter auf einmal angezweifelt und von Kritikern in Frage gestellt. Und falls doch jemand seine Geschichten erfindet, warum erzählt er dann nur von so langweiligen Details wie stundenlangen Untersuchungen, schmerzhaften Prozeduren und psychologischen Tests? Keiner der Entführten hat jemals mit seinen Freunden, den kleinen grauen Wesen, eine Fußballübertragung im Fernsehen angesehen oder eine Kiste Bier mit ihnen geleert. Man möchte meinen, die Phantasie der Leute bringt die interessantesten, originellsten Ideen hervor, wenn es darum geht, Weltraumabenteuer oder Kontakte mit Aliens zu schildern; statt dessen gibt es aber immer (!) wieder nur die gleichen eintönigen Berichte. Kleine Kinder denken noch nicht daran, mit einer erfundenen Geschichte Geld zu verdienen, warum aber berichten sie dann von kleinen grauen

Männern, die in ihr Zimmer eindringen und sie in ein fliegendes Objekt entführen?[24] Viele der Kinder stellten ihre Erlebnisse in Bildern dar, verarbeiteten die für sie unverständlichen Vorgänge, indem sie die Eindringlinge zeichneten. Es ist bemerkenswert, wie genau ihre Zeichnungen von den grauen Monstern auf die Beschreibungen der Erwachsenen passen. Wir sprechen hier nicht von Alfs oder ETs oder anderen Fernseh-Berühmtheiten, die die Kinder in ihren Zeichnungen nachempfunden haben, sondern von Gestalten, die in den Medien bisher keine Entsprechung gefunden haben. Kinder, die alle die gleichen Phantasien teilen?

Durch die große Menge an bisher gesammelten Daten rückt ein Beweis der Objektivität und der Realität des Phänomenes weiter in greifbare Nähe. Zu allererst sind hier diejenigen Fälle zu erwähnen, bei denen es mehrfache unabhängige Zeugenaussagen zu einer Entführung gibt. Bei einer nächtlichen Entführung gibt es oft Zeugen, welche die Aussagen des Betroffenen bestätigen können, allerdings bietet oft erst Hypnose die Möglichkeit, die Ereignisse ans Tageslicht zu holen.[25] Ein außerordentlich interessanter Fall ist hier die Geschichte von Linda Cortile, die in Manhattan vor den Augen vieler unbeteiligter Leute in ein strahlend helles UFO geholt wurde (wir gehen auf diesen Fall weiter unten detailliert ein). Es ist sehr schwer vorzustellen, daß Menschen, die Hunderte Meter voneinander entfernt die gleiche, zugegebenermaßen verblüffende, Beobachtung gemacht haben, entweder alle über eine ausnehmend starke Phantasie verfügen und die gleiche Geschichte erfinden, oder sich durch helle Sterne, den Mond oder Lichter von Flugzeugen täuschen lassen. Insbesondere wenn man die Detailliertheit der Beobachtungen und deren Übereinstimmung in Erwägung zieht, wird eine herkömmliche Erklärung selbst unglaubwürdiger als die UFO-Theorie.[26] Diese seltsamen Koinzidenzen und angeblich zufälligen Übereinstimmungen in den Aussagen der Entführten stellen ein weiteres, starkes Argument für die Authentizität der Erfahrungen dar. In den USA und in Großbritannien sind die kleinen grauen Gestalten wesentlich stärker in den Medien präsent als in anderen Teilen der Welt, es

Abb. 22: Die Autoren haben etwa zweihundert Kinder im Alter von drei bis sechs Jahren gebeten, einen Außerirdischen zu zeichnen, so wie sie sich ihn vorstellen. Man kann zwar Ähnlichkeiten mit berühmten Außerirdischen wie Alf oder ET erkennen, aber keine der Zeichnungen ist dem typischen kleinen Grauen ähnlich, so wie er konsistent von Kindern gezeichnet wurde, die berichten, daß sie von solchen Wesen in ihren Schlafzimmern besucht wurden.

ist deshalb ohne weiteres möglich, daß angebliche Entführungs-opfer ihre Geschichten mit Informationen würzen, die sie in Fernseh- oder Radiodokumentationen aufgeschnappt haben. Um diese Effekte auszuschalten, haben Forscher wie John Mack und andere Psychiater jedoch eine einfache Sicherung eingebaut, indem sie gewisse Details, die sie während der Hypnosesitzungen erfahren haben, nicht der Öffentlichkeit zugänglich machen. Wenn es aber Informationen gibt, die nur wenige Forscher kennen, wie kommen dann Entführte dazu, genau dieses Wissen in ihre Erlebnisse einzubauen? Wohl nur, indem sie berichten, was ihnen tatsächlich widerfahren ist, wohl nur, weil dem Phänomen irgendeine Erfahrung zugrunde liegt. Die Fakten werden härter, wenn man berücksichtigt, daß sich eine Entführung über einen beträchtlichen Zeitraum von bis zu mehreren Tagen hinziehen kann. Wenn sich tatsächlich Menschen für so lange Zeit in einem UFO befinden, muß deren Abwesenheit bemerkt werden. Tatsächlich ist das immer wieder der Fall.

Ehemänner, die vom Nachhauseweg von der Arbeit für zwei Stunden spurlos vom Erdboden verschwunden sind, Kinder, die verzweifelt von ihren Eltern gesucht werden, Suchmannschaften für vermißte Jugendliche, alles deutet darauf hin, daß sich hier Personen wirklich für einen gewissen Zeitraum an unbekannten Orten befinden. Keiner der Entführten wurde dabei in der Bar um die Ecke gesichtet oder dabei beobachtet, wie er im angrenzenden Park einen kleinen Spaziergang unternahm. Um so ungewöhnlicher werden die Ereignisse, wenn die Verschwundenen kilometerweit entfernt von dem Ort auftauchen, an dem sie zuletzt gesehen wurden. Besonders dann wenn sie sich selbst nicht daran erinnern können, wo sie sich in der Zwischenzeit aufgehalten haben, scheint es offensichtlich, daß etwas Außergewöhnliches passiert ist.

Von einer anderen Seite der Erforschung unerklärlicher Phänomene kommen ebenfalls Bestätigungen für die Entführungshypothese. Am Ende des vorigen Kapitels haben wir auf einen möglichen Zusammenhang zwischen Tierverstümmelungen und

Entführungen hingewiesen. Hier scheinen sich zwei auf den ersten Blick unabhängige Vorgänge an einem Punkt zu treffen, um sich so gegenseitig zu bestätigen.[27, 28]

Wenn Entführte wiederholt behaupten, daß ihnen Gewebeproben entnommen wurden, und falls diese Behauptungen dem Boden der Realität entspringen, müßten als logische Folge entsprechende Narben oder Einschnitte an ihren Körpern zu finden sein. Und wirklich, es ist verblüffend, wie konsistent hier die Berichte mit physikalisch greifbaren Tatsachen zusammenstimmen.[11] Bei der Mehrzahl der Entführten findet man gehäuft an bestimmten Körperstellen eigenartige Vertiefungen und Schnitte.[11, 20] Die eine Form dieser Narben ist etwa daumengroß und sieht aus, als wäre sie mit einem kleinem Schöpfer oder Löffel verursacht worden. Diese Verletzungen treten gehäuft an Stellen wie den Oberschenkeln, den Kniebeugen oder den Waden auf, konsistent mit den Beschreibungen der Zeugen, die sich oft unter Hypnose wieder erinnern können, mit welchem Instrument und wo ihnen die Probe entnommen wurde. Daß die Narben wirklich über Nacht auftreten, zeigt das Beispiel der Mutter eines dreijährigen Kindes:

Eines Morgens fiel ihr beim Baden ihres Sohnes auf, daß er eine runde Vertiefung auf der Rückseite seines Kniegelenkes aufwies, eine Narbe, die sich am Vortag an dieser Stelle noch nicht befunden hatte. Selbst der Hausarzt der Frau war nicht in der Lage herauszufinden, woher die Vertiefung stammen könnte. Erst nachdem der Jugendliche Jahre später (aufgrund anderer Vorkommnisse) Hypnoseregressionen unterzogen wurde, konnte ihn der Psychologe John Carpenter als Entführungsopfer identifizieren und so eine mögliche Erklärung finden.[19] Der zweite Typus an Narben tritt in Form von länglichen Einschnitten auf. Sowohl die Plazierung dieser Schnitte am Körper als auch deren Ursprung (Entnahmen von Hautproben) sind ansonsten sehr ähnlich zu den löffelförmigen Vertiefungen. Ebenso häufig wie Narben, die sie ihr Leben lang behalten, tragen die meisten der Zeugen blaue Flecken und andere Blessuren wie Nasenbluten als

Nebenwirkungen der medizinischen Untersuchungen davon. Es gibt laut Dr. Jacobs zwar einige Proben von Substanzen, die während einer Entführung auf Stoffe verschüttet wurden, bisher ist jedoch eine chemische Analyse fehlgeschlagen, da trotz der Anzahl der Proben nicht genügend Material zur Verfügung steht.[19]

Dennoch gibt es eine Erklärung dafür, welchen Verwendungszweck das Material haben könnte:

Einige Personen haben berichtet, daß ihnen die Substanz am ganzen Körper als Kontaktmittel für Elektroden aufgetragen wurde, ähnlich wie das heute beim Erstellen eines EKG als Routinevorgang durchgeführt wird. Wir begeben uns an die Grenzen des heutigen Wissens über Entführungen, wenn wir uns die Fälle ansehen, in denen von Implantaten oder künstlichen Schwangerschaften die Rede ist. Ein Stück Materie, das eindeutig als nicht irdischen Ursprungs identifiziert und dazu noch als Implantat im Körper eines Menschen gefunden wird, könnte man wohl als einen Beweis für die Realität des Entführungs-Phänomens bezeichnen. Leider gibt es diesen Beweis noch nicht. Man muß sich daher mit indirekten Belegen und unterstützendem Material begnügen. Obwohl es einige ganz wenige Proben von Material gibt, das man Entführten entnommen hat und einer Analyse zuführen konnte, ist die Herkunft dieser Klümpchen mit größtenteils unbekannter chemischer Zusammensetzung nicht eindeutig als fremdartig einzuordnen. Die wenigen konkreten Hinweise sind dafür um so faszinierender:

Budd Hopkins konnte während eines Vortrages in Sheffield[29] eine Röntgenaufnahme von Linda Cortile nach einer Entführung präsentieren, die ein Objekt zeigte, das ihr nach eigenen Aussagen eingepflanzt worden war. Der Ausschnitt des Bildes umfasste einen Bereich ihrer vorderen Kopfhälfte mit komplett sichtbarem Nasenbein. Man konnte klar erkennen, daß im oberen Nasengang ein Objekt in der Form einer Spirale mit etwa fingergroßem Durchmesser plaziert war. Wenige Tage später, nach einer weiteren Entführung, war das Objekt wieder verschwunden! Es ist schwer vorstellbar, daß Linda Cortile sich dieses Objekt selbst eingesetzt oder Budd Hopkins eine Manipulation der Röntgenaufnahme vorgenommen hat, beide Personen werden dafür in der Forschergemeinde zu sehr für ihre Glaubwürdigkeit und Seriosität respektiert. Man muß also, zumindest nach dem jetzigem Stand der Informationen, annehmen, daß die Röntgenaufnahme tatsächlich ein Implantat unbekannter Herkunft und Funktion zeigt. Es gibt in diesem Zusammenhang noch weitere Fälle, in denen durch computertomographische Methoden Fremdkörper mitten in den Köpfen von zwei Frauen nachgewiesen werden konnten. Woher diese Objekte stammen (definitiv *nicht* eine Folge von vorangegangenen Operationen) und welchem Zweck sie dienen, ist unbekannt, ebensowenig kann man jedoch mit Sicherheit beweisen, daß sie den Frauen wirklich von fremden Wesen eingesetzt wurden.

Die Situation bei den sogenannten fehlenden Embryos/Föten ist ähnlich gelagert wie bei den Implantaten. Entführte Frauen behaupten, daß sie etwa sechs bis zwölf Wochen nach Beginn einer Schwangerschaft ihr Baby über Nacht verloren haben, und zwar durch das Eingreifen dieser Wesen. Wir haben bei der Beschreibung einer Entführung aufgezeigt, daß es vielleicht das Ziel der ganzen Prozedur ist, künstliche Schwangerschaften hervorzurufen und die daraus resultierenden Föten den Frauen nach einiger Zeit wieder zu entnehmen. Die oben genannten Behauptungen würden also diese Theorie unterstützen. Es gibt aber bis jetzt noch keinen einzigen medizinisch verbürgten und zweifelsfreien Beweis für ein Eingreifen der Wesen, obwohl alle der bekannten Forscher einige Fälle vorweisen können, in denen von ihnen untersuchte entführte Frauen von plötzlich abgebrochenen Schwangerschaften berichten. Es gibt sogar einige Forscher, die behaupten, wissenschaftliche Beweise in Form von ärztlichen Aufzeichnungen zu besitzen, aber bis jetzt hat noch keiner von ihnen diese Dokumente freigegeben. Ein Teil der Problematik besteht sicherlich darin, daß die betroffenen Frauen nur äußerst ungerne über die traumatischen Erlebnisse in Zusammenhang mit ihrer abgebrochenen Schwangerschaft sprechen wollen, um weitere Aufregungen und Leiden zu verhindern. Dies ist ein Grund, warum es selbst für Therapeuten, geschweige denn für Entführungs-Forscher, sehr schwierig ist, die Fälle, in denen eine frühzeitig abgebrochene Schwangerschaft vermutet wird, auf ihre Glaubwürdigkeit hin zu untersuchen. Dr. Ryan M. Neal widmet sich schon seit einigen Jahren als MUFON-Berater den Entführungen im allgemeinen und der Schwangerschaftsproblematik im speziellen. Er kommt in einer seiner Veröffentlichungen zu dem Schluß, daß es zwar viele Berichte von abgebrochenen Schwangerschaften gibt, jedoch keiner der Fälle bisher den Maßstäben wissenschaftlicher Untersuchung standhält und somit eindeutig (zum Beispiel durch Diagnosen und Aufzeichnungen eines Facharztes) bewiesen werden kann.[15] Er stellt die Vermutung an, daß alle Berichte der Frauen dadurch zu erklären sind, daß es entweder tatsächlich einen Schwangerschaftsabbruch gegeben hat, dieser aber auf natürliche Ursachen zurückzuführen ist, oder daß die Frauen nur eine Scheinschwangerschaft erlebt haben, und daher nie ein Embryo/Fötus existiert hat.

21   Mind Control

Es gibt einen besonderen Aspekt in der Geschichte des amerikanischen Geheimdienstapparates, welcher Licht auf die prinzipielle Machbarkeit des Entführungsszenarios wirft. In Spionageromanen und Filmen taucht immer wieder der Begriff der sogenannten Gehirnwäsche auf: die totale Manipulation und Kontrolle von Menschen durch Drogen und Medikamente. Es ist natürlich bekannt, daß solche Methoden tatsächlich angewandt werden, und es sollte auch nicht verwundern, daß geheime Forschung in dieser Richtung schon seit langer Zeit betrieben wird.[30] Begonnen hatte alles etwa in den dreißiger Jahren – genaue Zeitangaben sind nicht möglich, da die meisten Informationen zu diesem Thema immer noch geheim sind. Im Zweiten Weltkrieg, dann auch im nachfolgenden Koreakrieg und im Vietnamkrieg wurde die psychologische Kriegsführung weiter entwickelt und aktiv eingesetzt. Die Navy startete beispielsweise im Jahr 1947 ihr erstes Programm (Projekt *CHAPTER*) zur *Mind Control,* wie dieses Gebiet auch noch genannt wird, und die frisch gegründete CIA folgte mit Projekt *BLUEBIRD* (später *ARTICHOKE*) im Jahr 1950 nach. Andere bekannte Projekte zur Gedankenkontrolle sind *PANDORA, MKDELTA* und *MKULTRA.*

Als Argumentation und Rechtfertigung für die Forschung wurde in der Öffentlichkeit verbreitet, daß alle diese Projekte vor allem dazu dienten, den Vorsprung der sowjetischen Seite auf diesem Gebiet einzuholen. In Wahrheit wurde *Mind Control* ebenso wie jede andere technologische Forschung, als ein weiteres Mittel zur Kriegsführung angesehen und daher hinter den Kulissen mit entsprechendem Druck vorangetrieben. Als menschliche Versuchskaninchen dienten teilweise psychisch kranke Personen in Anstalten in Zusammenarbeit mit eingeweihten Ärzten, teilweise wurden Versuche in Gefängnissen durchgeführt und manchmal sogar Freiwillige in Versuchsreihen mit einbezogen. Experimentiert wurde auf allen nur vorstellbaren Gebieten mit allen erdenklichen Methoden: Hypnose, Drogen, außersinnlicher Wahrnehmung, Mikrowellen, Konditionierung und *Gehirnimplantaten.* Der Neurologe José Delgado entwarf in den fünfziger Jahren elektronische Sonden, welche in das Gehirn von Tieren und Menschen eingepflanzt werden konnten. Diese Sonden empfingen Funksignale von außen und konnten damit auf Knopfdruck eines Operators im Gehirn des Empfängers alle möglichen Sensationen (Gefühle, Konzentration, Entspannung, Halluzinationen...) auslösen. Joseph Meyer von der berüchtigten NSA entwickelte die Idee weiter und schlug vor, diese Gehirnimplantate Menschen, die einer bestimmten Risikogruppe innerhalb der Gesellschaft angehören, standardmäßig einzupflanzen. Diese Personen könnten so andauernd per Computer überwacht werden, und im Falle von Problemen hätte man sofort eine Eingreifmöglichkeit. Man muß sich an dieser Stelle vor Augen halten, daß diese Orwellschen Pläne tatsächlich auf ihre Realisierbarkeit überprüft wurden und nicht Hirngespinste von übermäßig phantasievollen Science-fiction-Autoren sind ... Die Experimente vor allem innerhalb der CIA gehen aber noch wesentlich weiter. Man versuchte, unter anderem mit Hilfe der Gehirnimplantate, Personen auf Knopfdruck hypnotisierbar zu machen. Damit wollte man sich die Möglichkeit verschaffen, eine wesentlich weitergehende Kontrolle über das Gedächtnis und tiefliegende Mechanismen in der Psyche der Zielpersonen zu schaffen, als es bisher der Fall war. Nach Angaben von verschiedenen Journalisten ist die CIA heute in der Lage, quasi per Funksignal Menschen zu hypnotisieren und deren Erinnerung an einen bestimmten Zeitraum auszulöschen. Diese Technologie wird RHIC-EDOM (Radio Hypnotic Intracerebral Control-Electronic Dissolution Of Memory) genannt. EDOM erzeugt genau den Effekt der fehlenden Zeit, wie er als typisch für Entführungsfälle beschrieben wurde. Neben direkten Hirnimplantaten stellen Mikrowellen (sehr kurzwellige Funksignale) eine Möglichkeit dar, die Gehirnfunktionen von Menschen kontrolliert zu beeinflussen. Das Besondere daran ist, daß mit diesen Methoden kein direkter körperlicher Kontakt mit dem Opfer notwendig ist. Experimente, die der Arzt Dr. Joseph Sharp an sich selbst durchgeführt hat, haben gezeigt, daß es möglich ist, Stimmen und Halluzinationen im Kopf eines Empfängers nur durch den Einsatz von Mikrowellen hervorzurufen.[31] Die Einsatzmöglichkeiten aller dieser Technologien sind natürlich vielfältig, und es ist anzunehmen, daß die Geheimdienste nicht verlegen dabei sind, von allen vorhandenen Alternativen Gebrauch zu machen. Wir wollen an dieser Stelle nur zwei für uns interessante Aspekte betrachten. Die Entwicklung von fortgeschrittenen Hypnosemethoden macht es möglich, sogenannte Schirm-Erinnerungen in Menschen einzupflanzen. Diese neuen Erinnerungen überdecken gleichsam die Erinnerung einer Person an ein bestimmtes Erlebnis. Wenn ein Soldat beispielsweise für eine Spezialaufgabe programmiert wurde, kann er sich später nicht mehr an den eigentlichen Einsatz erinnern, sondern er glaubt, während dieser Zeit an einem völlig anderen Ort gewesen zu sein. Mit dieser Methode ist die völlige Geheimhaltung einer Aktion gesichert, da nicht einmal der Ausführende selbst mehr etwas darüber weiß. Es ist extrem faszinierend zu beobachten, daß exakt das gleiche Syndrom der Schirm-Erinnerung auch bei Personen auftritt, die eine angebliche Entführung durch fremde Wesen erlebt haben. Dabei ist ihre Erinnerung an das Erlebnis selbst überdeckt durch ein einfaches Gedächtnisbild, zum Beispiel das eines Tieres.[9] Der zweite interessante Aspekt des *Mind Control*-Programmes ist der Fall von Robert Naeslund. Der Skandinavier behauptet, daß ihm während eines Spitalaufenthaltes ein Implantat durch die Nase im Gehirn eingepflanzt wurde. Tatsächlich wurde auf Röntgenaufnahmen in seinem Gehirn ein Fremdkörper gefunden und als elektronisches Gerät identifiziert. Nachdem das Implantat von einem Chirurgen entfernt worden war, untersuchten Mitarbeiter des Computerkonzerns Hewlett-Packard das Teil auf seine Funktionsweise!

Eines wird aus den vorigen Abschnitten klar, es existiert heute bereits eine Technologie, die es erlaubt, Menschen auf eine Art und Weise zu kontrollieren, wie dies von typischen Entführungsfällen her bekannt ist. Sowohl die erzeugten Effekte (Stimmen, Gefühle, Visionen) als auch die praktische Anwendung (Nasenimplantat), welche von Entführungsopfern berichtet werden, stimmen mit den *Mind Control*-Methoden der Geheimdienste überein. Es ist nicht auszuschließen, daß zwischen beiden Aktivitäten ein Zusammenhang besteht, jedenfalls aber beweisen die amerikanischen Experimente die praktische Durchführbarkeit einer Entführung.

22 Was denken die Skeptiker?

Natürlich gibt es seit Kenneth Arnold, der den Begriff *Fliegende Untertasse* in den Vierzigern prägte, heftige Skeptiker und Kritiker. Es folgt seit jener Zeit eine (Medien-)Schlacht auf die andere,

Argumente pro und kontra werden zerpflückt, lächerlich gemacht und verworfen. Nicht anders ist es im Falle der Entführungen; mit dieser neuen Richtung in der UFO-Forschung hat sich ein riesiges Gebiet für Spekulationen und Vermutungen eröffnet. Beinahe jeder Amateurforscher versucht sich an der Quadratur des Kreises, sprich, eine Lösung des Rätsels zu finden. Die meisten Erklärungsversuche können sehr leicht widerlegt werden, was übrig bleibt, sind wenige ernstzunehmende Theorien, denen wir im folgenden nachgehen werden.

Ein prinzipieller Einspruch vieler Skeptiker des Phänomens besteht in der Art und Weise, wie die Informationen von den Forschern erhalten werden, nämlich in den meisten Fällen auf dem Umweg über die Hypnose. Wir haben an anderer Stelle schon erwähnt, daß die Hypnose ein Weg ist, um Erinnerungsblockaden, die sich aus irgendeinem Grund in einem Menschen aufgebaut haben, zu lösen, und damit den Weg zu sonst unzugänglichen Gedächtnisinhalten freizumachen. Die betreffende Person wird dazu in einen Zustand tiefer Entspannung gebracht, ist aber in jedem Augenblick bei Bewußtsein und Herr der Lage. Es ist daher jederzeit für einen Schwindler möglich, den Therapeuten an der Nase herumzuführen und eine Begebenheit frei zu erfinden. Die leichteste Erklärung für einen Gegner der Entführungshypothese ist daher, die Berichte der Opfer als simple Phantasiegeschichten zu entlarven, Motiv: Geltungssucht oder finanzielle Verlockungen. Was dagegen spricht, ist die unglaubliche Konsistenz der Geschichten von einer Hypnosesitzung zur nächsten, von einem Menschen zum anderen, Menschen die in allen Teilen der Welt leben.[32] Es wäre zu erwarten, daß frei erfundene Entführungsberichte sehr stark voneinander abweichen, je nach Charakter, Phantasie und augenblicklicher Laune des Schwindlers. Was wir jedoch hier beobachten, ist das genaue Gegenteil: Hausfrauen, kleine Kinder, Jugendliche berichten immer und immer wieder dieselben, faszinierenden, manchmal furchteinflößenden Geschichten. Ein weiteres Problem der Hypnose besteht darin, daß der Therapeut beziehungsweise Forscher detaillierte Fragen stellen muß, um so mehr über die Erlebnisse der betreffenden Person zu erfahren. Manche Skeptiker wenden nun ein, daß Menschen unter Hypnose sehr leicht beeinflußbar sind und daher durch führende Fragen in ihren Antworten manipuliert werden können. Ist eine Frage des Forschers beispielsweise ungeschickt formuliert, etwa: »Sind sie jetzt in einen großen Raum geführt worden?«, dann kann es leicht passieren, daß der Betroffene diese Frage unrichtigerweise mit »ja« beantwortet, obwohl er sich daran erinnert, daß er immer im gleichen Raum geblieben ist – er wurde durch den suggestiven Satz des Forschers beeinflußt. Einige Kritiker gehen sogar soweit, zu behaupten, die Entführungen spielen sich nur in den Köpfen der Therapeuten und nicht in denen der Patienten ab. Tatsächlich spielt dieser Effekt der Suggestion durch den Befrager eine gewisse Rolle während der Hypnose, alle erfahrenen Forscher (unter denen sich auch einige langjährig erfahrene Psychotherapeuten befinden) sind sich jedoch bewußt, daß sie ihre Fragen korrekt formulieren müssen, um korrekte Antworten zu erhalten.[19] Nicht erklären können die Skeptiker mit dieser Theorie, woher die Erlebnisse stammen, die sich in den allerersten Entführungsfällen zugetragen haben. Denn damals wußten weder der Forscher noch das Entführungsopfer etwas von Untersuchungen, Prozeduren oder kleinen grauen Wesen, daher konnten die Entführten auch nicht von ihren Befragern in irgendeiner Weise manipuliert werden, vor allem dann nicht, wenn der Untersucher des Falles selbst die Geschichte nicht für wahr hielt (so geschehen im Fall der Hills) und das Gegenteil zu beweisen versuchte.

Ein ähnlicher Effekt wie der der suggestiven Fragestellungen wird allgemein als sogenanntes *False Memory*-Syndrom (Falsches Gedächtnis) bezeichnet. Darunter versteht man, daß während einer Hypnosesitzung der Patient immer unter einem leichten Erfolgsdruck steht, meistens ohne daß ihm dies selbst bewußt wird. Er hat ja in eine Untersuchung eingewilligt, weil er selbst herausfinden möchte, was mit ihm wirklich geschehen ist, und weil er

Antwort auf drängende Fragen haben will. Nun ist es aber durchaus nichts Ungewöhnliches, daß man sich selbst unter Hypnose nicht mehr an alle Details von vergangenen Ereignissen erinnern kann. Dann beginnt das Unbewußte, diese Gedächtnislücken mit Phantasieerinnerungen aufzufüllen und falsche Bilder und Ereignisse zu konstruieren. Diese Vorgänge hinter den Kulissen sind weder dem Forscher noch dem Patienten bewußt, so daß es mitunter sehr schwer sein kann, Phantasie von tatsächlichen Erlebnissen zu trennen. Hier kann nur aufmerksames Zuhören von seiten des Befragers, das Filtern aller Informationen auf Konsistenz, und viel Erfahrung weiterhelfen. Es ist daher unter den Forschern allgemein die Regel, daß neuartige Berichte und Ereignisse, die in Entführungsberichten auftauchen, erst dann als plausibel erachtet werden, wenn diese durch mehrere unabhängige Zeugen bestätigt wurden. Erst dann ist es möglich, die Einflüsse durch unbewußtes Phantasieren von seiten der Betroffenen auszuschließen und ein einigermaßen großes Vertrauen in die Echtheit der Erzählungen zu erhalten. Als weitere Steigerung der Hypothese von unbewußter falscher Erinnerung wird zeitweise behauptet, daß die Entführungsopfer zu einer Gruppe von Personen gehören, die generell dazu neigt, ihre sehr starke Phantasie in Tagträumen auszuleben. Im englischen Sprachraum hat sich dafür der Begriff *Phantasy Prone Personality* (zur Phantasie neigende Perönlichkeit) eingebürgert. Psychologische Untersuchungen haben jedoch gezeigt, daß diese Vermutung völlig ungerechtfertigt gemacht wird und sich die Gruppe der Entführten bezüglich dieses Erklärungsversuches in keiner Weise von normalen Mitbürgern unterscheidet – beachtenswert ist dennoch, daß trotz aller gegenteiliger wissenschaftlicher Beweise diese Hypothese dennoch immer wieder ins Spiel gebracht wird.[33]

Robert Baker, Professor für Psychologie, meint etwa, daß es in der Folklore seit dem Mittelalter immer wieder Geschichten gibt, die den Entführungsberichten heutiger Zeugen verblüffend ähnlich sind. Er erklärt diese Märchen als Tagträume von Menschen mit hoher imaginärer Vorstellungskraft. Er meint, daß auch heute noch immer wieder Menschen ihren selbst erzeugten Trugbildern erliegen und eingebildete Erlebnisse für wahr halten.[34] Der bekannte Astronom und Planetenforscher Carl Sagan glaubt an eine ähnliche Erklärungsmöglichkeit für die Entführungen. Er gibt seine Meinung zu diesem Thema öffentlich in den Medien bekannt und erntet dafür natürlich entsprechendes Interesse. Selbstverständlich wird seinen Aussagen großes Gewicht zugesprochen, wobei jedoch immer darauf vergessen wird, daß Sagan keine psychologische Ausbildung besitzt und er daher in diesem Falle als Laie anzusehen ist. Um so mehr sind daher seine öffentlichen Bemerkungen zum Thema der Entführungen als schädlich anzusehen, kein Psychologe würde es wagen, zu aktuellen astronomischen Problemen seine inkompetente Meinung abzugeben und sich an Erklärungen versuchen.

Es ist auch eine Sache der Experten, festzustellen, ob die Erfahrungen der Menschen, die behaupten, von fremden Wesen heimgesucht zu werden, vielleicht auf psychische Krankheiten zurückgeführt werden können.

Es war naheliegend, daß die Psychiater anfangs die obskuren Geschichten als Halluzinationen (»...jeder Mensch hat in seinem Leben einmal Halluzinationen...«) abtaten und damit eine leichte und schnelle Erklärung fanden. Diese selbst erzeugten Bilder, Phantasien, die Menschen manchmal erleben, sind sehr stark von ihren persönlichen Momenten, den Wünschen, Erinnerungen und Ängsten geprägt. Man sollte daher auch von den Entführungsgeschichten erwarten, daß diese Elemente dort enthalten sind, was jedoch offensichtlich nicht der Fall zu sein scheint. Wir haben schon gezeigt, daß in den meisten Berichten der Zeugen das genaue Gegenteil der Fall ist, die persönliche Komponente ist weitestgehend ausgeschaltet (abgesehen natürlich von den emotionalen Reaktionen) und spielt nur eine untergeordnete Rolle. In den Fällen, wo zwei oder mehrere Zeugen unter Hypnose die gleiche Aussage machten, wurde eine sehr seltene psychologische Erscheinung ins Spiel gebracht, die *Folie à Deux* genannt wird. Dies ist die Bezeichnung für eine Art Halluzination, die von zwei

Personen geteilt wird. Es ist auch mit dieser Hypothese kaum möglich, damit die Beobachtungen von mehreren (manchmal unabhängigen) Zeugen und die sich heute andeutenden materiellen Beweise (geschweige denn Narben) auch nur annähernd zu erklären. Eine Gruppenhalluzination scheint doch, bis auf wenige Ausnahmen, kaum im Bereich des Möglichen zu liegen, schon gar nicht in der Häufigkeit, wie sie für die Erklärung des Entführungsphänomenes stattfinden müßte.

Von den Halluzinationen ist der Weg zu psychischen Krankheiten nicht mehr weit. Psychosen etwa treten natürlich unter der Gruppe der Entführungsopfer ebenso auf wie in der restlichen Bevölkerung. So kann es auch vorkommen, daß einige Entführte sich schon in therapeutischer Behandlung befunden haben oder befinden. Um die Möglichkeit auszuschließen, daß die Berichte von den Fremden nur die Äußerung einer psychischen Krankheit darstellen, wurden natürlich schon einige Tests durchgeführt, um die Betroffenen auf ihre geistige Gesundheit hin zu untersuchen.[35] Ein Ergebnis, das dabei regelmäßig an den Tag tritt, ist, daß sich die Entführten im allgemeinen in keinerlei Weise von ihren normalen Mitbürgern unterscheiden. (Unter den Entführten befinden sich, wie in einer zufällig ausgewählten soziologischen Gruppe, 1–2 % Schizophrene, laut Mach.) Die Psychologen der MUFON-CES haben unter 8 von ihnen untersuchten potentiellen Entführten einen Schizophrenen gefunden. Ein geschulter Psychologe ist sehr wohl in der Lage, Personen mit schwerwiegenden psychischen Problemen zu erkennen und von einer Untersuchung in Bezug auf Erlebnisse mit fremden Intelligenzen auszuschließen. Wir müssen also heute die Theorie von geistigen Krankheiten, die den Betroffenen zu ihren seltsamen Erlebnissen verhelfen, wahrscheinlich verwerfen. Es besteht im allgemeinen kein berechtigter Grund, einen Menschen, der behauptet, von nichtmenschlichen Wesen entführt worden zu sein, als verrückt zu bezeichnen.[19] Was bleibt noch an Alternativen übrig? Nun, eine der wenigen Möglichkeiten, die den Kritikern noch bleibt, ist die Interpretation der seltsamen Erinnerungen als das Ergebnis eines frühen traumatischen Erlebnisses. Beispielsweise wäre es denkbar, daß eine Person, die behauptet, entführt worden zu sein, vielleicht als Kind sexuell mißbraucht wurde.[25] Dann würde sie aus Selbstschutz mit der Erinnerung an kleine graue Wesen die reale Tatsache einer sexuellen Repression unterdrücken beziehungsweise verdecken. Tatsächlich sind die Symptome, die sowohl bei manchen Entführungsopfern als auch bei Menschen mit traumatischen Erlebnissen auftreten, ähnlich, und so ist diese Erklärungsmöglichkeit teilweise die große Hoffnung derjenigen, die das Phänomen auf herkömmliche Weise zu enträtseln versuchen. Leider gibt es auch bei dieser Theorie einige kaum zu überwindende Probleme. Es gibt nämlich durchaus einige Entführungsopfer, die in ihrer Kindheit tatsächlich sexuell mißbraucht wurden oder ähnlich traumatische Erlebnisse hatten. Interessanterweise unterscheiden die Betroffenen aber diese Erfahrungen strikt von ihren Entführungserlebnissen. Das heißt, sie sind in der Lage, sich sowohl an die eine als auch die andere Begebenheit zu erinnern. Die Personen teilen dabei ihre kindlichen Erlebnisse in eine völlig andere Kategorie ein als ihre Erlebnisse mit Bezug auf die fremden Wesen. Es wird bei dieser Theorie weiters angenommen, daß die unangenehmen Erfahrungen der Entführten, wie oben schon erwähnt, in deren Kindheit stattgefunden haben, dahingegen können Entführungsgeschichten manchmal nur wenige Jahre oder sogar nur Tage alt sein. Hier ergibt sich also ein deutlicher Widerspruch zur Voraussetzung, daß die traumatischen Erlebnisse in (relativ) ferner Vergangenheit des Betroffenen stattgefunden haben. Es scheint daher kaum plausibel zu sein, daß deren Erinnerungen alleinig auf den Mechanismus von Schutz-Erinnerungen zurückzuführen sind.

Man sieht also, daß sich Skeptiker mit alternativen Erklärungsmethoden zur Entführungshypothese nicht gerade leicht tun. Es ist so auch nicht verwunderlich, daß manchmal Modelle aufgeworfen werden, die an Skurrilität selbst kaum zu überbieten sind. Als Beispiel wollen wir uns einen Versuch von James Wilson ansehen, der in einem Brief an das *Journal of Scientific Exploration* folgendes Szenario entwirft: [26]

Die Personen erleben anstatt einer Entführung durch fremde Wesen in Wirklichkeit nur Erinnerungen an eine Operation, die an ihnen vor Jahren durchgeführt wurde. Dies hat vor allem mit einem speziellen System zu tun, daß in Amerika in immer steigendem Maße angewandt wird. Patienten, die operiert werden sollen, begeben sich selbst erst unmittelbar vor ihrem Eingriff ins Krankenhaus und werden kurz nach ihrer Operation mit einem Krankenwagen nach Hause gebracht. Wilson bemerkte, daß die Patienten unter starkem medikamentösen Einfluß stehen (Beruhigungsmittel) und sich in einer völlig ungewohnten Umgebung befinden. Damit, so meint er, sind alle Bedingungen gegeben, die zu einer Mißinterpretation der Operation als Entführung gegeben sind. Wenn der Entführte sich zum Beispiel daran erinnert, wie er von einem Lichtstrahl in die Luft gehoben wurde, stellt dies nichts anderes dar als seine Beförderung in den Operationsraum. Durch den Einfluß der Medikamente glaubt er zu schweben, Lichter erscheinen ihm heller als unter normalen Umständen, und wenn er auf den Operationstisch gehoben wird, ist die Illusion perfekt. Auf ähnliche Art und Weise versucht Wilson einige andere typische Berichte zu interpretieren: Jeder Chirurg hat natürlich eine Gesichtsmaske um den Kopf gebunden. Dies veranlaßt den Patienten einerseits zu glauben, daß er von Wesen mit übernatürlich großen Augen ohne Nase (die von der Maske verdeckt wird) umgeben ist, und daß sich die Fremden mit ihm telepathisch verständigen (Mundbewegungen der Chirurgen sind nicht sichtbar). Wilson findet noch einige weitere Analogien und kommt am Ende zu dem Schluß, daß seine Theorie in der Lage ist, die meisten Entführungen auf einfache und elegante Weise zu erklären.

Was Wilson uns nicht erklären kann, sind die Entführungsfälle von Kindern, Begebenheiten mit mehreren Zeugen und Entführungsberichte von Menschen, die nachweislich nie im Leben operiert wurden. Seine Bemühungen sind also, was den Erklärungswert betrifft, kaum ernst zu nehmen, jedoch stellen sie einen der wenigen Versuche dar, mittels konstruktiver Kritik und Arbeit Licht in eines der interessantesten Rätsel der letzten Jahrzehnte zu bringen.

Zum Abschluß wollen wir hier noch von einem Fall berichten, der von Budd Hopkins untersucht wurde, und uns zeigt, wie nahe das völlig Unbegreifliche und die Realität beieinander liegen können:

Der Forscher berichtet von der Untersuchung eines Falles mit einem sechsjährigen Buben, der sich erinnerte, an Bord eines UFOs eine Nonne gesehen zu haben.[29] Die Frau vergaß nach der Untersuchung ihren Rosenkranz im UFO und verließ das Schiff offensichtlich ohne ihre wertvolle Perlenkette. Als Budd Hopkins nach dem Verbleib der Kette fragte, begab sich der Junge in sein Schlafzimmer und holte die Kette aus einer Schublade hervor – er hatte sie in einem unbemerkten Augenblick im UFO mitgenommen.

23 Was bleibt den Betroffenen?

Nicht alle Menschen verarbeiten ihre außergewöhnlichen Erlebnisse (seien diese nun real oder nicht) auf die gleiche Art und Weise.[5, 25] Einigen der Betroffenen fällt es nicht besonders schwer, ihre Erfahrungen in ihr tägliches Leben zu integrieren. Sie erkennen, daß sie im Augenblick nicht in der Lage sind zu verstehen, was mit ihnen wirklich geschieht (kein Mensch auf dieser Erde kann ihnen dabei helfen ...), aber sie versuchen dennoch soviel als möglich über ihre Erfahrungen zu lernen. Diese Gruppe von Personen hat es am leichtesten, denn obwohl letztlich unbekannt ist, was hinter all den seltsamen Dingen steht, die mit ihnen passieren, wird ihre Lebensqualität davon kaum in Mitleidenschaft gezogen. Im Gegensatz dazu gibt es sehr viele unter den Entführten, die sichtlich Probleme mit ihren Erfahrungen haben. Die Tatsache, daß sie vielleicht von Fremden in ein

UFO geholt wurden, ist für sie nicht so leicht zu verarbeiten. Sie suchen deshalb häufig professionelle Hilfe bei einem Therapeuten oder werden Mitglieder in Selbsthilfegruppen (in den USA existieren schon entsprechende Einrichtungen). Am schlimmsten ergeht es aber Menschen, die durch ihre Erfahrungen ernsthaft traumatisiert wurden. Sie haben durch ihre Erlebnisse psychische Probleme bekommen (und *nicht* umgekehrt!) und bedürfen in den meisten Fällen psychotherapeutischer Behandlung. Die Symptome an denen sie leiden, wurden erstmals an Patienten aus den beiden Weltkriegen beobachtet:

Soldaten, die in lebensbedrohende Situationen gekommen waren oder schwere Verletzungen davongetragen hatten, bekamen Schlafprobleme, hatten unbegründete panikartige Zustände oder litten an unangenehmen, wiederkehrenden Träumen.

Die gleichen Symptome stellte man später auch an Opfern von Naturkatastrophen und Verkehrsunfällen fest, also wieder an Personen, die persönliche Erfahrungen mit lebensgefährlichen Situationen hatten. Man gab der Krankheit die Bezeichnung posttraumatisches Streßsyndrom (PTSS), bis heute stellt sie nichts Außergewöhnliches im klinischen Alltag dar und kann von jedem geschulten Therapeuten behandelt werden. Das Wesentliche am PTSS war bisher immer, daß ein externes physisches Ereignis stattgefunden haben mußte, um es überhaupt auslösen zu können. Das heißt, ohne triftigen Grund (durch Einbildung, Träume, Phantasien) ist es nicht möglich, daß ein PTSS induziert wird. Nun gab es aber eine Reihe von Psychotherapeuten, die Patienten mit einem PTSS zu behandeln hatten, denen ein offensichtlicher Auslöser für die Symptome fehlte. Rima Laibow, eine Psychiaterin aus New York, konnte sich diese Tatsache zuerst nicht erklären, nichtsdestotrotz erhielt sie immer wieder Patienten mit einer Krankheit (PTSS ohne Auslöser), die es nach gängiger Lehrmeinung nicht geben durfte.[34] Laibow versuchte also zuerst festzustellen, ob die Betroffenen vielleicht schlicht und einfach geistig krank, unzurechnungsfähig, waren. Dies um so mehr, weil die Geschichten, die sie von diesen Leuten zu hören bekam, völlig phantastisch und psychotisch klangen. Rima Laibow stieß während ihrer alltäglichen klinischen Praxis auf Patienten, die angeblich von fremden Wesen entführt worden waren. Nachdem sie also etwas entdeckt hatte, das in offenem Widerspruch zu gängigen Theorien stand, intensivierte sie ihre Bemühungen, das Rätsel zu lösen. Sie versuchte vorsichtig (um nicht ihren Ruf als seriöse Psychiaterin zu verlieren), einige Berufskollegen zu kontaktieren – und tatsächlich, auch einige andere Therapeuten hatten sich schon den Kopf über ähnliche Fälle zerbrochen. Man war sich damals und auch heute noch nicht darüber im klaren, ob sich die Ereignisse, von denen die Patienten sprechen – von denen sie aber jedenfalls gezeichnet sind – wirklich auf der Ebene der physikalischen Wirklichkeit abspielen. Im Laufe der Zeit bürgerte sich für die Erlebnisse der Patienten der Name *Erlebtes Ungewöhnliches Trauma* (EUT) ein. Damit war es möglich, allen interessierten Kollegen die Gelegenheit zu geben, offen über die Problematik diskutieren zu können. Denn auch heute noch ist es praktisch unmöglich für die meisten Naturwissenschaftler, über UFOs, Parapsychologie oder sogenannte übernatürliche Phänomene zu sprechen, ohne Gefahr zu laufen, die eigene Reputation zu verlieren. In einem sind sich die Experten, die Rima Laibow im Laufe der Jahre um sich gesammelt hat, sicher:

Das Problem mag physikalischer Natur sein oder nicht, EUT ist auf jeden Fall ein psychiatrisches und psychologisches Ereignis von großer wissenschaftlicher Bedeutung. Rima Laibow organisierte im Mai 1989 ein Treffen aller interessierten Kollegen, insgesamt erschienen 43 Fachleute, um sich über Möglichkeiten zur Behandlung und Erforschung von EUT ein Wochenende lang intensiv zu unterhalten. Laibow gab dieser ersten Konferenz den Namen TREAT, Treatment and Research of Experienced Anomalous Trauma (Behandlung und Erforschung des erlebten ungewöhnlichen Traumas). Die Abkürzung ist das englische Wort für Behandlung, es drückt das wesentliche Anliegen der New Yorker Psychiaterin und ihrer Kollegen aus: an erster Stelle ist es notwendig, daß den betroffenen Personen geholfen wird, sie müssen von den Nachwirkungen ihrer traumatischen Erlebnisse geheilt werden. Rima Laibow versucht bis heute, das Rätsel um das EUT und die damit verbundenen Geschichten zu lösen. Sie geht dabei nach streng wissenschaftlichen Methoden vor, das gibt ihr wahrscheinlich die bisher einzigartige Chance, Kollegen in die Erforschung des Entführungsphänomenes einzubinden, die sich bisher gescheut haben, einen ernsthaften Blick auf eine möglicherweise andere Seite der Realität zu werfen.

24 Einige interessante Entführungsfälle

Zum Abschluß dieses Kapitels wollen wir uns hier noch einige interessante Entführungsfälle der letzten Jahre ansehen. Wir zeigen anhand von zwei Begebenheiten aus Deutschland, daß das UFO-Entführungsphänomen durchaus nicht nur in den USA Bedeutung hat. Im Gegensatz zu Europa (insbesondere im deutschsprachigen Raum) beschäftigt sich aber in Amerika die Öffentlichkeit wesentlich intensiver mit den Entführungen. Dies ist wahrscheinlich mit ein Grund dafür, daß bei weitem mehr Sichtungen und Entführungsfälle im anglo-amerikanischen Raum bekannt werden als anderswo auf der Welt.

25 Lothar Schaeffler, Deutschland, 1977

Während der Nacht vom 23. auf den 24. Februar 1977 fuhr der damals 25jährige Lothar Schaeffler[36] seinen Bekannten Rudi Grutsch mit dem Auto zu dessen Haus in Langenargen am Bodensee. Dort angekommen, sah Lothar Schaeffler auf einmal etwas am Himmel aufleuchten. Auch Grutsch sah nun die beiden Lichter, die vom See aus auf das Auto zukamen und offenbar von Objekten ausgingen, die in einiger Entfernung über dem See schwebten. Er bemerkte auch eine Art von Suchlichtern, die von den Objekten ausgingen und nach einiger Zeit so hell wurden, daß er seine Augen mit den Händen abdecken mußte, um nicht vollkommen geblendet zu werden. Als die Lichter auf etwa fünfhundert Meter nahe gekommen waren, standen sie plötzlich still und begannen sich nach etwa fünf Minuten gegenseitig zu nähern um dann scheinbar miteinander zu verschmelzen. Danach, es war jetzt etwa 2.10 Uhr, verschwanden sie so plötzlich, als ob sie mit einem Lichtschalter ausgeschalten worden wären. Einige Minuten später, als sich Rudi Grutsch in seinem Haus schlafen legen wollte, sah er auf einmal die beiden Lichter wieder durch ein Fenster scheinen. Sie beleuchteten die nähere Umgebung taghell – zwei runde Lichter, die in der Luft zu schweben schienen, und davon ausgehende Suchstrahlen. Nach wenigen Minuten begannen die Lichter wie früher ineinander zu verschmelzen, und in ein einziges, helleres Licht überzugehen. Lothar Schaeffler fühlte sich in dieser Situation äußerst bedroht, er versuchte daher ins Innere des Hauses von seinem Bekannten zu gelangen. Das gelang ihm aber nicht, da sowohl die Türen auf der Hinterseite als auch auf der Vorderseite verschlossen waren. Von Angst besessen, entschloß er sich daher, zum Nachbarhaus der Familie Burkhart zu laufen. Als er dort angekommen war, hörte er plötzlich einen Pfeifton, und hinter ihm erschienen zwei humanoide fremde Wesen von etwa 130 Zentimeter Größe. Schaeffler konnte sich vor Angst kaum mehr bewegen, erst nach einer Zeitspanne, für die er nicht angeben konnte, wie lange sie wirklich gedauert hat, wich seine körperliche Starre, und er versuchte in Panik zu fliehen. Er schlug eine Glasscheibe in der Eingangstüre der Burkharts ein und konnte so ins Innere des Hauses gelangen. Dort erschienen nach kurzer Zeit die Bewohner, die aufgrund seiner Hilferufe schon die Polizei alarmiert hatten und nun endlich auch zu Hilfe kommen wollten – zu diesem Zeitpunkt war es bereits 3.20 Uhr! Die herbeigeeilten Beamten glaubten zuerst, daß Lothar Schaeffler an Halluzinationen, hervorgerufen durch übermäßigen Alkoholkonsum, litt, diese Annahme wurde aber bald darauf durch einen Alkoholtest widerlegt – Schaeffler war praktisch nüchtern. Die MUFON-CES-Gruppe (unter der Leitung von Dipl.-Phys. Illobrand von Ludwiger) untersuchte den Fall im folgenden April, konnte aber keinerlei physikalische Spuren wie etwa Radioaktivität am Ort des Schauplatzes feststellen. Lothar Schaeffler war hingegen von seinen Erlebnissen schwer gezeichnet. Er litt an schweren Schlafstörungen und bekam ein Magengeschwür als Folge seines schlechten psychischen Zustandes. Eine einmalige hypnotische Regression läßt vermuten, daß Schaeffler von den Wesen entführt wurde. Dafür spricht auch die Zeitspanne von etwa einer Stunde, von 2.20 bis 3.20 Uhr, für die dem Mann jegliche Erinnerung fehlt.

26 Rolf Fuller, Deutschland, 1992

An einem warmen Juliabend im Jahr 1992 beobachtete Rolf Fuller[36] vom Haus seiner Verwandten aus ein helles Objekt, das sich langsam über den Nachthimmel bewegte und offensichtlich näher kam. Nachdem es eine Entfernung von wenigen Kilometern erreicht hatte, begann das Objekt, das Rolf Fuller nun als leuchtende Pyramide erkennen konnte, kreisförmige Bewegungen auszuführen. Das UFO schien hinter sich eine Leuchtspur von glühenden Pyramiden nachzuziehen, ähnlich wie sich schnell bewegende Objekte auf einer zu lange belichteten Aufnahme unscharf werden. Zusätzlich erleuchtete das Objekt alle paar Sekunden mit einem hellen Lichtblitz die nähere Umgebung. Um etwa 1.00 Uhr in der Nacht war der Spuk vorbei, indem das UFO einfach spurlos in der Nacht verschwand. Unerklärlicherweise ignorierten die anderen Personen im Kreis um Rolf Fuller die Lichterscheinung völlig. Bei den Blitzlichtern handelte es sich ihrer Meinung nach um weit entferntes Wetterleuchten, der Pyramide selbst schenkten sie keinerlei Beachtung. Um etwa 1.30 Uhr verließ Rolf Fuller mit seinem Bruder den Rest der Familie, um sich in seine Unterkunft, die einige Kilometer entfernt lag, zu begeben. Die beiden Brüder schliefen im gleichen Zimmer in einem Einzelbett. Mitten in der Nacht erwachte Rolf Fuller. Er bemerkte völlig erstaunt, daß er sich in einem ihm unbekannten Raum befand! Das Zimmer war kreisrund, mit einem Durchmesser von etwa fünf Metern, und in rötliches Licht getaucht. Vor Fuller stand ein kleines Wesen, das in einen blauen Anzug gekleidet war und eine ebensolche Kappe trug. Rolf Fuller sagte aus, daß ihn das Gesicht des Wesens an einen Hasen mit großen Augen und hervorspringendem Kinn erinnerte. Er packte das Wesen, schüttelte es und versuchte zu fragen, was mit ihm passiert war. In diesem Augenblick wurde er von hinten von zwei weiteren kleinen Wesen an den Händen gepackt, die versuchten, ihn auf einen Untersuchungstisch zu zerren. Rolf Fuller reagierte jedoch blitzschnell, und es gelang ihm, die beiden Wesen abzuwehren. Er machte eine Hechtsprung über den Tisch, drehte sich um und war schon im Begriff, diesen auf die drei Wesen ihm gegenüber zu werfen. Es wurde ihm jedoch in diesem Augenblick bewußt, daß er mit seinem Angriff vielleicht die Möglichkeit auf eine Rückkehr nach Hause verspielte. Deshalb stellte er den Tisch langsam wieder auf den Boden. Er ging auf den Anführer zu und forderte ihn auf, ein Wort zu sagen. Er bekam jedoch keine Antwort, sondern wurde statt dessen wieder von einem der Wesen angesprungen und von zwei weiteren an den Armen gepackt. Als eines der Wesen ihm eine Hand auf den Mund legte, verlor er das Bewußtsein.

Als Rolf Fuller erwachte, befand er sich wieder in seinem Schlafzimmer. Nicht ganz alleine, denn fünf der Fremden befanden sich ebenfalls noch im Raum. Bemerkenswerterweise sah er zuerst alle der Wesen doppelt, nach einiger Zeit verschmolzen die Bilder jedoch ineinander, um daraufhin ganz zu verschwinden. Rolf Fuller wurde von einem Psychologen und einem Psychiater der MUFON-CES untersucht und sein Erlebnis zumindest als subjektiv echt befunden. Besonders interessant ist an diesem Fall die Ähnlichkeit zu den Berichten von Betty Hill bei der Beschreibung der Kleidung, welche die Wesen getragen haben sollen.

27 Linda Cortile, USA, 1989

Diese Begebenheit, im New Yorker Stadtteil Manhattan geschehen,[37, 38] wurde von Budd Hopkins untersucht. Nach seinen eigenen Worten könnte sich der Fall zum Jahrhundertereignis entwickeln. Für Hopkins selbst stellt der Fall den Beweis dar, daß
Entführungen tatsächlich stattfinden:

Budd Hopkins arbeitete schon seit einigen Monaten mit Linda
Cortile zusammen, die, so vermutete er, seit ihrer Kindheit
immer wieder Entführungserlebnisse gehabt hatte. Eines Abends,
es war im November 1989, rief Linda völlig außer sich an. Sie
war anscheinend nur wenige Stunden zuvor wieder entführt worden. An einige Details konnte sie sich sofort erinnern, beispielsweise, daß sich in ihrem Schlafzimmer ein kleines Wesen mit
großen schwarzen Augen befunden hatte, sowie an einige weitere
Begebenheiten im Inneren des UFOs. Der Zeitpunkt der Entführung war etwa 3.00 Uhr am Morgen. Nachdem Budd Hopkins einige Tage später eine Regression mittels Hypnose durchgeführt hatte, waren einige zusätzliche Details bekannt. Linda
war, gleich wie es immer wieder andere Zeugen berichten, durch
ihr geschlossenes Schlafzimmerfenster nach draußen geschwebt,
von wo sie dann, zwölf Stockwerke über einer Straße, ins UFO
befördert wurde. Ihre restlichen Erlebnisse gleichen denen aller
anderen Entführten bis hin zu minutiösen Details – auf den ersten Blick also ein Standard-Entführungsfall. Budd Hopkins
sammelte alle ihm zugänglichen Informationen, und die Zeit verging. Dann, im Februar 1991, erhielt er einen maschingeschriebe-
nen Brief, der mit den Namen *Richard* und *Dan* unterschrieben
war. Die beiden Männer beschrieben sich selbst als Polizisten, die
an einem Morgen im November 1989 ein gleißend helles Objekt
in der Nähe der Brooklyn-Brücke beobachtet hatten. Sie standen
mit ihrem Fahrzeug unter einer Autobahnbrücke und hatten eine
ideale Sicht auf die sich anbahnenden Ereignisse. Das UFO
schwebte zuerst über einem Wohnhaus, danach veränderte es
seine Position etwas und kam tiefer, bis es bei einem Fenster

etwas unterhalb angelangt war. Danach sahen die beiden Männer, wie durch das Fenster oder die Wand des Hauses eine Frau, eskortiert von drei kleinen Wesen, schwebte und im UFO verschwand, das anschließend zum Hudson-River flog und darin untertauchte. Die beiden Beamten waren von ihrer Sichtung tief beeindruckt, aber auch frustriert, denn sie wollten der Frau unbedingt helfen, sahen sich aber außerstande, das geringste zu tun. Budd Hopkins erkannte in dem anonymen Brief sofort eine Bestätigung der Entführung von Linda Cortile durch unabhängige Personen. Doch es sollten im Laufe der Zeit noch mehr Beweise ans Tageslicht kommen. Im Herbst 1991 bekam Hopkins einen Brief einer Frau, die von der Brooklyn-Brücke aus gesehen hatte, wie Linda Cortile in das UFO geschwebt war! Genau wie beim Fahrzeug der beiden Polizisten streikte auch bei ihrem Wagen der Motor. Sie war deshalb gezwungen, mitten auf der Brücke anzuhalten, und konnte von dort aus etwas größerer Entfernung beobachten, wie Linda Cortile, begleitet von drei kleinen Wesen, durch ein Fenster schwebte. Die Beobachtungen aller Zeugen (inklusive der Entführten selbst) stimmen hervorragend überein, und es kann praktisch als sicher gelten, daß alle Beteiligten sich noch nie im Leben zuvor gesehen haben, ihre Aussagen also völlig unabhängig voneinander sind. Damit alleine würde der Fall schon zu den wichtigsten seit Barney und Betty Hill gehören, doch Budd Hopkins kam noch immer nicht aus dem Staunen heraus. Richard und Dan schrieben ihm weitere Briefe und schickten auch einige Tonbandkassetten mit mündlichen Aussagen. Dabei stellte sich heraus, daß die Männer nicht, wie ursprünglich angegeben, Polizisten waren, sondern Sicherheitsbeamte, die eine hohe Persönlichkeit mit dem Auto durch die Stadt gefahren hatten. Budd Hopkins weiß, wer der dritte Mann im Auto war, er durfte jedoch bis heute nicht sein Geheimnis preisgeben. Falls diese Geschichte wirklich zutrifft und die Persönlichkeit sich eines Tages dazu entschließt, an die Öffentlichkeit zu gehen, wäre die Sensation perfekt. Budd Hopkins glaubt heute zu verstehen (er hält nach eigenen Aussagen den Beweis dazu in den Händen), daß die Entführung von Linda Cortile von den Fremden absichtlich inszeniert wurde, um dem dritten Mann im Auto zu demonstrieren, welche Macht sie besitzen. Neben den Briefen, Aussagen und Interviews der Betroffenen gibt es einige psychologische Gutachten und Expertisen von Fachleuten, die verschiedenste Aspekte des Falles geprüft haben. Die Beweislast des Falles Linda Cortile ist also sehr hoch, neben diesem Aspekt könnte die Anwesenheit einer hohen offiziellen Persönlichkeit dazu beitragen, daß dieser Fall wirklich in die Geschichte der UFO-Forschung eingehen wird.

IV

Die Vertuschung des UFO-Phänomens

*»Wegen der Geheimniskrämerei und des Spotts von amtlicher
Seite sind viele Bürger geneigt zu glauben, daß unidentifizierte
Flugobjekte Unfug seien. Um die Tatsachen vor der Öffentlich-
keit zu verbergen, hat die Luftwaffe ihren Angehörigen
Schweigen befohlen.«*

*Admiral Roscoe H. Hillenkoetter war der erste Direktor des
amerikanischen Geheimdienstes CIA. Er teilte sein Wissen über
die Vertuschung des UFO-Phänomens am 28. Februar 1960 in
der New York Times der Öffentlichkeit mit. Es ist erstaunlich,
daß die Presse und die Bevölkerung das eindeutige Geständnis
dieses Mannes relativ gelassen hinnahmen.*

1 Die anfänglichen UFO-Projekte
der amerikanischen Luftwaffe

Nachdem die amerikanische Luftwaffe 1947 in Roswell mit großer Wahrscheinlichkeit in den Besitz eines UFO-Wracks gelangt
war, schrieb General N. Twining ein geheimes Memorandum an
General George Schulgen, den Chef der Air Intelligence Requi-
rements Division (AIRD) im Verteidigungsministerium. Das Memorandum war ein Antwortschreiben auf eine Anfrage von General Schulgen betreffend die Untersuchungen über die fliegenden Scheiben. General N. Twining schrieb nach einer kurzen
Auflistung der an den Untersuchungen beteiligten Behörden:
»2. Es gilt die Meinung, daß
a) das gemeldete Phänomen etwas Reales und nichts Phantastisches oder Fiktives ist;
b) es Objekte gibt, die wahrscheinlich das Aussehen einer
Scheibe aufweisen. Die Größe dieser Objekte entspricht ungefähr
der eines Flugzeuges;
c) die Möglichkeit besteht, daß einige der Zwischenfälle von
Meteoriten oder ähnlichen Naturphänomenen ausgelöst wurden.«[1]
In weiteren Punkten wurde auf das ungewöhnliche Flugverhalten, das Reflexionsvermögen und die Geschwindigkeiten der
unbekannten Flugobjekte eingegangen. General N. Twining
schrieb, daß man die fliegenden Scheiben damals auch auf den
Radarschirmen registrierte. In der Zusammenfassung des Memorandums wird darauf verwiesen, daß man keine physikalischen
Beweise in Form eines geborgenen Wracks besitze. Diese Aussage wurde von Skeptikern wie Philip Klass verwendet, um den
Roswell-Zwischenfall zu entlarven.[2] Da das Air Material Command (AMC), dem General Twining vorstand, seinen Sitz in
Wright Field hatte, war er über das bei Roswell aufgefundene
UFO-Wrack informiert.

APPENDIX R: LETTER FROM GENERAL N. F. TWINING
TO COMMANDING GENERAL, ARMY AIR FORCES
23 SEPTEMBER 1947

SUBJECT: AMC Opinion Concerning "Flying Discs"   23 September 1947

TO: Commanding General
         Army Air Forces
         Washington 25, D. C.
         ATTENTION: Brig. General George Schulgen
                    AC/AS-2

1. As requested by AC/AS-2 there is presented below the considered opinion of this Command concerning the so-called "Flying Discs". This opinion is based on interrogation report data furnished by AC/AS-2 and preliminary studies by personnel of T-2 and Aircraft Laboratory, Engineering Division T-3. This opinion was arrived at in a conference between personnel from the Air Institute of Technology, Intelligence T-2, Office, Chief of Engineering Division, and the Aircraft, Power Plant and Propeller Laboratories of Engineering Division T-3.

2. It is the opinion that:

a. The phenomenon reported is something real and not visionary or fictitious.

b. There are objects probably approximating the shape of a disc, of such appreciable size as to appear to be as large as man-made aircraft.

c. There is a possibility that some of the incidents may be caused by natural phenomena, such as meteors.

d. The reported operating characteristics such as extreme rates of climb, maneuverability (particularly in roll), and action which must be considered evasive when sighted or contacted by friendly aircraft and radar, lend belief to the possibility that some of the objects are controlled either manually, automatically or remotely.

e. The apparent common description of the objects is as follows:

(1) Metallic or light reflecting surface.

COPY

Abb. 23: Erste Seite des Memorandums von General Nathan Twining an General George Schulgen, 23. September 1947.

Man kann davon ausgehen, daß General Schulgen nicht die nötige Sicherheitseinstufung in dieser Angelegenheit hatte. Ihm wurden daher die Informationen über das oder die geborgenen UFOs vorenthalten.

Um weltweit Daten über UFOs sammeln zu können, benötigte General Twining ein Projekt, das ihm die nötigen Informationen einholte. Dieses Vorhaben wurde (nach Twinings Memorandum) von General George Shulgen ausgeführt, da er ein UFO-Projekt mit dem Code-Namen *Sign* ins Leben rief. Dieses Projekt stand zum Teil im Licht der Öffentlichkeit. Den Mitarbeitern des Projektes *Sign* wurde deshalb nichts über die Gründe der Datensammlung mitgeteilt. Eine derartige Vorgangsweise ist bei Geheimdiensten nichts Ungewöhnliches.

Am 7. Januar 1948 kam es in Maysville, Kentucky, zu einem schweren Zwischenfall. Mehrere Leute sahen in dieser Gegend ein seltsames Flugobjekt und verständigten die lokale Polizeidienststelle, welche wiederum um 13.15 Uhr den Luftwaffenstützpunkt Godman, ungefähr 80 Kilometer von Maysville entfernt, benachrichtigte. Während der Luftwaffenstützpunkt bestätigte, daß sich kein Militärflugzeug in der Luft befand, erhielt der Stützpunkt von der Polizei um 13.35 Uhr einen weiteren Anruf. Nun befand sich das UFO zirka 225 Kilometer vom ersten Sichtungspunkt entfernt. Die Militärs schlossen daraus, daß sie es mit einem sehr schnellen oder hochfliegenden Flugobjekt zu tun hatten. Captain Thomas Mantell und drei andere Piloten wurden vom Luftwaffenstützpunkt Godman angewiesen, mit ihren P-51-Flugzeugen das UFO aufzuspüren. Als Captain Mantell das Flugobjekt entdeckte, versuchte er noch näher heranzukommen. Dieser Versuch endete für Mantell tödlich. Während das unbekannte Flugobjekt verschwand, wurde das Wrack seines Flugzeuges einige Stunden später gefunden. Da sein Flugzeug nicht mit Sauerstoffmasken ausgerüstet war, ist anzunehmen, daß er in großer Höhe Sauerstoffmangel bekam, bewußtlos wurde und abstürzte.[3]

Da die Luftwaffe nach diesem Vorfall sehr besorgt war und die

Presse schon auf eine Erklärung wartete, mußten sich die verantwortlichen Militärs in aller Eile eine Erklärung einfallen lassen. Ihre erste Behauptung war, daß Mantell den Planeten Venus am Nachmittagshimmel gesehen und mit einem UFO verwechselt hatte. Diese Erklärung war so lächerlich, daß sich die Presse damit nicht zufrieden gab. Die Berechnungen von Höhe und Azimut des Planeten im Verhältnis zu Mantells Flugroute ließen diese Unfallursache ausschließen. Der Planet Venus, besser bekannt unter dem Namen Morgenstern, ist bei Tageslicht nur ganz selten zu sehen und bewegt sich sicher nicht in 20 Minuten von Maysville nach Owensboro. Als die Venus als Erklärung nicht mehr in Betracht kam, mußte wieder einmal ein Forschungsballon herhalten. Nach der ersten Erklärung behauptete die Luftwaffe, daß Mantell einen Stratosphärenforschungsballon verfolgt hätte. Die Öffentlichkeit mußte sich mit dieser neuen Geschichte zufriedengeben.

Captain Ruppelt und Colonel William Coleman sind heute beide im Ruhestand und waren damals bei der Untersuchung dieses Vorfalls beteiligt. Sie fanden heraus, daß sich zur gegebenen Zeit kein Stratosphärenforschungsballon in der Luft befand. Captain Ruppelt und Colonel William Coleman bestätigen heute, daß die Luftwaffe überzeugt war, daß Mantell ein UFO verfolgte.[4] Ihre Aussage wird von einem bis 1985 als streng geheim eingestuften Dokument anscheinend bestätigt, in welchem der letzte Funkspruch zum Tower des Luftwaffenstützpunktes vermerkt ist. Mantells letzte Worte lauteten:

»Es scheint ein metallisches Objekt zu sein, enorm in seiner Größe, direkt seitlich über mir, ich versuche näher heranzukommen.«[5]

Dieser Zwischenfall blieb nicht der letzte. Am 24. Juli 1948 hatte eine DC-3 der Eastern Airlines einen Beinahezusammenstoß mit einem zigarrenförmigen Flugobjekt. Die Mitarbeiter von Projekt *Sign* fanden auch bei weiteren Vorfällen keine plausiblen Erklärungen. Die Öffentlichkeit war natürlich beunruhigt und wollte von der Luftwaffe endlich eine klare Antwort hören. Da sich unter den UFO-Beobachtern qualifizierte Personen und Angehörige der Luftwaffe befanden, verfaßten die Mitarbeiter von Projekt *Sign* ein Memorandum. Zuvor wurde ein Konzept über die Einschätzung der UFO-Situation an das Verteidigungsministerium in Washington gesandt. Ein ehemaliger Mitarbeiter von Projekt *Sign* behauptete 1980, daß in diesem Konzept der UFO-Absturz bei Roswell und andere brisante Fälle erwähnt wurden. General Hoyt Vandenberg wollte jedoch, daß in dem abschließenden Bericht keine physikalischen Beweise des UFO-Phänomens erwähnt werden und erhielt diese Anweisung von höchster Stelle der Regierung. Die in dieses Geheimnis eingeweihten Leute im Verteidigungsministerium wußten, daß man das Ergebnis des Memorandums nicht vor der Öffentlichkeit geheim halten konnte. Die Mitarbeiter von Projekt *Sign* waren aber mit Vandenbergs Anweisung nicht einverstanden und schrieben in dem von ihnen verfaßten Memorandum, daß es sich zumindest bei manchen UFOs um außerirdische Objekte gehandelt haben könnte.[6] General Hoyt Vandenberg wies dieses Dokument zurück, und Projekt *Sign* wurde einige Wochen später aufgelöst. Da man die Geheimhaltung von Projekt *Sign* nicht mehr gewährleisten konnte, wurde der Name in *Grudge* geändert. Da Projekt *Grudge* ebenfalls unter Geheimhaltung stand, hatte es den Anschein, daß sich die Luftwaffe widersprach. Einerseits spielte sie die Bedeutung der UFOs herunter, und auf der anderen Seite weigerte sie sich aber, Informationen an die Öffentlichkeit gelangen zu lassen. Es hatte den Anschein, daß es der Luftwaffe unangenehm war, wenn sich zu viele außenstehende Leute intensiv mit dem UFO-Phänomen befaßten.

Zwischen 1947 und 1952 wurden von mehreren zuverlässigen Personen grüne Feuerbälle beobachtet, die sich nicht wie Meteore verhielten. Die Luftwaffe richtete daraufhin unter der Leitung des Meteoritenexperten Dr. Lincoln La Paz ein streng geheimes Projekt mit dem Codenamen *Twinkle* ein.[7] Die Forschungsresultate wurden in streng geheimen Treffen, an denen unter anderem auch der Vater der Wasserstoffbombe, Dr. Edward Teller, teilnahm, bekanntgegeben. Einige Mitarbeiter von Projekt *Twinkle* fanden es jedenfalls bemerkenswert, daß die Feuerkugeln immer dann verschwanden, wenn die Luftwaffe sich für sie zu interessieren begann. Die Luftwaffe legte die Untersuchung der Feuerkugeln schließlich ad acta und stellte das Projekt *Twinkle* ein.

Im Januar 1950 löste Major Donald E. Keyhoe Erstaunen aus, als er behauptete, daß die amerikanische Regierung Beweise über UFOs vor der Öffentlichkeit zurückhalte.[8] Major Keyhoe kam zu diesem Schluß, da er als Luftfahrtspezialist gute Verbindungen zu höheren Stellen innerhalb der Luftwaffe hatte. Er baute seine Argumentation auf der Ratlosigkeit der Luftwaffe auf und behauptete, daß keine seiner ranghohen militärischen Kontaktpersonen bereit gewesen sei, mit ihm über UFOs zu sprechen. Er meinte, die Luftwaffe wollte sich deshalb nicht darüber äußern, weil sie etwas überaus Wichtiges zu verbergen hatte. Weiters behauptete Major Keyhoe, daß die offiziellen Stellen der Öffentlichkeit wichtige Fakten vorenthielten, da man eine Panik unter der Bevölkerung befürchte. Er ließ auch durchblicken, daß anonyme Fachleute die Existenz von UFOs bestätigt hätten. Heute weiß man, daß Major Keyhoe zumindest mit seiner Annahme Recht hatte, daß die amerikanische Luftwaffe das UFO-Phänomen vertuscht. Freigegebene Dokumente zeigen, daß Keyhoe ein Sicherheitsrisiko darstellte und von der Bundespolizei FBI und dem Geheimdienst CIA überwacht wurde. Ein durch das FOIA-Gesetz freigegebenes Telex des FBI vom 12. August 1950 beweist, daß die Luftwaffe unter größter Geheimhaltungsstufe das FBI aufforderte, alle Informationen, die UFOs betreffen, weiterzuleiten. Das an den FBI-Direktor J. E. Hoover gerichtete Telex lautete:

»Fliegende Untertassen: Dieses Büro wird vertraulichst vom Nachrichtendienst in Richmond aufgefordert, daß es bei allen Daten, die fliegende Untertassen betreffen, in die höchste Alarmstufe versetzt wird. Das CIC gibt keine Hintergründe über diese Anweisungen an, da ihm keine Informationen vom Luftwaffennachrichtendienst zur Verfügung stehen und es ebenfalls nicht über die Gründe des Alarmzustandes Bescheid weiß. Jede Information muß sofort dem Luftwaffennachrichtendienst telefonisch mitgeteilt werden. Das CIC empfiehlt, die Daten streng vertraulich zu behandeln und nicht zu verbreiten.«[9]

Nach weiteren spektakulären Sichtungen von Flugzeugpiloten wurde Captain Edward J. Ruppelt zum Leiter des *Grudge*-Projekts ernannt. Ruppelt bekam den Astronomieprofessor J. Allen Hynek als wissenschaftlichen Chefberater zugeteilt, der zu dieser Zeit ein UFO-Skeptiker war und eine ausgeprägte Neigung hatte, alle UFO-Berichte als Naturerscheinungen zu entlarven. Als sich im Frühjahr 1952 eine UFO-Welle abzuzeichnen begann, be-

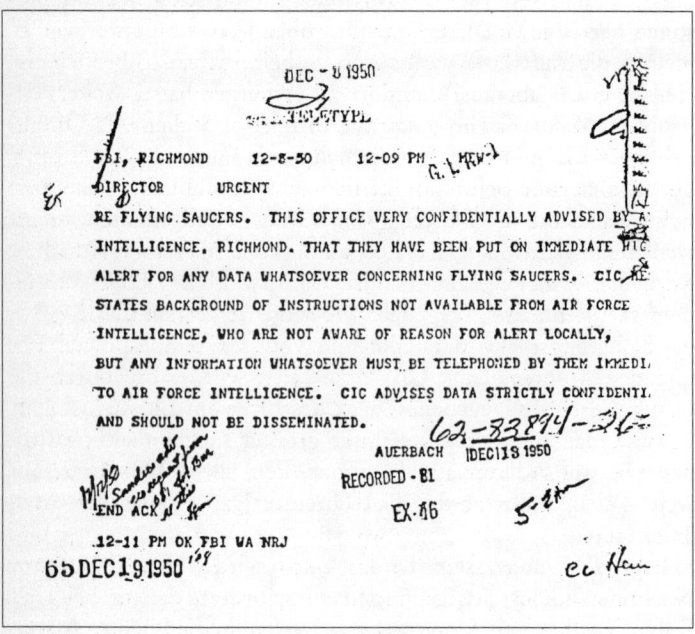

Abb. 24: FBI-Telex über die Behandlung von UFO-Daten vom 12. August 1950.

schloß die Luftwaffe, das Projekt *Grudge* in eine getrennte Organisation mit dem Namen Projekt *Blue Book* umzuwandeln.

2 Mysteriöse Flugobjekte über Washington

Wenn man über UFOs spricht, fallen immer wieder die Worte »Wenn es diese UFOs gibt, wieso landen sie dann nicht vor dem Weißen Haus in Washington oder am Roten Platz vor dem Kreml?« Was die wenigsten nicht wissen, ist, daß es in den letzten Julitagen 1952 über Washington, nur wenige Kilometer vom Weißen Haus entfernt, zu einer großen Anzahl von UFO-Sichtungen kam. Diese UFOs sahen Hunderte Menschen. Die unbekannten Flugobjekte waren auch auf den Radarschirmen mehrerer Flughäfen sichtbar. Die Luftwaffe versuchte vergeblich, sie mit den damals modernsten Düsenflugzeugen abzufangen.

Die ersten Erscheinungen wurden am 19. Juli 1952 um 23.40 Uhr auf den Radarschirmen des Washingtoner Flughafens registriert. Mehrere Fluglotsen beobachteten auf zwei Radarschirmen, wie sich sieben langsam fliegende Objekte dem Flughafen näherten. Der Fluglotse Harry G. Barnes sagte aus, daß die UFOs etwa 20 Kilometer vom Flughafen entfernt waren und sich mit einer Geschwindigkeit von 160 bis 200 Stundenkilometern fortbewegten. Als Barnes die Sichtung dem Tower des Flughafens meldete, wurde ihm mitgeteilt, daß auf den dortigen Radarschirmen die gleichen Objekte zu sehen waren. Die Fluglotsen des Luftwaffenstützpunktes Andrews in Maryland sahen diese mysteriösen Lichtpunkte ebenfalls auf ihren Radarschirmen. Barnes verständigte um 3.00 Uhr das Verteidigungskommando der Luftwaffe. Die Luftwaffe schickte um etwa 3.30 Uhr zwei mit Radar ausgestattete F-84-Abfangjäger in das beschriebene Gebiet, die dann den Himmel über dem Flughafen vergeblich absuchten. Als die Düsenflugzeuge wieder verschwanden, waren die Objekte wieder visuell und auch auf den Radarschirmen zu sehen. Schließlich verschwanden die UFOs erst bei Tagesanbruch.[10] Die Luftwaffe

•

Die „fliegenden Untertassen", die meist in den Hundstagen in den Zeitungsspalten aufzutreten pflegen, sind diesmal auf den Radarschirmen Washingtoner Flughäfen bemerkt worden. Acht an der Zahl, haben sie in der Nacht zum Dienstag die Bevölkerung der amerikanischen Hauptstadt in Aufregung versetzt.

Abb. 25: Kleine Zeitung, *Graz, Österreich, 27. Juli 1952.*

gab allerdings offiziell nicht zu, daß sie bei diesem Vorfall Abfangjäger in der Luft hatte. Wir fanden in der Grazer *Kleinen Zeitung* vom 27. Juli 1952 einen Artikel, der sich auf diesen Vorfall vom 19. Juli bezog.[11]

Zu dieser Zeit trat auch schon der Harvard-Astronom Professor Donald Menzel, der später als der größte UFO-Entlarver in die Geschichte der UFO-Forschung einging, in Aktion. Mit Dr. Menzel, der möglicherweise ein Mitglied von *MJ-12* oder einer ähnlichen Organisation war, haben wir uns schon im ersten Kapitel ausführlich beschäftigt. Seine Rolle bei *MJ-12* war es, UFO-Berichte zu entlarven und auch die glaubwürdigsten Zeugen lächerlich zu machen. Wenn man auch nicht weiß, ob die *MJ-12*-Dokumente echt sind, so ist es doch eine Tatsache, daß der 1976 verstorbene Dr. Menzel ein Doppelleben geführt hatte und ein wichtiger Berater des amerikanischen Geheimdienstes National Security Agency (NSA) war. Dr. Menzel erklärte den Zwischenfall als die Folge einer Inversionswetterlage. Von einer Inversionswetterlage spricht man, wenn sich die Temperaturverteilung in der Atmosphäre umkehrt. Diese ungewöhnlichen atmosphärischen Bedingungen können dazu führen, daß auf dem Radarschirm Signale auftauchen, obwohl kein Objekt vorhanden ist. Erfahrene Radaroperateure sind aber mit solchen Phänomenen sehr gut vertraut und können Naturerscheinungen von echten Objekten sehr wohl auseinanderhalten.

Er bemerkte, daß in solchen Fällen schon öfters Lichter auf den Radarschirmen aufgetaucht waren. Die Washingtoner Fluglotsen empfanden Dr. Menzels Aussage als eine Unterstellung, da sie genau wußten, welche Erscheinungen Wetterverhältnisse, fliegende Vögel und ähnliche Dinge auf den Radarschirmen hervorriefen. Der folgende Luftwaffenbericht, der durch das FOIA-Gesetz 1985 freigegeben wurde, zeigt, daß diese Flugobjekte auch von mehreren Flugzeugpiloten mit bloßem Auge gesehen wurden.

»Die Luftwaffe hat einleitend Berichte vom Flugrouten-Verkehrskontrollzentrum (CCA) des National Airport über eine Sichtung von 7 bis 10 unidentifizierten fliegenden Objekten gegen Mitternacht am Samstag, den 19. Juli, erhalten. Übereinstimmend mit dem ARTC-Bericht wurden acht unidentifizierbare Objekte durch Radaroperateure des Washington Center in der Nähe der Andrews Luftwaffenbasis mit einer Geschwindigkeit von 160 bis 210 Kilometer pro Stunde auf ihren Radarschirmen festgestellt. ARTC berichtet weiter, daß die Besatzung des Capital Airlines-Fluges 807 dem National Airport um ungefähr 3.15 Uhr morgens eine Sichtung von sieben Lichtern zwischen Washington und Martinsburg in West Virginia meldete. Die Lichter wurden als sich schnell auf und ab, horizontal bewegend und in einer Position still schwebend beschrieben. ARTC meldet weiter, daß der Maschine des Fluges 610 ein Licht von Herndon, Virginia, sechs Kilometer bis zur Landung folgte. Diese Informationen wurden der verantwortlichen Luftwaffenbehörde mitgeteilt. Sie untersucht diese Angelegenheit.«[12]

Die Besatzung des zweiten Passagierflugzeuges berichtete, daß ihr Flugzeug vom Start in Herndon, Virginia, bis zum Aufsetzen ihrer Maschine am Washingtoner Flughafen von einem Lichtflecken verfolgt wurde. Das entspricht einer Entfernung von ungefähr 6,5 Kilometer. Diese Umstände sprechen gegen eine Inversionswetterlage, da die Lichtflecken während dieser langen

Strecke auch visuell sichtbar waren. Die radarvisuellen Sichtungen vom 19. Juli waren jedoch nur ein Vorspiel. Eine Woche später, am 26. Juli 1952, waren die UFOs um 22.30 Uhr wieder auf den Radarschirmen des Washingtoner National Airport zu sehen. Fünf oder sechs Objekte bewegten sich in südliche Richtung. Der Fluglotse Harry Barnes rief abermals beim Tower des Luftwaffenstützpunkt Andrews in Maryland an. Die Fluglotsen des Stützpunktes bestätigten seine Sichtung, da sie die UFOs auf ihren Radarschirmen sahen. Die ankommenden und abfliegenden Passagiermaschinen berichteten ebenfalls von merkwürdigen Lichtern in der Nähe des Flughafens. Die Fluglotsen benachrichtigten um 23.25 Uhr das amerikanische Verteidigungsministerium, das zwei Düsenjäger vom Typ F-94 in die Luft schickte, um die UFOs abzufangen. Die Piloten näherten sich den UFOs auf ungefähr 16 Kilometer. Sie konnten sie aber nicht einholen und beschrieben sie als sich bewegende grellweiße Lichtflecken. Alle an dem Zwischenfall beteiligten Fluglotsen bestätigten, daß es sich um »feste Gegenstände« handelte.[13]

Die Pressekonferenz am 28. Juli wurde das größte Medienereignis seit Ende des Zweiten Weltkrieges. Das Verteidigungsministerium war im ersten Moment ratlos, und die Militärs gaben bekannt, daß diese Sichtungen nichts mit irgendwelchen Geheimentwicklungen der amerikanischen oder sowjetischen Streitkräfte zu tun hätten. Einige Militärsprecher meinten, daß manche Objekte nachweislich außerirdischen Ursprungs seien.[14] Nach diesen Aussagen wurde das Verteidigungsministerium mit Anfragen überschüttet, und Pressemeldungen gingen um die ganze Welt. Major General John A. Samford versprach, eine Untersuchung durch unabhängige Wissenschaftler zu veranlassen. Es gibt natürlich keine Anhaltspunkte, daß dies jemals geschah. Wieder wurden die Sichtungen von Dr. Menzel mit einer Temperaturinversionslage erklärt, während er die visuellen Sichtungen als Massenhalluzinationen abtat. Den Medien blieb daher nichts anderes übrig, als sich mit Dr. Menzels Erklärungen abzufinden.

Die österreichische Tageszeitung *Die Presse* berichtete am 29. Juli

1952, daß die Beobachtungsprotokolle an den Geheimdienst des Verteidigungsministeriums und an das technische Forschungszentrum der Luftstreitkräfte auf dem Wright-Patterson-Luftwaffenstützpunkt bei Dayton, Ohio, weitergeleitet wurden.[15]

Daß diese Meldung noch vor Major General Samfords und Dr. Menzels Erklärungen von den Presseagenturen herausgebracht wurden, deutet darauf hin, daß die Luftwaffe und die Geheimdienste diese Sichtungen sehr ernst nahmen. Natürlich mußte man sich wie bei Roswell und unzähligen anderen Fällen etwas einfallen lassen, um die Presse und die Bevölkerung zu beruhigen. Die 1985 freigegebenen Dokumente machen deutlich, daß die Temperaturinversionsgeschichte von Dr. Menzel bewußt wesentliche Tatsachen verschleiert. Ein Auszug von Punkt 1 des Berichtes lautet:

Mysteriöse Lichter über Washington
Vergebliche Verfolgung durch Düsenjäger

Washington, 28. Juli (UP)

Das Oberkommando der amerikanischen Luftstreitkräfte gibt bekannt, daß amerikanische Düsenjäger in der Nacht zum Sonntag mehrere Stunden lang am Himmel über der amerikanischen Bundeshauptstadt „mysteriöse Objekte" verfolgt hätten. In weiteren amtlichen Mitteilungen heißt es, daß die geheimnisvollen „Gegenstände" von Düsenjägern selbst bei einer Geschwindigkeit von etwa 1000 Stundenkilometern nicht eingeholt werden konnten. Die Objekte seien von Beobachtern mit bloßem Auge und auch auf dem Schirm von Radargeräten beobachtet worden. Unter den Beobachtern hätten sich erfahrene Zivil- und Militärpiloten befunden.

Die Beobachtungsprotokolle wurden an den Geheimdienst des Verteidigungsministeriums und an das technische Forschungszentrum der Luftstreitkräfte auf dem Patterson-Flugplatz bei Dayton weitergeleitet.

Die mysteriösen Gegenstände waren am Samstag abend zuerst auf Radargeräten auf dem Zivilflughafen von Washington „erfaßt" worden. Das Verteidigungsministerium entsandte mehrere Offiziere des Geheimdienstes der Luftstreitkräfte zum Zivilflughafen, die dann die fliegenden Gegenstände gleichfalls auf den Radarschirmen beobachteten.

Auch mit bloßem Auge konnte man die Objekte sehen. Es seien, so sagen die Beobachter, vier bis zwölf gleichzeitig gesichtet worden. Ihre Form habe man nicht erkennen können,

sie seien nur als sich bewegende „grellweiße Lichtflecken" erschienen.

Zwei Nacht-Düsenjäger vom Typ f-84 erhielten den Auftrag zu starten und sich den geheimnisvollen Flugapparaten zu nähern. Einer der beiden Flieger sichtete die Lichtflecken und steuerte darauf zu, es gelang ihm aber nicht, sie einzuholen. Die Entfernung zwischen ihm und den Lichtflecken schätzte der Pilot auf etwa 16 Kilometer.

Ein Sprecher des Flugsicherungsdienstes auf dem Zivilflughafen erklärte, die Erscheinungen auf den Radarschirmen seien keinesfalls durch ionisierte Wolken oder andere elektrische Störungen zu erklären, da diese ganz andere Reaktionen in den Radargeräten hervorrufen. Nach den Radar-Beobachtungen habe es sich mit Sicherheit um „feste" Gegenstände gehandelt.

Abb. 26: Die Presse, *Wien, Österreich, 29. Juli 1952.*

217

»1. Eine sich ändernde Anzahl (bis zu 12 gleichzeitig), von unidentifizierten (u/i) Radarzielen wurden am ARTC-Radarschirm beobachtet. Sie wurden durch das CAA-Personal als im großen und ganzen feste Radarziele, ähnlich den a/c-Signalen, aber ausschließlich langsamer, bezeichnet. Es wurde kein definierbares Muster der Flugmanöver festgestellt. Am Anfang, um 21.50 Uhr, bewegten sich vier Radarziele mit 175 Kilometern pro Stunde in einer annähernd geraden Linie und einem Abstand von 2,5 Kilometern fort (eine Spurbeharrlichkeit von 2,5 cm und eine geschätzte Geschwindigkeit von 160 km/h). Zur selben Zeit befanden sich acht andere Signale verstreut im Bereich. ARTC kontrollierte Andrews mittels Telefon um 22.00 Uhr und stellte fest, daß sie auch u/i Radarziele am Radarschirm hatten. Die u/i-Signale wurden bis 27. Juli um 1.00 Uhr sprunghaft registriert. Schwache und sporadische Signale wurden ebenfalls für weitere 3,5 Stunden sprunghaft registriert. Die Radarmannschaft des Washington National Tower meldete nur ein positives u/i-Signal. Dieses Signal wurde als ein sehr gutes Radarziel, das sich von Westen nach Osten mit 50 bis 65 km/h bewegte, beschrieben.«

Danach ging man auf die Berichte von Zivilflugzeugbesatzungen ein. Die Objekte wurden als orange und weiße Lichtflecken beschrieben. Danach wurden zwei F-94-Düsenjäger zum Abfangen der Objekte in die Luft geschickt.

Ein Pilot erwähnte, daß er zur gleichen Zeit vier Lichter sah. Ein zweites Mal sah er ein Licht, konnte sich ihm aber nicht nähern, woraufhin das Licht ausging (das sind die Kommentare der ARTC-Kontrolleure). Ein ARTC-Kontrolleur bearbeitete eine B-25 der USAF (AF 8898?) für ungefähr 1 Stunde und 20 Minuten um 22.30 Uhr. Die B-25 wurde zu mehreren Radarzielen beordert und kommentierte, daß sie sich immer über Landstraßen oder Straßenkreuzungen befand. Maj. Fournet (AFOIN-2A2) und Lt. Holcomb (USN, AFOIN-2C5) erreichten den ARTC-Center am 27. um 0.15 Uhr. Lt. Holcomb beobachtete den Bereich und meldete »sieben gute, feste Radarziele«. Er führte eine Kontrolle mit der Flughafenwetterstation durch und

Washington, D. C. - Night of 26/27 July 52

(Partially witnessed by Maj. Fournet and Lt Holcomb
AFOIN-2C5; remainder as reported to them)

General:

This incident involved u/i targets observed on the radar scopes at the Air Route Traffic Control Center and the tower, both at Washington National Airport, and the Approach Control Radar at Andrews AFB. In addition, visual observations were reported to Andrews and Bolling AFB and to ARTC Center, the latter by pilots of commercial a/c and one CAA a/c. Two flights of interceptors were dispatched from Newcastle, Del., but their official reports have not been received by this office; comments on their conversations with ARTC Center personnel are included herein. It has been impossible to collect all facts for a single report. The Base Intelligence Officer, Bolling AFB, is submitting a report covering the Bolling and Andrews aspects of the incident. This report covers the facts obtained from Washington National A/P personnel, the USAF Command Post and the AFOIN Duty Officer log. As yet, the commercial and CAA pilots who reported visuals have not been contacted, nor have other potential sources been investigated. Such action will not be possible by this office.

1. Varying numbers (up to 12 simultaneously) of u/i targets on ARTC radar scope. Termed by CAA personnel as "generally, solid returns", similar to a/c return except slower. No definable pattern of maneuver except at very beginning about 2150 EDT, 4 targets in rough line abreast with about 1½ mile spacing moved slowly together (giving about a 1" trace persistency at an estimated speed of less than 100 mph) on a heading of 110. At the same time 8 other targets were scattered throughout scope. ARTC checked Andrews Approach Control by telephone at 2200 EDT and ascertained that they were also picking up u/i targets. U/i returns were picked up intermittently until about 27/0100 EDT, following which weak and sporadic (unsteady) returns were picked up intermittently for another 3½ hours. Washington National Tower radar crew reports only one target positively u/i. This return was termed a "very good target" which moved across the scope from West to East at about 30 to 40 mph. However, the radar operators stated that there could have been other u/i targets on their scopes, particularly outside their area of a/c control, which they would not have noticed or would have assumed to be a/c under ARTC Center control. However,

Abb. 27: Erste Seite des Originalberichtes des UFO-Zwischenfalls vom 26./27. Juli 1952.

stellte eine leichte Temperaturinversion (etwa 1°) vom Boden bis in 330 Meter Höhe fest. Er empfand, daß die Radarziele zu dieser Zeit »nicht das Resultat dieser Temperaturinversion waren« und benachrichtigte die Kommandoeinrichtung mit der Empfehthey noticed no other unusual (i.e. very slow or erratic) returns. ARTC Center controllers also report that a CAA flight inspector, Mr. Bill Schreve, flying a/c #NC-12 reported at 2246 EDT that he had visually spotted 5 objects giving off a light glow ranging from orange to white; his altitude at time was 2200'. Some commercial pilots reported visuals ranging from "cigarette glow" (red-yellow) to "a light" (as recorded from their conversations with ARTC controllers). At 2238 EDT the USAF Command Post was notified of ARTC targets. Command Post notified ADC and EADF at 2245, and 2 F-94's were scrambled from Newcastle at 2300 EDT. ARTC controlled F-94's after arrival in area and vectored them to targets with generally negative results (flew through "a batch of radar returns" without spotting anything). However, one pilot mentioned seeing 4 lights at one time and a second time as seeing a single light ahead but unable to close whereupon light "went out" (these comments from ARTC controllers). One ARTC controller worked a USAF B-25 (AF 8898 ?) for about 1 hr 20 mins about 2230 EDT. B-25 was vectored in on numerous targets and commented that each vector took him over a busy highway or intersection. Maj Fournet (AFOIN-2A2) and Lt. Holcomb (USN, AFOIN-2C5) arrived at ARTC Center about 27/0015 EDT. Lt. Holcomb observed scopes and reported "7 good, solid targets". He made a quick check with airport Weather Station and determined that there was a slight temperature inversion (about 1°) from the surface to about 1000'. However, he felt that the scope targets at that time were not the result of this inversion and so advised the Command Post with the suggestion that a second intercept flight be requested. (2nd intercept flight controlled by ARTC, but no strong targets remained when they arrived. They were vectored on dim targets with negative results.) Maj. Fournet and Lt. Holcomb remained in ARTC Center until 0415, but no additional strong targets were picked up; many dim and unstable targets (assumed due to temperature inversion) were observed throughout the remainder of the period.

Abb. 28: Zweite Seite des Originalberichtes des UFO-Zwischenfalls vom 26./27. Juli 1952.

lung, daß ein zweiter Aufklärungsflug durchgeführt werden sollte.[16]

Es ist interessant, daß es mehrere visuelle Sichtungen von Zivilflugzeugen, den F-94-Düsenjägern und dem Bodenpersonal, darunter auch Militärs, gab. Das Wesentliche an dem Bericht ist aber die Feststellung von Lt. Holcomb, daß die Wetterbedingungen keine wesentliche Inversionswetterlage aufwiesen. In den Dokumenten ist ausdrücklich von »festen Objekten« die Rede, die auf mehreren Radargeräten festgestellt wurden. Interessant sind auch die Bemerkungen der Radaroperateure.

Einige Radaroperateure bemerkten, daß die Signale von Objekten zu kommen schienen, die die Möglichkeit besitzen, sich aus dem Geschehen auszuschalten. Ein Mannschaftsmitglied berichtete, daß ein Objekt, zu welchem eine F-94 hinbeordert wurde, kurz nachdem das Flugzeug die Verfolgung aufgenommen hatte, vom Radarschirm verschwand. Alle Radaroperateure betonen ausdrücklich, daß die meisten u/i-Radarsignale von festen Gegenständen stammten.[17]

Zum Abschluß wurde noch darauf hingewiesen, daß die unidentifizierten Signale in den letzten Monaten öfters registriert worden waren. Sie erschienen aber niemals in einer so großen Menge und über einen so langen Zeitraum wie in den Nächten vom 19. bis zum 21. und vom 26. auf den 27. Juli 1952. Diese Ereignisse über der amerikanischen Hauptstadt dürften sämtliche Geheimdienste und Militärstellen überzeugt haben, daß man das UFO-Phänomen unter Ausschluß der Öffentlichkeit weiteruntersuchen sollte, um Panikreaktionen zu vermeiden.

3 UFOs und der nationale Sicherheitsrat

Durch Todd Zechel, einen ehemaligen Angestellten des amerikanischen Geheimdienstes NSA, ist bekannt, daß die CIA seit 1947 UFO-Daten sammelt, auswertet und die Ergebnisse von der Öffentlichkeit fernhält. Daß die CIA in UFO-Untersuchungen verwickelt ist, wurde 1978 bewiesen, als Todd Zechel und William Spaulding von der Ground Saucer Watch, einer in Arizona beheimateten UFO-Forschungsorganisation, nach monatelangen Gerichtsverhandlungen, mit Hilfe des Gesetzes zur Informationsfreiheit (FOIA), tausend Seiten der UFO-Dokumente der CIA freibekamen. Der New Yorker Rechtsanwalt Peter Gersten meint, daß die von der CIA freigegebenen Dokumente nur die Spitze eines Eisberges seien und UFO-Dokumente mit einer Gesamtanzahl von weit über 10 000 Seiten aus nationalen Sicherheitsgründen zurückgehalten werden. Allein die Referenzen der freigegebenen Dokumente lassen erkennen, daß die CIA über 200 UFO-Dokumente zurückhält.[18]

Nur vier Tage nach dem spektakulären UFO-Zwischenfall über der amerikanischen Hauptstadt Washington wurde ein informelles Memorandum von Edward Tauss, dem Chef der Waffen- und Ausrüstungsabteilung der CIA, über die UFO-Situation verfaßt. Nach anfänglicher Skepsis über die ungeklärten Berichte schließt Edward Tauss außerirdische Verursacher des Phänomens nicht aus und empfiehlt:

»Ungeachtet der vorher provisorisch angeführten Fakten: solange es eine Reihe von ungeklärten Meldungen gibt (interplanetare und außerirdische Herkunft werden nicht von den Überlegungen ausgeschlossen), erfordert die Vorsicht, daß der Geheimdienst die Angelegenheit weiterhin überwacht.«

In einer interessanten Randbemerkung dieses Memorandums heißt es:

»Es wird empfohlen, daß die CIA die Überwachung der Angelegenheit in Koordination mit den Behörden von ATIC fortsetzt. Es wird dringendst gebeten, daß in dieser Angelegenheit keine Hinweise über ein Interesse der CIA zur Presse oder in die Öffentlichkeit gelangt, da die Öffentlichkeit ein solches Interesse als Bestätigung der Gerüchte, daß sich in den Händen der U.S.-Regierung unveröffentlichte Fakten befinden, auslegen könnte.«[19]

Ein vierseitiges OSI (Office of Scientific Intelligence)-Memorandum an den CIA-Direktor General Walter Bedell Smith vom 24. September 1952 zeigt, daß die CIA sogar den nationalen Sicherheitsrat drängte, einen Untersuchungsausschuß ins Leben zu rufen, der feststellen sollte, ob UFOs eine Bedrohung für die nationale Sicherheit der USA darstellen.[20] Dieser Ausschuß war der nach dem Wissenschaftler H. P. Robertson benannte Panel, auf den im nächsten Kapitel ausführlich eingegangen wird. Ein Problem stellte das im UFO-Phänomen liegende Potential der Massenhysterie unter der Bevölkerung dar. Aus diesem Grund wollte die CIA eine nationale Kontrollstelle einsetzen, die der Öffentlichkeit in der UFO-Causa nur das sagen sollte, was der

Geheimdienst für richtig hielt. Das zweite Problem war die Verwundbarkeit des amerikanischen Luftraumes. Die CIA meinte, daß man UFOs mit sowjetischen Raketen oder Flugzeugen verwechseln und so ungewollt einen Konflikt auslösen könnte.

Ein weiterer Punkt dieses Memorandums betrifft ein vom Geheimdienst weltweit eingerichtetes UFO-Nachrichtensystem. Man kann davon ausgehen, daß ein solches auch heute noch existiert. Aus freigegebenen CIA-Dokumenten geht hervor, daß CIA-Agenten weltweit UFO-Berichte sammeln und sie ins CIA-Hauptquartier nach Langley, Virginia, senden. Dort werden sie je nach Wichtigkeit von verschiedenen Stellen bearbeitet. Außerdem wurde den meisten Luftwaffenstützpunkten befohlen, Abfangversuche an UFOs durchzuführen. Wenn sich die Luftwaffe sicher gewesen wäre, daß UFOs nichts anderes als Wetterballons oder Naturerscheinungen sind, hätte sie ihren Piloten sicher nicht aufgetragen, diese Objekte abzufangen.

Wieder einmal stellt sich die Frage, wieso weltweit mit einem so enormen finanziellen Aufwand Untersuchungen und Nachforschungen betrieben werden, wenn das Phänomen UFOs so bedeutungslos ist. In dem Memorandum wird auch darauf hingewiesen, daß UFO-Sichtungen in der russischen Presse nicht einmal eine satirische Erwähnung fanden. Die OSI-Agenten kamen zu dem Schluß, daß diese Tatsache auf einen offiziellen politischen Beschluß zurückzuführen war, da die Presse in der Sowjetunion vom Staat kontrolliert wurde. Ein bulgarischer Kollege überprüfte für uns über hundert bulgarische Zeitungen zwischen 1947 und 1948. Er fand nur einen Artikel in der *Bauern Zeitung* vom 12. Juli 1947 mit dem Titel: »Fliegende Scheiben wurden auch über Chile beobachtet.«[21] Der Artikel bezieht sich auf UFO-Sichtungen über Santiago, Chile, vom 19. Mai 1947. Man kann erkennen, daß die bulgarische Presse Meldungen vom aktuellen Weltgeschehen ungefähr zwei Monate später veröffentlichte. Dieser Zeitungsartikel war mit Sicherheit einer der letzten UFO-Berichte im ehemaligen Ostblock, da die Sowjetunion auch die Presse ihrer damaligen Satellitenstaaten kontrollierte und nach dem Roswell-Zwischenfall alle Berichte über UFOs bis zum Fall des Kommunismus zensierte. Das wissenschaftliche Institut vom Observatorium in Del Salto berichtete von einem seltsamen Objekt, daß sich zuerst langsam fortbewegte, dann für einen Zeitraum stillstand und später mit großer Geschwindigkeit (Mach 2) hinter dem Horizont verschwand. Am Schluß wird noch bemerkt, daß das Objekt von über 300 Personen beobachtet wurde und am 11., 23., 28. und 30. Juli Meteoritenschauer zu erwarten waren. Es soll aber bemerkt werden, daß sich das beobachtete Objekt nicht wie ein Meteor verhielt. Meteore verharren nicht in der Luft und beschleunigen mit Sicherheit nicht vom Stillstand auf Mach 2.

Man weiß heute von der russischen Bevölkerung, von Militärs, Wissenschaftlern, Piloten und sogar Kosmonauten, daß es nicht nur nach dem Zerfall des Kommunismus zu UFO-Beobachtungen, Entführungen und UFO-Landespuren gekommen ist. Seit Mitte der achtziger Jahre gibt es sogar ein Institut der russischen Akademie der Wissenschaften, das sich mit dem UFO-Phänomen beschäftigt. Die Mitarbeiter dieses Instituts sind nach ausgiebigem Studium ebenfalls zu der Meinung gekommen, daß sich hinter dem UFO-Phänomen etwas Reales verbirgt.[22, 23]

Ein wesentlicher Punkt, ist eine Erkenntnis der OSI-Studie im Diskussionsteil des Memorandums. Die offizielle vom ATIC durchgeführte Studie der Sichtungen erhält nur dann Gültigkeit, wenn sie alle Sichtungen wegerklärten und der Öffentlichkeit für jeden UFO-Bericht eine natürliche Erklärung liefert. Man weiß mittlerweile von ehemaligen Mitarbeitern von *Grudge* und *Blue Book,* daß der Zweck ihrer Projekte darin bestand, der Öffentlichkeit Erklärungen zu liefern. Die interessantesten Sichtungsberichte wurden von Agenten innerhalb dieser Projekte herausgefiltert und zu einer höheren Stelle weitergeleitet; es könnte *MJ-12* oder eine ähnliche Gruppe gewesen sein, die zu dieser Zeit wahrscheinlich schon UFO-Hardware von den angeblichen Abstürzen in New Mexico besaß.[24] Die Hersteller dieser CIA-Memoranden hatten von der Existenz einer solchen Gruppe keine Ah-

MEMORANDUM FOR: Director of Central Intelligence

THRU : Deputy Director (Intelligence)

SUBJECT : Flying Saucers

1. PROBLEM

To determine:

a. Whether there are national security implications in the problem of "unidentified flying objects" i.e. flying saucers;

b. Whether adequate study and research is currently being directed to this problem in its relation to such national security implications; and

c. What further investigation and research should be instituted, by whom, and under what aegis.

2. FACTS BEARING ON THE PROBLEM

a. OSI has investigated the work currently being performed on flying saucers and has found that:

(1) The only unit of Government currently studying the problem is the Directorate of Intelligence, USAF, which has charged the Air Technical Intelligence Center (ATIC) with responsibility for investigating the reports of sightings.

(2) At ATIC there is a small group consisting of a reserve Captain, two Lieutenants and two secretaries to which come all reports of sightings through official channels, and which conducts investigation of the reports either itself or through consultation with other Air Force officers or with civilian technical consultants.

(3) A world-wide reporting system has been instituted and major Air Force bases have been ordered to make interceptions of unidentified flying objects.

(4) The research being carried on is strictly on a case basis and appears to be designed solely to attempt a satisfactory explanation of each individual sighting as it occurs.

(5) ATIC has concluded an arrangement with Battelle Memorial Institute for the latter to establish a machine indexing system for official reports of sightings.

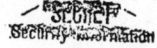

23

(6) Since 1947, ATIC has received approximately 1500 official reports of sightings plus an enormous volume of letters, phone calls and press reports. During the month of July 1952 alone, official reports totaled 250. Of the 1500 reports, Air Force carries 20% as unexplained and of those received January through July 1952 it carries 28% unexplained.

3. DISCUSSION

a. OSI entered into its inquiry fully aware that it was coming into a field already charged with partisanship, one in which objectivity had been overridden by numerous sensational writers, and one in which there are pressures for extravagant explanations as well as for oversimplification. The OSI Team consulted with a representative of Air Force Special Studies Group; discussed the problem with those in charge of the Air Force Project at Wright field; reviewed a considerable volume of intelligence reports; checked the Soviet press and broadcast indices; and conferred with three OSI consultants, all leaders in their scientific fields, who were chosen because of their broad knowledge of the technical areas concerned.

b. OSI found that the ATIC study is probably valid if the purpose is limited to a case-by-case explanation. However, the study makes no attempt to solve the more fundamental aspect of the problem which is to determine definitely the nature of the various phenomena which are causing these sightings, or, to discover means by which these causes and their visual or electronic effects may be immediately identified. Our consultant panel stated that those solutions would probably be found on the margins or just beyond the frontiers of our present knowledge in the fields of atmospheric, ionospheric, and extraterrestrial phenomena, with the added possibility that our present dispersal of nuclear waste products might also be a factor. They recommended that a study group be formed to perform three functions:

(1) Analyze and systematize the factors of information which form the fundamental problem;

(2) Determine the fields of fundamental science which must be investigated in order to reach an understanding of the phenomena involved; and

(3) Make recommendations for the initiation of appropriate research.

Dr. Julius A. Stratton, Vice President of the Massachusetts Institute of Technology, has indicated to OSI that such a group could be constituted at that Institute. Similarly, Project Lincoln, the Air Force air defense project at MIT, could be charged with those responsibilities.

Abb. 30: Zweite Seite des CIA-Memorandums vom 24. September 1952.

4. CONCLUSIONS

a. The flying saucer situation contains two elements of danger which, in a situation of international tension, have national security implications. These are:

(1) **Psychological** - With world-wide sightings reported, it was found that, up to the time of our investigation, there had been in the Russian press no report or comment, even satirical, on flying saucers, though Andre Gromyko had made one humorous mention of the subject. With a State-controlled press, this could result only from an official policy decision. The question, therefore, arises as to whether or not these sightings:

   (a) Could be controlled,

   (b) Could be predicted, and

   (c) Could be used from a psychological warfare point of view either offensively or defensively.

The public concern with the phenomena, which is reflected in the United States press and in pressure of inquiry upon the Air Force, indicates that there is a fair proportion of our population which is mentally conditioned to the acceptance of the incredible. In this fact lies the potential for the touching-off of mass hysteria and panic.

(2) **Air Vulnerability** - The United States Air Warning System will undoubtedly always depend upon a combination of radar screening and visual observation. We give Russia the present capability of delivering an air attack against us, yet at any given moment now, there may be current a dozen official unidentified sightings plus many unofficial. At any moment of attack, we are now in a position where we cannot, on an instant basis, distinguish hardware from phantom, and as tension mounts we will run the increasing risk of false alerts and the even greater danger of falsely identifying the real as phantom.

b. Both of these problems are primarily operational in nature but each contains readily apparent intelligence factors. From an operational point of view, three actions are required:

(1) Immediate steps should be taken to improve identification of both visual and electronic phantom so that in the event of an attack, instant and positive identification of enemy planes or missiles can be made.

- 3 -

(2) A study should be instituted to determine what, if any, utilization could be made of these phenomena by United States psychological warfare planners, and what, if any, defenses should be planned in anticipation of Soviet attempts to utilize them.

(3) A national policy should be established as to what should be told the public regarding the phenomena, in order to minimize risk of panic.

c. Intelligence problems include:

(1) The present level of Russian knowledge regarding these phenomena.

(2) Possible Soviet intentions and capabilities to utilize these phenomena to the detriment of US security interests.

(3) The reasons for silence in the Soviet Press regarding flying saucers.

d. Intelligence responsibilities in this field as regards both collection and analysis can be discharged with maximum effectiveness only after much more is known regarding the exact nature of these phenomena.

e. The problem transcends the level of individual departmental responsibilities, and is of such importance as to merit cognizance and action by the National Security Council.

f. Additional research, differing in character and emphasis from that presently being performed by Air Force, will be required to meet the specific needs of both operations and intelligence.

5. RECOMMENDATIONS

It is recommended that:

a. The Director of Central Intelligence advise the National Security Council of the security implications inherent in the flying saucer problem with the request that, under his statutory coordinating authority, the Director of Central Intelligence be empowered to initiate through the appropriate agencies, either within or without the Government, the investigation and research necessary to solve the problem of instant positive identification of "unidentified flying objects"

b. CIA, under its assigned responsibilities, and in cooperation with the Psychological Strategy Board, immediately investigate possible offensive or defensive utilization of the phenomena for psychological warfare purposes both for and against the United States, advising those agencies charged with U.S. internal security of any pertinent

Abb. 32: Vierte Seite des CIA-Memorandums vom 24. September 1952.

nung, da sie eine höhere Geheimhaltungsstufe besaß. Man kann davon ausgehen, daß die CIA auch Dokumente von geborgenen UFOs besitzt, sie aber aus nationalen Sicherheitsgründen vor der Öffentlichkeit zurückhält.

4 Das UFO-Entlarvungsprogramm der CIA

Während des Zeitraums zwischen dem 14. und dem 17. Januar 1953 wurde im amerikanischen Verteidigungsministerium ein geheimes Treffen abgehalten, welches als Robertson-Panel bezeichnet wurde.

Bei diesem Treffen wurde von der CIA ein UFO-Entlarvungsplan ausgearbeitet. 1975 wurden Teile dieses Berichtes deklassifiziert, also der Öffentlichkeit freigegeben. In diesem Bericht ging es um die Frage, ob UFOs die nationale Sicherheit der USA gefährden.[25] Wie aus dem vorigen Unterkapitel hervorgeht, drängte die CIA den nationalen Sicherheitsrat zum Einsatz dieses Panels. Die an dem Report beteiligten Wissenschaftler waren der Vorsitzende Dr. H.P. Robertson, Physiker und Spezialist für Waffensysteme, der Physiker und Radarexperte und spätere Nobelpreisträger Dr. Luis Alvarez, der Atomphysiker Dr. Samuel Goudsmith, der Astronom und Astrophysiker Dr. Thornton Page und der Geophysiker Dr. Lloyd V. Berkner. Es ist bemerkenswert, daß Dr. Lloyd V. Berkner auch in den *MJ-12*-Dokumenten angeführt ist. Weiters wurden dem Panel der Astronom Dr. J. Allen Hynek und der Raketenfachmann Frederick C. Durant zugeteilt.

Außer den Wissenschaftlern waren eine größere Anzahl von OSI- bzw. CIA-Mitgliedern sowie Bedienstete vom Luftwaffennachrichtendienst, vom ATIC und vom U.S. Navy Photo-Interpretations-Laboratorium anwesend. Die Wissenschaftler untersuchten zwanzig ausgewählte UFO-Fälle und zwei Filme. Die Kommission kam zum Schluß, daß weder in militärischer noch in wissenschaftlicher Hinsicht ein Grund zur Beunruhigung bestünde aber die Berichte über dieses Phänomen in unsicheren Zeiten eine Bedrohung für das ordnungsgemäße Funktionieren der Staatsorgane darstellte. Diese Feststellung wurde als Grund für eine Entlarvungskampagne des UFO-Phänomens herangezogen. In Punkt 4 der Zusammenfassung des Panels empfehlen die Beteiligten:

»a) Daß die nationalen Geheimdienste sofortige Schritte unternehmen sollen, um den speziellen Status und die Aura des Mysteriösen, welche die unidentifizierten fliegenden Objekte bekommen haben, zu entblößen.

b) Daß die Politik der nationalen Geheimdienste dahingehend ausgerichtet sein sollte, die Öffentlichkeit in ihrer physischen Abwehr und die Moral des Landes entsprechend zu stärken, so daß erstere auf feindliche Absichten oder Aktionen sofort und wirkungsvoll reagiert. Das Personal soll trainiert werden, falsche oder irreführende Hinweise sofort zu erkennen und durch diverse Kanäle (Fernsehen und Radio) regelmäßig eine Beurteilung von und eine sofortige Stellungnahme zu wahren Hinweisen über feindlichen Absichten zu geben.«

Die Beteiligten des Panels diskutierten auch Methoden, um UFOs in der Öffentlichkeit zu entlarven.[26] Es wurde beschlossen, CIA-eigene Psychologen mit dem Problem zu konfrontieren und Dokumentarfilme und Cartoons über UFOs anzufertigen, um die ganze Angelegenheit in der Öffentlichkeit lächerlich zu machen. Unter anderem wurde auch die Firma Walt Disney empfohlen. Nach den neuesten Enthüllungen über Walt Disney ist es vorstellbar, daß sein Konzern auch in der UFO-Entlarvungskampagne mitwirkte. Geschäftsklubs, Hochschulen und Fernsehstationen sollten bewußt oder unbewußt mit der CIA zusammenarbeiten, um UFOs in der Öffentlichkeit lächerlich und somit uninteressant zu machen. Das Fernsehen sollte UFO-Dokumentarfilme gestalten, die zunächst das Mysterium interessant erscheinen lassen und danach den Fall eindeutig aufklären. Der Öffentlichkeit sollte glaubhaft gemacht werden, daß es einfach nichts Unerklärbares gäbe. In solchen Dokumentarfilmen wirkte

indications of hostile action, and the cultivation of a morbid national
psychology in which skillful hostile propaganda could induce hysterical
behavior and harmful distrust of duly constituted authority.

4.   In order most effectively to strengthen the national facilities
for the timely recognition and the appropriate handling of true indications
of hostile action, and to minimize the concomitant dangers alluded to
above, the Panel recommends:

   a.   That the national security agencies take immediate steps
   to strip the Unidentified Flying Objects of the special status they
   have been given and the aura of mystery they have unfortunately
   acquired;

   b.   That the national security agencies institute policies
   on intelligence, training, and public education designed to prepare
   the material defenses and the morale of the country to recognize
   most promptly and to react most effectively to true indications
   of hostile intent or action.

We suggest that these aims may be achieved by an invegrated program
designed to reassure the public of the total lack of evidence of inimical
forces behind the phenomena, to train personnel to recognize and reject
false indications quickly and effectively, and to strengthen regular
channels for the evaluation of and prompt reaction to true indications
of hostile measures

                                    /s/ Lloyd V. Berkner
                                    Associated Universities, Inc.

/s/ H. P. Robertson   , Chairman
California Institute of Technology   /s/ S. A. Goudsmit
                                    Brookhaven National Laboratories
/s/ Luis W. Alvarez
University of California   /s/ Thornton Page
                                    Johns Hopkins University

                    -2-

Abb. 33: *Empfehlungen des Robertson-Panels vom 14.–17. Januar 1953.*

auch der NSA-Berater und Harvard-Astronom Dr. Donald Menzel mehrmals mit. Eine andere Empfehlung des Robertson-Panels war, daß zivile UFO-Organisationen überwacht werden sollten, da sie einen großen Einfluß auf die Öffentlichkeit haben könnten.

Nach diesem Ergebnis des Robertson-Panels wurde manchen der Beteiligten bewußt, daß der Panel von Spezialisten der CIA manipuliert wurde, um die UFO-Angelegenheit unter Ausschluß der Öffentlichkeit weiter untersuchen zu können. Captain Ruppelt und Major Fournet waren von der Entscheidung der CIA enttäuscht, da sie selbst Hunderte Berichte mit Wissenschaftlern von ATIC analysiert hatten und zu dem Schluß kamen, daß UFOs wirklich existierten. Sie waren der Meinung, daß eine mögliche Panik unter der Bevölkerung vermieden werden könnte, wenn man der Öffentlichkeit die Wahrheit sagt.

Dr. J. Allen Hynek sagte 1985 ebenfalls, daß der Robertson-Panel von der CIA manipuliert wurde.[27] Er sagte weiters, daß nach dem Robertson-Panel dem Projekt *Blue Book* keine Aufklärungsfunktion mehr zugestanden wurde und es zur Bedeutungslosigkeit herabsank, bis die Luftwaffe das Projekt 1969 einstellte. Das Projekt *Blue Book* sollte sich intensiver mit der Beruhigung der Öffentlichkeit befassen statt mit dem Sammeln und dem Prüfen von Daten. Ihm wurde klar, daß sich von nun an andere Gruppen innerhalb der Luftwaffe und des Geheimdienstes unter Ausschluß der Öffentlichkeit mit dem Phänomen beschäftigten. Dr. Hynek äußerte sich dahingehend, daß er diese Resolution nicht unterzeichnet hätte.

Am 19. Februar 1992 erhielten UFO-Forscher mittels eines FOIA-Antrags von der CIA weitere Dokumente, die den Robertson-Panel betrafen.[28] Unter den freigegebenen Dokumenten befand sich auch ein Brief von Dr. Robertson an den stellvertretenden Direktor des Office of Scientific Intelligence der CIA, Dr. H. Marshall Cadwell. Der Brief wurde drei Tage nach dem Robertson-Panel an Dr. Cadwell gesandt. Unter anderem wird in diesem Brief ein Treffen mit Mitgliedern von Amerikas geheimstem Nachrichtendienst National Security Agency (NSA) erwähnt.[29] Dieser Brief von Dr. Robertson bringt die NSA nur einige Monate nach ihrer Entstehung mit dem UFO-Phänomen in Zusammenhang. Man kann diesen Brief als Beweis auffassen, daß sich die supergeheime NSA seit ihrem Entstehen mit UFOs befaßt hat.

Weitere Dokumente besagen, daß der Robertson-Panel vom Intelligence Advisory Commitee (IAC) einberufen wurde und Dr. Robertson ein Mitglied vom Office of Scientific Intelligence der CIA war. Das IAC wurde 1947 gegründet und besteht aus den Direktoren aller Geheimdienste unter dem Vorsitz des Direktors der CIA. Da sich auch der Direktor der NSA im IAC befindet, wird hier eine zweite Verbindung zwischen UFOs und die NSA hergestellt.[30] Da das IAC über der CIA steht, kann man klar erkennen, daß das UFO-Phänomen von den höchsten Rängen der amerikanischen Regierung sehr ernst genommen wurde. Ein anderes Dokument, das die Organisation Citizens Against UFO Secrecy (CAUS) mit Hilfe des FOIA-Gesetzes erhielt, bestätigt ebenfalls, daß die amerikanische Regierung das UFO-Problem sehr ernst nahm. In diesem kurz vor Einberufung des Robertson-Panels verfaßten Memorandum von Dr. Marshall Chadwell an den damaligen CIA-Direktor Walter B. Smith wurde eine sofortige regierungsbezogene Erforschung des UFO-Phänomens gefordert.[31] Dr. Chadwell fordert in seinem Memorandum auch das National Security Council (NSC) und das National Security Directive (NSCID) auf, sich mit diesem Problem zu befassen. Diese Tatsache ist deshalb von besonderem Interesse, weil das NSC die höchste Stelle über allen militärischen und geheimdienstlichen Behörden innerhalb der USA einnimmt. Die Forderung einer seriösen regierungsbezogenen UFO-Forschung liegt in direktem Konflikt mit den Ergebnissen des Robertson-Panels.

Die Luftwaffe, die das Phänomen zunächst einigermaßen skeptisch untersucht hatte und in der Öffentlichkeit zwischen Aufrichtigkeit und Geheimnistuerei schwankte, entschied sich nun endgültig für die Geheimhaltung.[32] Von August 1953 an wurden alle UFO-Berichte nach Möglichkeit unterdrückt und alle Informationen für geheimhaltungsbedürftig erklärt. Ab Dezember 1953 wurden von den Stabschefs alle undichten Stellen geschlossen. Sie erklärten jede unbefugte Veröffentlichung von UFO-Informationen zu einem Verbrechen nach dem Spionagegesetz. Bei Verletzung des Spionagegesetzes war eine Geldstrafe von 10 000 Dollar oder Gefängnis bis zu zehn Jahren zu erwarten. Seither kamen keine Militärbediensteten mehr mit ihren UFO-Beobachtungen an die Öffentlichkeit. Donald Schmitt stellte 1993 einige FOIA-Anträge, mit denen er feststellen will, ob amerikanisches Militärpersonal, das mit UFOs in Berührung kommt, einen geheimen Schweige-Eid ablegen muß.[33] Donald Schmitt und andere UFO-Forscher behaupten nämlich, daß sie mehrere aktive Militärangehörige kennen, die wegen eines solchen Eides nicht öffentlich über UFOs sprechen wollen, da sie um ihre Pensionen fürchten.

Wenn es einen spektakulären UFO-Fall gab, erschienen sofort sogenannte Entlarver wie zum Beispiel Dr. Donald Menzel, oder heute Philip Klass oder Mitglieder anderer organisierter Skeptikerorganisationen, um den oder die Zeugen lächerlich zu machen oder als Betrüger darzustellen.[34] Fernsehen, Zeitungen und Presseagenturen übernehmen meistens die Meinungen dieser zweifelhaften Fachmänner. Diese Methode funktioniert außerordentlich gut, so daß UFO-Zeugen aus Angst, sich vor der Öffentlichkeit lächerlich zu machen, ihre Sichtungen oder UFO-Erfahrungen nicht mehr melden. Der Geheimdienst beobachtete auch den Buchmarkt, der UFO-Publikationen veröffentlichte. Im Punkt 5 eines CIA-Dokuments von 17. Dezember 1953 heißt es:

»5. Resultate vom OSI-Panel und Empfehlungen. Die Berater, die dieses Problem im Januar 1953 behandelten, empfahlen, UFOs ihren speziellen Status und die Aura des Mysteriums zu entziehen, und daß die Geheimdienstpolitik die Öffentlichkeit entsprechend aufklären soll, so daß sie auf feindliche Absichten oder Aktionen durch gezielte Hinweise vorbereitet ist. Die Tatsache, daß die Zahl der gemeldeten UFO-Sichtungen seit 1953 stark zurück ging, könnte darauf zurückzuführen sein. Zwei kürzlich erschienene Bücher (*Fliegende Untertassen vom Weltraum* von Keyhoe und *Fliegende Untertassen sind gelandet* von Leslie und Adamski) ziehen ihren Nutzen aus offiziell freigegebenen UFO-Berichten der Luftwaffe, um das Thema auf außerirdischen Ursprung zurückzuführen. Das letztgenannte Buch beinhaltet eine so große Ansammlung von Unfug und Unwahrheiten, daß es uns helfen kann, die Reaktionen in der Öffentlichkeit zu beruhigen.«[35]

d. Other. Aside from a few scattered reports, mostly old, which indicate interest in UFOB's by private individuals or groups, there is no information of concern or inquiries of consequence in other foreign countries.

5. Results of OSI Panel Recommendations. The consultants who considered this problem in January 1953 recommended that UFOB's be stripped of special status and aura of mystery and that policies on intelligence, training and public education pertinent to true indications of hostile intent or action be prepared. The definite drop in the number of "sightings" reported during 1953 over 1952 could be attributed to actions following these recommendations. Two recent books ("Flying Saucers From Outer Space" by Keyhoe and "Flying Saucers Have Landed" by Leslie and Adamski) take full advantage of "official" UFOB reports released by the Air Force to develop a central theme that UFOB's are extraterrestrial in origin. Fortunately, the latter book is so nonsensical and obviously fraudulent that it may actually help calm down public reaction. These books do, however, illustrate the risk taken by the present policy. There are no other as yet apparent results of these recommendations.

TODOS N. ODARENKO

-3-

Abb. 34: Punkt 5 der OSI-Nachforschungen, ein Jahr nach den Beschlüssen des Robertson-Panels, 17. Dezember 1953.

Das erste Buch von Major Keyhoe beunruhigte die CIA, da Keyhoe behauptete, die Luftwaffe würde das UFO-Phänomen vertuschen und der Öffentlichkeit die Wahrheit verschweigen. Das zweite Buch wurde von dem UFO-Kontaktler George Adamski geschrieben, der behauptete, er sei Außerirdischen von der Venus begegnet und in ihren Raumschiffen mitgeflogen. Die CIA machte sich Bücher dieser Art, Betrüger und Schwindler scheinbar zunutze, um in der Öffentlichkeit das UFO-Phänomen lächerlich zu machen.

Auf das Buch von Major Keyhoe reagierte der Geheimdienst dahingehend, daß Dr. Donald Menzel ein Buch mit dem Titel *Flying Saucers* herausbrachte, in dem er jeden, der behauptete, ein UFO gesehen zu haben, der Lächerlichkeit preis gab. Als dann im Oktober 1953 die Zeitschrift *Look* Ausschnitte aus Keyhoes Buch veröffentlichte, brachte die Luftwaffe *Look* dazu, sich von der Aussage des Artikels zu distanzieren und Wissenschaftlern der Luftwaffe zu gestatten, sich zu verschiedenen Punkten zu äußern. Je mehr rationale Behauptungen die Luftwaffe hervorbrachte, desto hartnäckiger behauptete Keyhoe, daß sie etwas zu vertuschen hatte. Die amerikanische Öffentlichkeit stand nun ratlos zwischen Dr. Menzel, der Luftwaffe und Major Keyhoe. Heute, nach der Veröffentlichung von Tausenden Dokumenten und Menzels Entlarvung als NSA-Berater, ist mit Sicherheit anzunehmen, daß Major Keyhoe im Recht war. Leider dominieren den Buchmarkt und den Zeitschriftenmarkt auch heute noch fast nur unglaubwürdige Werke, die die Vertuschung des UFO-Phänomens weiter aufrechterhalten.

Daß diese Entlarvungskampange heute noch genauso wirksam ist wie vor vierzig Jahren, soll anhand einiger Beispiele erklärt werden. Im ersten Beispiel geht es um das Phänomen der Kornkreise, das, wie es scheint, mit dem UFO-Phänomen zusammenhängt, wir aber in diesem Buch nicht näher behandeln. Vor 1991 gab es in Österreich und auch in Deutschland so gut wie keine Berichte über Kornkreise im Fernsehen oder im Radio. Die Bevölkerung hatte keine Ahnung, wie diese Kreise aussahen. Nur wenige wußten, daß manche Formationen über hundert Meter groß sind und daß das Getreide nicht geknickt war. Außerdem sah man seltsame Lichter über den Feldern, die zum Teil sogar gefilmt wurden. Bei manchen Getreideformationen konnte man elektromagnetische Effekte nachweisen. Als sich nun immer mehr Wissenschaftler mit diesem Phänomen auseinanderzusetzen begannen und vor einem Rätsel standen, mußten sich bestimmte Regierungsbehörden etwas einfallen lassen, um das Phänomen zu entlarven. Man organisierte über eine englische Tageszeitung zwei ältere Herren, die behaupteten, daß sie alle Kornkreise gefälscht hätten. Diese Meldung wurde dann seltsamerweise besonders gut organisiert von allen Presseagenturen, ohne Nachforschungen anzustellen, übernommen.

Der österreichische Rundfunk brachte beispielsweise in der Ö3-Radiosendung *Gedanken* zu Faschingsbeginn 1991 einen Beitrag über die Kornkreise. Die an der Untersuchung der Kornkreise beteiligten Wissenschaftler wurden als Spinner oder wissenschaftliche Grenzgänger bezeichnet, die einem einfachen Trick aufgesessen waren. Für die Österreicher und natürlich auch für die meisten Bewohner anderer Länder, denen man in den Medien die Geschichte der beiden Kornkreisfälscher verkaufte, war dieses Phänomen damit geklärt. Jeder, der seither etwas anderes behauptet, wird ebenfalls zu den Spinnern gezählt. In England kam man noch am nächsten Tag dahinter, daß mit den beiden Herren etwas nicht stimmte und eigentlich sie die Betrüger waren. Die internationale Presse schweigt dazu bis heute, und die uninformierte Öffentlichkeit glaubt noch immer, daß die beiden älteren Herren alle Kornkreise gefälscht hatten und daß es heute keine mehr gibt, da ja nichts mehr über sie in den Medien berichtet wird. 1992 wurde ein Kornkreisfälscherwettbewerb in West Wycombe in Buckinghamshire ausgetragen, bei dem zwar manche Teilnehmer noch besser als die beiden rüstigen Pensionisten waren.[36] Es war aber auch den besten Fälschern unmöglich, die Getreideformationen ohne Verletzung der Pflanzen herzustellen. Sie waren außerdem nicht imstande, die für die echten Kreise und Formationen charakteristische Wirbelstruktur nachzubilden. Natürlich gelingt es bis heute niemandem, diese Kreise in Rapspflanzen nachzuahmen, da ihre Stengel zu dick sind und sie sofort abbrechen, wenn man sie über 45 Grad abbiegt.

Die Öffentlichkeit wurde nicht über die Erkenntnis des Biophysikers Dr. Levengood aus Michigan informiert, daß sich die Zell-struktur der Pflanzen von nicht gefälschten Getreideformationen veränderte und es zu genetischen Veränderungen innerhalb der Pflanzen kam.[37, 38] Dr. Levengood fand heraus, daß Pflanzen, deren Samen aus echten Getreideformationen stammen, eine um ca. 45 % schnellere Wachstumsrate aufweisen als Kontrollpflan-zen. Ein amerikanisches Forscherteam, dem zwanzig Wissen-schaftler, darunter Atomphysiker und Chemiker unter der Lei-tung des Physikers Michael Corost, angehörten, fanden 1991 in manchen Bodenproben aus dem Inneren der Kornkreise kurz-lebige Isotope, die nicht in der Natur vorkommen.[39] Es wird an-genommen, daß hochfrequente elektromagnetische Wellen, ähn-lich den Mikrowellen, die Atome der Pflanzen und des Bodens anregen.

Die Mitarbeiter des Projekts *Argus* fanden 1992 bei Pflanzen, die sich innerhalb von nicht gefälschten Kornkreisen befanden, unter dem Elektronenmikroskop blasenartige Strukturen.[40] Manche der Kontrollproben wiesen eine geringere Anzahl dieser Blasen auf. Da die Kontrollproben dreißig Schritte von den Getreidefor-mationen entfernt entnommen wurden, ist es möglich, daß einige dieser Pflanzen ebenfalls von diesem kreisformenden Phänomen beeinträchtigt wurden, denn Pflanzen von eindeutig gefälschten Kreisen hatten keine Blasen. Zur Zeit finden noch weitere Unter-suchungen statt, um dieses Rätsel zu lösen. Die Blasenbildung könnte auch auf eine kurzzeitige Erhitzung der Pflanzen hinwei-sen. Außer diesen Entdeckungen wurden auch fliegende Lichtob-jekte über den Feldern gefilmt, in denen man später neue Ge-treideformationen entdeckte. Hier scheint die objektive Bericht-erstattung einiger Medien zu versagen. Einige *private* deutsche Fernsehsender und überraschenderweise auch das ZDF haben 1993 einige gute Dokumentationen über UFOs und das UFO-Entführungsphänomen ausgestrahlt. Nach der Ausstrahlung die-ser Sendungen startete die deutsche UFO-Skeptikerorganisation CENAP sofort einen Kreuzzug gegen die UFO-Forscher und die sogenannten UFO-Kulte. CENAP setzte sich mit einigen deutschsprachigen Astronomiezeitschriften, wie *Sterne und Weltraum* oder dem österreichischen *Star Observer,* in Verbindung. Diese Zeitschriften brachten von den Skeptikern unterstützte Artikel, die mit Photos von in die Luft geworfenen Kochtöpfen versehen waren und die auf die kuriosen Kontaktler wie den in CIA-Dokumenten erwähnten George Adamski eingingen.

UFO-Abstürze werden als Gerüchte von einigen Spinnern abgetan und ins Reich der Märchen verwiesen. Mit dem Photo eines verbrannten Drachenfliegers sollen die Gerüchte über geborgene Leichen von UFO-Insassen entlarvt werden. In einem Brief an die Astronomiezeitschrift *Sterne und Weltraum* vom 8. September 1993 berichtet der CENAP-Gründer, Einzelhandelskaufmann und Amateurastronom Werner Walter über die Serviceleistungen seiner Organisation.[41] Er bittet in seinem Brief alle astronomischen Einrichtungen darum, UFO-Meldungen an CENAP weiterzuleiten. Dadurch soll es möglich sein, sich vom »UFO-Taumel« zu entlasten und durch die sachverständige Analyse von CENAP sicher zu sein, daß alle Meldungen dennoch zur Zufriedenheit der Beteiligten bearbeitet werden. Walter schreibt weiter, daß durch diese Vorgehensweise der »UFO-Spuk« endlich in die richtige Bahn gelenkt und der öffentlichen Aufklärung somit ein Dienst erwiesen wird. Mittels des »UFO-Problemthemas« sei es für die Institutionen möglich, sich reges Publikumsinteresse zu verschaffen und so die eigene Arbeit bekannt zu machen, ohne Gefahr zu laufen, daß »unsinnige Verrücktheiten« durch schlecht recherchierende Laien verbreitet werden. Walter bietet als Leistung seiner Organisation an, Vorträge von erfahrenen UFO-Skeptikern zu veranstalten, um dem »UFO-Zauber« öffentlichkeitswirksam den Garaus machen zu können. Leider gibt es begründete Zweifel daran, ob CENAP seine selbstgestellte Aufgabe überhaupt erfüllen kann: Diese Organisation kann gar keine sachverständige Analyse leisten, da sie nicht die nötigen Mittel, wie leistungsfähige Computer und das nötige Know-how zur wissenschaftlichen Analyse von UFO-

Photos oder Videoaufnahmen besitzt. Anhand der zweiten Service-Leistung sieht man, wie dieser Verein die ahnungslose Öffentlichkeit auf den Arm nehmen will. Die astronomischen Institute sollen Vorträge über UFOs veranstalten. Da dieses Thema populärer ist als zum Beispiel Mondfinsternisbeobachtungen, kann man davon ausgehen, daß diese Vorträge auch gut besucht werden und die Astronomieinstitute dem Vorschlag nicht abgeneigt sein werden. Die Leute, die sich aber auf einen *objektiven* Vortrag über das UFO-Phänomen freuen, werden enttäuscht sein.

In diesen Artikeln wird nichts von den mittlerweile Tausenden Seiten freigegebener Dokumente über UFOs oder über Tierverstümmelungen erwähnt. Weiters wurden in diesen Artikel ausschließlich eindeutig gefälschte UFO-Photos abgebildet. Es wurden auch keine zu dem Thema positiv eingestellten Wissenschaftler interviewt. Das Entführungsphänomen wird von diesen selbsternannten UFO-Experten psychologisch wegerklärt. Sie setzen sich in dieser Angelegenheit einfach in denselben Zug wie ihre amerikanischen Entlarverkollegen Philip Klass oder der durch seine Fernsehsendung *Der Kosmos* auch bei uns bekannt gewordene Astronom Carl Sagan. Diese vorher genannten Skeptiker haben keine psychologischen Kenntnisse und auch keine Erfahrung auf diesem Gebiet, scheinen aber die Wahrheit für sich gepachtet zu haben. Keiner dieser Skeptiker hat jemals so wie der Harvard-Professor Dr. John E. Mack oder andere Psychologen mit Entführten gearbeitet, da sie diese Leute schon von vornherein als Spinner abtun. Psychiater oder Mediziner würden ihre Meinungen zur Sternentstehung wohl kaum der Öffentlichkeit anbieten. Organisationen wie CENAP haben im deutschsprachigen Raum mit ihren Erklärungen ein leichtes Spiel, da es hier keine Psychiater vom Range eines Dr. John E. Mack, gibt, die ihren Argumenten in der Öffentlichkeit entgegentreten.

In diesen Artikeln wurden auch einige deutsche Astronomen zum UFO-Thema befragt. Sie gehen davon aus, daß es wahrscheinlich Leben auf anderen Planeten gibt, aber die Entfernungen zwischen den Sternen zu groß sind, um von anderen Sonnensystemen zur Erde zu gelangen. Dieses Argument ist richtig, wenn man vom heutigen wissenschaftlichen und technischen Stand ausgeht. Für eine Zivilisation, die der unseren Hunderte oder Tausende von Jahren voraus ist, sind die physikalischen Probleme, mit denen wir uns heute beschäftigen, möglicherweise längst gelöst. Außerdem könnte es außer der außerirdischen Hypothese noch andere Herkunftsmöglichkeiten von UFOs geben (z. B. Wesen aus Paralleluniversen, anderen Dimensionen oder Zeitreisende). Wir wissen aus eigener Erfahrung, daß die meisten europäischen Wissenschaftler von der Existenz eines Gesetzes zur Informationsfreiheit keine Ahnung haben. Sie glauben noch immer, daß der Planet Venus (Morgen- oder Abendstern) für die meisten UFO-Sichtungen verantwortlich ist, da sie, so wie die Öffentlichkeit ihre Informationen von der uninformierten Presse, diese Informationen wiederum von den UFO-Skeptikern erhalten und daher ebenfalls nichts über die Fortschritte der seriösen UFO-Forschung wissen.

Das bekannte deutsche Wissenschaftsmagazin *Bild der Wissenschaft* brachte zum Beispiel in der Februarausgabe 1993 eine Buchvorstellung über UFOs.[42] Der Wissenschaftsjournalist Hans Schmidt berichtete in dieser Ausgabe über das Buch des Diplom-Dolmetschers Ulrich Margin *Von UFOs entführt – Unheimliche Begegnungen der vierten Art*. Ulrich Margin wurde von Hans Schmidt als *Der UFO-Experte* vorgestellt, der ein sauber recherchiertes Buch zum Thema vorgelegt hat. Hans Schmidt schreibt, daß Margins Buch eine distanzierte Auseinandersetzung mit einer massenpsychologischen Erscheinung ist, die sich regelmäßig in Krisenzeiten oder unter dem Einfluß moderner Ersatzreligionen manifestiert, zusätzlich angeheizt durch sensationslüsterne Medien, kühl kalkulierende Sektenführer und geschäftstüchtige Science-fiction-Autoren. Margins Resümee: »Der UFO-Glaube stillt den Hunger in einer materialistischen Welt.«
Für die Wissenschaftler unter den Lesern dieser Zeitschrift ist das Thema UFO somit abgeschlossen. Wie sauber Ulrich Margin für

sein Buch recherchiert hat, erkennt man, wenn man seinen Absatz über Tierverstümmelungen betrachtet.[43] Er schreibt, daß in den siebziger Jahren unseres Jahrhunderts in den USA zahlreiche Berichte über grauenhaft verstümmelte Tiere *kursierten,* die angeblich von Außerirdischen geschlachtet wurden. Weiters berichtet er, wie am 28. April 1897 der Farmer Alexander Hamilton aus LeRoy, Kansas, einige gräßliche Gestalten sah, die von einem Luftschiff aus mit einem Anker eines seiner Kälber geangelt und verstümmelt hatten. Auch diese Geschichte stellte sich als Schwindel heraus. Ulrich Margin macht mit diesem Absatz das sehr wohl real existierende Phänomen der Tierverstümmelungen lächerlich und verweist es ins Reich der Märchen. Anhand dieses Absatzes kann man davon ausgehen, daß beim restlichen Teil des Buches ebenso unseriös oder uninformiert gearbeitet wurde. Solche Bücher sind bei weitem *nicht wissenschaftlich* und schon gar *nicht sauber* recherchiert.

Wieso sich die soziologische Hypothese des UFO-Phänomens halten kann, wollen wir an einem weiteren Beispiel deutlich machen. Am 8. September 1993 brachte die Berliner Zeitung *Tagesspiegel* einen Beitrag vom 2. Weltkongreß der UFO-Forscher in Budapest.[44] Der Titel des Zeitungsartikels lautete »Außerirdische landen im Februar 1994 – Vor Ankunft phantastisches Feuerwerk erwartet«. In diesem Artikel wird der schwedische UFO-Forscher Dag Warghusen zitiert, der den Journalisten folgende kuriose Geschichte mitteilte:

»Die größte Operation im Universum steht bevor. Die 1217 Mitglieder des Rates der Planetarischen Föderation werden mit einem Beitrittsangebot an uns, die Erdenbürger, herantreten.«

Auf die Frage woher er diese Informationen habe, antwortete Dag Warghusen, daß sie von einem Außerirdischen namens *Ganjon* stamme. *Ganjon* soll auf den uns noch unbekannten Planeten Azhiz, Nektra, Zachex und Oxtra leben. Warghusen behauptet weiters, daß sich *Ganjons* Informationen über einen *Weißen Zeitkanal* auf seiner Schreibmaschine materialisiert hätten. Die Operation selbst besteht laut Warghusen aus einer Manifestation von Zehntausenden von Raumschiffen, die mit strahlender Beleuchtung kunstvoll über zehn Weltstädte fliegen werden. Weiters berichtet die Zeitung, daß der Veranstalter des UFO-Kongresses einen ehemaligen Sportflugplatz gekauft hat und ihn zu einem UFO-Landeplatz umbaute. Bei Personen wie Herrn Warghusen handelt es sich um Menschen, die vor der Realität fliehen und in einem fiktiven Universum Zuflucht finden, in dem alles möglich ist. Wenn man das UFO-Problem nicht wissenschaftlich bearbeitet, wird es rasch von den UFO-Sekten und ihren Gurus eingenommen. Wie aus freigegebenen CIA-Dokumenten ersichtlich wurde, eignen sich diese gutgläubigen Personen besonders gut zum Verbreiten von Desinformation.

Dieser UFO-Kongreß hatte natürlich nichts mit den UFO-Symposien von wissenschaftlichen UFO-Organisationen wie MUFON oder CUFOS gemeinsam, sondern bestand aus Esoterikern, die in Wirklichkeit moderne Ersatzreligionen suchen, oder wie Hans Schmidt in *Bild der Wissenschaft* richtig schrieb, aus kühl kalkulierenden · Sektenführern und geschäftstüchtigen Science-fiction-Autoren. Die uninformierten und sensationslüsternen Journalisten hatten jedenfalls ihre *Story*, die sie in ganz Europa verbreiten konnten. Solche Meldungen liefern den Skeptikerorganisationen wie CENAP natürlich genug Stoff, um das gesamte UFO-Phänomen lächerlich zu machen. Die Zeitschrift *Tele-Prisma* brachte einige Zeit später einen von der zuvor genannten Skeptikerorganisation aufbereiteten Artikel zum vorher erwähnten UFO-Kongreß.[45] Der Artikel hatte den Titel »Blicke voller Angst und Sehnsucht«. Zuerst wurden die Teilnehmer dieses Kongresses als *Die UFO-Experten* dargestellt, so daß für den Leser der Eindruck entstand, daß sich nur Esoteriker, Weltfremde, oder Psychopathen mit dem UFO-Phänomen beschäftigen. Die Aussagen von Herrn Dag Warghusen wurden richtigerweise als Phantasterei und als die uralte Hoffnung, nicht gänzlich allein zu sein in der unvorstellbaren Weite des Weltalls, erklärt. Danach wurden die Leser dieser Zeitschrift mit Fehlinformationen versorgt. Die UFO-Welle, die 1989/90 in Belgien stattfand, wurde ebenfalls lächerlich gemacht. Den Lesern wurde verschwiegen, daß mehrmals F-16-Kampfflugzeuge aufstiegen, um die UFOs abzufangen. Der an den Untersuchungen der belgischen UFO-Welle beteiligte Physiker August Meessen wurde mit den in Ungarn anwesenden *UFO-Experten* in einen Topf geworfen. Die Leser dieser Zeitung wußten natürlich nicht, daß August Meessen Physikprofessor an der Universität von Louvain ist und in Zusammenarbeit mit der belgischen Luftwaffe Radaraufzeichnungen der F-16 sowie mehrere Videoaufnahmen und Photos der UFOs untersuchte.[46] Selbst ein Generalmajor der belgischen Luftwaffe, Wilfried De Brouwer, ist sich ziemlich sicher, daß die Flugleistung dieser über dem belgischen Luftraum registrierten Objekte unsere technologischen Möglichkeiten bei weitem übertrafen. Es wird natürlich wieder kein Wort über die mittlerweile an die tausend Seiten freigegebener UFO-Dokumente oder von mit modernsten Computeranalysen untersuchten UFO-Photos und Tierverstümmelungen erwähnt. Für diese Personen scheint es nur ein Motto zu geben, nämlich: Was nicht sein darf oder nicht in ihr derzeitiges Weltbild paßt, kann es nicht geben.

Der angesehene britische Wissenschaftler James Pringle und der Großteil der wissenschaftlichen Gesellschaft behaupteten 1759, daß Meteoriten unmöglich Steine aus dem Weltraum sein können. Es dauerte über fünfzig Jahre, bis genug Daten gesammelt wurden, die die Theorie der *Himmelssteine* bewiesen. Dieses Beispiel macht deutlich, wie träge die Wissenschaft gegenüber verrückt klingenden neuen Theorien reagiert. Jene Artikel, die von den Skeptikerorganisationen aufbereitet werden, sind eine einseitige Berichterstattung zur Lächerlichmachung und Wegerklärung des UFO-Phänomens. Die Arbeitsweise dieser Entlarver erinnert an die vom amerikanischen Geheimdienst CIA eingesetzten nationalen Kontrollstellen, die laut Memorandum vom 24. September 1952 der Öffentlichkeit ausschließlich gefilterte Informationen vermitteln, um die Gefahr einer Panik unter der Bevölkerung zu minimieren. Die angeführten Beispiele zeigen, wie die von der CIA im *Robertson-Panel* 1953 beschlossenen Vorgangsweisen zur Entlarvung von UFOs und ähnlicher Phänomene auch heute noch sehr gut funktionieren.

5   Die weltweite UFO-Datenerfassung der CIA

Obwohl der Robertson-Panel im Januar 1953 anscheinend festgestellt hatte, daß UFOs keine direkte physikalische Gefahr für die nationale Sicherheit der USA darstellten, baute die CIA ihr weltweites Überwachungsprogramm zur Datenerfassung von UFOs aus. Viele der durch das Gesetz zur Informationsfreiheit freigegebenen CIA-Dokumente behandeln weltweite Berichte von UFO-Sichtungen. Diese Berichte wurden von CIA-Agenten oder von U.S.-Botschaftspersonal aus Tageszeitungen oder Rundfunksendungen übernommen und nach Amerika ins CIA-Hauptquartier geschickt. Viele dieser Berichte wurden in dem Buch *Clear Intent* [47] 1984 publiziert und werden, je nach Glaubwürdigkeit der Zeugen und militärischem Interesse, von verschiedenen Stellen bearbeitet. Auch anhand österreichischer Zeitungsberichte läßt sich diese Vorgehensweise sehr gut erkennen. Die ersten Berichte handeln von UFO-Sichtungen von Juni bis September 1954 in Österreich, Finnland und Norwegen. Diese Dokumente wurden jedoch mehr als ein Jahr nach dem Robertson-Panel, nach dessen Ende die CIA jede Beteiligung an UFO-Untersuchungen abstritt, erstellt. [48] Die Sichtungen wurden von einfachen Leuten aus allen Bevölkerungsschichten gemacht. Die Flugobjekte, die dabei beschrieben wurden, vollführten wieder die oft beschriebenen plötzlichen Richtungsänderungen. In der *Neuen Wiener Tageszeitung* vom 20. August 1954 ist von Zickzack-Bewegungen eines Flugobjektes über Bregenz die Rede. In den *Salzburger Nachrichten* vom 20. Juni 1954 war zu lesen, daß über Hallein ein leuchtendes Flugobjekt beobachtet wurde, das seine Richtung plötzlich von der vertikalen in die horizontale Richtung änderte.

Die Berichte aus Finnland und Norwegen handeln von Objekten, die während und nach der Sonnenfinsternis am 11. und 12. Juli 1954 photographiert und gefilmt wurden. Im finnischen Bericht vom 11. Juli 1954 heißt es, daß das runde Objekt von der Sonne angestrahlt wurde und deshalb eine feste Oberfläche haben mußte. Am 12. Juli 1954 wurde über Maarianhamina ein zigarrenförmiges Objekt photographiert. Der norwegische Bericht vom 6. Juli 1954 handelt von einem Film, der von einem Flugzeug aus in 4500 Metern Höhe gemacht wurde. Dieser Film zeigt zwei glänzende Scheiben, die sich mit großer Geschwindigkeit vom Flugzeug wegbewegten. Einfache Sichtungen, wie die oben beschriebenen, wurden dem Thema »Militär – Unidentifizierte fliegende Objekte« zugeordnet. Für den Geheimdienst und die Militärs interessantere Berichte, beispielsweise Informationen von Militärpiloten anderer Länder, wurden unter dem Thema »Militär – Wissenschaftlich – Luft« behandelt.

Der österreichische Journalist und Abenteurer Fritz Sitte verfaßte am 29. März 1952 in der Wiener Zeitung *Die Presse* einen Bericht über einen Fliegerhauptmann, der in Belgisch-Kongo mit seinem Flugzeug zwei UFOs verfolgte.[49] Die Skizze mag aus heutiger Sicht lächerlich erscheinen, doch man war am Flugverhalten der UFOs interessiert. Interessant scheint der letzte Satz im dazugehörigen CIA-Bericht, der da lautet:

»Er gab einen detaillierten Bericht an seinen Vorgesetzten weiter, welcher, seltsam genug, in jeder Beziehung mit den verschiedenen Ergebnissen unserer Forschungen übereinstimmt.«

Die CIA beteiligte sich auch schon vor dem Robertson-Panel eifrig an der Untersuchung und an der Datenerfassung von UFOs und hatte bereits Forschungsergebnisse für ihre Untersuchungen zur Verfügung.[50] Fritz Sitte dürfte wohl kaum damit gerechnet haben, daß sein Name in einem CIA-Bericht über UFOs aufscheinen wird.

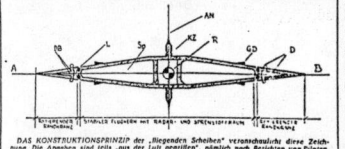

Abb. 35: Fritz Sittes UFO-Bericht in der Presse *vom 29. März 1952.*

FLYING SAUCERS OVER BELGIAN CONGO URANIUM MINES

Fritz Sitte

Recently, two fiery disks were sighted over the uranium mines located in the southern part of the Belgian Congo in the Elisabethville district, east of the Luapula River which connects the Meru and Bangweolo lakes. The disks glided in elegant curves and changed their position many times, so that from below they sometimes appeared as plates, ovals, and simply lines. Suddenly, both disks hovered in one spot and then took off in a unique zigzag flight to the northeast. A penetrating hissing and buzzing sound was audible to the on-lookers below. The whole performance lasted from 10 to 12 minutes.

Commander Pierre of the small Elisabethville airfield immediately set out in pursuit with a fighter plane. On his first approach he came within about 120 meters of one of the disks. According to his estimates, the "saucer" had a diameter of from 12 to 15 meters and was discus-shaped. The inner core re-mained absolutely still, and a knob coming out from the center and several small openings could plainly be seen. The outer rim was completely veiled in fire and must have had an enormous speed of rotation. The color of the metal was similar to that of aluminum.

The disks traveled in a precise and light manner, both vertically and horizontally. Changes in elevation from 800 to 1,000 meters could be accom-plished in a few seconds; the disks often shot down to within 20 meters of the tree tops. Pierre did not regard it possible that the disk could be manned, since the irregular speed as well as the heat would make it impossible for a person to stay inside the stable core. Pierre had to give up pursuit after 15 minutes since both disks, with a loud whistling sound which he heard despite the noise of his own plane, disappeared in a straight line toward Lake Tangan-yika. He estimated their speed at about 1,500 kilometers per hour.

Pierre is regarded as a dependable officer and a zealous flyer. He gave a detailed report to his superiors which, strangely enough, in many respects agreed with various results of research.

Abb. 36: CIA-Bericht, der Fritz Sittes UFO-Artikel von der Presse *des 29. März 1952 behandelt.*

6 Die Luftwaffenverordnung zur Meldung von UFOs

Einen weiteren Beweis für die seriöse Behandlung des UFO-Phänomens innerhalb der Luftwaffe nach dem Robertson-Panel zeigt die Luftwaffenverordnung AFR 200-2 vom 12. August 1954. Anhand dieser von General Nathan Twining unterzeichneten Verordnung wußten amerikanische Militärpiloten, wie sie sich bei UFO-Sichtungen zu verhalten hatten.[51] Der Punkt 1 befaßte sich mit dem Zweck und dem Anwendungsgebiet der Verordnung.

»1. Zweck und Anwendung: Diese Verordnung gibt eine Einführung in das Behandeln von Informationen und Zeugenaussagen betreffend die unidentifizierten fliegenden Objekte und ist in dieser Hinsicht eine Bekanntmachung der verantwortlichen Luftwaffentätigkeiten, die bei allen Luftwaffentätigkeiten angewendet wird.«

Im Punkt 2 wird festgelegt, was ein UFO eigentlich ist.

»2. Definitionen: a) Unidentifizierte fliegende Objekte (UFOB) in Verbindung zu irgendeinem in der Luft befindlichen Objekt, welches in seiner Flugfähigkeit, aerodynamischen Beschaffenheit oder seinem Aussehen nicht konform ist mit den heute bekannten Flugzeug- oder Raketentypen und welches nicht als ein bekanntes Objekt identifiziert werden kann. b) Bekannte Objekte beinhalten Ballons, astronomische Körper, Vögel, usw.«

Im Punkt 3 wurden die Ziele der Luftwaffe bekanntgegeben.

»3. Ziele: Das Interesse der Luftwaffe an unidentifizierten fliegenden Objekten gilt zweierlei: Erstens dem möglichen Sicherheitsrisiko der Vereinigten Staaten und seiner Streitkräfte, und zweitens den technischen Aspekten, die damit verbunden sind.«

Man war nicht nur über eine Verwechslung von UFOs mit möglichen sowjetischen Flugzeugen besorgt, sondern sprach von einer möglichen Gefahr, von diesen Objekten selbst bedroht zu werden. Auch das technische Interesse ist nicht verwunderlich, denn die Luftwaffe schien zu diesem Zeitpunkt eines oder auch mehrere Wracks dieser Objekte bereits geborgen zu haben.

Punkt 4 macht deutlich, daß alle verantwortlichen Befehlshaber der Luftwaffe alle Berichte und Informationen auch von anderen Militärstellen und Zivilpersonen weiterzuleiten hatten. Die Untersuchungen werden vom Air Defense Command innerhalb der inneren Zone (ZI) ausgeführt. Die innere Zone ist der engere Bereich, in dem die UFO-Sichtung oder ein UFO-Zwischenfall stattfand. Weiters hieß es, daß ATIC in der Wright-Patterson-Luftwaffenbasis die Ergebnisse analysiert und auswertet. Außerdem wird betont, daß das Air Defense Command (ADC) alle Anstrengungen unternehmen wird, weitere UFOs zu identifizieren und alle weltweiten Informationen und Hinweise zu sammeln. In der Verordnung heißt es weiter: »… alle Tätigkeiten sollen mit Bevollmächtigten des Air Defense Command gemeinsam ausgeführt werden. Diese Tätigkeiten beinhalten einen gezielten und schnellen Erfolg der Untersuchung und, wenn möglich, auch die Ausrüstung mit Luft- und Bodentransportmitteln.«

Dieser Punkt scheint sehr wichtig, da General Nathan Twining, der Unterzeichner dieser Verordnung, als Mitglied von *MJ-12* oder einer ähnlichen Gruppe über den Roswell-Absturz Bescheid wußte und vermutlich mit weiteren UFO-Abstürzen rechnete. Falls so ein Fall wieder eintrat, wollte man mit geringstem Aufwand zu Luft und auch am Boden schnell am Absturzort sein, um die Bergung des Objektes durchführen zu können. Auf Grund des 1986 durch das FOIA-Gesetz freigegebenen Luftwaffen-Dokuments über das Projekt *Moondust* aus dem Jahre 1961 weiß man, daß die 4602. Luftwaffen-Nachrichtendienstschwadron (AISS) beauftragt wurde, diese Untersuchungen durchzuführen. Laut *Moondust*-Dokument war für die Bergung unidentifizierter fliegender Objekte (UFOs) sowie bekannter sowjetischer Flugzeuge und Satelliten das im ersten Kapitel ausführlich behandelte Projekt *Bluefly* zuständig.[52]

Interessanterweise sind auf dieser Liste die CIA und die NSA nicht angeführt. Heute ist bekannt, daß diese Geheimdienstorganisationen große Mengen an klassifizierten UFO-Dokumenten unter Verschluß halten. Der Grund, wieso die CIA und die NSA auf dieser Liste nicht genannt werden, ist einfach zu verstehen, denn beide Geheimdienste wollen unter keinen Umständen mit UFO-Untersuchungen in Zusammenhang gebracht werden. Außerdem war die NSA 1954 noch so geheim, daß die an den

*AFR 200-2
1-5

AIR FORCE REGULATION NO. 200-2

DEPARTMENT OF THE AIR FORCE
WASHINGTON, 12 AUGUST 1954

INTELLIGENCE

Unidentified Flying Objects Reporting (Short Title: UFOB)

1. Purpose and Scope. This Regulation establishes procedures for reporting information and evidence pertaining to unidentified flying objects and sets forth the responsibility of Air Force activities in this regard. It applies to all Air Force activities.

2. Definitions:

a. *Unidentified Flying Objects (UFOB)*—Relates to any airborne object which by performance, aerodynamic characteristics, or unusual features does not conform to any presently known aircraft or missile type, or which cannot be positively identified as a familiar object.

b. *Familiar Objects*—Include balloons, astronomical bodies, birds, and so forth.

3. Objectives. Air Force interest in unidentified flying objects is twofold: First as a possible threat to the security of the United States and its forces, and secondly, to determine technical aspects involved.

a. *Air Defense.* To date, the flying objects reported have imposed no threat to the security of the United States and its Possessions. However, the possibility that new air vehicles, hostile aircraft or missiles may first be regarded as flying objects by the initial observer is real. This requires that sightings be reported rapidly and as completely as information permits.

b. *Technical.* Analysis thus far has failed to provide a satisfactory explanation for a number of sightings reported. The Air Force will continue to collect and analyze reports until all sightings can be satisfactorily explained, bearing in mind that:

(1) To measure scientific advances, the Air Force must be informed on experimentation and development of new air vehicles.

(2) The possibility exists that an air vehicle of revolutionary configuration may be developed.

(3) The reporting of all pertinent factors will have a direct bearing on the success of the technical analysis.

4. Responsibility:

a. *Reporting.* Commanders of Air Force activities will report all information and evidence that may come to their attention, including that received from adjacent commands of the other services and from civilians.

b. *Investigation.* Air Defense Command will conduct all field investigations within the ZI, to determine the identity of any UFOB.

c. *Analysis.* The Air Technical Intelligence Center (ATIC), Wright-Patterson Air Force Base, Ohio, will analyze and evaluate: All information and evidence reported within the ZI after the Air Defense Command has exhausted all efforts to identify the UFOB; and all information and evidence collected in oversea areas.

d. *Cooperation.* All activities will cooperate with Air Defense Command representatives to insure the economical and prompt success of an investigation, including the furnishing of air and ground transportation, when feasible.

5. Guidance. The thoroughness and quality of a report or investigation into incidents of unidentified flying objects are limited only by the resourcefulness and imagination of the person responsible for preparing the report. Guidance set forth below is based on experience and has been found helpful in evaluating incidents:

a. Theodolite measurements of changes of azimuth and elevation and angular size.

b. Interception, identification, or air search

*This Regulation supersedes AFR 200-2, 26 August 1953, including Change 200-2A, 2 November 1953.

Abb. 37: Luftwaffenverordnung AFR 200-2 vom 12. August 1954, Punkte 1–5.

action. These actions may be taken if appropriate and within the scope of existing air defense regulations.

c. Contact with local aircraft control and warning (AC&W) units, ground observation corps (GOC) posts and filter centers, pilots and crews of aircraft aloft at the time and place of sighting whenever feasible, and any other persons or organizations which may have factual data bearing on the UFOB or may be able to offer corroborating evidence, electronic or otherwise.

d. Consultation with military or civilian weather forecasters to obtain data on: Tracks of weather balloons released in the area, since these often are responsible for sightings; and any unusual meteorological activity which may have a bearing on the UFOB.

e. Consultation with astronomers in the area to determine whether any astronomical body or phenomenon would account for or have a bearing on the observation.

f. Contact with military and civilian tower operators, air operations offices, and so forth, to determine whether the sighting could be the result of misidentification of known aircraft.

g. Contact with persons who might have knowledge of experimental aircraft of unusual configuration, rocket and guided missile firings, and so forth, in the area.

6. ZI Collection. The Air Defense Command has a direct interest in the facts pertaining to UFOB's reported within the ZI and has, in the 4602d Air Intelligence Service Squadron (AISS), the capability to investigate these reports. The 4602d AISS is composed of specialists trained for field collection and investigation of matters of air intelligence interest which occur within the ZI. This squadron is highly mobile and deployed throughout the ZI as follows: Flights are attached to air defense divisions, detachments are attached to each of the defense forces, and the squadron headquarters is located at Peterson Field, Colorado, adjacent to Headquarters, Air Defense Command. Air Force activities, therefore, should establish and maintain liaison with the nearest element of this squadron. This can be accomplished by contacting the appropriate echelon of the Air Defense Command as outlined above.

a. All Air Force activities are authorised to conduct such preliminary investigation as may be required for reporting purposes; however, investigations should not be carried beyond this point, unless such action is requested by the 4602d AISS.

b. On occasions—after initial reports are submitted—additional data is required which can be developed more economically by the nearest Air Force activity, such as: narrative statements, sketches, marked maps, charts, and so forth. Under such circumstances, appropriate commanders will be contacted by the 4602d AISS.

c. Direct communication between echelons of the 4602d AISS and Air Force activities is authorised.

7. Reporting. All information relating to UFOB's will be reported promptly. The method (electrical or written) and priority of dispatch will be selected in accordance with the apparent intelligence value of the information. In most instances, reports will be made by electrical means: Information over 24 hours old will be given a "deferred" precedence. Reports over 3 days old will be made by written report prepared on AF Form 112, Air Intelligence Information Report, and AF Form 112a, Supplement to AF Form 112.

a. *Addressees:*

(1) *Electrical Reports.* All electrical reports will be multiple addressed to:

(a) Commander, Air Defense Command, Ent Air Force Base, Colorado Springs, Colorado.

(b) Nearest Air Division (Defense). (For ZI only.)

(c) Commander, Air Technical Intelligence Center, Wright-Patterson Air Force Base, Ohio.

(d) Director of Intelligence, Headquarters USAF, Washington 25, D. C.

(2) *Written Reports:*

(a) Within the ZI, reports will be submitted direct to the Air Defense Command. Air Defense Command will reproduce the report and distribute it to interested ZI intelligence agencies. The original report together with notation of the distribution effected then will be forwarded to the Director of Intelligence, Headquarters USAF, Washington 25, D. C.

(b) Outside the ZI, reports will be submitted direct to Director of Intelligence, Headquarters USAF, Washington 25, D. C. as prescribed in "Intelligence Collection Instructions" (ICI), June 1954.

b. *Short Title.* "UFOB" will appear at the beginning of the text of electrical messages and in the subject of written reports.

c. *Negative Data.* The word "negative"

2

Abb. 38: Luftwaffenverordnung AFR 200-2 vom 12. August 1954, Punkte 5-7.

Untersuchungen beteiligten militärischen Stellen nicht einmal wußten, daß es sie gab.

Weitere Punkte der Verordnung beschäftigen sich damit, wie die Luftwaffenbediensteten diese Objekte im Falle einer Sichtung beschreiben sollen. Es wird beispielsweise nach der Form, der Größe, der Farbe, der Anzahl der gesichteten Objekte, den Geräuschen, den Flugmanövern und nach dem Verschwinden der Objekte gefragt. Weitere Punkte befassen sich mit den Wetterbe-

8. Evidence. The existence of physical evidence (photographs or materiel) will be promptly reported.

   a. *Photographic:*

     (1) *Visual.* The negative and two prints will be forwarded, all original film, including wherever possible both prints and negatives, will be titled or otherwise properly identified as to place, time, and date of the incident

3

AFR 200-2
8-9

(see "Intelligence Collection Instructions" (ICI), June 1954).

     (2) *Radar.* Two copies of each print will be forwarded. Prints of radarscope photography will be titled in accordance with AFR 95-7 and forwarded in compliance with AFR 95-6.

   b. *Materiel.* Suspected or actual items of materiel which come into possession of any Air Force echelon will be safeguarded in such manner as to prevent any defacing or alteration which might reduce its value for intelligence examination and analysis.

9. Release of Facts. Headquarters USAF will release summaries of evaluated data which will inform the public on this subject. In response to local inquiries, it is permissible to inform news media representatives on UFOB's when the object is positively identified as a familiar object (see paragraph 2b), except that the following type of data warrants protection and should not be revealed: Names of principles, intercept and investigation procedures, and classified radar data. For those objects which are not explainable, only the fact that ATIC will analyse the data is worthly of release, due to the many unknowns involved.

BY ORDER OF THE SECRETARY OF THE AIR FORCE:

OFFICIAL:

K. E. THIEBAUD
Colonel, USAF
Air Adjutant General

N. F. TWINING
Chief of Staff, United States Air Force

DISTRIBUTON:
S; X:
   ONI, Department of the Navy 200
   G-2, Department of the Army 10

Abb. 39: Luftwaffenverordnung AFR 200-2 vom 12. August 1954, Punkte 8–9.

dingungen, dem Luftverkehr, dem Ort und der Zeit der Beobachtung und Diensträngen der beobachtenden Personen. Im Punkt 8 werden die physikalischen Hinweise behandelt.

»8. Hinweise: Physikalische Hinweise (Photographien oder Material) werden unverzüglich weitergeleitet.

a) Photographien: (1) Optisch: Die Negative und zwei Abzüge werden weitergegeben; alle Originalfilme beinhalten wenn möglich beide Abzüge und Negative und werden mit einem Titel oder anderswertig mit Ort, Zeit und Datum des Zwischenfalls versehen (siehe Nachrichtensammlungsbestimmungen (ICI), Juni 1954). (2) Radar: Es werden zwei Kopien von jedem Bild weitergegeben. Abzüge von Radarschirmphotographien werden in Übereinstimmung mit AFR 95-7 betitelt und gemäß AFR 95-6 weitergeleitet.

b) Material: Echte oder vermutlich echte Materialteile, die in den Besitz irgendeiner Luftwaffenabteilung kommen, werden sofort sichergestellt. Die Sicherstellung erfolgt in der Art, daß Beschädigungen oder Veränderungen, die die Untersuchungen beeinträchtigen könnten, verhindert werden.«

Die U.S.-Luftwaffe, die CIA und andere Stellen schienen überzeugt zu sein, daß das UFO-Phänomen etwas Reales ist. Besonders interessant ist der Punkt 8 b), der von einer sofortigen Sicherstellung von möglichen Materialteilen spricht. Die amerikanische Luftwaffe bemühte sich, unter allen Umständen in den Besitz dieser hochwertigen Technologie zu gelangen. Punkt 9 klärt das Verhalten gegenüber der Öffentlichkeit:

»Veröffentlichung von Fakten: Das Hauptquartier der amerikanischen Luftwaffe wird mit einer Zusammenfassung der ausgewerteten Daten die Öffentlichkeit informieren. Als Antwort auf lokale Nachfragen ist es zulässig, den Nachrichtendienst in Sachen UFOs nur dann zu informieren, wenn es sich um ein bekanntes Objekt handelt (siehe Paragraph 2 b), ausgenommen, daß die folgenden Datentypen Schutz garantieren und nicht enthüllt werden dürfen. Dazu gehören Namen von Beteiligten, Aufklärungs- und Untersuchungsmethoden sowie klassifizierte Radardaten. Wegen der großen Anzahl der Objekte, die man nicht erklären kann, sollte nur darauf hingewiesen werden, daß ATIC die Daten analysieren wird.«

UFO-Sichtungen wurden dann der Öffentlichkeit mitgeteilt, wenn man mit Sicherheit wußte, daß es sich bei dem Objekt um einen Ballon, astronomische Körper, Vögel usw. handelte. Gab es bei einer spektakulären Sichtung viele Zeugen, verwandelten die Entlarver die unerklärbare Sichtung in eine erklärbare. Die tatsächlich interessanten Daten wurden von Spezialisten der CIA, NSA, und möglicherweise von *Majestic-12* oder anderen Stellen ausgewertet.

7   *Projekt Blue Book und der Condon-Report*

Nachdem das Projekt *Blue Book* im Frühjahr 1952 gegründet worden war, kam es zu einer großen Anzahl von UFO-Sichtungen. Unter der Leitung von Captain Edward J. Ruppelt entwickelten die Mitarbeiter des Projektes *Blue Book* wirksame und zeitsparende Methoden, um die Beobachtungsdaten auszuwerten. Die UFO-Zeugen erhielten einen achtseitigen Fragebogen, wurden an Ort und Stelle befragt, und UFO-Photos und ihre dazugehörigen Negative analysiert. Der wissenschaftliche Berater von Projekt *Blue Book* war der Astronom Dr. J. Allen Hynek.

Heute ist bekannt, daß die interessantesten Fälle von Geheimagenten innerhalb des Projekts *Blue Book* heraussortiert und zu einer höheren Stelle weitergeleitet wurden. Nachdem beim Robertson-Panel 1953 beschlossen worden war, daß sich das Projekt *Blue Book* mehr mit der Beruhigung der Öffentlichkeit befassen sollte als mit dem Sammeln und Prüfen von Daten, sank Projekt *Blue Book* zur Bedeutungslosigkeit herab. Nach Aussage der Mitarbeiter von *Blue Book* wurde ihnen nahegelegt, für alle Sichtungen eine natürliche Erklärung zu finden. Die Anzahl der UFO-Sichtungen nahm auch in den sechziger Jahren nicht ab. Im Gegenteil, das Phänomen wurde immer komplexer. Mit dem

Fall von Betty und Barney Hill hatte man einen der ersten UFO-Entführungsfälle.[53] Der Oppositionsführer und spätere amerikanische Präsident Gerald Ford war mit den offiziellen Antworten der Luftwaffe unzufrieden und schrieb einen Brief an den Kongreßabgordneten L. Mendel Rivers.[54]

»In der festen Überzeugung, daß die amerikanische Öffentlichkeit eine bessere Erklärung verdient als diejenige, die sie bis jetzt von der Luftwaffe erhalten hat, empfehle ich nachdrücklich eine Ausschußuntersuchung des UFO-Phänomens.«

Nach weiteren spektakulären UFO-Fällen kam es am 5. April 1966 im amerikanischen Kongreß zur ersten Anhörung zum Thema UFOs.[55] Gerald Ford war es nicht gelungen, eine umfassende Untersuchung durchzusetzen. Er wollte haben, daß Polizisten und Bürger, die UFOs beobachtet hatten, vor einer Untersuchungskommission angehört werden sollten. Der Abgeordnete Mendel Rivers lud aber nur drei Männer vor den Ausschuß: den Luftwaffenminister Harold Brown, den Leiter des Projekts *Blue Book*, Major Hector Quintanilla jr., und den wissenschaftlichen Berater des Projekts *Blue Book*, Dr. J. Allen Hynek.

Harold Brown behauptete, daß Wissenschaftler und Techniker der Luftwaffe nach langen Untersuchungen in den besten Laboratorien und Testzentren mit den neuesten wissenschaftlichen und technischen Geräten zu dem Entschluß gekommen waren, daß UFOs keine Bedrohung für die nationale Sicherheit darstellen. Weiters bemerkte er, daß man keine Anhaltspunkte gefunden habe, die auf einen außerirdischen Ursprung der UFOs schließen lassen und daß die Luftwaffe trotz des Fehlens von greifbaren Ergebnissen diese Phänomene weiterhin mit großer Aufgeschlossenheit untersuchen werde. Der Abgeordnete Rivers gab sich mit dieser Erklärung sehr zufrieden. Er wußte ja auch nichts von den geheimen UFO-Untersuchungen der Luftwaffe und der Geheimdienste. Die *Blue Book*-Mitarbeiter mutmaßten, daß ihr Projekt nur eine Alibifunktion hatte, um die Öffentlichkeit von den wirklichen Untersuchungen, die hinter verschlossenen Türen stattfanden, abzulenken. Der wissenschaftliche Berater Dr. J.

Allen Hynek, der auch beim Robertson-Panel anwesend war, sagte zu den anwesenden Presseleuten, daß es an der Zeit wäre, eine gründlichere wissenschaftliche Untersuchung über UFOs durchzuführen. Er behauptete weiters, daß die Luftwaffe für alle UFO-Zwischenfälle eine konventionelle Erklärung finden wolle, er Hynek, habe zwanzig Fälle gesammelt, die mit Sicherheit keine einfache natürliche Erklärung ermöglichten. Er wolle als Wissenschaftler aus den Lektionen der Vergangenheit lernen, da oft genug Dinge übersehen wurden, die für die Naturwissenschaft von großem Wert waren; weil das neue Schema einfach nicht in die zur Zeit herrschende wissenschaftliche Grundauffassung paßte. Die Anhörung im Kongreß war nach einer Stunde und zwanzig Minuten zu Ende. Außer einem Vorschlag zu einer anderen Ermittlungsart war jedoch nichts erreicht worden.

Der Ausschußbericht widersprach in einem Punkt dem Luftwaffenminister Harold Brown. Er behauptete nämlich, daß bei den UFO-Untersuchungen hochqualifizierte Fachleute mit den technisch höchstentwickelten Geräten eingesetzt wurden. Der Ausschuß kam aber zu dem Schluß, daß das Projekt *Blue Book* nur mit begrenzten Mitteln ausgestattet war. Der Ausschuß empfahl deshalb, daß man klinische Psychologen und Physiker von verschiedenen Universitäten zur Untersuchung ausgewählter UFO-Fälle engagieren sollte.

Nur zwölf Tage nach der Anhörung im Kongreß kam es wieder zu einem spektakulären UFO-Zwischenfall, in den mehrere Polizisten verwickelt waren.[56] Funkstreifenwagen der Polizei verfolgten ein leuchtendes Flugobjekt mit einem Durchmesser von 15 Metern über 135 Kilometer weit. Vier Polizisten beobachteten das Objekt, als es höher stieg, und sahen, daß es rechts an einer Passagiermaschine vorbeiflog. Die Polizisten richteten eine Anfrage an den Tower des Flughafens von Pittsburgh, ob die Besatzung der Maschine nach dem rätselhaften Objekt Ausschau halten könnte. Der Beamte, der dort anrief, teilte den Polizeibeamten mit, daß das UFO auf den Radarschirmen im Flughafenbereich aufgetaucht sei. Diese Aussage wurde später aber dementiert. Im selben Augenblick schoß das Flugobjekt mit sehr hoher Geschwindigkeit senkrecht nach oben und verschwand. Ein anderer Polizeibeamter berichtete, daß er zwei Düsenjäger gesehen hatte, die von einem eiförmigen Objekt verfolgt wurden.

Dieser Vorfall wurde Tagesgespräch in Amerika. Die Luftwaffe hatte sofort eine Erklärung bereit. In der Luftwaffenverlautbarung hieß es, daß die vier Polizisten zuerst einen Nachrichtensatelliten und dann den Planeten Venus verfolgten. Dieser Bericht löste in der Öffentlichkeit Empörung aus, und ein ehemaliger Kongreßabgeordneter fand ihn so lächerlich, daß er sagte: »Die Luftwaffe hat in unserer Stadt sehr viel Ansehen eingebüßt.« Der Kongreßabgeordnete William Stanton aus Ohio meinte: »Wenn Leute, denen das Wohl der Öffentlichkeit anvertraut ist, nicht mehr glauben, daß die Bevölkerung die Wahrheit verträgt, dann kann die Bevölkerung ihrerseits der Regierung nicht mehr vertrauen.« Bemühungen des Kongreßabgeordneten Stanton und anderer, die Luftwaffe dazu zu bringen, in ihrer Erklärung *Satellit* und *Venus* in *Unbestimmtes* abzuändern, blieben erfolglos. Mehrere Monate nach dem Vorfall gab Dr. J. Allen Hynek öffentlich bekannt, daß er mit der offiziellen Erklärung der Luftwaffe ebenfalls nicht einverstanden sei. Die Polizisten mußten ihren Dienst quittieren und standen vor der Öffentlichkeit als Narren da.

Da auch auf die Regierung Druck ausgeübt wurde, kündigte die Luftwaffe einen Monat nach der UFO-Verfolgungsjagd an, sie werde nun doch bei einer amerikanischen Universität eine UFO-Untersuchung in Auftrag geben. Die beteiligten Wissenschaftler sollten Zugang zu den Unterlagen des Projekts *Blue Book* bekommen und völlig unbehindert recherchieren können. Fünf Monate später erklärte die Universität von Colorado, daß sie das Projekt übernehmen und daß der Physikprofessor Dr. Edward U. Condon mit der Leitung der Forschungsgruppe betraut werde. Dr. Condon hatte Ende der zwanziger Jahre an der Universität von Kalifornien promoviert und hatte zwei Jahre in Deutschland mit einigen der führenden Physiker der Welt gearbeitet. Später war er in Princeton und an der Universität von

Minnesota tätig. Während des Zweiten Weltkrieges hatte er sich ein hohes Ansehen durch seine Beiträge zur Entwicklung des Radars und der Atombombe erworben. Dem Condon-Ausschuß unterstanden zwölf Wissenschaftler, die auch mit der zivilen UFO-Forschungsorganisation NICAP unter Major Keyhoe zusammenarbeiteten.[57]

Die Erwartungen, die man in diesen Ausschuß setzte, wurden zum Teil von Dr. Condon selbst zunichte gemacht. Er äußerte sich extrem skeptisch gegenüber dem UFO-Phänomen, daß sogar seine an dem Ausschuß beteiligten Kollegen irritiert wurden. Nach Condons Bemerkungen kam eine Aktennotiz an die Öffentlichkeit, die verfaßt wurde, als die Universität von Colorado den Luftwaffenvorschlag zur Untersuchung des UFO-Phänomens überprüfte. In diesem Memorandum erörterte Robert Low, ein Dekan der Universität, der Projektleiter des Condon-Ausschusses werden sollte, die Frage, ob die Universität den Auftrag annehmen könne, ohne ihrem Ruf in der akademischen Welt zu schaden.[58]

»Der Trick würde meiner Meinung nach darin bestehen, daß wir das Projekt vor der Öffentlichkeit so darstellen, daß es als absolut objektive Untersuchung erscheint, uns der Wissenschaft jedoch als Skeptiker präsentieren, die sich um Objektivität bemühen, aber so gut wie keine Hoffnung haben, jemals eine fliegende Untertasse zu finden.«

Nach der Veröffentlichung dieses Dokuments zog NICAP seine formelle Unterstützung zurück, und die Glaubwürdigkeit des Ausschusses wurde weiter untergraben. Der Condon-Ausschuß untersuchte das Phänomen fünf Monate lang. Dr. Condon kam im Dezember 1969 im Vorwort zum Abschlußbericht zu dem Schluß, daß die UFO-Forschung in den vergangenen 21 Jahren keine Vorteile für die Wissenschaft brachte.[59] Er erklärte, daß sich die Luftwaffe bei der Behandlung der UFO-Berichte keine Versäumnisse zuschulden kommen lasse und nie versucht hätte, ihre Erkenntnisse geheim zu halten. Dr. Condon sagte weiters, daß er zu dem Schluß kam, daß keine Hinweise für eine Vertuschung des UFO-Phänomens vorlägen.

Diese Zusammenfassung des Condon-Berichts wurde als letztes Wort zur gesamten UFO-Kontroverse gewertet, obwohl die nachfolgenden Einzelaufsätze sehr wohl Hinweise auf die Existenz von UFOs enthalten. Die Presseschlagzeilen in den darauffolgenden Tagen hießen zum Beispiel »UFOs gibt es nicht« und ähnlich. Auf diesen Zeitpunkt hatten Luftwaffe, CIA und NSA schon lange gewartet. Das Ergebnis des Condon-Berichts gab der Luftwaffe die Gelegenheit, sich offiziell von den UFO-Untersuchungen zurückzuziehen. Der Atmosphärenphysiker Dr. McDonald, der selber über fünfhundert UFO-Fälle untersucht hatte, schrieb nach diesem negativen Ausgang der Condon-Studie im Wissenschaftsjournal *Icarus* im November 1969 einen Kommentar, in dem er mehrere Untersuchungsmethoden des Ausschusses kritisierte.[60] Im Dezember 1969 gab das amerikanische Verteidigungsministerium eine Pressemitteilung mit der Ankündigung heraus, daß das Projekt *Blue Book* aufgelöst werde und sich die amerikanische Regierung von der Erforschung der unbekannten Flugobjekte zurückziehe.[61] Daß diese Behauptung unrichtig war, kam sieben Jahre später nach dem Inkrafttreten des FOIA-Gesetzes ans Tageslicht.

Wir fanden einen interessanten Absatz im Nachruf des im Dezember 1976 verstorbenen Harvard-Astronomen und NSA-Beraters Donald H. Menzel, der von seinem Kollegen Leo Goldberg für die Astronomiezeitschrift *Sky and Teleskope* verfaßt wurde.[62]

»Nach Kriegsende spielte Menzel eine aktive Rolle in der Errichtung des neuen Central Radio Propagation Laboratory, bei welchem er innerhalb des Bureau of Standards ein Berater wurde. Später überredete er den NBS-Direktor E. U. Condon, das Laboratorium nach Colorado zu verlegen. Er setzte seine engen Beziehungen zum Laboratorium fort und war dort als der Onkel vom CRPL bekannt.«

Dr. Condon wurde also wegen seiner guten Beziehungen zum NSA-Berater Donald Menzel von der Luftwaffe als Leiter des Ausschusses eingesetzt und hat vermutlich wie sein Freund Men-

NEWS RELEASE

OFFICE OF ASSISTANT SECRETARY OF DEFENSE (PUBLIC AFFAIRS)

WASHINGTON, D.C. · 20301

PLEASE NOTE DATE

IMMEDIATE RELEASE   December 17, 1969   NO. 1077-69
                                                      OXford 7-5131 (Info.)
                                                      OXford 7-3189 (Copies)

AIR FORCE TO TERMINATE
PROJECT "BLUE BOOK"

Secretary of the Air Force Robert C. Seamans, Jr., announced today the termination of Project Blue Book, the Air Force program for the investigation of unidentified flying objects (UFOs).

In a memorandum to Air Force Chief of Staff General John D. Ryan, Secretary Seamans stated that "the continuation of Project Blue Book cannot be justified either on the ground of national security or in the interest of science," and concluded that the project does not merit future expenditures of resources.

The decision to discontinue UFO investigations was based on:

- An evaluation of a report prepared by the University of Colorado entitled, "Scientific Study of Unidentified Flying Objects."

- A review of the University of Colorado's report by the National Academy of Sciences.

- Past UFO studies.

- Air Force experience investigating UFO reports during the past two decades.

Under the direction of Dr. Edward U. Condon, the University of Colorado completed an 18-month contracted study of UFOs and its report was released to the public in January, 1969. The report concluded that little if anything has come from the study of UFOs in the past 21 years that has added to scientific knowledge, and that further extensive study of UFO sightings is not justified in the expectation that science will be advanced.

The University of Colorado report also states that, "It seems that only so much attention to the subject (UFOs) should be give as the Department of Defense deems to be necessary strictly from a defense point of view....It is our impression that the defense function could be performed within the framework established for intelligence and surveillance operations without the continuance of a special unit such as Project Blue Book, but this is a question for defense specialists rather than research scientists."

A panel of the National Academy of Sciences made an independent assessment of the scope, methodology, and findings of the University of Colorado study. The panel concurred in the University of Colorado's recommendation that "no high priority in UFO investigations is warranted by data of the past two decades." It concluded by stating that, "On the basis of present knowledge, the least likely explanation of UFOs is the hypothesis of extraterrestrial visitations by intelligent beings."

Past UFO studies include one conducted by a Scientific Advisory Panel of UFOs in January, 1953 (Robertson Panel); and, a review of Project Blue Book by the Air Force Scientific Advisory Board Ad Hoc Committee, February-March, 1966 (Dr. Brian O'Brien, Chairman). These studies concluded that no evidence has been found that any of the UFO reports reflect a threat to our national security.

As a result of investigating UFO reports since 1948, the conclusions of Project Blue Book are: (1) no UFO reported, investigated, and evaluated by the Air Force has ever given any indication of threat to our national security; (2) there has been no evidence submitted or discovered by the Air Force that sightings categorized as "unidentified" represent technological developments or principles beyond the range of present-day scientific knowledge; and (3) there has been no evidence indicating that sightings categorized as "unidentified" are extraterrestrial vehicles.

Project Blue Book records will be retired to the USAF Archives, Maxwell Air Force Base, Alabama. Requests for information will continue to be handled by the Secretary of the Air Force, Office of Information (SAFOI), Washington, D.C. 20330.

END

Abb. 40: Presseaussendung mit der Ankündigung, daß die amerikanische Luftwaffe das Projekt Blue Book auflösen werde, 17. Dezember 1969.

zel im Auftrag der Luftwaffe den Ausschußbericht manipuliert. Der Atomphysiker Stanton Friedman teilte uns ebenfalls mit, daß es schriftliche Korrespondenz zwischen Dr. Donald Menzel und Dr. Condon gab, die man in der Bibliothek der American Philosophical Society nachlesen kann. Weiters bestätigte Friedman auch, daß sich beide Wissenschaftler sehr gut kannten und Mitglieder der National Academy of Sciences waren.[63] Die Kritik von Dr. David R. Sounders, einem ehemaligen Mitarbeiter von Condons Team, und anderen an der Untersuchung beteiligten Wissenschaftlern wurde nicht mehr gehört. Dr. David R. Sounders und Dr. Roger R. Harkins brachten kurz nach dem Condon-Bericht ein Buch mit dem Titel: *UFOs, Yes! Where the Condon Commitee Went Wrong* heraus.[64] Für die meisten Wissenschaftler war das Thema UFO von nun an abgeschlossen und Luftwaffe und die Geheimdienste waren zufrieden, denn von nun an wurden UFO-Berichte in der Öffentlichkeit und vom Großteil der wissenschaftlichen Gesellschaft nicht mehr ernst genommen. Diese Situation war die beste Ausgangsbasis für eine verdeckte Untersuchung des UFO-Phänomens durch die Militärs und die Geheimdienste.

Das Projekt *Blue Book* war wohl kaum geeignet, UFO-Untersuchungen ordnungsgemäß durchzuführen, da es laut Dr. J. Allen Hynek keine Computer, keine Flugzeuge, keine Radareinrichtungen, keine Nachrichteneinrichtungen und vor allem nicht das nötige Wissen über UFO-Informationen anderer Agenturen besaß. Diese Agenturen waren die CIA, die NSA, die Navy und das North American Air Defense Command. Projekt *Blue Book* hatte im Gegensatz zu den anderen Behörden ein bescheidenes Budget und nur wenige Mitarbeiter. Ein aufgrund des FOIA-Gesetzes freigegebenes Dokument bestätigt die Vermutungen, daß das Projekt *Blue Book* nur eine untergeordnete Rolle in den UFO-Untersuchungen der amerikanischen Luftwaffe spielte. In einem Memorandum, das von General C. Bolender am 20. Oktober 1969 verfaßt wurde, steht:

»..., Berichte über unidentifizierte fliegende Objekte, welche die nationale Sicherheit beeinträchtigen könnten, sind in Übereinstimmung mit JANAP 146 oder dem Air Force Manual 55-11 kein Teil des Projekts *Blue Book* ... Berichte über UFOs, die die nationale Sicherheit beeinträchtigen könnten, werden fortführend mit den gegebenen Luftwaffenverfahren, die für diese Zwecke eingerichtet wurden, behandelt.«[65]

Der Atomphysiker Stanton Friedman sprach mit General C. Bolender, der ihm bestätigte, daß das Projekt *Blue Book* nichts mit militärischen UFO-Sichtungen zu tun hatte. Es ist auch interessant, daß beim Orginaldokument 16 in den Referenzen angegebene Beifügungen fehlen. Der UFO-Skeptiker Philip Klass behauptet, daß mit UFOs, die die nationale Sicherheit gefährden, sowjetische Raketen gemeint waren.[66] Daß diese Behauptung unwahr ist, kann man in einem weiteren Luftwaffendokument erkennen, das klar zwischen UFOs, Raketen und feindlichen Flugzeugen unterscheidet.[67] Auch die im ersten Kapitel behandelten Dokumente von Projekt *Moondust* berichten von einem Projekt *UFO*, das unter strengster Geheimhaltung stand und nichts mit dem offiziellen Luftwaffenprojekt *Blue Book* gemeinsam hatte.

Während der sechziger Jahre und nach der Projekteinstellung wurden die *Blue Book*-Reporte 1–12 und 14 freigegeben. Als man wissen wollte, warum *Blue Book*-Report 13 nicht freigegeben wurde, behauptete die Luftwaffe, daß man aus abergläubischen Gründen auf einen dreizehnten Report verzichtet hätte. Später behaupteten die Verantwortlichen der Luftwaffe, daß man Report 13 an Report 14 anfügen werde. Stanton Friedman sprach mit zwei Militärbediensteten, die behaupteten, daß sie eine Kopie von *Blue Book*-Report 13 gesehen hätten. Beide bezeugten ihm, daß dieser Report als »TOP SECRET« klassifiziert war.

Bill English diente Ende der siebziger Jahre beim Nachrichtendienst der amerikanischen Luftwaffe in der RAF-Basis Lakenhead in England. Er behauptete, daß er während seiner Arbeit einen Report mit der Bezeichnung *Blue Book/Grudge* 13 bearbeiten mußte.[68] Laut Bill English beinhaltete dieser Report signi-

CHAPTER II

CIRVIS REPORTS

SECTION I - GENERAL

201. Information to be Reported and When to Report.

a. Sightings within the scope of this chapter, as outlined in paragraphs 102B (1), (2), (6) and (7), are to be reported as follows:

(1) While airborne and from land based observers.

(a) Hostile or unidentified single aircraft or formations of aircraft which appear to be directed against the United States or Canada or their forces.

(b) Missiles.

(c) <u>Unidentified flying objects.</u>

(d) Hostile or unidentified group or groups of military surface vessels.

(e) Hostile or unidentified submarines.

(f) Individual surface vessels, submarines, or aircraft of unconventional design, or engaged in suspicious activity or observed in a location or on a course which may be interpreted as constituting a threat to the United States, Canada or their forces.

(g) Any unexplained or unusual activity which may indicate a possible attack against or through Canada or the United States, including the presence of any unidentified or other suspicious ground parties in the Polar Region or other remote or sparsely populated areas.

(2) Upon landing.

(a) Reports which for any reason could not be transmitted while airborne.

(b) Unlisted airfields or facilities, weather

Abb. 41: Dokument der amerikanischen Luftwaffe, in dem klar zwischen Raketen, feindlichen Flugzeugen und UFOs unterschieden wird.

fikante UFO-Photos, Entführungen, Berichte über Bergungen von abgestürzten UFOs, technische Untersuchungsergebnisse der UFO-Wracks, Autopsieberichte von toten kleinen blaugrauen Wesen, Photographien und Autopsieberichte von verstümmelten Tieren und Menschen.

Bill English behauptete, daß Dr. J. Allen Hynek die Informationen dieses Reports ebenfalls studierte hätte, da sie seine Unterschrift trugen. Laut Report habe Dr. J. Allen Hynek die toten Wesen niemals selbst gesehen, sondern nur die Photographien und Autopsieberichte. Solche Geschichten sind mit Skepsis zu betrachten, da sie auf mündlichen Erzählungen basieren. Wenn Dr. J. Allen Hynek diesen Report mit diesem Inhalt wirklich bearbeitet hatte, nahm er dieses Geheimnis jedenfalls mit in sein Grab. Die Einsichtnahme in diesen Bericht könnte seine anfänglich negative Haltung gegenüber dem UFO-Phänomen geändert haben. Ein anderer unabhängiger Hinweis, daß Dr. J. Allen Hynek vielleicht mehr über diese angeblichen UFO-Abstürze wußte, kommt von Leonard H. Stringfield. Hynek soll zu Stringfield gemeint haben:

»Len, du kannst in der Öffentlichkeit über abgestürzte UFOs sagen, was du möchtest. Ich kann es nicht, da ich ein Wissenschaftler bin. Ich wäre sofort von der wissenschaftlichen Gesellschaft ausgeschlossen, wenn ich dich in aller Öffentlichkeit unterstützen würde.«[69]

Der amerikanischen Regierung wurde jedenfalls sehr früh klar, daß man den zivilen UFO-Forschungsorganisationen die von ihren Behörden erworbenen Informationen nicht mitteilen konnte, denn zivile UFO-Forschungsorganisationen hätten diese Informationen der Öffentlichkeit und somit auch den Feinden der USA mitgeteilt. Wenn die amerikanische Luftwaffe wirklich abgestürzte UFOs geborgen hatte, wollte sie zu den ersten zählen, die den UFO-Antrieb verstehen, um ihn nachbauen zu können. Um dieses Vorhaben durchzuführen, mußten die USA sich so verhalten, um der Sowjetunion den Eindruck zu vermitteln, daß UFOs nicht existieren. Nach dem manipulierten Ergebnis des *Condon-Reports* und der Einstellung von Projekt *Blue Book* wurde dieses Ziel anscheinend erreicht.

8 Das North American Aerospace Defense Command (NORAD)

NORAD ist die nordamerikanische Luft- und Weltraumüberwachungsbehörde der USA. Die Daten von registrierten Flugkörpern erhalten die NORAD-Bodenstationen von AWACS-Aufklärungsflugzeugen und Satelliten des Verteidigungsministeriums. Bei einem Gespräch mit Graham Birdsall, einem Forscher der englischen UFO-Organisation Quest International, äußerte sich dieser im Sommer 1993 auch über die Luftraumüberwachungsstation Fylingdale in North Yorkshire.[70] (Die Station ist im Phototeil abgebildet.) Von dieser Station aus überwacht die amerikanische Luftwaffe den kompletten Luftraum bis nach Moskau. Das Gelände, auf dem die Station selbst gebaut ist, wird durch die besten Sicherheitsvorkehrungen geschützt. Zu diesen Sicherheitseinrichtungen gehören unter anderem auch Bewegungsdetektoren, die einen unbefugten Eindringling sofort aufspüren können. Die verschiedenen Kommandoeinrichtungen von Fylingdale sind auf dreizehn unterirdische Stockwerke aufgeteilt. Die Kommandostruktur ist so eingerichtet, daß die Bediensteten im dreizehnten Stockwerk nicht wissen, welche Arbeit ihre Kollegen im zwölften oder in den anderen Stockwerken verrichten. Den völligen Überblick haben nur Personen mit einem speziellen Sicherheitsstatus. Wenn man in Fylingdale ein Flugobjekt registriert, das einer bestimmten Geheimhaltungsstufe unterliegt, werden die Daten sofort zu anderen Stellen zur Untersuchung weitergeleitet.

Daß zu solchen Flugobjekten auch UFOs gehören, weiß man seit 1975. Eine Anzahl von Dokumenten, die aufgrund des FOIA-Gesetzes freikamen, betrafen UFO-Überflüge von Interkontinentalraketen-Stützpunkten des Strategic Air Command

(SAC) in den USA und in Kanada. Diese Überflüge wurden ernst genommen, denn diese Interkontinentalraketen waren mit Atomsprengköpfen bestückt, und ein Unfall oder ein Anschlag von Terroristen hätte eine Katastrophe von unvorhersehbaren Ausmaßen anrichten können. Viele Dokumente, die diese Vorfälle behandeln, werden deshalb noch heute unter Verschluß gehalten. In einigen Dokumenten ist von UFO-Überflügen im November 1975 über dem Luftwaffenstützpunkt Malmstrom und über vier SAC-Gebieten die Rede.[71] Die UFOs wurden nicht nur mit dem Radar, sondern auch mit bloßem Auge beobachtet. Es wurden zwei Abfangjäger von NORAD zur UFO-Aufklärung gestartet. Beide Flugzeuge konnten aber keinen Kontakt mit den als leuchtende Objekte beschriebenen UFOs herstellen. Während der Sichtungen war die Nacht klar, und es herrschte eine Sichtweite bis zu 70 Kilometern. Weiters heißt es in dem Bericht, daß Nordlichter ähnliche Phänomene verursachen könnten, aber daß der Wetterdienst während dieses Zeitraumes Nordlichter als Verursacher ausschloß.

Ein anderes Dokument vom National Military Command Center beinhaltet Berichte über UFO-Sichtungen über der Luftwaffenbasis Eglin in Florida.[72] In diesem Memorandum vom 31. Januar 1976 steht im Punkt 1, daß das Sicherheitspersonal in Eglin Lichter ausgemacht hätte, die auch auf den Radargeräten erschienen. Im Punkt 2 steht, daß die Lichter auch photographiert wurden. Da das UFO wahrscheinlich auch von Zivilpersonen gesehen wurde, gab das Basiskommando eine Pressemitteilung heraus. Im 3. Teil des Memorandums werden die Wetterbedingungen erwähnt. Man konnte keine wesentliche Temperaturinversion feststellen, auch der Himmel war klar. Die Sichtweite wurde mit 16 bis 22 Kilometern angegeben.

Da man mehr über diese und andere Sichtungen wissen wollte, stellte die UFO-Forschungsgruppe CAUS einen FOIA-Antrag an NORAD.[73] Im ersten Antwortschreiben verlangte NORAD 155 000 Dollar für sogenannte Suchgebühren. Da niemand diese enorme Summe aufbringen konnte, mußte man sich fürs erste mit dieser Antwort zufriedengeben. Über Informanten bekam CAUS den Hinweis, daß NORAD ein unbekanntes Spuren-Berichterstattungssystem besitzt (Unknown Track Reporting System, NUTR). CAUS stellte nun weitere FOIA-Anträge über NORADs NUTR-System. Im Februar 1990 wurde dem CAUS-Mitglied Robert Todd vom Air Force Space Command mitgeteilt, daß es NUTR nicht gäbe. Drei Monate später teilte die FOIA-Managerin der Luftwaffe, Barbara Carmichel, CAUS mit, daß es dieses System doch gibt, aber die NUTR-Daten aus Gründen der nationalen Sicherheit nicht freigegeben werden. Im Juni 1990 bekam Robert Todd durch das FOIA-Gesetz doch noch fünf NORAD-NUTR-Dokumente frei, aus denen hervorgeht, daß NORAD zwischen 1971 und 1991 ungefähr 7000 unbekannte Flugobjekte vom nordamerikanischen Kontinent bis England geortet hatte.[74] Die restlichen Seiten, bei denen man Informationen über die beobachteten Objekte einholen könnte, sind aus den bereits bekannten Gründen stark zensiert.

9 Die UFO-Dokumente der Defense Intelligence Agency (DIA)

Die Defense Intelligence Agency (DIA) ist eine Geheimdienstbehörde innerhalb des Verteidigungsministeriums und koordiniert alle Geheimdienstaktivitäten der Luftwaffe, der Armee und der Marine. Die DIA arbeitet wiederum für die CIA und das Verteidigungsministerium.[75] Die UFO-Organisation Bürger gegen UFO-Geheimhaltung (CAUS), stellte Ende der siebziger Jahre auch bei der DIA Anträge auf freie Information über UFO-Dokumente. Die DIA verleugnete zuerst, so wie alle anderen amerikanischen Regierungsbehörden, jeden Zusammenhang mit UFO-Untersuchungen.[76] Sie mußte aber dann doch drei interessante Dokumente freigeben.

Der New Yorker Rechtsanwalt Peter Gersten, der CAUS bei Gericht vertrat, sagte 1979, daß die DIA alle ihre Akten über UFOs durchgesehen, aber außer den drei freigegebenen leider nichts gefunden hatte. Man war bis 1985 dazu verurteilt, der DIA zu glauben. Der UFO-Forscher Ray Boeche gab aber nicht nach und erhielt 1985 von der DIA die Mitteilung, daß man weitere 53 UFO-Dokumente gefunden hatte, die seinen FOIA-Anträgen entsprachen.[77] Von diesen 53 UFO-Dokumenten sind 15 noch immer als geheim klassifiziert und werden weiter unter Verschluß gehalten. Die meisten der freigegebenen Dokumente handelten von UFO-Beobachtungen über der ehemaligen Sowjetunion. Manche Berichte sind ebenfalls so zensiert, daß fast nichts erkennbar ist.

Andere Dokumente wiesen in ihren Referenzen ein Projekt *Moondust* auf. Dieses Projekt hat seinen Sitz in der Wright Patterson Luftwaffenbasis in Dayton, Ohio, und ist für die Bergung von Satelliten und Raketentrümmern zuständig. Wie schon erwähnt wurde, gibt es aber auch Hinweise, daß das Projekt *Moondust* mit der Bergung von UFOs in Zusammenhang gebracht werden kann. Freigegebene Dokumente der DIA machen deutlich, daß die Untersuchung des UFO-Phänomens nicht mit dem Projekt *Blue Book* endete. Der Inhalt dreier freigegebener DIA-Dokumente gleicht den Drehbüchern typischer Steven Spielberg-Filme. Der erste Fall betrifft eine UFO-Sichtung der iranischen Luftwaffe vom 19. September 1976.[78]

»Dieser Bericht leitet eine Information über eine UFO-Sichtung im Iran vom 19. September 1976 weiter.

A. Am 19. September 1976 erhielt die Imperial Iranian Air Force (IIAF) Command Post um ungefähr 12.30 Uhr vier Telefonanrufe von Einwohnern, die in der Shemiran-Gegend von Teheran leben. Sie sagten, sie hätten seltsame Objekte am Himmel gesehen. Einige berichteten von einem vogelähnlichen Objekt, während andere Helikopter mit einem Licht meldeten. Zu dieser Zeit waren aber keine Helikopter in der Luft. Nachdem er den Einwohnern erklärte, daß das Sterne seien und er mit dem Mehrabad-Tower gesprochen hatte, entschloß er sich, selbst nachzusehen. Er bemerkte ein Objekt, das einem Stern ähnlich sah, aber viel heller leuchtete. Er schickte einen F-4-Abfangjäger der Luftwaffenbasis Shahrokhi zur Aufklärung in die Luft.

B. Um 1.30 Uhr des 19. des Monats stieg die F-4 zu einem ungefähr 40 nautische Meilen (NM) entfernten Punkt im Norden Teherans auf. Wegen seines Glanzes war das Objekt auch noch 70 Meilen entfernt leicht auszumachen. Als die F-4 einen Bereich von 25 NM erreichte, fielen am Flugzeug die Instrumente und die Funkverbindung (UHF und Intercom) aus. Der Pilot brach seinen Aufklärungsflug ab und flog nach Shahrokhi zurück. Als die F-4 von dem Objekt abdrehte, war die Gefahr sofort vorüber, und die Instrumente und Funkverbindungen funktionierten wieder. Um 1.40 Uhr wurde eine zweite F-4 gestartet. Das Flugzeug bekam bei 27 NM und einer Höhenposition von 12 Uhr mit dem VC bei 150 nautischen Meilen pro Stunde (NMPH) Radarkontakt. Als sich der Bereich auf 25 NM verringert hatte, bewegte sich das Objekt mit einer auch auf dem Radarschirm sichtbaren Geschwindigkeit weg und hielt dann einen Abstand von 25 NM.

C. Die Größe des Radarsignals war mit dem einer Boeing 707 (Tanker-Flugzeug) vergleichbar. Die Größe des Objektes war wegen seines intensiven Glanzes schwer zu beurteilen. Das Objekt strahlte in rechtwinkeliger Anordnung abwechselnd blaue, grüne, rote und orangefarbene Lichtblitze aus. Die Sequenz der Lichter war so schnell, daß alle Farben gleichzeitig zu sehen waren. Das Objekt und die verfolgende F-4 setzten ihren Kurs südlich von Teheran fort, als ein anderes hell glänzendes Objekt, geschätzt von der Hälfte bis zu einem Drittel der relativen Größe des Mondes, aus dem ursprünglichen Objekt herauskam. Dieses zweite Objekt bewegte sich sehr schnell auf die F-4 zu. Der Pilot versuchte eine AIM-9-Rakete auf das Objekt zu feuern. Aber plötzlich funktionierte sein Waffenkontrollpult nicht mehr. Er verlor seinen Funkkontakt (UHF und Interphone). Zu diesem Zeitpunkt führte der Pilot ein Flugmanöver aus, damit er sich von dem ursprünglichen Objekt entfernen konnte. Er flog eine

Schleife, doch das Objekt folgte ihm in einer Entfernung von ungefähr 3 bis 4 NM. Als der Pilot das Flugmanöver fortsetzte, flog das zweite Objekt innerhalb der vom Flugzeug gezogenen Schleife, kehrte kurz darauf zu dem ursprünglichen Objekt zurück und vereinte sich mit diesem.

D. Kurz nachdem sich das zweite Objekt mit dem ursprünglichen Objekt vereinigt hatte, erschien ein anderes von der gegenüberliegenden Seite des ursprünglichen Objekts und flog senkrecht zum Boden. Die Besatzung der F-4 erhielt ihren Funkkontakt und die Funktionen des Waffenkontrollpultes wieder zurück. Die Besatzung beobachtete, wie das Objekt den Boden erreichte, und erwartete durch den Bodenkontakt eine große Explosion. Es erschien ihnen, als ob das Objekt sanft auf der Erde zur Ruhe kam. Es strahlte ein sehr helles Licht über ein Gebiet von 2–3 Kilometer aus. Die Besatzung ging von 25 Meilen auf 15 Meilen Höhe, um die Position des Objektes zu beobachten und zu notieren. Sie hatten bei der Landung einige Probleme mit ihrer Nacht-Sehfähigkeit. Daher umkreisten sie Mehrabad vor der direkten Landung einige Male. Es gab eine Menge UHF-Interferenzen, und immer, wenn sie durch einen Mag. in 150 Grad Richtung passierten, verloren sie die Funkverbindung (UHF und Interphone) und die Instrumente fluktuierten von 30 Grad bis 50 Grad. Ein Passagierflugzeug erreichte zur selben Zeit das Gebiet und hatte ebenfalls Probleme im Funkverkehr. Es meldete aber keine außergewöhnliche Sichtung (KILO ZULU). Während sich die F-4 annäherte, bemerkte die Besatzung ein anderes, zylinderförmiges Objekt von der Größe einer »T-Bird« (Flugzeug) in 10 Meilen. Das Objekt hatte helle Lichter an seinen Enden und ein Blinklicht in der Mitte. Der Tower meldete, daß kein anderes Objekt in der Nähe war. Während der Zeit, als das Objekt über der F-4 flog, hatte der Tower keinen Sichtkontakt, registrierte es aber, nachdem der Pilot der Mannschaft mitgeteilt hatte, daß sie das Gebiet zwischen den Bergen und der Raffinerie beobachten sollen.

E. Während des Tageslichtes wurde die Besatzung der F-4 mit

einem Hubschrauber in das Gebiet gebracht, in dem das Objekt wahrscheinlich gelandet war. Sie bemerkte nichts, als sie den Punkt der vermutlichen Landestelle in einem ausgetrockneten Flußbett untersuchte. Aber als sie den Westen dieses Gebietes umkreiste, nahm sie ein auffälliges, erwähnenswertes Signal wahr, das bei einem kleinen Haus am deutlichsten zu hören war. Die Männer der F-4-Besatzung landeten und befragten die Bewohner über außergewöhnliche Wahrnehmungen. Die Leute sprachen über ein lautes Geräusch und ein sehr helles, blitzähnliches Licht. Das Flugzeug und die vermutliche Landegegend wurden auf mögliche Strahlung hin untersucht. Weitere Informationen werden weitergeleitet, wenn sie verfügbar sind.«

Aus der Liste der Behörden und militärischen Stellen zu Beginn des Dokumentes geht hervor, daß dieser UFO-Zwischenfall bis in die höchsten Regierungskreise vordrang. Das DIA-Dokument wurde zu folgenden Behörden und militärischen Stellen weitergeleitet: dem Staatssekretär, der CIA, dem Weißen Haus, der Luftwaffe, der Armee (Army Chiefs of Staff), der Marine (Chief of Naval Operations), der DIA, den Kommandanten der amerikanischen Marine im Nahen Osten, der amerikanischen Luftwaffe in Europa und dem europäischen Verteidigungskommando. Dieses Dokument wurde von dem Mathematiker Charles Huffer (MUFON-CES) aufgrund der FOIA-Akte für 2000 Dollar Bearbeitungsgebühr freigekauft. Sämtliche Einzelheiten waren privaten Forschungsgruppen bereits bekannt. Nur der oben erwähnte Verteiler machte dieses Dokument besonders interessant. Vermutlich existieren von diesem UFO-Zwischenfall noch weitere Dokumente, die aber aus Gründen der nationalen Sicherheit nicht freigegeben werden. Das J. Allen Hynek Center for UFO Studies (CUFOS) kontaktierte wegen dieser bemerkenswerten Auflistung von militärischen Stellen das lokale Büro des zuständigen Senators.[79] Der militärische Verbindungsoffizier teilte CUFOS mit, daß es üblich sei, die Armee, die Marine und die Luftwaffenbüros in Washington und das Verteidigungsministerium über interessante Vorfälle im Mittleren Osten zu unterrichten. Auch alle anderen kontaktierten Stellen bestätigten das. Laut militärischen Auskünften scheint es also nichts Besonderes zu sein, daß diese Stellen bis zum Präsidenten im Weißen Haus über Vorfälle in einer von Krisen geschüttelten Region von der

```
                            MESSAGE CENTER

VZC2GHAVB64ILN115                                          12043
MULT
ACTION
      DIA1
DISTR
      CJCS(01) DJS(03) J3(14) J5(02) NMCC SECDEF(07) OPSECDEF
      NMIC SECDEF1 ASD1ISA(10) IOIA(15)
  .   SECSTATE WASH DC
  .   C I A
  .   NSA WASH DC
  .   WHITE HOUSE WASH DC
      CMC
  .   CSAF WASH DC
  .   CNO WASH DC
  .   CSA WASH DC
      FILE(1)
(053)


TRANSIT/2306302/2308182/001140TOR2676064
DE RUOHMRA 49573 2678615
ZNY CCCCC
P 2306302 SEP 76
FM USDAO TEHRAN
TO RUEKJCS/DIA WASHDC
INFO RUEKJCS/SECDEF DEPSECDEF WASHDC
RUFRBAA/COMIDEASTPOR
RUDOECA/CINCUSAFE LINDSEY AS GE/INCF
RHFRAAB/CINCUSAFE RAMSTEIN AB GE/INOCN
RUSNAAA/EUDAC VAIHINGEN GER
RUSNAAA/USCINCEUR VAIHINGEN GER/ECJ-2
BT
                        1235 SEP76
THIS IS IR(6 846 0139 76)
1.  (U) IRAN
2.  REPORTED UFO SIGHTING (U)
3.  (U) NA
4.  (U) 19 & 20 SEP 76
5.  (U) TEHRAN, IRANI 20 SEP 76
6.  (U) F-6
7.  (U) 6 846 RWAS (NOTE RO COMMENTS)
8.  (U) 6 846 0139 76
9.  (U) 22SEP 76
10. (U) NA
11. (U) "INITIATE" IPSP PT-1440

PAGE 1                                     00110101  53
```

Abb. 42: DIA (Defence Intelligence Agency)-Dokument über den UFO-Zwischenfall im Iran, 20. September 1976.

DIA kontaktiert werden. CUFOS fand über die Federal Aviation Regulation 43 heraus, daß jene blauen Lichter, die beobachtet wurden, an Flugzeugen verboten sind.

Der Fall ist vor allem deshalb interessant, da es (1) aus verschie-

```
                            W. ...... ... ...

PAGE  2                                                      12343
12. (U) USDAO, TEHRAN, IRAN
13. (U) FRANK B. MCKENZIE, COL, USAF, DATT
14. (U) NA
15. (C) THIS REPORT FORWARDS INFORMATION CONCERNING THE
SIGHTING OF AN UFO IN IRAN ON 19 SEPTEMBER 1976.
    A. AT ABOUT 123H AM ON 19 SEP 76 THE IMPERIAL IRANIAN
AIR FORCE (IIAF) COMMAND POST RECEIVED FOUR TELEPHONE CALLS
FROM CITIZENS LIVING IN THE SHEMIRAN AREA OF TEHRAN SAYING
THAT THEY HAD SEEN STRANGE OBJECTS IN THE SKY. SOME REPORTED
A KIND OF BIRD-LIKE OBJECT WHILE OTHERS REPORTED A HELICOPTER
WITH A LIGHT ON. THERE WERE NO HELICOPTERS AIRBORNE AT THAT
TIME. THE COMMAND POST CALLED BG YOUSEFI, ASSISTANT DEPUTY
COMMANDER OF OPERATIONS. AFTER HE TOLD THE CITIZEN IT WAS ONLY
STARS AND HAD TALKED TO MEHRABAD TOWER HE DECIDED TO LOOK FOR
HIMSELF. HE NOTICED AN OBJECT IN THE SKY SIMILAR TO A STAR
BIGGER AND BRIGHTER. HE DECIDED TO SCRAMBLE AN F-4 FROM
SHAMROKHI AFB TO INVESTIGATE.
    B. AT 0130 HRS ON THE 19TH THE F-4 TOOK OFF AND PROCEEDED
TO A POINT ABOUT 40 NM NORTH OF TEHRAN. DUE TO ITS BRILLIANCE
THE OBJECT WAS EASILY VISIBLE FROM 70 MILES AWAY.
AS THE F-4 APPROACHED A RANGE OF 25 NM HE LOST ALL INSTRUMENTATION
AND COMMUNICATIONS (UHF AND INTERCOM). HE BROKE OFF THE
INTERCEPT AND HEADED BACK TO SHAMROKMI. WHEN THE F-4 TURNED
AWAY FROM THE OBJECT AND APPARENTLY WAS NO LONGER A THREAT
TO IT THE AIRCRAFT REGAINED ALL INSTRUMENTATION AND COM-
MUNICATIONS. AT 0140 HRS A SECOND F-4 WAS LAUNCHED. THE
BACKSEATER ACQUIRED A RADAR LOCK ON AT 27 NM, 12 O'CLOCK
HIGH POSITION WITH THE VC (RATE OF CLOSURE) AT 150 NMPH.
AS THE RANGE DECREASED TO 25 NM THE OBJECT MOVED AWAY AT A
SPEED THAT WAS VISIBLE ON THE RADAR SCOPE AND STAYED AT 25NM.
    C. THE SIZE OF THE RADAR RETURN WAS COMPARABLE TO THAT OF
A 7H7 TANKER. THE VISUAL SIZE OF THE OBJECT WAS DIFFICULT
TO DISCERN BECAUSE OF ITS INTENSE BRILLIANCE. THE
LIGHT THAT IT GAVE OFF WAS THAT OF FLASHING STROBE LIGHTS
ARRANGED IN A RECTANGULAR PATTERN AND ALTERNATING BLUE, GREEN,
RED AND ORANGE IN COLOR. THE SEQUENCE OF THE LIGHTS WAS SO
FAST THAT ALL THE COLORS COULD BE SEEN AT ONCE. THE OBJECT
AND THE PURSUING F-4 CONTINUED ON A COURSE TO THE SOUTH OF
TEHRAN WHEN ANOTHER BRIGHTLY LIGHTED OBJECT, ESTIMATED TO BE
ONE HALF TO ONE THIRD THE APPARENT SIZE OF THE MOON, CAME
OUT OF THE ORIGINAL OBJECT. THIS SECOND OBJECT HEADED STRAIGHT
TOWARD THE F-4 AT A VERY FAST RATE OF SPEED. THE PILOT
ATTEMPTED TO FIRE AN AIM-9 MISSILE AT THE OBJECT BUT AT THAT

PAGE  2                                                   00118101
```

Abb. 43: Zweite Seite des DIA-Dokumentes vom 20. September 1976.

274

PAGE 3   12343
INSTANT HIS WEAPONS CONTROL PANEL WENT OFF AND HE LOST ALL
COMMUNICATIONS (UHF AND INTERPHONE). AT THIS POINT THE PILOT
INITIATED A TURN AND NEGATIVE G DIVE TO GET AWAY. AS HE
TURNED THE OBJEAZ FELL IN TRAIL AT WHAT APPEARED TO BE ABOUT
3-4 NM. AS HE CONTINUED IN HIS TURN AWAY FROM THE PRIMARY
OBJECT THE SECOND OBJECT WENT TO THE INSIDE OF HIS TURN THEN
RETURNED TO THE PRIMARY OBJECT FOR A PERFECT REJOIN.

     D. SHORTLY AFTER THE SECOND OBJECT JOINED UP WITH THE
PRIMARY OBJECT ANOTHER OBJECT APPEARED TO COME OUT OF THE
OTHER SIDE OF THE PRIMARY OBJECT GOING STRAIGHT DOWN, AT A
GREAT RATE OF SPEED. THE F-4 CREW HAD REGAINED COMMUNICATIONS
AND THE WEAPONS CONTROL PANEL AND WATCHED THE OBJECT APPROACH
THE GROUND ANTICIPATING A LARGE EXPLOSION. THIS OBJECT APPEARED
TO COME TO REST GENTLY ON THE EARTH AND CAST A VERY BRIGHT
LIGHT OVER AN AREA OF ABOUT 2-3 KILOMETERS.
THE CREW DESCENDED FROM THEIR ALTITUDE OF 26M TO 15M AND
CONTINUED TO OBSERVE AND MARK THE OBJECT'S POSITION. THEY
HAD SOME DIFFICULTY IN ADJUSTING THEIR NIGHT VISIBILITY FOR
LANDING SO AFTER ORBITING MEHRABAD A FEW TIMES THEY WENT OUT
FOR A STRAIGHT IN LANDING. THERE WAS A LOT OF INTERFERENCE
ON THE UHF AND EACH TIME THEY PASSED THROUGH A MAG. BEARING
OF 150 DEGREE FROM EHRABAD THEY LOST THEIR COMMUNICATIONS (UHF
AND INTERPHONE) AND THE INS FLUCTUATED FROM 30 DEGREES - 50 DEGREES.
THE ONE CIVIL AIRLINER THAT WAS APPROACHING MEHRABAD DURING THIS
SAME TIME EXPERIENCED COMMUNICATIONS FAILURE IN THE SAME
VICINITY (KILO ZULU) BUT DID NOT REPORT SEEING ANYTHING.
WHILE THE F-4 WAS ON A LONG FINAL APPROACH THE CREW NOTICED
ANOTHER CYLINDER SHAPED OBJECT (ABOUT THE SIZE OF A T-BIRD
AT 10M) WITH BRIGHT STEADY LIGHTS ON EACH END AND A FLASHER
IN THE MIDDLE. WHEN QUERIED THE TOWER STATED THERE WAS NO
OTHER KNOWN TRAFFIC IN THE AREA. DURING THE TIME THAT THE
OBJECT PASSED OVER THE F-4 THE TOWER DID NOT HAVE A VISUAL
ON IT BUT PICKED IT UP AFTER THE PILOT TOLD THEM TO LOOK
BETWEEN THE MOUNTAINS AND THE REFINERY.

     E. DURING DAYLIGHT THE F-4 CREW WAS TAKEN OUT TO THE
AREA IN A HELICOPTER WHERE THE OBJECT APPARENTLY HAD LANDED.
NOTHING WAS NOTICED AT THE SPOT WHERE THEY THOUGHT THE OBJECT
LANDED (A DRY LAKE BED) BUT AS THEY CIRCLED OFF TO THE
WEST OF THE AREA THEY PICKED UP A VERY NOTICEABLE BEEPER
SIGNAL. AT THE POINT WHERE THE RETURN WAS THE LOUDEST WAS
A SMALL HOUSE WITH A GARDEN. THEY LANDED AND ASKED THE PEOPLE
WITHIN IF THEY HAD NOTICED ANYTHING STRANGE LAST NIGHT. THE
PEOPLE TALKED ABOUT A LOUD NOISE AND A VERY BRIGHT LIGHT

PAGE 3   00110101

PAGE 4
LIKE LIGHTENING. THE AIRCRAFT AND AREA WHERE THE OBJECT IS   12843
BELIEVED TO HAVE LANDED ARE BEING CHECKED FOR POSSIBLE RADIATION.
RO COMMENTS: (C) ACTUAL INFORMATION CONTAINED IN THIS REPORT
WAS OBTAINED FROM SOURCE IN CONVERSATION WITH A SUB-SOURCE, AND
IIAF PILOT OF ONE OF THE F-4S. MORE INFORMATION WILL BE
FORWARDED WHEN IT BECOMES AVAILABLE.

BT
#9575
ANNOTES
JEP 117

*Abb. 44: Dritte Seite des DIA-Dokumentes vom
20. September 1976.*

denen Gebieten eine Anzahl von Zeugen gibt, die vergleichbare Beobachtungen vom Boden und vom Flugzeug aus tätigten. (2) Die Glaubwürdigkeit der Zeugen war sehr groß, da sich unter ihnen ein Luftwaffengeneral, qualifizierte Flugzeugbesatzungen und erfahrene Radaroperateure befanden. (3) Die visuellen Sichtungen wurden auch von den Radargeräten registriert. (4) Es wurden an drei verschiedenen Flugzeugtypen elektromagnetische Effekte festgestellt. (5) Manche der Besatzungsmitglieder hatten wegen der großen Helligkeit des Objektes mit psychischen Schwierigkeiten zu kämpfen. (6) Die Flugfähigkeit der UFOs war bemerkenswert, und die kleineren Objekte vereinigten sich wieder mit dem größeren.

Die Verhaltensweise der Objekte läßt auf Intelligenz schließen, da die Waffen der F-4 genau dann versagten, als der Pilot eine Rakete auf das UFO abschießen wollte. Die Beschreibungen der UFOs ähneln den Objekten, die 1976 und 1988 in den USA über Gebieten im Zusammenhang mit Tierverstümmelungen auftraten (siehe Phototeil). Auch hier kam ein kleineres Objekt aus einem größeren hervor und landete auf einer Rinderweide. Nach einiger Zeit stieg dieses Objekt wieder vom Boden auf und vereinigte sich mit dem großen UFO, das kurz darauf verschwand. Am darauffolgenden Morgen wurde auf dieser Weide eine verstümmelte Kuh gefunden. Möglicherweise wurden die Piloten der F-4 unbewußt Zeugen einer Entführung der Bewohner des einsamen Häuschens in das UFO.

Das folgende DIA-Dokument behandelt einen UFO-Zwischenfall in Peru. Peruanisches Luftwaffenpersonal sichtete ein UFO in der Nähe der Rollbahn eines Militärflughafens. Ein Abfangjäger wurde zur Aufklärung in die Luft geschickt. Die Informationsquelle war ein peruanischer Luftwaffenoffizier, der laut dem U.S.-Air-Attaché in Lima als sehr aufmerksam und glaubwürdig beschrieben wurde. Eine Zusammenfassung dieses UFO-Zwischenfalls lautet:

»7. Zusammenfassung: Quelle meldet, daß ein UFO bei zwei verschiedenen Gelegenheiten in der Nähe einer peruanischen Luft-

BEST COPY AVAILABLE

DEPARTMENT OF DEFENSE
JOINT CHIEFS OF STAFF   RECEIVED
MESSAGE CENTER

JUN -3 1980

VZCZCMLT565
MULT
ACTION
    DIAI
DISTR
        IADR(01) J5(02) J3INHCC NJD5 SECDEF(07) SECDEFI USDP(15)
        ATSDIAE(01) ASDIPA&E(01) IIDIA(20) NMIC
    - CMC CC WASHINGTON DC
    - CSAF WASHINGTON DC
    : CNO WASHINGTON DC
    : CSA WASHINGTON DC
    : CIA WASHINGTON DC
    - SECSTATE WASHINGTON DC
    - NSA WASH DC
        FILF
(047)

7YUW DIA KTS-28   18134

TRANSIT/1542115/1542207/R00152TOR1542204
DE RUESLMA #4888 1542115
7NY CCCCC
R 220527 JUN 80
FM USDAO LIMA PERU
TO RUEKJCS/DIA WASHDC
INFO RULPALJ/USCINCSO QUARRY HTS PN
RULPAFA/USAFSO HOWARD AFB PN
BT

3 66103
3 74/00 PE
378340
379/33
377/80

345

SUBJI IR 6 876 0144 80 (U)
THIS IS AN INFO REPORT, NOT FINALLY EVAL INTEL
1. (U) CTRYI PERU (PE)
2. TITLE (U) UFO SIGHTED IN PERU (U)
3. (U) DATE OF INFOI 800510
4. (U) ORIGI USDAO AIR LIMA PERU
5. (U) REQ REFSI Z-D13-PE030
6. (U) SOURCEI 6 876 0138. OFFICER IN THE PERUVIAN AIR FORCE
WHO OBSERVED THE EVENT AND IS IN A POSITION TO BE PARTY
TO CONVERSATION CONCERNING THE EVENT. SOURCE HAS REPORTED
RELIABLY IN THE PAST.

7.   SUMMARYI SOURCE REPORTED THAT A UFO WAS SPOTTED
ON TWO DIFFERENT OCCASIONS NEAR PERUVIAN AIR FORCE (FAP) BASE
IN SOUTHERN PERU. THE FAP TRIED TO INTERCEPT AND DESTROY THE
UFO, BUT WITHOUT SUCCESS.

PAGE 1   PPIR1111   2

*Abb. 45: DIA-Dokument über den UFO-Zwischenfall in Peru,
9.–10. Mai 1980.*

DEPARTMENT OF DEFENSE
JOINT CHIEFS OF STAFF
MESSAGE CENTER

```
PAGE 2                                                       18134
8A.         DETAILS: SOURCE TOLD RO ABOUT THE SPOTTING OF AN
UNIDENTIFIED FLYING OBJECT IN THE VICINITY OF MARIANO MELGAR AIR
BASE, LA JOYA, PERU (16805S, 0715306W). SOURCE STATED THAT THE
VEHICLE WAS SPOTTED ON TWO DIFFERENT OCCASIONS. THE FIRST WAS
DURING THE MORNING HOURS OF 9 MAY 80, AND THE SECOND DURING
THE EARLY EVENING HOURS OF 10 MAY 80.
            SOURCE STATED THAT ON 9 MAY, WHILE A GROUP OF FAP
OFFICERS WERE IN FORMATION AT MARIANO MALGAR, THEY SPOTTED A
UFO THAT WAS ROUND IN SHAPE, HOVERING NEAR THE AIRFIELD. THE
AIR COMMANDER SCRAMBLED AN SU-22 AIRCRAFT TO MAKE AN
INTERCEPT. THE PILOT, ACCORDING TO A THIRD PARTY, INTERCEPTED
THE VEHICLE AND FIRED UPON IT AT VERY CLOSE RANGE WITHOUT
CAUSING ANY APPARENT DAMAGE. THE PILOT TRIED TO MAKE A
SECOND PASS ON THE VEHICLE, BUT THE UFO OUT-RAN THE SU-22.
            THE SECOND SIGHTING WAS DURING HOURS OF DARKNESS.
THE VEHICLE WAS LIGHTED. AGAIN AN SU-22 WAS SCRAMBLED, BUT THE
VEHICLE OUT-RAN THE AIRCRAFT.
8B.         ORIG CMTS: RO HAS HEARD DISCUSSION ABOUT THE
SIGHTING FROM OTHER SOURCES. APPARENTLY SOME VEHICLE WAS
SPOTTED, BUT ITS ORIGIN REMAINS UNKNOWN.
9.  (U) PROJ NO: N/A
10. (U) COLL MGMT CODES: AB
11. (U) SPEC INST: NONE. DIRC: NO.
12. (U) PREP BY: NORMAN H. RUNGE, COL, AIRA
13. (U) APP BY: VAUGHN E. WILSON, CAPT, DATT, ALUSNA
14. (U) REG EVAL: NO  REL TO: NONE
15. (U) ENCL: N/A
16. (U) DIST BY ORIG: N/A

BT
#4888
ANNOTES
JAL 117



PAGE 2                                                       PP101111

NNNN
0222087
```

*Abb. 46: Zweite Seite des DIA-Dokumentes,
9.–10. Mai 1980.*

278

waffenbasis in Süd-Peru ausgemacht wurde. Die FAP versuchte ohne Erfolg, das UFO abzufangen und zu zerstören.

8 A. Details: Quelle erzählte RO über die Sichtung eines unidentifizierten fliegenden Objektes in der Nähe der Mariano Melgar-Luftwaffenbasis, La Joya, Peru (16805S, 0715306W). Die Quelle berichtete, daß das Vehikel bei zwei verschiedenen Gelegenheiten gesichtet wurde. Die erste war während der Morgenstunden des 9. Mai 1980, und die zweite während der Abendstunden des 10. Mai 1980. Die Quelle berichtete, daß am 9. Mai eine Gruppe von FAP-Offizieren, die bei Mariano Melgar in einem Verband flogen, ein in seiner Gestalt rundes UFO in der Nähe der Rollbahn schwebend gesichtet hatte. Der Luftwaffenkommandant schickte eine SU-22 (Flugzeug) zum Abfangen in die Luft. Gemeinsam mit einer dritten Gruppe versuchte der Pilot, das UFO abzufangen, und feuerte aus geringer Entfernung auf das UFO, ohne augenscheinliche Schäden anzurichten. Der Pilot versuchte einen zweiten Anflug auf das Vehikel, aber das UFO wich der SU-22 spielend aus. Die zweite Sichtung fand in der Finsternis während der Abendstunden statt. Das Vehikel war beleuchtet. Es wurde wieder eine SU-22 gestartet, aber das Objekt wich dem Flugzeug wieder aus.

8 B. Kommentare: RO hat auch von anderen Quellen in Diskussionen von dieser Sichtung gehört. Wie es scheint, wurde ein Objekt mit unbekannter Herkunft ausfindig gemacht.«[80]

Die Liste der militärischen Behörden, an die dieses Dokument weitergeleitet wurde, ist nicht weniger beeindruckend als beim vorherigen Fall. Diesmal scheint auch der Supergeheimdienst National Security Agency (NSA) auf dem Dokument auf. Diese Behörde bestritt bis Anfang der achtziger Jahre jedes Interesse an UFOs. Das dritte DIA-Dokument handelt von einer radar-visuellen Sichtung von mindestens zwanzig UFOs über Brasilien. In diesem Fall wurden ebenfalls Abfangjäger der brasilianischen Luftwaffe in die Luft geschickt. Die DIA schrieb von einer nahen Begegnung der Ersten Art.

»Zusammenfassung: (U) Verschiedene unidentifizierte Objekte

wurden über dem Himmel von Brasilien gesichtet. Flugzeuge der brasilianischen Luftwaffe (BAF) waren nicht in der Lage, sie abzufangen. Text (schwarze Balken bedeuten zensierte Stellen):

1. ████████ nach übereinstimmenden Quellen wurden in der Nacht des 16. Mai 86 mindestens 20 unidentifizierte fliegende Objekte von verschiedenen Flugzeugbesatzungen und auch auf den Radarschirmen gesehen. Die Objekte wurden zuerst von einem Piloten eines XINGU-Flugzeugs zwischen Sao Paulo und Rio de Janeiro wahrgenommen. Das Flugzeug hatte den ehemaligen Präsidenten von EMBRAER, Ozires Silva, an Bord. Drei Kampfflugzeuge stiegen um ungefähr 21 Uhr von der Luftwaffenbasis Santa Cruz (2255S 4343W) auf. Auch diese drei Flugzeuge bekamen Radarkontakt. Einer der Piloten beschrieb, daß er rote, weiße und grüne Lichter sah. Kurz danach wurde in der Nähe von Brasilia ein Radarkontakt mit ähnlichen Objekten hergestellt. Drei »Mirage«-Düsenjäger wurden von der Luftwaffenbasis Anapolis (1614S 4858W) gestartet. Alle hatten in 7000 Metern radar-visuellen Kontakt. Sie meldeten, daß sie von 13 Scheiben mit roten, grünen, und weißen Lichtern über eine Entfernung von 1,5 bis zu 5 Kilometern eskortiert wurden. Danach verschwanden die Objekte ganz schnell sowohl von den Boden- als auch von den Flugzeugradargeräten.

2. ████████ Der Luftfahrtminister wird von der Presse folgendermaßen zitiert. Es waren drei Gruppen von Radarzielen auf dem Bodenradar. Die Radarschirme der Flugzeuge waren überlastet. Kommentar: ████████ während RO nicht an UFOs und ähnliche Phänomene glaubt, die vorhergehende Berichte betrafen, ist hier zuviel passiert, um es ignorieren zu können. Drei visuelle Sichtungen und positiver Radarkontakt von drei verschiedenen Radartypen führen einen zu dem Glauben, daß irgend etwas in der Nacht des 19. Mai über Brasilien ankam.«[81]

Nicht nur die amerikanische Luftwaffe wird mit UFO-Sichtungen konfrontiert. Man kann davon ausgehen, daß sich zeitweise alle Luftwaffen der Erde mit UFOs auseinandersetzen müssen. Natürlich bleiben solche Vorfälle meistens geheim, da die meisten

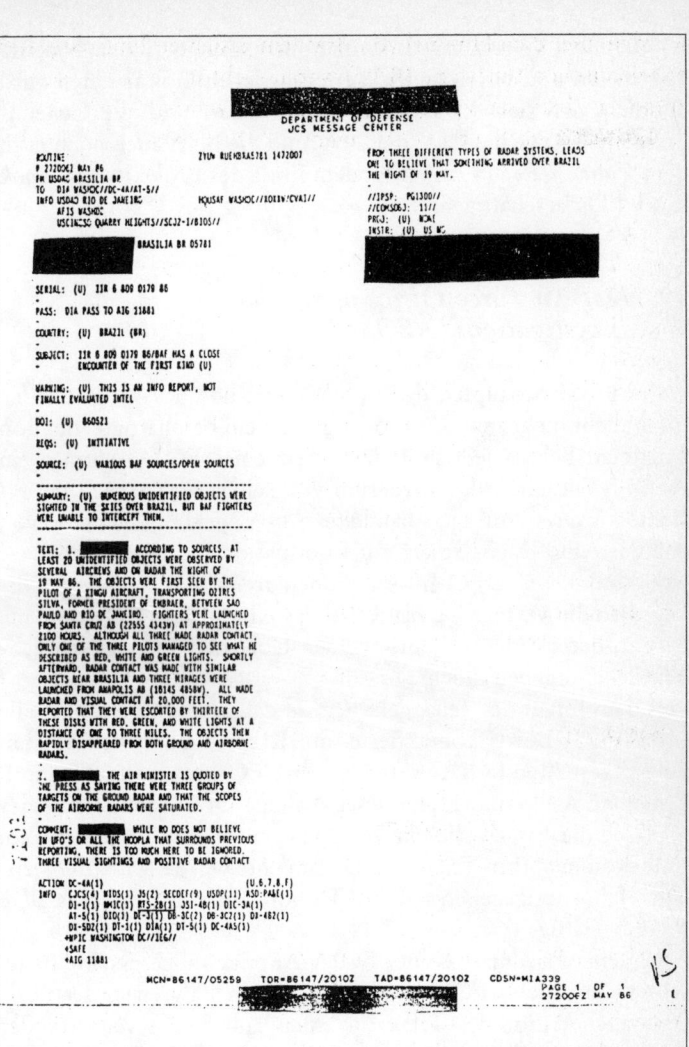

Abb. 47: DIA-Dokument über den UFO-Zwischenfall in Brasilien, 16. und 19. Mai 1986.

Länder kein Gesetz zur Informationsfreiheit besitzen. Anhand von diesen und vielen anderen freigegebenen Dokumenten wird deutlich, daß sich die Luftwaffe, die Marine und alle Geheimdienststellen wie die CIA, die DIA, und die NSA auch noch nach dem *Condon-Report* und nach dem Ende des Projekts *Blue Book* mit UFOs beschäftigen.

10 Das Air Force Office of Special Investigations (AFOSI)

Das AFOSI behauptet, daß es sich seit Ende des Projekts *Blue Book* nicht mehr mit UFOs oder ähnlichem beschäftigte. Stanton Friedman bekam jedoch 1987 mittels eines FOIA-Antrags ein AFOSI-Telex frei, das wiederum von seinen an das AFOSI gestellten FOIA-Anträgen handelte. Aus dem Telex geht hervor, daß das AFOSI das Gesetz zur Informationsfreiheit bewußt verletzt, um keine UFO-Informationen freigeben zu müssen. Es liegt also die Vermutung nahe, daß das AFOSI UFO-Dokumente besitzt, deren Inhalt es unter keinen Umständen der Öffentlichkeit bekanntgeben möchte.

Aus dem Inhalt des Telex geht hervor, daß Stanton Friedman alle 120 AFOSI-Büros kontaktierte, um Klarheit über die von ihm vorher gestellten FOIA-Anträge über UFOs zu erhalten. Stanton Friedman wollte mit Hilfe dieser Anfrage UFO-Dokumente des AFOSI, die bis zu diesem Zeitpunkt noch klassifiziert waren, freibekommen. Ein Teil dieser Dokumente wurde Mitte der siebziger Jahre freigegebenen UFO-Dokumenten des Projekts *Blue Book* beigefügt.

Nachdem Friedman seine FOIA-Anträge abgeschickt hatte, schrieb ihm der AFOSI-Bedienstete Noah Lawrence, der übrigens auch Autor des Telex ist, eineinhalb Seiten verwirrender Ausreden zurück. Friedman hatte danach noch intensiven Briefwechsel mit Lawrence, der jedoch ebenfalls ohne Erfolg blieb. Das AFOSI behauptete immer wieder, daß sie für Friedman lei-

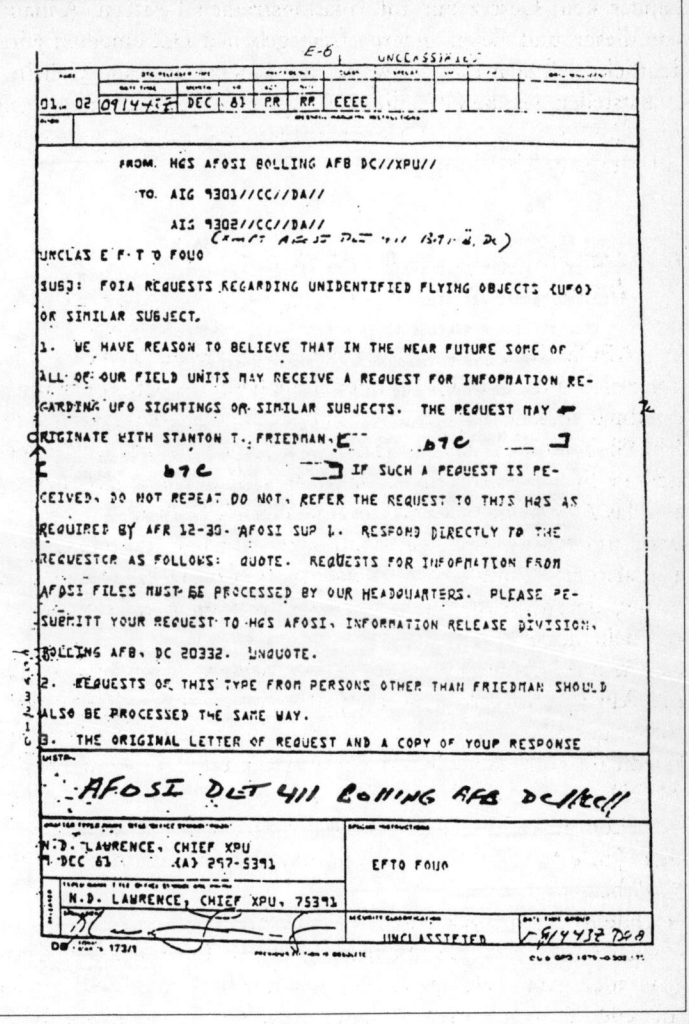

E-6

| 01 | 02 | 091447 | DEC | 83 | PR | RR | EEEE | | | | | |

FROM: HQS AFOSI BOLLING AFB DC//XPU//

TO: AIG 9301//CC//DA//

AIG 9302//CC//DA//

UNCLAS E F T O FOUO

SUBJ: FOIA REQUESTS REGARDING UNIDENTIFIED FLYING OBJECTS (UFO) OR SIMILAR SUBJECT.

1. WE HAVE REASON TO BELIEVE THAT IN THE NEAR FUTURE SOME OF ALL OF OUR FIELD UNITS MAY RECEIVE A REQUEST FOR INFORMATION RE-GARDING UFO SIGHTINGS OR SIMILAR SUBJECTS. THE REQUEST MAY ORIGINATE WITH STANTON T. FRIEDMAN.

b7c

b7c   IF SUCH A REQUEST IS RE-CEIVED, DO NOT REPEAT DO NOT, REFER THE REQUEST TO THIS HQS AS REQUIRED BY AFR 12-30. AFOSI SUP 1. RESPOND DIRECTLY TO THE REQUESTOR AS FOLLOWS: QUOTE, REQUESTS FOR INFORMATION FROM AFOSI FILES MUST BE PROCESSED BY OUR HEADQUARTERS. PLEASE RE-SUBMITT YOUR REQUEST TO HQS AFOSI, INFORMATION RELEASE DIVISION, BOLLING AFB, DC 20332. UNQUOTE.

2. REQUESTS OF THIS TYPE FROM PERSONS OTHER THAN FRIEDMAN SHOULD ALSO BE PROCESSED THE SAME WAY.

3. THE ORIGINAL LETTER OF REQUEST AND A COPY OF YOUR RESPONSE

AFOSI DET 411 BOLLING AFB DC//CC//

N.D. LAWRENCE, CHIEF XPU
1 DEC 83   (A) 297-5391   EFTO FOUO

N.D. LAWRENCE, CHIEF XPU, 75391

UNCLASSIFIED

Abb. 48: AFOSI (Air Force of Special Investigation)-Telex über Stanton Friedman, Dezember 1981 (Stanton Friedman).

| 02-02 | | | DEC | 81 | RR | PR | EEEE | | | |

FROM:

TO:

SHOULD BE FORWARDED TO THIS HQS (XPU). VIA FOFM 15A.

4. FOIA/PA REQUESTS REGARDING OTHER MATTERS SHOULD BE PROCESSED
FOLLOWING NORMAL PROCEDURE.

5. THIS SPECIAL PROCEDURE IS IN EFFECT UNTIL FURTHER NOTICE.

Notes by Stanton T. Friedman, May 9, 1987 (506-457-0232)

The story behind this telex apparently sent to all 120+ offices
of the US Air Forces Office of Special Investigations is that I had
originally requested under Freedom of Information, copies of the OSI
UFO files which had not been declassified when a portion of those files
were added to the Project Blue Book UFO files at the National Archives
in the mid 1970's. Noah Lawrence (author of this memo) sent 1.5 pages
of obfuscation. I dissected his letter in a response to which he
responded with more obfuscation which I again dissected and sent. This
time his boss did supply a listing of the addresses of all the OSI
detachments while stating that they could do nothing more for me. They
had done nothing.

USAF Regulation AFR 12-30, AFOSI Sup. 1 requires that they respond
to my FOI request by pulling the appropriate "zero" filing sending it
on to HQ for review and notifying me that they had done so, thus
revealing the existence of responsive material...which they obviously
did not want to do. By instructing the local office to tell me to
request only of the HQ, they avoided indicating that they had any
material and thus gave HQ the opportunity to cover up. It must be
stressed that there are many documents which clearly prove that the
USAF OSI is still heavily involved in UFO investigations especially
those involving military personnel...and long after the old Project
Blue Book was cancelled.

DISTR

DRAFTER TYPED NAME TITLE OFFICE SYMBOL PHONE   SPECIAL INSTRUCTIONS

TYPED NAME TITLE OFFICE SYMBOL AND PHONE
N.D. LAWRENCE. CHIEF XPU. 75391
SIGNATURE

EFTO FOUO
SECURITY CLASSIFICATION   DATE TIME GROUP
UNCLASSIFIED   081903Z DEC

DD 173/1   PREVIOUS EDITION IS OBSOLETE

*Abb. 49: Zweite Seite des AFOSI-Telex vom Dezember 1981
(Stanton Friedman).*

der nichts mehr tun könne. Das Telex vom AFOSI-Hauptquartier ist in der Überschrift allgemein gehalten:
»Angelegenheit: FOIA-Anträge, die unidentifizierte fliegende Objekte (UFOs) oder ähnliche Angelegenheiten betreffen.
1. Wir haben Grund anzunehmen, daß in naher Zukunft einige oder alle unsere Außenstellen Anträge für Informationen über UFO-Sichtungen oder ähnliche Angelegenheiten erhalten werden. Die Anträge dürften von Stanton Friedman stammen. Sollte ein Antrag eintreffen, geben Sie keine Informationen weiter; verweisen Sie diesen Antrag nicht an dieses Hauptquartier, wie nach AFR 12-30 AFOSI Sup. 1 erforderlich. Antworten Sie direkt dem Antragsteller mit folgendem Wortlaut: Bitte stellen Sie einen neuen Antrag an die Informations-Veröffentlichungsstelle des AFOSI-Hauptquartiers, der Bolling-Luftwaffenbasis, DC 20332.
2. Anträge von anderen Personen, die sich mit diesen Angelegenheiten befassen, sollen gleich behandelt werden.
3. Der Orginalbrief und eine Kopie Ihrer Antwort sollte an dieses Hauptquartier weitergeleitet werden.
4. Mit FOIA/PA-Anträgen, die andere Angelegenheiten betreffen, sollte normal verfahren werden.
5. Dieses spezielle Verfahren bleibt bis auf Widerruf in Kraft.«[82]
Der Punkt vier ist besonders interessant, da er zeigt, daß das AFOSI FOIA-Anträge über UFOs ungesetzmäßig behandelt. Laut Luftwaffenvorschrift AFR 12-30 AFOSI Sup. 1 müßten die AFOSI-Stellen die den FOIA-Anträgen entsprechenden Akten zum AFOSI-Hauptquartier senden und dem Antragsteller mitteilen. Im Hauptquartier werden diese Akten überprüft, ob sie auch kein Sicherheitsrisiko darstellen und der Öffentlichkeit freigegeben werden können. Wenn keine Gefahr für die nationale Sicherheit besteht, bekommt der Antragsteller Kopien der mehr oder weniger zensierten Dokumente zugesandt. Das AFOSI-Hauptquartier gibt seinen Außenstellen die Anweisung, den Antragstellern mitzuteilen, daß die Anträge nur zum Hauptquartier gesendet werden sollen. Im Hauptquartier kann die Angelegenheit leicht vertuscht werden, ohne daß man zugeben muß, daß

die Außenstellen UFO-Akten besitzen, die wegen nationaler Sicherheitsgründe nicht freigegeben werden. Es gibt außerdem zahlreiche UFO-Dokumente anderer Regierungsstellen, in denen das AFOSI angeführt ist. Ein klarer Beweis, daß das AFOSI auch noch lange nach der offiziellen Schließung des Projekts *Blue Book* in UFO-Untersuchungen verwickelt war und noch immer ist.

11   UFOs und die National Security Agency (NSA)

Vor mehr als zehn Jahren stellte die UFO-Organisation Citizen Against UFO Secrecy (CAUS) an den amerikanischen Geheimdienst CIA einen FOIA-Antrag zur Freigabe von UFO-Informationen.[83] Der FOIA-Manager der CIA schrieb CAUS, daß die CIA keine UFO-Informationen besitzt, und behauptete weiters, daß der Robertson-Panel 1953 die einzige Einmischung der CIA in UFO-Angelegenheiten war. Eine Berufungsklage wurde nicht angenommen, aber ein Bundesgericht zwang die CIA zur Suche nach UFO-Dokumenten. Die CIA wurde daraufhin doch fündig und mußte über 900 Seiten UFO-Dokumente der Öffentlichkeit freigeben. Anhand dieser Dokumente konnte nachgewiesen werden, daß die CIA die UFO-Angelegenheit auch schon vor und auch nach Ende des Projektes *Blue Book* überwachte und ein großes Interesse für diese Angelegenheit zeigte. Die für CAUS arbeitenden Anwälte waren sicher, daß es sich bei den freigegebenen Dokumenten nur um die Spitze eines Eisberges handelte. Keines der Dokumente war höher als TOP SECRET eingestuft, und es gab viele interne Bezugnahmen auf andere Dokumente, die jedoch nicht freigegeben wurden.

Es ist bekannt, daß die CIA bei der Deklassifikation von Dokumenten sehr langsam reagiert, da man sich erhofft, daß die Antragsteller früher oder später aufgeben würden. Von größtem Interesse war der Fund von 57 UFO-Dokumenten, die von anderen Regierungsbehörden verfaßt wurden. Diese Dokumente konnten von der CIA nicht freigegeben werden. Von besonderem Interesse waren weitere 18 UFO-Dokumente des amerikanischen Geheimdienstes NSA, dessen Mitarbeiter der Astronom Dr. Donald Menzel war. Diese Regierungsstelle stritt bis zu diesem Zeitpunkt immer ab, daß sie in UFO-Untersuchungen verwickelt war. Die NSA ist die weltgrößte Abhörorganisation und hat ihren Sitz in Fort George, Maryland. Sie hat ihr eigenes College mit ungefähr 18 000 Studenten. Die Gesamtanzahl ihrer Bediensteten wird auf 50 000 geschätzt. Diese Agentur verbringt einen großen Anteil an Zeit und Geld mit dem Abhören amerikanischer Bürger. Die NSA sah sich seit ihrer Gründung jedes Telex und jedes Telegramm an, das in die USA gelangte oder sie verließ. Die NSA hörte während des kalten Krieges auch die Telefongespräche der politisch Verdächtigen ab. Für diese Agentur ist George Orwells Vision vom totalen Überwachungsstaat bereits vor 1984 Wirklichkeit geworden. Als Robert Todd 1976 von der NSA wissen wollte, ob sie Informationen über UFOs besäße, teilte man ihm bald darauf mit, daß sie nicht das geringste Interesse an UFOs hätte.

Ehemalige Mitarbeiter dieser Organisation, wie zum Beispiel Todd Zechel, behaupteten jedoch schon lange, daß die NSA in UFO-Untersuchungen verwickelt sei und den Beweis der UFO-Existenz vor der Öffentlichkeit zurückhält. Die Anwälte von CAUS wollten sehen, ob an diesen Gerüchten etwas Wahres ist. In Folge dieser Entwicklungen stellte CAUS einen FOIA-Antrag bei der NSA, um diese 18 UFO-Dokumente freizubekommen. Die Freigabe dieser Dokumente wurde aber von der NSA aus Gründen der nationalen Sicherheit abgelehnt. Von diesem Zeitpunkt an wurde den CAUS-Rechtsanwälten und anderen an der Untersuchung beteiligten Personen klar, daß die NSA wichtige Informationen über UFOs vor der Öffentlichkeit zurückhalten möchte. Eine Berufungsklage wurde nicht angenommen, deshalb wurde das Bundesgericht in der Angelegenheit eingeschaltet. Die NSA behauptete, sie halte diese Dokumente deshalb zurück, damit andere Geheimdienste nichts über ihre Informationsgewinnungssysteme herausfinden können. Die NSA beharrte darauf, daß ihre Quellen und Methoden zur Informationsbeschaffung gerichtlich geschützt seien. Die Anwälte von CAUS entgegneten, daß sie nur an den UFO-Informationen und nicht an den Methoden zur Informationsbeschaffung interessiert seien. Da die NSA nur diese Stellen in den Dokumenten ausstreichen mußte, sah der Bundesrichter Gerhardt Gesell keinen Grund, der NSA Recht zu geben, und beantragte deshalb, daß die NSA ihre Akten nach UFO-Dokumenten durchsuchen mußte.

Die NSA fand daraufhin 239 UFO-Dokumente, von denen 79 andere Regierungsstellen angefertigt hatten. Darunter auch 23 CIA-Dokumente, obwohl diese immer wieder beteuert hatte, daß sie keine derartigen Aufzeichnungen besitzt. Die NSA war von Gesells Urteil, das zur Freigabe dieser Dokumente führte, sehr beunruhigt, da sie die 156 Dokumente unter allen Umständen zurückhalten und dem Richter die Einsichtnahme verweigern wollte. CAUS ließ sich aber von der NSA nicht einschüchtern. Die CAUS-Anwälte argumentierten, daß UFOs nach offizieller Meinung der Regierung nicht existieren und deshalb auch keine Gefahr für die nationale Sicherheit darstellen könnten. Daher sehen sie auch keine Gründe, diese Informationen vor der Öffentlichkeit zurückzuhalten.

Der Bundesrichter bekam von der NSA eine 21seitige Zusammenfassung jener 156 UFO-Dokumente zur Ansicht, die eine höhere Sicherheitseinstufung als TOP SECRET besaßen. Diese 21 Seiten durfte nur der Richter einsehen; die Anwälte von CAUS blieben bei dieser Untersuchung ausgesperrt und mußten sich mit Gesells Urteil zufriedengeben. »Der Bundesrichter kam zum Urteil, daß bei der Veröffentlichung des brisanten Inhaltes die nationale Sicherheit des Staates in Gefahr wäre.«[84] Das angerufene Bundesgericht stimmte Gerhardt Gesell zu.

CAUS erhob Einspruch gegen dieses Gerichtsurteil. Das 21-Seiten-Memorandum wurde 1982 in zensierter Form über einen FOIA-Antrag freigegeben. Bei dieser Version wurde sogar die Sicherheitseinstufung zensiert. Elf Seiten des Memorandums

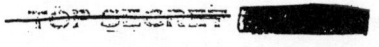

UNITED STATES DISTRICT COURT
FOR THE DISTRICT OF COLUMBIA

CITIZENS AGAINST UNIDENTIFIED)
FLYING OBJECTS SECRECY,)
)
Plaintiff,)
)   Civil Action No.
v.)   80-1562
)
NATIONAL SECURITY AGENCY,)
)
Defendant.)

IN CAMERA
AFFIDAVIT OF EUGENE F. YEATES

County of Anne Arundel)
) ss:
State of Maryland)

Eugene F. Yeates, being duly sworn, deposes and says:

1. (U) I am the Chief, Office of Policy, of the National
Security Agency (NSA). As Chief, Office of Policy, I am
responsible for processing all initial requests made pursuant
to the Freedom of Information Act (FOIA) for NSA records. The
statements herein are based upon personal knowledge, upon my
personal review of information available to me in my official
capacity, and upon conclusions reached in accordance therewith.

2. (U) This affidavit supplements my unclassified affidavit
executed on September 30, 1980 regarding all documents which have
been located by NSA pursuant to plaintiff's FOIA request but
which have been withheld wholly or in part by NSA. I submit
this affidavit _in camera_ for the purpose of stating facts, which
cannot be publicly disclosed, that are the basis for exempting
the records from release to the plaintiff.

3. At the beginning of each paragraph of this
affidavit, the letter or letters within parentheses designate(s)
the degree of sensitivity of information the paragraph contains.

*Abb. 50: Erste Seite der 21seitigen NSA (National Security Agency)-
Erklärung zwecks Geheimhaltung von UFO-Informationen durch die
NSA, 1980. Da die Klassifikation hinter TOP SECRET zensiert wurde,
weiß man, daß die UFO-Angelegenheit geheimer als TOP SECRET
eingestuft ist.*

Abb. 51: Eine fast völlig zensierte Seite der jenseits von TOP SECRET klassifizierten 21seitigen NSA-Erklärung zwecks Geheimhaltung von UFO-Informationen durch die NSA, 1980.

waren vollständig zensiert, die Kopien der restlichen Seiten waren zu 75 % schwarz ausgestrichen. Aus dem nichtzensierten Teil des Memorandums geht hervor, daß die NSA Gesell über den Besitz von 239 UFO-Dokumenten informiert hatte. Das sind wesentlich mehr Dokumente, als die NSA zuerst behauptete zu haben. Aus den restlichen lesbaren Zeilen wird ersichtlich, daß die NSA Informationen zurückhält, die das UFO-Phänomen betreffen.[85] Eine siebenseitige Abhandlung hat zum Beispiel den Titel »UFOs...« Die nächsten eineinhalb Zeilen der Überschrift verschwinden hinter schwarzer Tinte. Danach: »der Autor erörtert, was er in Betracht zieht...« Die nächsten sieben Zeilen sind wieder gestrichen. Diese Prozedur zieht sich durch den gesamten Text. Der Inhalt dieser Abhandlung ist weder zu erkennen noch zu verstehen.

Der UFO-Forscher Barry Greenwood rief das Gericht ein weiteres Mal an, und es wurden einige Wörter von der Zensur befreit. Satzfetzen wie zum Beispiel »überraschendes Material« waren lesbar, der Rest blieb hinter schwarzen Balken verborgen. Ein Jahr nach den Gerichtsverhandlungen gegen die NSA wurde ein weiteres NSA-Dokument freigegeben. Der Titel dieses Dokumentes lautet »UFO-Hypothese und Überlebensfragen«.[86] Dieses Dokument ist deshalb von großer Bedeutung, da es ein Jahr vor der Schließung des *Blue Book*-Projektes angefertigt wurde und mehrere Ursachen für UFOs angibt, die hier nur in zusammengefaßter Form wiedergeben sind:

»Schwindel: Da UFOs schon seit dem Altertum und in neuerer Zeit von einer beträchtlichen Anzahl angesehener Wissenschaftler gesehen wurden, ist es auszuschließen, daß alle UFOs Schwindel sind...

Halluzinationen: Es existiert eine beträchtliche Anzahl von Zwischenfällen, bei denen Gruppen von Leuten auch auf Radarinstrumenten dasselbe Ding zur gleichen Zeit beobachtet haben; manchmal bestätigen eine Person und eine Kameraaufnahme ihre Sichtung untereinander. Die Anzahl dieser Ereignisse spricht gegen die Ansicht, daß alle UFOs Halluzinationen sind...

Naturphänomene: Viele UFO-Sichtungen wurden von gut geschulten Beobachtern gemeldet. Sie beschrieben sie als Flugobjekte, die unglaubliche Geschwindigkeiten erreichen und Flugmanöver ausführen können. Die feste Form der Objekte ist auch durch das Radar bestätigt worden. Manchmal scheint das Phänomen das Radar zu umgehen und massive elektromagnetische Interferenzen auszulösen ...

Geheime irdische Projekte: Zweifellos sollten alle UFOs einer sorgfältigen Prüfung unterzogen werden, um feindliche oder eigene Projekte herauszufiltern. Sonst könnte eine Nation mit hoher Wahrscheinlichkeit durch eine neue geheime Wunderwaffe eingeschüchtert werden ...

Außerirdische Intelligenz: Nach Ansicht angesehener Wissenschaftler, die sich ausführlich mit dem Studium dieses Phänomens beschäftigen, kann man diese Hypothese, die eine Reihe weitreichender Folgen für das menschliche Überleben hätte, nicht außer acht lassen. Die menschliche Vergangenheit hat uns immer wieder die tragischen Resultate eines Kontaktes zwischen einer technologisch höher entwickelten und einer technologisch unterlegenen Zivilisation gezeigt. Man muß sich von der Gegenseite so viele Vorteile wie möglich so schnell es geht zunutze machen, während man immer noch die eigene Identität bewahrt, indem man alles erworbene Wissen in die eigene Kultur einfügt ...«

Dieses NSA-Dokument zeigt, daß die Einstellung des Projekts *Blue Book* falsch war, denn nicht alle UFO-Sichtungen konnten mit Schwindel, Halluzinationen oder Naturphänomenen erklärt werden. Ein interessanter Hinweis ist auch, daß UFOs in manchen Fällen radarunsichtbar sind. Da es 1968 noch keine radarunsichtbaren Militärflugzeuge gab, kann man sich vorstellen, daß die amerikanische Luftwaffe an diesem Phänomen sehr interessiert war.[87] Heute ist es das erklärte Ziel der U.S.-Luftstreitkräfte, eine radarunsichtbare Flugzeugflotte zu besitzen. Der B-2-Bomber und das F-117-Jagdflugzeug mit ihrem futuristischen Aussehen sind das derzeitige offizielle Resultat dieser Forschung. Möglicherweise spielte die Erforschung geborgener UFO-Wracks eine

TITLE:

CCCREFERENCE: DGB321077C972.
                 08SEP71
INFCLOCATION: USSR
INFCDATE: 71.

APPROVED FOR RELEASE
DATE 18 May 79

18

Abb. 52: Eine fast völlig zensierte Seite von einem der 14 CIA-Dokumente im Besitz der NSA (Stanton Friedman, Quest International).

UNITED STATES SCIENTISTS BELIEVE THAT LOW MAGNETIC
FIELD DO NOT HAVE A SERIOUS EFFECT ON ASTRONAUTS. BUT HIGH MAGNETIC
FIELD. OSCILLATING MAGNETIC FIELD, AND ELECTROMAGNETIC FIELD CAN OR
DO HAVE CONSIDERABLE EFFECT. THERE IS A THEORY THAT SUCH FIELD ARE
CLOSELY ASSOCIATED WITH SUPERCONDUCTIVITY AT VERY LOW TEMPERATURES,

SUCH AS IN SPACE. THIS IN TURN IS RELATED TO THE POSSIBLE PROPULSION
SYSTEM OF UFOS. THERE IS A RUMOR THAT FRAGMENTS OF A POSSIBLE UFO
FOUND IN BRAZIL BORE A RELATIONSHIP TO SUPERCONDUCTORS AND
MAGNETOHYDRODYNAMICS.

*Abb. 53: Eine weitere Seite von einem der 14 CIA-Dokumente im
Besitz der NSA. In dem Dokument wird auf die Antriebssysteme von
UFOs eingegangen (Stanton Friedman, Quest International).*

entscheidende Rolle. Das Dokument bestätigt weiters, daß eine größere Anzahl von Filmaufnahmen existieren, die von Militärflugzeugen mit ihrer Kamera gemacht wurden. Offiziell wird die Existenz solcher Filmaufnahmen jedoch verleugnet.

Der Atomphysiker Stanton Friedman teilte uns mit, daß er 1984 einen FOIA-Antrag zur Freigabe von 23 bei der NSA befindlichen CIA-Dokumenten gestellt hatte. Die CIA veröffentlichte 35 Monate später neun UFOs betreffende Presseausschnitte osteuropäischer Zeitungen. Die CIA lehnte es ab, die anderen 14 UFO-Dokumente zu veröffentlichen, und Friedman setzte rechtliche Mittel ein.[88] Zwei Jahre später erhielt er stark zensierte Seiten von drei Dokumenten.

Da auch die Sicherheitsklassifikation gestrichen wurde, sind diese Dokumente ebenfalls jenseits von TOP SECRET klassifiziert und dürften hinter der schwarzen Tinte einen brisanten Text verbergen. Bei einer Seite ist außer der Referenznummer, dem Datum und dem Namen UdSSR alles zensiert. Eine andere Seite gibt uns einen kurzen Einblick über den Geheimhaltungsgrund dieser Dokumente. Die überraschenderweise nicht zensierten Sätze dieser Seite lauten:

»Amerikanische Wissenschaftler glauben, daß niedermagnetische Felder keinen seriösen Effekt auf Astronauten haben, aber hochmagnetische Felder, oszillierende Magnetfelder und elektromagnetische Felder können beträchtliche Effekte hervorrufen. Es gibt die Theorie, daß solche Felder mit der Supraleitung bei sehr niederen Temperaturen verbunden sind.

... so wie im Weltraum. Das wiederum ist mit den möglichen Antriebssystemen von UFOs verwandt. Es gibt das Gerücht, daß Teile eines in Brasilien gefundenen UFOs mit Supraleitern und Magnetohydrodynamik zu tun hat.«[89]

Dieses Dokument ist ein weiterer Beweis, daß die Gerüchte über abgestürzte und geborgene UFOs etwas Wahres enthalten. Wir trafen im Sommer 1993 Walter Andrus, den internationalen Direktor der zum Großteil aus Wissenschaftlern bestehenden UFO-Forschungsorganisation MUFON, in Bristol in England und sprachen unter anderem auch über die Vertuschung des UFO-Phänomens.[90] Walter Andrus ist der Meinung, daß MUFON nach der Veröffentlichung von ungefähr 7000 UFO-Dokumenten beweisen kann, daß jede Militärdienststelle und alle Geheimdienste innerhalb der amerikanischen Regierung an UFO-Untersuchungen seit 1947/48 beteiligt sind. Man ist sich sicher, daß diese 7000 mit Hilfe des FOIA-Gesetzes veröffentlichten Dokumente nur die Spitze eines Eisberges sind. Weiters kann anhand dieser Dokumente nachgewiesen werden, daß die CIA und die NSA Geheimagenten in zivile UFO-Forschungsorganisationen eingeschleust hatten.

Anfang 1994 erhielten die beiden britischen UFO-Forscher Nick Redfern und Armen Victorian mittels FOIA-Anträge einige Dokumente, die von der Überwachung des ersten europäischen Treffens der Society of Scientific Exploration in München im September 1992 handeln.[91] Die Society of Scientific Exploration ist eine aus Wissenschaftlern bestehende Organisation, die sich mit wissenschaftlichen Grenzbereichen, wie unter anderem auch mit dem UFO-Phänomen, Kornkreisen und parapsychologischen Phänomenen beschäftigt. Das Dokument wurde vom Department of the Army, United States Army Intelligence und Security Command, veröffentlicht. Es wurde von der NSA angefertigt und an die verschiedensten Stellen wie den Generalstab in Washington, die CIA und die DIA weitergeleitet. Der Name des Informanten wird aus Gründen der nationalen Sicherheit zurückgehalten, da er selbst ein Mitglied der Society of Scientific Exploration ist und auch schon in der Vergangenheit den Geheimdiensten zuverlässig über die Tätigkeiten dieser Organisation berichtet hatte.

Ein Grund dieser Unterwanderung mittels Geheimagenten ist das Verbreiten von Falschinformationen innerhalb dieser Organisationen, um ihrem Ansehen Schaden zuzufügen. Walter Andrus bemerkte uns gegenüber auch, daß sich MUFON nicht vor solchen Aktionen absichern kann, aber aus den Fehlern anderer UFO-Organisationen in der Vergangenheit lernen wird, und daß

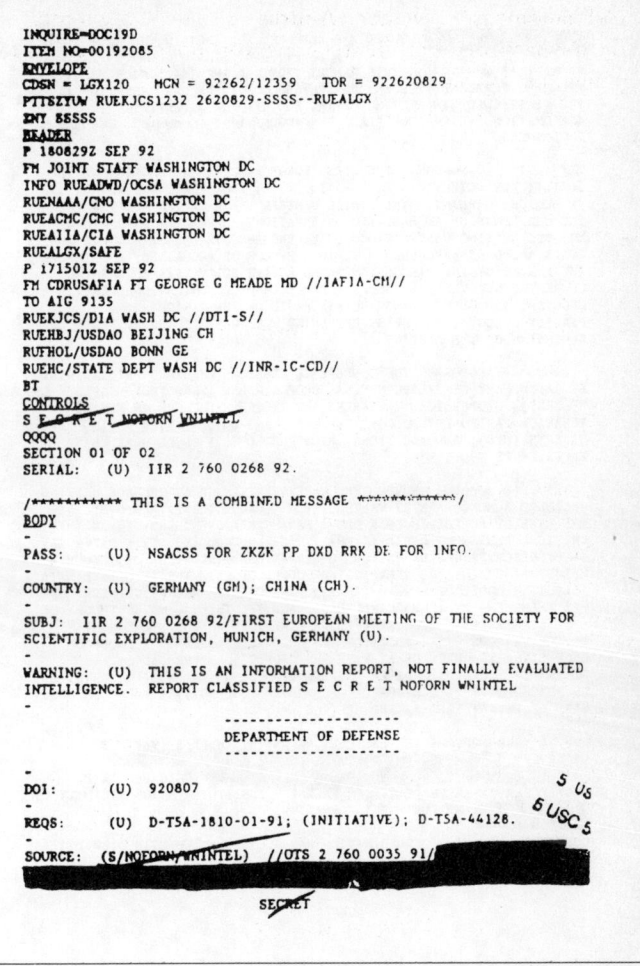

```
INQUIRE-DOC19D
ITEM NO=00192085
ENVELOPE
CDSN = LGX120   MCN = 92262/12359   TOR = 922620829
PTTSZYUW RUEKJCS1232 2620829-SSSS--RUEALGX
ZNY SSSSS
HEADER
P 180829Z SEP 92
FM JOINT STAFF WASHINGTON DC
INFO RUEADWD/OCSA WASHINGTON DC
RUENAAA/CNO WASHINGTON DC
RUEACMC/CMC WASHINGTON DC
RUEAIIA/CIA WASHINGTON DC
RUEALGX/SAFE
P 171501Z SEP 92
FM CDRUSAFIA FT GEORGE G MEADE MD //IAFIA-CM//
TO AIG 9135
RUEKJCS/DIA WASH DC //DTI-S//
RUEHBJ/USDAO BEIJING CH
RUFHOL/USDAO BONN GE
RUEHC/STATE DEPT WASH DC //INR-IC-CD//
BT
CONTROLS
S E C R E T NOFORN WNINTEL
QQQQ
SECTION 01 OF 02
SERIAL:   (U)  IIR 2 760 0268 92.

/*********** THIS IS A COMBINED MESSAGE ************/
BODY
-
PASS:     (U)  NSACSS FOR ZKZK PP DXD RRK DE FOR INFO.
-
COUNTRY:  (U)  GERMANY (GM); CHINA (CH).
-
SUBJ:  IIR 2 760 0268 92/FIRST EUROPEAN MEETING OF THE SOCIETY FOR
SCIENTIFIC EXPLORATION, MUNICH, GERMANY (U).
-
WARNING:  (U)  THIS IS AN INFORMATION REPORT, NOT FINALLY EVALUATED
INTELLIGENCE.  REPORT CLASSIFIED S E C R E T NOFORN WNINTEL
-
                      ----------------------
                      DEPARTMENT OF DEFENSE
                      ----------------------
-
DOI:      (U)  920807                                      5 US
-                                                         6 USC 5
REQS:     (U)  D-T5A-1810-01-91; (INITIATIVE); D-T5A-44128.
-
SOURCE:   (S/NOFORN/WNINTEL)  //OTS 2 760 0035 91/

                      SECRET
```

Abb. 54: Erste Seite des Dokuments, welches die Überwachung des ersten Treffens der Society of Scientific Exploration im September 1992 in München bestätigt (UFO-Magazine, Quest International).

███████████████ SOURCE HAS REPORTED RELIABLY IN THE PAST.

SUMMARY: (U)(S/NOFORN) THIS REPORT PROVIDES INFORMATION ON THE **PROGRAM**, PERSONALITIES AND PARAPSYCHOLOGICAL PAPERS PRESENTED AT **THE** FIRST EUROPEAN MEETING OF THE SOCIETY FOR SCIENTIFIC **EXPLORATION**, WHICH TOOK PLACE 7-8 AUGUST 1992 IN MUNICH, GERMANY. **ENCLOSURES**.

TEXT: 1. (U)(C/NOFORN) THE FIRST EUROPEAN REGIONAL MEETING OF THE **SOCIETY** FOR SCIENTIFIC EXPLORATION (SSE) TOOK PLACE 7-8 AUGUST 1992 IN MUNICH, GERMANY. THE STATED GENERAL THEME OF THE MEETING WAS THE CHALLENGE OF ANOMALISTIC OBSERVATIONS. THE EXPRESSED AIM OF THE SSE MEETING WAS TO PROMOTE THE EXCHANGE OF IDEAS, RESULTS AND GOALS AMONG RESEARCHERS IN VARIOUS FIELDS OF ANOMALIES, AND INFORM THE PUBLIC OF THE DISCUSSION AMONG ACTIVE SCIENTISTS CONCERNING CURRENT CONTROVERSIAL ISSUES. PAPERS AND COMMUNICATIONS WERE IN ENGLISH, AND GERMAN LANGUAGE ABSTRACTS OF THE VARIOUS PARAPSYCHOLOGY (PS) PAPERS PRESENTED WERE DISTRIBUTED AT THE BEGINNING OF THE MEETING.

2. (U)(C/NOFORN) THE CONFERENCE SESSIONS EXAMINED PSI AND OTHER EXTRAORDINARY MENTAL PHENOMENA, CROP CIRCLES (WERE THEY MESSAGES OR HOAXES?), GEOPHYSICAL VARIABLES AND THEIR INFLUENCES ON HUMAN BEHAVIOR, ASTRO-PSYCHOLOGY, THE EARTH AND <u>UNIDENTIFIED FLYING OBJECTS</u> (UFO), AND ADDITIONAL HIGHLIGHTS, TO INCLUDE NEAR DEATH EXPERIENCES (NDE).

3. (U)(C/NOFORN) NOTEWORTHY PAPERS PRESENTED AT THE SSE MEETING INCLUDED A MONOGRAPH BY WALTER ((VON LUCADOU)) ENTITLED QUOTE IS THE LIFE OF SCHROEDINGER'S CAT A PARANORMAL PHENOMENON ? - A CRITICAL REVIEW OF OBSERVATIONAL THEORIES UNQUOTE. THIS PAPER GAVE SHORT DESCRIPTIONS OF VARIOUS OBSERVATIONAL THEORIES (OT), SUCH AS HELMUT ((SCHMIDT))'S TELEOLOGICAL MODEL OF PSI, THE INTUITIVE DATA SELECTION MODEL OF EDWARD ((MAY)), THE QUANTUM MECHANIC THEORY OF PSI PHENOMENA BY (FNU) ((WALKER)), AND THE THERMAL NOISE THEORY OF R.D. ((MATTUCK)), ETC, AS WELL AS EXPERIMENTAL TESTS AND COMPARISON OF THE VARIOUS OTS. ADDITIONALLY, MICHAEL ((GREEN))'S PAPER ON CROP CIRCLES, WHICH DEALT WITH THE CROP CIRCLE PHENOMENON, ALEXANDER ((KEUL))'S PAPER ON BALL LIGHTNING - A CASE FOR PHYSICS OR PSYCHOLOGY?, AND MICHAEL ((SCHROETER-KUNHARDT))'S PAPER ON NDE, WERE OF PS INTEREST AT THE MEETING.

4. (C/NOFORN) THE SSE MEETING WAS ATTENDED BY VARIOUS OBSERVERS, ████████████████████████████ ██████████████████████████████████ HAS BEEN A PS **RESEARCHER** AT AN UNIDENTIFIED RESEARCH INSTITUTE IN THE VICINITY OF ██████████ (NO FURTHER INFORMATION).

COMMENTS: 1. (U) COORDINATION HAS BEEN EFFECTED WITH DIA//DTI-S IN THE PREPARATION OF THIS IIR.

SECRET

man mit dem UFO-Phänomen eine neue wissenschaftliche Diszi-
plin vor sich hat, die jedoch jenseits von TOP SECRET eingestuft ist.

12 Das schwarze Budget

Für die Wiederherstellung von angeblich abgestürzten und durch
die Luftwaffe geborgenen UFOs sowie für die geheime Untersuchung des Phänomens wäre eine Menge Geld erforderlich, die
aus Geheimhaltungsgründen sicher nicht beim Kongreß beantragt
werden könnte. Weiters würde man sicher eine größere Anzahl
von Geheimdienstpersonal benötigen, das der Weltöffentlichkeit,
bestimmten Regierungsstellen und feindlichen Mächten dieses
Vorhaben verschweigt und Desinformationen verbreitet. Während des kalten Krieges waren diese feindlichen Mächte die
UdSSR und ihre kommunistischen Satellitenstaaten.
Der Journalist und Pulitzer-Preisträger Tim Weiner begann 1980
offizielle Angaben über das amerikanische Verteidigungsbudget
zu sammeln. Unter diesen Angaben befanden sich die vom amerikanischen Kongreß beschlossenen Verteidigungsausgaben und
schriftliche Rechtfertigungen von Generälen und Admirälen. Tim
Weiner kam bald dahinter, daß das Budget des Verteidigungsministeriums kein offenes Buch ist. In den Angaben der Militärs
stand nichts außer einigen Codewörtern von Projekten, deren
Kosten zensiert waren und deren Zwecke man wegen der hohen
Geheimhaltung nicht verraten konnte. Das offizielle Budget für
die Luftwaffe betrug 1989 nach Schätzungen öffentlicher Quellen
ungefähr 8 Milliarden Dollar. Ein radarunsichtbarer B-2-Bomber
kostet 825 Millionen Dollar, ungefähr soviel wie die im August
1993 gescheiterte *Mars Observer*-Mission der NASA. Die amerikanische Luftwaffe hat zur Zeit 20 B-2-Bomber in Auftrag gegeben und schon mehrere radarunsichtbare F-117-Kampfflugzeuge
in Dienst gestellt. Ihm wurde sofort klar, daß er sich auf dem
Weg in die *schwarze Welt* befand. Das Wort *schwarz* bedeutet in

der Sprache der Geheimdienste soviel wie verborgen oder vom Licht verdeckt. Das schwarze Budget ist sozusagen die Schatzkammer der Militärs und der Geheimdienste und finanziert jedes Programm, das der Präsident oder der Direktor der CIA von der Öffentlichkeit, dem Kongreß und den anderen Regierungsmitgliedern fernhalten will.

Das erste schwarze Budget wurde mit dem *Manhattan-Projekt* eingeführt.[92] *Manhattan* war das Codewort des Atombombenprojektes, an dem während des Zweiten Weltkrieges in den USA gearbeitet wurde. Ein darauffolgendes schwarzes Projekt könnte 1947 nach dem wahrscheinlichen UFO-Absturz in Roswell in Kraft getreten sein. Mit diesem Geld konnte *MJ-12* oder eine ähnliche Organisation unabhängig und unerkannt von anderen Regierungsstellen in aller Ruhe die geborgenen UFOs untersuchen. Die CIA erhielt gleich nach ihrer Gründung am 26. Juli 1947 die Macht über dieses schwarze Budget.[93] Die CIA erhielt ihr Geld im geheimen und ohne rechtliche Zustimmung direkt vom Verteidigungsbudget.[94] Im Dezember 1947 wurde der NSC zum ersten Mal einberufen. Der erste Direktor der CIA, Admiral Roscoe Hillenkoetter, dessen Aussage über das UFO-Phänomen am Anfang dieses Kapitels steht, wurde bei diesem Treffen beauftragt, geheime Operationen gegen die kommunistischen Regime zu starten. Da von diesen Operationen nicht einmal die Politiker im eigenen Land etwas wissen durften, mußte die Finanzierung dieser Aktionen über das schwarze Budget erfolgen. In der *New York Times* vom 29. August 1993 ist die Aussage eines CIA-Veteranen zitiert, der auf die Frage nach dem Sinn der CIA nach dem Fall des Kommunismus antwortete: »Wir sind so verdammt geheim, daß wir niemandem sagen müssen, wozu wir einen Geheimdienst brauchen.«[95] Da Admiral Roscoe Hillenkoetter wahrscheinlich auch Mitglied einer geheimen Organisation zur Untersuchung von UFO-Wracks war, ist anzunehmen, daß für diese Untersuchungen ebenfalls Gelder aus dem schwarzen Budget zur Verfügung standen. Tim Weiner fand heraus, daß die Nutznießer dieses schwarzen Budgets die Luftwaffe, die CIA, die NSA und das National Reconnaissance Office (NRO) sind. Interessanterweise sind genau diese Regierungsstellen die Hauptvertuscher des UFO-Phänomens. Das NRO sammelt seine Daten mit Hilfe von Spionagesatelliten und Spionageflugzeugen und wird so geheim gehalten, daß es bis zum 18. September 1992 offiziell gar nicht existierte.[96] An diesem Tag deklassifizierte das Verteidigungsministerium die Existenz dieser Agentur. Das NRO wurde 1962 gegründet und war dreißig Jahre für die Öffentlichkeit und die meisten Regierungsmitgliedern eine Legende. Das NRO hat ein mehrere Milliarden Dollar teures Satelliten-Kommunikationssystem mit dem Codewort MILSTAR[97] in Auftrag gegeben. Der erste Satellit, MILSTAR I, wurde am 7. Februar 1994 mit einer »Titan IV/Centaur« in eine geheime Erdumlaufbahn gebracht.[98] MILSTAR wird ebenfalls durch dieses schwarze Budget finanziert. Mit Hilfe von MILSTAR sollen die USA in der Lage sein, einen durch Computer gesteuerten dritten Weltkrieg zu gewinnen und für einen möglichen vierten Weltkrieg einsatzfähig zu sein.

Tim Weiner recherchierte, daß unter Präsident Ronald Reagan das schwarze Budget enorm anstieg und 1989 mindestens 36 Milliarden Dollar betrug.[99] In der folgenden Abbildung ist die Entwicklung des Weltraumbudgets der amerikanischen Weltraumbehörde NASA und des Verteidigungsministeriums von 1971 bis 1992 dargestellt.[100] Zum Vergleich ist 1989 das von Tim Weiner geschätzte schwarze Budget eingezeichnet. Anhand dieser Zeichnung ist ersichtlich, daß auch das vom Kongreß bewilligte Budget für Weltraumverteidigung seit Ronald Reagan gewaltig anstieg und die zivilen Ausgaben der NASA weit übertraf. Das schwarze Budget überstieg 1989 den NASA-Etat und das vom Kongreß bewilligte Budget für Weltraumverteidigung um einige Milliarden Dollar.

Nach Schätzungen kostet dieses schwarze Budget den amerikanischen Steuerzahlern jeden Tag ungefähr hundert Millionen Dollar. Da dieses Budget seit der Amtsübernahme von Ronald Reagan so gewaltig anstieg, ist anzunehmen, daß eine Aufgabe

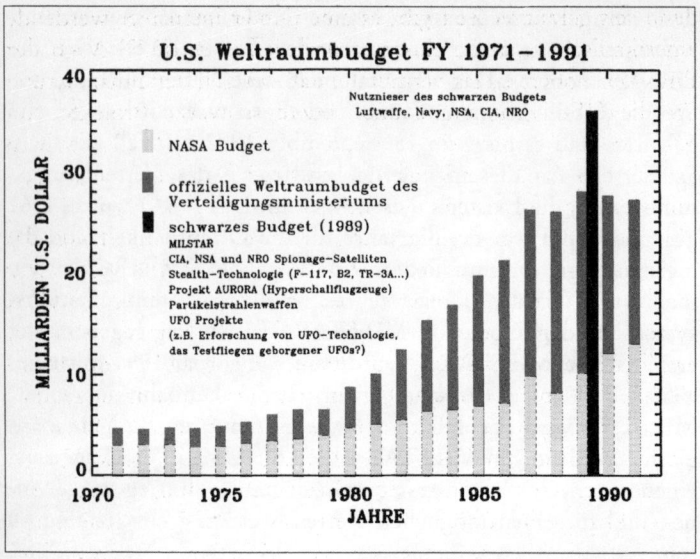

Abb. 56: Vergleich zwischen dem Budget der amerikanischen Weltraumbehörde NASA, dem Weltraumverteidigungsbudget und dem schwarzen Budget von 1971 bis 1992.

des von Reagan eingeführten Weltraumverteidigungsprojektes SDI (Strategic Defense Initiative) ebenfalls zur Geldbeschaffung für die schwarze Welt diente. Wer geglaubt hat, daß der Vietnamkriegsgegner Clinton diesem weltweit wohl kontroversesten Rüstungsprojekt des vergangenen Jahrzehnts einfach den Geldhahn zudrehen würde, irrte. Selbst die massive Kampfansage des Präsidenten an das U.S.-Horrordefizit hat das Programm weitgehend unbeschadet überstanden. SDI wurde 1993 von Präsident Clinton ohne budgetäre Kürzungen in BMD (Ballistic Missile Defense) umbenannt.[101] Die Neukonzeption von SDI hin zu BMD enthält ein erstaunliches Angebot an die Freunde und Verbündeten der USA, nämlich bei BMD mitzumachen. Zu den Freunden und Verbündeten gehört nun offenbar auch Moskau, denn seit geraumer Zeit gibt es eine immer intensiver werdende amerikanisch-russische Zusammenarbeit bei BMD.[102] Auch der Physiker Robert Lazar vermutete, daß ein Teil der Finanzierung für die UFO-Programme und andere schwarze Projekte von SDI-Geldern stammte.[103] Zusätzlich fließen noch Gelder von amerikatreuen Multimilliardären und Kapitalanteile dubioser Geschäfte in den schwarzen Geldkessel.

Um die Größenordnung dieses schwarzen Budgets erfassen zu können, wollen wir uns nun das Budget der Sandia Laboratories in Albuquerque genauer ansehen. Der Atomphysiker Stanton Friedman fand in einer Presseanzeige den Hinweis, daß bei den Sandia Laboratories 8600 Leute beschäftigt sind.[104] Von diesen 8600 Mitarbeitern sind 3645 Professoren. Das Gesamtbudget dieser Forschungsstelle beträgt pro Jahr ungefähr 1,2 Milliarden Dollar. Die Los Alamos National Laboratories in New Mexico beschäftigen ebenfalls über 8000 Leute. Das Jahresbudget dieser Forschungseinrichtung, die zu den größten der USA gehört und streng geheime Forschungen für das Verteidigungsministerium durchführt, beträgt ebenfalls ungefähr eine Milliarde Dollar. Vergleicht man diese Zahlen miteinander, ist leicht vorstellbar, daß Tausende bestens ausgebildete Wissenschaftler in der sogenannten schwarzen Welt unter Ausschluß der Öffentlichkeit an streng geheimen Projekten arbeiten können. Ein Mitarbeiter von Lockheed, der bei einem schwarzen Projekt für das NRO arbeitete, äußerte sich in einem Gespräch Tim Weiner gegenüber folgendermaßen:

»Bei einem schwarzen Projekt kümmern sich die Leute nicht ums Geld. Wenn du Geld brauchst, bekommst du es auch. Wenn das Projekt teurer wird, bekommst du auch mehr Geld.«[105]

Studiert man die Fluglandkarten der USA, wird man feststellen, wie wenig Land in New Mexico, Utah, Nevada, Arizona und Kalifornien von Zivilflugzeugen überflogen werden darf. Auf diesen für die Öffentlichkeit gesperrten Gebieten befinden sich geheime Militärstützpunkte, Militärtestgelände und Abschußbasen von Atomraketen. Die republikanische Abgeordnete Patricia Schroeder, die Mitglied des House Armed Services Commitee ist, sagte nach Tim Weiners Enthüllungen: »Das schwarze Budget des Verteidigungsministeriums in der Höhe von 36 Milliarden Dollar ist eine Lizenz zum Stehlen.«[106]

Innerhalb des amerikanischen Militärs dürfte eine geheime Armee entstanden sein, die von den Direktoren und Generälen der CIA, der NSA, des NRO und der Luftwaffe vertreten wird. Die Hälfte dieses Budgets wird von der NSA und dem NRO verbraucht. Die andere Hälfte wird von der Luftwaffe für die Entwicklung neuer Technologien verwendet. Die radarunsichtbaren Flugzeuge wurden beispielsweise ebenso mit diesem Geld finanziert. Es gilt als ziemlich sicher, daß neben dieser Technologie noch exotischere Flugobjekte, unter anderem auch das sagenumwobene Aufklärungsflugzeug AURORA, mit diesem Budget entwickelt wurden. Die AURORA existiert in der offiziellen Welt noch nicht, besitzt ein neuartiges Hyperschalltriebwerk und erreicht die achtfache Schallgeschwindigkeit. Dieses Flugzeug funktioniert gleich wie das von der NASA geplante National Aerospace Plane (NASP), das in Zukunft das Space Shuttle ersetzen und von einem Flughafen aus mit seinem Hyperschalltriebwerk den Weltraum erreichen soll, um Lasten auszusetzen.[107] Bei der NASA existiert das NASP zur Zeit nur auf dem Reißbrett und in Computersimulationsprogrammen. In der schwarzen Welt existiert diese Technologie aber bereits, und es gibt mittlerweile schon mehrere Augenzeugen, die die AURORA sahen. Unter den Zeugen befinden sich Piloten und andere gut ausgebildete Beobachter. Graham Birdsall ist der Meinung, daß dieses Flugzeug für einige UFO-Sichtungen in Schottland verantwortlich gemacht werden kann. Man ist sich ziemlich sicher, daß die AURORA ihre Testflüge von der Nellis-Luftwaffenbasis, in der auch AREA-51 liegt, zu der abgelegenen Luftwaffenbasis Macrihanish in Schottland absolviert.[108] Offiziell existiert AURORA natürlich genausowenig wie die wahrscheinlichen UFO-Projekte, die ebenfalls in AREA-51\S-4 durchgeführt werden.

Der UFO-Forscher Lee Graham stellte 1987 einen FOIA-Antrag

an die amerikanische Luftwaffe, um Informationen über den radarunsichtbaren Düsenjäger F-117 zu bekommen. Zu dieser Zeit war ebenfalls allgemein bekannt, daß die Luftwaffe einen radarunsichtbaren Düsenjäger mit der Bezeichnung F-117 von Nevada aus testet. Die zuständige FOIA-Managerin Anne W. Turner schrieb an Lee Graham folgendes Antwortschreiben zurück:

»Wir antworten auf ihren FOIA-Antrag vom 8. August 1987, addressiert an Colonel W. B. Driggers. Wir erhielten den Brief am 12. August. Wir können keine Information über ein Kampfflugzeug mit der Bezeichnung F-117 Night Hawk finden.«[109]

Kurze Zeit später wurde die Bezeichnung F-117 aber deklassifiziert und das Flugzeug der Öffentlichkeit vorgestellt. Die Luftwaffe, die CIA, die NSA und auch das NRO verleugnen ihre Schwarze-Welt-Projekte genauso wie Informationen über das UFO-Phänomen.

13 Mögliche Gründe für die Vertuschung des UFO-Phänomens

Im November 1959 bedachte die neu gegründete amerikanische Weltraumbehörde NASA die Brookings Institution mit einem Forschungsauftrag, betreffend die soziologischen, politischen, wirtschaftlichen, rechtlichen und internationalen Aspekte einer friedlichen und wissenschaftlichen Nutzung des Weltraumes. In dieser Studie wurde auch auf die Entdeckung von außerirdischen Lebensformen eingegangen.[110] Man kam zu dem Schluß, daß die Menschheit bei einem plötzlichen Kontakt mit einer höher entwickelten außerirdischen Zivilisation panikartig reagieren würde und die zur Zeit herrschenden Staatssysteme in Anarchie fallen würden. Man empfahl deshalb, sollte dieser Fall eintreten, die Informationen über außerirdisches Leben unter allen Umständen von der Öffentlichkeit fernzuhalten, um die bestehende Weltordnung nicht zu gefährden. Ein weiterer Teil der Arbeit untersuchte die Möglichkeiten, diese Information der Öffentlichkeit mitzuteilen, ohne daß sie panikartig reagiert. Die Studie kam zu dem Schluß, daß eine stabile Weltlage eine notwendige Voraussetzung ist, um die Menschen langsam auf einen Kontakt vorzubereiten. Manche UFO-Forscher meinen, daß wir uns zur Zeit in so einem Prozeß befinden und glauben, daß man uns durch die langsame, aber gezielte Freigabe von UFO-Informationen, durch die Produktion von Science-fiction-Filmen und -Büchern auf den Kontakt mit fremden Intelligenzen vorbereite.[111]

Ein ehemaliger Verwaltungsbeamter der CIA, der Vizedirektor Viktor Marchetti, sagte 1979 nach seiner Pensionierung,[112] daß man während seiner Amtsperiode über UFOs nicht sprach, da diese Angelegenheit ein sehr empfindliches Gebiet betraf. Marchetti meinte, daß er während seiner Arbeit beim CIA keine physikalischen Hinweise fand, die die Realität von UFOs bewiesen hätten; er bestätigte jedoch die Gerüchte von höheren Geheimhaltungsstellen, die von kleinen grauen Wesen handelten, deren Fluggeräte in der Wüste von New Mexico abstürzten und in der Foreign Technology Division im Wright-Patterson-Luftwaffenstützpunkt untersucht worden wären. Marchetti bemerkte weiters, daß die Verhaltensweisen der CIA gegenüber dem UFO-Phänomen genau denen einer klassischen Vertuschung glichen und der Grund für diese Vertuschung die Aufrechterhaltung einer relativ stabilen Weltlage sei. Ein weiterer Grund für diese Geheimhaltung könnte die Absicht der USA sein, als erste Weltmacht die Antriebssysteme von UFOs nachzubauen, um sich einen gigantischen technologischen und militärischen Vorsprung zu sichern. Wahrscheinlich werden aber beide Gründe – Angst vor dem Zerfall einer stabilen Weltlage und technologischer und militärischer Vorsprung – die Ursachen der UFO-Vertuschung sein. Würde Präsident Bill Clinton heute abend verkünden, daß die Erde von fremden Intelligenzen heimgesucht werde, könnte sich folgendes Szenario ereignen:

1. *Religionen:* Die großen Religionssysteme würden in kürzester Zeit große Probleme bekommen. Für die konservativen Kirchen könnte diese Erkenntnis schreckliche Folgen haben, da nun der

Mensch als höchstes von Gott erschaffenes Wesen von seinem Thron gestoßen wird. Man würde vielleicht feststellen, daß die Menschen für diese Wesen nichts anderes sind als Versuchstiere im Labor Erde. Millionen Gläubige würden orientierungslos herumirren, da die neue Erkenntnis mit ihren religiösen Dogmen nicht mehr in Einklang zu bringen ist.

2. *Politik und Rechtssysteme:* Die politischen und rechtlichen Systeme der Gegenwart könnten nutzlos werden. Gerade der wiederaufkeimende Nationalismus ist bei so einer Offenbarung fehl am Platz. Die Nationen der Erde müßten sich vereinen. Da dies aber bei Betrachtung der gegenwärtigen Weltlage unmöglich ist, könnte man bei der Anerkennung einer höheren Zivilisation noch mehr Kriege riskieren.

3. *Wirtschaft:* Die Auswirkungen auf die Weltbörsen sind nicht abzusehen.

4. *Verteidigung:* Die Regierungen sind nicht imstande, ihre Einwohner zu schützen.

Daß sich die amerikanische Regierung mit diesen Perspektiven beschäftigt hat, geht aus dem NSA-Dokument »UFO-Hypothese und Überlebensfragen« und aus der von der Brookings-Institution durchgeführten NASA-Studie hervor. Dieselben Gründe würden auch eine hochentwickelte fremde Zivilisation abhalten, einen offenen Kontakt mit den Erdbewohnern herzustellen. Das wahrscheinlich panikartige Verhalten der Menschen und die daraus resultierende Anarchie würde auch den Zielen dieser fremden Intelligenzen schaden. Die Regierungen, allen voran die USA, werden die Geheimhaltung des UFO-Phänomens fortführen, um die derzeitige Weltordnung nicht auf das Spiel zu setzen.

V

Sichtungen

»Der Tag wird gewiß kommen, daß man dem UFO-Phänomen mit Hilfe von hochentwickelten Ortungs- und Aufzeichnungsgeräten begegnen können wird, die keinen Zweifel an seinem Ursprung mehr lassen. Damit dürfte der Schleier, der das Mysterium seit langem umgibt, zum Teil gelüftet werden können. Ein Geheimnis ist es nach wie vor geblieben. Aber es existiert, es ist real.«

Colonel Charles de Brouwer, vom Stab der belgischen Luftwaffe. Das belgische Militär mußte Ende der achtziger Jahre über Monate hinweg dem Eindringen von UFOs in seinen Luftraum tatenlos zusehen, ohne jemals Hinweise auf die Herkunft der Objekte zu erlangen.

1 Außergewöhnliche UFO-Sichtungen

Im Laufe der Ausführungen dieses Buches wurden mehrere interessante UFO-Fälle behandelt. Es gibt jedoch daneben noch eine riesige Anzahl von aufregenden Sichtungen und Begebenheiten, auf die wir aus Platzgründen nicht eingehen können. Wir möchten dennoch am Schluß noch von drei Fällen berichten, von denen wir glauben, daß sie zu den faszinierendsten in der Geschichte der UFO-Forschung gehören. Alle Sichtungen haben sich innerhalb der letzten fünf Jahre ereignet (beziehungsweise dauern immer noch an) und wurden intensivst auf Authentizität und Echtheit überprüft.

2 Die Greifswalder Sichtungen

Am 24. August 1990 um 8.40 Uhr abends beobachteten Hunderte von Personen (technisches und medizinisches Personal aus Deutschland und Rußland) von Greifswald und den Inseln Rügen und Usedom aus, wie zwei Gruppen von hell leuchtenden Objekten am Himmel erschienen. Mehreren der Zeugen gelang es, Videoaufnahmen der Objekte zu machen, und so gibt es heute Filmaufzeichnungen von insgesamt fünf unabhängigen Beobachtern und dazu noch einige photographische Aufnahmen. Die verschiedenen Standorte der Zeugen ermöglichten eine Triangulation der UFO-Positionen, Flughöhe als auch Entfernung sind dadurch relativ genau bekannt.[1] Dipl.-Ing. Rolf-Dieter Klein von MUFON-CES führte eine ausgezeichnete Computeranalyse aller Videoaufnahmen durch, er stellte außerdem das Bildmaterial von diesem Fall zur Verfügung.[2] Nach den Erhebungen von MUFON-CES spielte sich die Sichtung etwa folgendermaßen ab: Die eine Gruppe (A) formte einen Lichterkreis, der sich aus insgesamt fünf Objekten zusammensetzte, und in einer Höhe von etwa

2 Kilometern und etwa 22 Kilometern von den Beobachtern entfernt waren. Die zweite Gruppe (B) war am Beginn kaum zu sehen, sie bewegte sich zuerst in etwa 2,5 Kilometern Höhe, um dann auf etwa 2 Kilometer Höhe abzusinken, wobei ihre Entfernung 23 Kilometer betrug. Nach einiger Zeit beschleunigten die Objekte aus Gruppe (A) und verschwanden. Die Gruppe B bestand zuerst aus nur vier Objekten, doch dann schlossen sich ihr zwei weitere Lichter an, die aus großer Entfernung und mit hoher Geschwindigkeit auf die Gruppe zuflogen. Etwas später erschienen zwei weitere Objekte inmitten der Gruppe, so als ob sie sich einfach einblenden oder materialisieren würden. Etwa während dieser Zeit kann man auf zwei Videoaufnahmen einen sehr kurzen Lichtblitz ausmachen, der in der Nähe der Gruppe (B) aufleuchtet. Wahrscheinlich war das die Explosion von Munition, die vermutlich von russischem Militär eines nahegelegenen Militärstützpunktes abgefeuert wurde! Auf Anfrage bei dem ehemaligen Oberkommandierenden der NVA-Luftstreitkräfte erhielt Illobrand von Ludwiger die Auskunft, daß die russische Marine auf Peenemünde ihre Waffen bereits verstaut gehabt hätte und daß NVA-Truppen nicht geschossen hätten. Von Ludwiger schätzt, daß die Objekte einen Durchmesser von etwa 12 Metern hatten. Nachforschungen bei lokalen meteorologischen Stationen und auch bei der Polizei lassen darauf schließen, daß keine außergewöhnlichen Wetterbedingungen herrschten. Die Filme wurden im Dezember 1993 von MUFON-CES-Wissenschaftlern Angehörigen des MPI (Max-Planck-Institut) für Aeronomie in Lindau bei Göttingen vorgeführt und werden dort zur Zeit noch weiter analysiert.

3 Die Belgische UFO-Welle

Eine Welle von außerordentlichen UFO-Sichtungen gab es in den Jahren 1989 bis 1992 in Belgien.[3] In diesem Zeitraum wurden Hunderte von Zeugenberichten gesammelt, Videoaufnahmen und Photos bestätigen das Phänomen in bisher kaum dagewesener

Art und Weise. Außergewöhnlich an der belgischen Sichtungs-welle ist auch, wie private Organisationen (allen voran SOBEPS, eine belgische Vereinigung zur Erforschung von Weltraumphä-nomenen) und die Polizei sowie das Militär zusammengearbeitet haben. Erstmals in der Geschichte der UFO-Forschung gab es einen uneingeschränkten Austausch von Informationen und Datenmaterial bezüglich aller Aspekte der Sichtungen. Dies ging sogar so weit, daß die belgische Luftwaffe den Forschern Radar-aufzeichnungen zur Verfügung stellte, die aufgezeichnet wurden, als ein F-16-Kampfflugzeug versuchte, ein UFO zu verfolgen und zu identifizieren. Die Fakten der Sichtungen selbst sind fas-zinierend und grenzen in ihrer Konsistenz und Glaubwürdigkeit an die Bedeutung von harten, nicht zu widerlegenden Beweisen: In den unzähligen Beobachtungen von Zeugen, darunter eine große Anzahl von Gendarmen, Wissenschaftlern und hohen Mi-litärs, werden vor allem riesige, dreiecksförmige Flugobjekte be-schrieben. Videoaufnahmen und Photos zeigen diese Objekte in aller Deutlichkeit, und trotz verzweifelter Aufklärungsversuche deutscher UFO-Skeptiker (Ultraleichtflugzeuge!) ist der Ur-sprung dieser Objekte bis heute nicht geklärt. General De Brou-wer, einer der ranghöchsten Kommandierenden in der belgischen Luftwaffe, hat in einem Interview persönlich darauf hingewiesen, daß seine Luftwaffe keine Erklärung für die UFOs geben kann. Er bestätigt, daß die Flugmanöver der UFOs alle irdischen Tech-nologien in den Schatten stellen und definitiv nicht auf neuartige amerikanische Testflugzeuge wie etwa *Aurora, B-2* oder *F-117* hinweisen! Das belgische Militär bestätigt also offiziell die Exi-stenz von unbekannten Flugobjekten im eigenem Luftraum!

4 Die Vorkommnisse in Gulf Breeze

Gulf Breeze ist ein kleiner Ort im amerikanischen Bundesstaat Florida, bekannt durch den Militärstützpunkt Pensacola, der Ende der achtziger Jahre durch spektakuläre UFO-Sichtungen und Ereignisse auch weltbekannt wurde. Begonnen hat alles im Jahr 1986 mit der anfangs unbeachteten Sichtung einer älteren Frau. Erst als Ed Walters 1988 die Bühne betrat, änderte sich die Situation schlagartig. Der in Gulf Breeze ansässige Architekt und seine Frau hatten immer wieder aufregende UFO-Sichtungen (Walters war richtiggehend von den UFOs verfolgt worden), in deren Folge auch einige äußerst interessante Photographien entstanden.[4] Seitdem gibt es in Gulf Breeze immer wieder Wellen von Sichtungen, die einerseits UFOs von einer ganz charakteristischen Form betreffen, als auch seltsame Lichterscheinungen in allen Farben des Spektrums zeigen. Für alle diese Phänomene gibt es, ähnlich wie in Belgien, Hunderte Zeugen, und einfache Erklärungen durch meteorologische Effekte oder neuartige Testflugzeuge können praktisch mit Sicherheit ausgeschlossen werden. Bis heute hat noch kein Skeptiker eine ausreichende Erklärung für die Sichtungen geben können, es wurden zwar einige Versuche unternommen, die Photos von Ed Walters als Fälschung darzustellen, intensivste Untersuchungen der Aufnahmen durch Experten konnten jedoch bisher deren Echtheit nicht widerlegen. Neben Ed Walters' Polaroid-Bildern gibt es Dutzende Aufnahmen und Videofilme von anderen unabhängigen Personen, so daß alleine aus diesem Grund anzunehmen ist, daß den Sichtungen eine reale Erscheinung zugrunde liegt. In der Region um Gulf Breeze gibt es immer wieder Fälle von Entführungen,[5] und so schließt sich der Kreis der UFO-Sichtungen mit Hinweisen auf Vorgänge, die eines der größten Rätsel unserer Zeit darstellen.

VI

Von woher könnten
UFOs kommen?

»Einige Phänomene, sollten sie sich als real erweisen, werden
unser festgesetztes wissenschaftliches Weltbild verändern. Die
Tatsache, daß uns manche Themen kurios oder sogar bizarr
erscheinen, bedeutet nicht, daß man sie ignorieren soll.«

Professor Peter A. Sturrock, Plasmaphysiker und Präsident der
Society of Scientific Exploration.

»Die Geschichte ist voll von Unmöglichkeiten, die sich letztlich
doch realisiert haben. Wer kann sagen, welche Anomalien von
heute die Technologien von morgen sein werden.«

Dr. Bernhard Haisch, Astrophysiker und Mitglied der Society of
Scientific Exploration.

1   Ein möglicher Grund für das geheime Wirken fremder Intelligenzen

Soferne man keine psychologisch bedingte Erklärung für die Entführungen in UFOs findet, stellt sich natürlich die Frage, woher diese Wesen kommen und welche Ziele sie verfolgen. Wollten sie nur unsere Tiere oder uns untersuchen, würden ihnen einige Tiere oder Menschen genügen, und sie wüßten in Kürze über den Aufbau und Funktion der irdischen Lebewesen Bescheid. Da aber Tausende Tiere verstümmelt aufgefunden und ebenfalls Hunderte, wenn nicht sogar Tausende Menschen entführt wurden, scheint es offensichtlich, daß es andere Gründe für ihr Wirken geben muß. Wie es scheint, benötigen diese Wesen biologische Substanzen von Tieren und Menschen. Die vorläufigen Forschungsergebnisse des Entführungsphänomens sprechen dafür, daß diese Wesen Samen und Eizellen entnehmen, menschliche Frauen künstlich befruchten und als Leihmütter für Hybridwesen benützen. Um ihre genetische Ernte ungestört einholen zu können, arbeiten sie im verborgenen. Die Geheimhaltung der Regierungen und die Ignoranz vieler Menschen scheint ihnen dabei von großem Nutzen. Über den Sinn dieser genetischen Experimente läßt sich natürlich nur spekulieren. Eine Interpretation wäre die Vermutung, daß diese Wesen geistig sehr weit fortgeschritten sind, körperlich aber zu degenerieren anfingen und deshalb zum Erhalt ihrer Rasse unser genetisches Material und das mancher Tiere benötigen. Vielleicht ist auch ihre natürliche Fortpflanzungsfähigkeit gestört, und sie benötigen deshalb irdische Frauen zum Gebären von Hybriden und ihrer Nachkommen.

Neben den schrecklichen Erlebnissen, denen die Entführten ausgesetzt sind, sollte man auch einen positiven Effekt vermerken. Viele Entführte erfahren nach ihrer unheimlichen Begegnung eine Änderung ihrer Lebenseinstellung. Sie wenden sich von der materialistischen Konsumgesellschaft ab und lenken ihre Gedanken auf wichtigere Dinge im Leben. Sie beginnen, sich über die Zerstörung des natürlichen Lebensraumes der Erde Gedanken zu machen, werden Vegetarier oder leben einfach bewußter. Diese Gründe stimmen größtenteils mit den Forschungsergebnissen überein. Natürlich gäbe es auch eine Vielzahl phantastischer Deutungsansätze, da wir jedoch die Denkweise dieser Wesen nicht kennen, bewegen sich alle Antworten im Bereich der Vermutungen. Im Anschluß seien jedoch die wahrscheinlichsten Herkunftsmöglichkeiten von UFOs erwähnt.

2 Die extraterrestrische Hypothese

Diese Wesen könnten von einem anderen Sonnensystem stammen. Mathematische Studien über die Evolution von planetaren Atmosphären und den sogenannten bewohnbaren Zonen um Sterne weisen darauf hin, daß höher entwickeltes Leben auf erdähnliche Planeten, die um sonnenähnliche Sterne kreisen, beschränkt ist. Wenn die Erde nur einige Prozente näher an der Sonne wäre, würde sie ein unwirtlicher, heißer Planet wie die Venus sein. Wenn sie hingegen einige Prozent weiter von der Sonne entfernt wäre, würde sie einer kalten, marsähnlichen Welt ähneln. Da man heute weiß, daß die Formation von Planetensystemen ein möglicher Teil bei der Sternentstehung ist, gilt ein erdähnlicher Planet sicher als nichts Besonderes. 75 % der Sonnensysteme in unserer Galaxie (Milchstraße) sind Doppel- oder Mehrfachsternsysteme.

Sonnensysteme mit zwei oder mehreren Sonnen besitzen mit größter Wahrscheinlichkeit ebenfalls Planeten. Das Dreikörperproblem besagt, daß Planeten in Mehrfachsternsystemen ihre Sonnen im allgemeinen auf exzentrischen Bahnen umkreisen. Das würde bedeuten, daß solche Sonnensysteme nur ganz selten bewohnbare Zonen für erdähnliche Planeten besitzen. Einer der Autoren war im September 1992 in München bei der 24. Konferenz der Division of Planetary Sciences. Bei dieser Konferenz präsentierte Dr. D. Benest vom Observatorium in Nizza, Frankreich, eine Arbeit mit dem Titel »Planetary Orbits in Double Star Systems«. Das überraschende Ergebnis seines Computermodells war der Nachweis von mehreren stabilen Bahnen in Mehrfachsternsystemen, und daß sich einige von solchen Bahnen sogar in einer bewohnbaren Zone befinden.[1] Dieses Ergebnis ist deshalb von Bedeutung, da es aufgrund der großen Anzahl von Mehrfachsternsystemen in unserer Galaxis die Wahrscheinlichkeit der Existenz bewohnter Planeten vervielfacht. Diese bewohnten Sonnensysteme könnten von primitiven Lebensformen, uns ähnlichen oder uns um Millionen Jahre überlegenen Lebensformen bewohnt sein. Es gibt drei allgemeine Ansätze, die technologische Entwicklung einer Zivilisation zu beschreiben (Dr. John A. Ball, International Journal of Solar System Studies, [Icarus], 1973): (1) *Zerstörung,* (2) *technologische Stagnation,* (3) *gleichförmiger kontinuierlicher Fortschritt.* Es gibt natürlich auch viele Zwischenformen der obengenannten Möglichkeiten. Die irdische Zivilisation steht heute an einem Wendepunkt ihrer Entwicklung.[2]

Mit großer Wahrscheinlichkeit werden andere Zivilisationen ebenfalls einen dieser drei Wege gegangen sein. Mögliche andere Zivilisationen könnten diesen kritischen Punkt in ihrer Entwicklung bewältigt haben. Da unsere Galaxie ungefähr 300 Milliarden Sterne besitzt, existieren nach astronomischen Wahrscheinlichkeitsberechnungen, selbst unter Zubilligung begrenzter Lebenserwartung, noch immer über einige Tausende fortgeschrittene Zivilisationen allein in der Milchstraße.[3] Nach astrophysikalischen Forschungsergebnissen konnten sich erdähnliche Planeten vor ungefähr zehn Milliarden Jahren um sonnenähnliche Sterne bilden. Da unser Sonnensystem erst 4,5 Milliarden Jahre alt ist, könnten uns einige Zivilisationen um Tausende oder sogar Millionen Jahre voraus sein. Manche dieser Zivilisationen könnten Möglichkeiten gefunden haben, um zu uns zu gelangen. Da UFOs offensichtlich Raum und Zeit manipulieren können, sind sie sicher nicht mit herkömmlichen Raumfahrzeugen zu vergleichen, die im dreidimensionalen Raum an die Begrenzung der Lichtgeschwindigkeit gebunden sind. Raum und zeitliche Operationen könnten aber aus einem übergeordneten, höherdimensionalen Bereich vorgenommen werden. Viele Wissenschaftler sind sich heute nicht mehr so sicher, daß die Welt ein vierdimensionales Raum-Zeit-Kontinuum, wie es Einstein nachgewiesen hat, ist. Eine technologisch fortgeschrittene Zivilisation könnte natürlich den Lebensraum von weniger fortgeschrittenen Zivilisationen vollständig kontrollieren. Diese Erkenntnis führt zur Zoohypothese, bei der eine weniger fortgeschrittene Zivilisation von hochentwickelten Zivilisationen wie in einem Naturpark gehalten wird. Die weniger fortgeschrittene Zivilisation wird von den höher Entwickelten beobachtet oder für deren Zwecke (ähnlich unseren Labortieren) mißbraucht. Die Zooinsassen sind sich nicht bewußt, daß sie beobachtet werden, da die Außerirdischen uns das Gefühl vermitteln wollen, daß wir allein sind. Die extraterrestrische Hypothese ist die zuerst und am meisten diskutierte, so daß die Öffentlichkeit glaubt, daß UFOs außerirdische Raumschiffe sind. Viele Wissenschaftler, die sich mit dem UFO-Phänomen ausführlich auseinandersetzen, sind aber der Meinung, daß die extraterrestrische Hypothese für UFOs zu einfach ist, um die ganze Tragweite des Phänomens zu erklären. Zieht man andere Herkunftsbereiche dieser Besucher in Betracht, sollte man sich zuerst mit der Quantenmechanik auseinandersetzen.

3   Quantentheoretische Überlegungen

Der Physiker Werner Heisenberg fand 1926 heraus, daß bei einem sich bewegenden Teilchen entweder sein *Ort* oder seine *Geschwindigkeit* genau festgestellt werden kann. Je genauer man den Ort des Teilchens zu messen versucht, desto ungenauer läßt sich seine Geschwindigkeit messen und umgekehrt.

Heisenberg wies nach, daß die Ungewißheit hinsichtlich des Ortes des Teilchens mal der Ungewißheit hinsichtlich seiner Geschwindigkeit mal der Masse des Teilchens nie einen bestimmten Wert unterschreiten kann. Dieser Wert ist die Plancksche Konstante, ist unvorstellbar klein und hat eine Länge von 10^{-33} Zentimeter (eine Zahl mit 33 Nullen hinter dem Komma). Diese Ungewißheit ist in der Physik als die Heisenbergsche Unschärferelation bekannt. Die Erkenntnis dieser Unschärferelation hatte große Folgen für unser physikalisches Weltbild. Die Unschärferelation bereitete dem Traum mancher Physiker und Philosophen von einem absolut vorherbestimmbaren Modell des Universums ein jähes Ende. Heisenbergs Unschärferelation veranlaßte in den zwanziger Jahren Erwin Schrödinger und Paul Dirac dazu, die Mechanik zu revidieren, so daß eine neue Theorie entstand. Sie nannten diese Theorie Quantenmechanik.

In der Quantenmechanik haben sich bewegende Teilchen nicht mehr getrennte, genau definierbare Orte und Geschwindigkeiten, die sich nicht beobachten lassen, sondern nehmen statt dessen einen Zustand ein, der eine Kombination aus Ort und Geschwindigkeit darstellt. Dieser Zustand wird Quantenzustand genannt. Die Quantenmechanik sagt kein bestimmtes Ereignis für eine Beobachtung voraus, sondern eine Reihe verschiedener möglicher Resultate. Außerdem gibt sie an, mit welcher Wahrscheinlichkeit jedes von ihnen eintreffen wird. Die Quantenmechanik führt also ein Element der Unvorhersagbarkeit oder der Zufälligkeit in die Wissenschaft ein.[4] Erwin Schrödinger führte ein Gedankenexperiment durch, bei dem ein Lebewesen in eine festverschlossene Kiste gesperrt wird. Auf dieses Lebewesen ist ein Gewehr gerichtet, das einen Schuß abfeuert, wenn ein radioaktiver Atomkern mit fünfzigprozentiger Wahrscheinlichkeit zerfällt. Wenn die Kiste geöffnet wird, ist das Lebewesen entweder tot oder lebendig. Bevor die Kiste geöffnet wird, ist der Quantenzustand des Lebewesens eine Mischung aus totem Lebewesen und lebendigem Lebewesen. Eine Besonderheit der Quantenmechanik liegt darin, daß sie uns ein anderes Bild der Wirklichkeit vermittelt. Laut Quantenmechanik hat ein Objekt nicht eine einzige Geschichte, sondern alle, die möglich sind.

In den meisten Fällen hebt sich die Wahrscheinlichkeit einer bestimmten Geschichte mit der Wahrscheinlichkeit einer anderen auf. In manchen Fällen verstärken sich die Wahrscheinlichkeiten mancher Geschichten gegenseitig. Danach beobachtet man eine dieser verstärkten Geschichten als die des Objektes. Im Falle unseres vorigen Beispiels werden zwei Geschichten verstärkt. In der einen wird das in der Kiste eingeschlossene Lebewesen erschossen, und in der anderen bleibt es am Leben. In der Quantentheorie können beide Zustände nebeneinander existieren. Bevor man die Kiste öffnet, existiert das darin befindliche radioaktive Material in einem überlagerten Zustand und das Lebewesen ebenfalls. Das radioaktive Material befindet sich in einer Mixtur zwischen zerfallenen und unzerfallenen Möglichkeiten. Das Lebewesen ist tot und lebendig zugleich. Wenn man die Kiste öffnet, wird für den Experimentator eine Wahrscheinlichkeit zur Wirklichkeit. Es stellt sich die Frage, wie ein Lebewesen oder ein Gegenstand zwei oder mehrere Zustände gleichzeitig einnehmen kann. Eine mögliche Lösung dieses Rätsels könnte die Theorie der multiplen Realitäten (Viele-Welt-Hypothese von Everett und Wheeler aus dem Jahre 1957) geben.[5] Nach dieser Theorie würde sich das Universum bei jeder quantentheoretischen Möglichkeit aufspalten und eine Reihe von Paralleluniversen bilden. Bei dem vorigen Beispiel würde sich das Universum vom überlagerten Zustand in zwei kausal getrennte Universen aufspalten. In einem Universum wäre das Lebewesen in der Kiste tot, während es im anderen am Leben wäre. Der Experimentator würde ebenfalls doppelt existieren, aber nichts von seinem Partner in der Parallelwelt wissen. Prominente Physiker wie Stephen Hawking, John Wheeler, Kip Thorne und Paul Davis, David Deutsch, Michael Lockwood betrachten diese Idee sehr seriös und postulieren in ihren Theorien solche multiplen Realitäten. Nach diesem kurzen Ausflug in die Quantenmechanik kann man über weitere Herkunftsmöglichkeiten dieser Besucher spekulieren.

4 Multiple Realitäten

Ein anderes Gedankenmodell siedelt diese Wesen nicht unbedingt in einem fernen Sonnensystem an, sondern in einem anderen, uns parallelen Realitätsbereich. Spekulationen über Paralleluniversen ergeben sich aus den vorher erwähnten quantenmechanischen Überlegungen. Das würde bedeuten, daß neben unserem Universum unendlich andere, die kausal von unserem getrennt sind, existieren. Diese anderen Realitäten haben ihren Sitz nicht in unserem Universum, sondern in einem anderen, zu unserem Raum parallelen Universum. Nach dieser Theorie würde sich in jedem Augenblick eine große Anzahl anderer Universen von unserem abspalten, um jedes mögliche Quantenstadium eines Partikels einnehmen zu können. Es würden viele Universen entstehen, die unserem sehr gleichen. Ein Mensch könnte, wenn er so ein Paralleluniversum besuchen würde, fast keine Unterschiede zu seinem eigenen Universum erkennen. Die Universen, die sich von unserem nur in einem Bruchteil unterscheiden, wären von Wesen bewohnt, die uns sehr ähneln. Andere Welten, die sich schon vor langer Zeit von unserem abspalteten, würden sich von unserem Universum sehr stark unterscheiden.[6] Wenn diese Wesen von einem Paralleluniversum oder sogar einer parallelen Erde stammen, müßten sie keine großen Entfernungen im Weltraum zurücklegen und könnten mit uns genetisch verwandt sein. Sie müssen aber eine Möglichkeit gefunden haben, mit der sie in unsere Realität überwechseln können. Dieses Überwechseln von ihrer Realität zur unseren könnten sie mit den UFOs durchführen, indem sie verschiedene Quantenzustände manipulieren. Die Theorie der multiplen Realitäten würde auch erklären, wieso UFOs nur für kurze Zeit sichtbar sind, wieso UFO-Besatzungen in geschlossenen Räumen auftauchen, Entführte und sich selber scheinbar durch feste Materie transportieren können und für uns manchmal unsichtbar agieren. Wenn sie zum Beispiel in eine geschlossene Wohnung eindringen, könnten sie sich in eine andere Realitätsebene versetzen, in der das Haus nicht existiert, um danach wieder in unsere Realität überzuwechseln. Für einen Beobachter in unserem Universum würde es aussehen, als ob diese Wesen aus dem Nichts erscheinen oder durch die Wand des Zimmers kommen würden. Diese Theorie würde auch das menschenähnliche Erscheinungsbild und die Vertrautheit der Besucher mit der Erdatmosphäre erklären.

5 Zeitreisen

Am 26. September 1988 erschien im *Physical Review Letters* eine Arbeit von Michael Morris, Kip Thorne und Ulvi Yurtsever, in der sie eine physikalische Möglichkeit für interstellare Reisen (Reisen zwischen Sternen) und Zeitreisen präsentierten. Einsteins Relativitätstheorie sagt aus, daß, wenn sich ein Objekt schneller als das Licht bewegt, man damit in der Zeit rückwärts reisen könnte. Da man technologisch die Lichtgeschwindigkeit nicht überschreiten kann, muß man sich Möglichkeiten einfallen lassen, diese natürliche Barriere zu umgehen. Dividiert man die Entfernung zwischen zwei Punkten durch die Zeit, die man benötigt, um diese Strecke zurückzulegen, erhält man die Geschwindigkeit. Wenn man diese Stecke verkürzt, würde die effektive Geschwindigkeit schneller als die Lichtgeschwindigkeit sein (natürlich nur, wenn der Reisende mit annähernder Lichtgeschwindigkeit unterwegs ist). Die allgemeine Relativitätstheorie behandelt Gravitation als eine Krümmung im vierdimensionalen Raum-Zeit-Kontinuum. Ist ein Objekt schwer genug, den Raum so stark zu krümmen, daß auch kein Licht mehr von ihm weggeht, spricht man von einem schwarzen Loch.

Karl Schwarzschild fand 1916 eine Lösung zu Einsteins Gleichungen, die eine Verbindung zwischen zwei schwarzen Löchern beschreibt. Solche Verbindungen nennt man Wurmlöcher. Da sich der Eingang und der Ausgang eines Wurmloches in einem schwarzen Loch befinden, kommt es im ersten Augenblick nicht als Abkürzung in Frage. Das Gravitationsfeld im Inneren des schwarzen Lochs ist so groß, daß das Wurmloch gleich nach seiner Entstehung kollabiert. Die Physiker Thorne, Morris und Yurtsever von CalTech (California Institute of Technologie) fanden eine theoretische Lösung, die Schwerkraft innerhalb des Wurmloches zu reduzieren. In diesem Fall könnte das Wurmloch lang genug offengehalten werden, um ein Objekt durchzulassen. Die Gravitationsenergie der Erde wird fast ausschließlich von ihrer Masse erzeugt. Die allgemeine Relativitätstheorie besagt, daß zusätzlich zur Masse der Druck ebenfalls zur Gravitation beiträgt.

Der Grund, warum der gravitative Effekt des Druckes nicht wirksam wird, liegt darin, daß er erst bei ganz schweren Objekten bemerkbar ist. Der Druck von einem Kilogramm Luft übt ungefähr ein Trillionstel (10^{-18}) der Schwerkraft auf seine Masse aus. Ein wesentlicher Unterschied zwischen Masse und Druck besteht darin, daß Druck auch negativ sein kann (man spricht von Spannung). Wenn Materie negativen Druck ausüben könnte, würde sie einen negativen Beitrag zur Gravitation liefern. Im Normalfall wird die positive Gravitation im Vergleich zur negativen überwiegen. Wenn es aber Materie gibt, die einen negativen Druck hervorruft, würde man einen gegenteiligen Effekt zur Schwerkraft erhalten. Es könnte sogenannte exotische Materie existieren, bei welcher der Effekt des negativen Druckes die positive Gravitation überwiegt. Das Ergebnis wäre eine gravitative Abstoßung.

Könnte so ein Effekt innerhalb eines Wurmloches erzeugt werden, wäre die Antigravitation stark genug, um den Kollaps des vom Wurmloch erzeugten Tunnels zu verhindern. Nach der Quantenfeldtheorie besteht leerer Raum aus Fluktuationen elektromagnetischer und anderer Felder. Der Physiker Hendrik Casimir fand eine Methode, mit der man diese Vakuumfluktuationen nachweisen kann.[8] Er errechnete die anziehende Kraft dieser Felder zwischen zwei glänzende Metallplatten und fand heraus, daß diese Kraft von einem kleinen negativen Druck, der zwischen den Platten wirkt, verursacht wird. Die Wissenschaftler von CalTech glauben, daß der Casimir-Effekt ein Weg wäre, um negati-

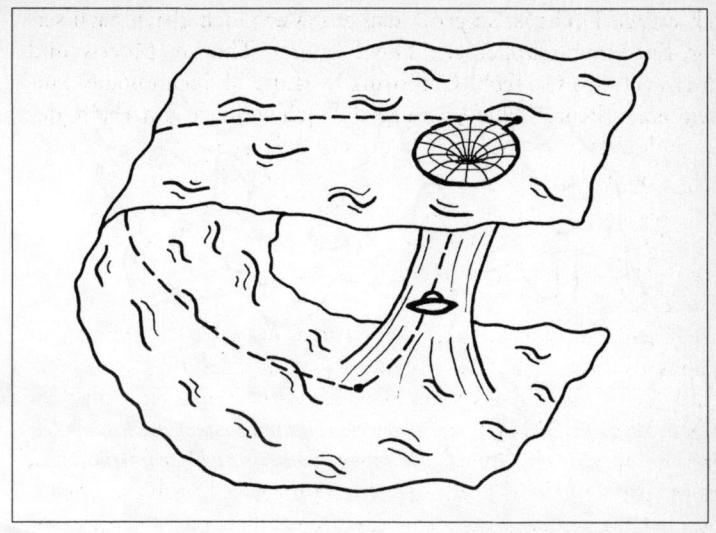

Abb. 57: Beispiel zur Umgehung der Lichtgeschwindigkeitsbarriere. Ein Wurmloch verbindet zwei Regionen im Raum-Zeit-Kontinuum. Ein durch dieses Wurmloch fliegendes Raumschiff wäre scheinbar schneller als die Lichtgeschwindigkeit.

ven Druck zu erzeugen, der unter besonderen Umständen den Kollaps des Wurmlochtunnels verhindern könnte. Es stellt sich die Frage, wie hochentwickelte Intelligenzen ein Wurmloch künstlich erzeugen könnten. Laut Quantentheorie der Gravitation ist das Gravitationsfeld ebenfalls Fluktuationen ausgesetzt. Solche Fluktuationen finden in sehr kleinen Bereichen statt; in Größenordnungen der Planckschen Konstante verursachen diese Fluktuationen Unebenheiten, Brücken, Berge und Wurmlöcher im Raum-Zeit-Kontinuum. Wenn eine hochentwickelte Wesensform die Möglichkeiten besäße, so ein mikroskopisches Wurmloch in ein makroskopisches auszudehnen, könnte sie dieses, als Zeitmaschine, oder zur Überwindung von großen Entfernungen im Weltraum benützen.

Abb. 58: Laut Quantentheorie der Gravitation besteht die Raum-Zeit in mikroskopischen Größenordnungen aus Bergen, Tälern, Brücken und Wurmlöchern.

Basierend auf den Arbeiten von Michael Morris, Kip Thorne und Ulvi Yurtsever, untersuchte der Physiker Matt Visser vom Los Alamos National Laboratory 1989 die Möglichkeit, ob auch Lebewesen eine Transformation durch ein Wurmloch überleben könnten. Er präsentierte sein Ergebnis am 15. Mai 1989 im *Physical Review* und kam zu dem überraschenden Schluß, daß es für einen Wurmlochreisenden möglich ist, ein solches zu durchqueren, ohne dabei durch exotische Materie ums Leben zu kommen.[9] Wenn man die Theorie der multiplen Realitäten in die Betrachtung zieht, könnte man auch die sogenannten Zeitparadoxa umgehen. Zeitreisende könnten sich selbst in einem Paralleluniversum begegnen, ohne ihre eigene Existenz zu beeinflussen. Es würde ihnen auch nichts ausmachen, wenn sie ihre jüngeren Doppelgänger töten würden, da die Paralleluniversen mit dem ihrigen nicht kausal zusammenhängen.

Der theoretische Physiker Miguel Alcubierre von der walisischen Universität in Cardiff fand ebenfalls einen theoretischen Weg, wie man die Lichtgeschwindigkeitsbarriere umgehen kann.[10] Sein

Artikel erschien 1994 in der wissenschaftlichen Fachzeitschrift *Classical Quantum Gravity*. Die Raum-Zeit kann man sich als Gummituch vorstellen, das in der Nähe von massiven Objekten verformt ist. Laut Alcubierre erzeugt eine lokale Verformung des Raum-Zeit-Kontinuums hinter einem hypothetischen Raumschiff eine Expansion und davor eine Kontraktion. Dadurch würde das Raumschiff von seinem Standpunkt aus mit der Raum-Zeit zu einem weit entfernten Ort gezogen (Diese Methode läßt Ähnlichkeiten mit Bob Lazars Beschreibungen erkennen). Leider kommt Miguel Alcubierres Theorie ebenfalls nicht ohne exotische Materie aus, die eine abstoßende Gravitationskraft erzeugen soll.

6 Kosmische Strings und exotische Materie

Wie aus den vorigen Kapiteln hervorgeht, ist man bei der Konstruktion von künstlichen Wurmlöchern oder anderen Methoden zur Umgehung der Lichtgeschwindigkeitsbarriere auf den Besitz exotischer Materie angewiesen. Außer der Casimir-Kraft gibt es im Universum mit ziemlicher Sicherheit noch andere Materie oder hochenergetische Strukturen, die für die Konstruktion von Wurmtunnels geeignet wären. Die Bewegungen von Sternen und Galaxien zeigen an, daß es im Universum mehr Materie geben muß, als man sieht. Theoretische Überlegungen in der Teilchenphysik deuten darauf hin, daß die sichtbare Materie (Sterne, Galaxien) nur die Spitze eines Eisberges darstellt. Es gibt im Universum weitaus mehr Masse, die völlig unabhängig von den sichtbaren Galaxien verteilt ist. Diese zusätzliche Masse läßt sich nur durch neue exotische Materiearten erklären, die Überbleibsel aus der Frühzeit des Universums sind, oder durch Sternexplosionen entstanden.[11]

Man nimmt heute an, daß unser Universum vor etwa 15 Milliarden Jahren in einer ungeheuren Explosion entstand, die allgemein als Urknall bezeichnet wird. Das Weltall expandiert auch heute noch unter dem Einfluß dieser Explosion, da man beobachten kann, daß sich die Galaxien mit enormen Geschwindigkeiten von uns fortbewegen. Durch die Kombination astronomischer Beobachtungen mit den gesicherten Gesetzen der Elementarteilchenphysik können Physiker die Geschichte unseres Universums bis hin zu einem unmittelbar auf den Urknall folgenden Sekundenbruchteil nachvollziehen. In diesem Zeitpunkt bestand das Universum noch nicht aus Sternen, Galaxien oder Atomen. Es war ein heißer und dichter Feuerball aus Elektronen, Photonen und anderen Elementarteilchen. Kurz nach dem Urknall zeichnete sich das Vakuum durch eine enorme Energiedichte und die Vereinheitlichung der Grundkräfte aus. Während sich das Universum nach dem Urknall ausdehnte und abkühlte, durchlief das Vakuum eine rasche Folge von Veränderungen, die man als Phasenübergänge bezeichnet (geläufig sind die Phasenübergänge von Wasser: Dampf – Flüssigkeit – Eis). Diese Phasenübergänge des Vakuums ereigneten sich wahrscheinlich während der ersten Sekunde nach dem Urknall. Ähnlich wie bei der Entstehung von Eis (Wassereinschlüsse in Eis) konnten bei diesen kosmologischen Phasenübergängen Fehlstellen im Vakuum entstehen. Innerhalb dieser Defekte befindet sich das Hochenergievakuum, das nach dem Urknall herrschte. Aus der Gleichheit von Energie und Masse ($E = mc^2$) ergibt sich, daß diese Vakuumeinschlüsse extrem massereich sind. Diese exotischen unsichtbaren Gebilde werden von den Teilchenphysikern kosmische Strings (kosmische Saiten) genannt. Diese fadenartigen Überbleibsel vom früheren Universum sind unvorstellbar dünn, aber sehr energiereich. Die Strings könnten einen wesentlichen Beitrag zur Materieverteilung im Universum und deshalb zur Bildung der Galaxien und Galaxienhaufen beigetragen haben.[12] Diese sehr energie- und massereichen Strings würden genügend viel exotische Energie in ihrem Inneren besitzen, um ein Wurmloch stabilisieren zu können. Matt Visser versuchte die erforderliche exotische Energie, verknüpft mit der Casimir-Energie, mit den Oszillationen eines klassischen Strings zu erhalten. Er meinte am Ende seiner Arbeit, daß es eine noch offene Frage sei, ob exotische Materie in einem Labor machbar sei. Wenn man Bob Lazar Glauben schenken darf, dann besitzen die USA mehrere 100 Gramm des superschweren Elementes 115 aus den angeblich geborgenen UFOs. Er behauptete weiters, daß 500 Gramm dieser Materie für streng geheime Forschungszwecke in verschiedenen amerikanischen Laboratorien untersucht werden. Da Bob Lazar vor seiner Arbeit in S-4 ebenso wie Matt Visser im Los Alamos National Laboratory gearbeitet hatte, kann darüber spekuliert werden, ob Matt Visser etwas von diesen Forschungen wußte.

Es gibt noch andere als die angeführten Theorien über die Fortbewegung dieser Wesen. Der Physiker Illobrand v. Ludwiger untersucht in seinem Buch *Der wissenschaftliche Stand der UFO-Forschung* ebenfalls Möglichkeiten, um die Technologie hinter dem UFO-Phänomen erklären zu können.[13] Die Grundideen seiner Forschungen beruhen auf Burkhard Heims vereinheitlichter Feldtheorie. In dieser Theorie sind entsprechend einem sechsdimensionalen Relativitätsprinzip Projektionen materieller Objekte an entfernte Orte ohne Zeitverlust möglich. UFOs könnten laut dieser Projektortheorie ebenfalls aus einem Paralleluniversum, aus der Zukunft oder auch aus einem anderen Sonnensystem stammen. Die Forschungsergebnisse auf diesen Gebieten stehen natürlich noch in einem Anfangsstadium und sind zur Zeit noch von einer Aura des Spekulativen umgeben. Die physikalischen und technologischen Probleme, mit denen wir uns zur Zeit beschäftigen, dürften um Tausende Jahre fortgeschrittene Zivilisationen keine Schwierigkeiten bereiten.

Nachwort

Wir konnten in diesem Buch aus Platzmangel nur einen Bruchteil der über das UFO-Phänomen verfügbaren Daten und Fakten veröffentlichen. Die Absicht der Autoren war es, den (die) kritische(n) Leser(in) auf die Tatsache aufmerksam zu machen, daß sich hinter dem UFO-Phänomen mehr verbirgt als das, was organisierte Skeptikerorganisationen, uninformierte Journalisten und manche informierte Regierungsstellen der Öffentlichkeit als offizielle Meinung präsentieren. Tausende von der amerikanischen Regierung freigegebene, oft stark zensierte Dokumente, Aussagen von bekannten Persönlichkeiten, (hochrangigen Militärs, Präsidenten wie Jimmy Carter, Ronald Reagan, und George Bush) bestätigen, daß UFOs mehr als das Phantasieprodukt von Science-fiction-Autoren sind, und freigegebene Dokumente der National Security Agency (NSA) machen uns deutlich, daß UFOs in den USA höher als TOP SECRET klassifiziert sind. Es ist ein offenes Geheimnis, daß die amerikanische Luftwaffe in der Wüste von Nevada exotische Flugobjekte entwickelt und testet, welche den herkömmlichen Flugzeugen technologisch um Jahre voraus sind. Aussagen von mehr als 300 Zeugen, Zeitungsberichte und freigegebene Dokumente erhärten die Gerüchte, daß die USA in den Besitz abgestürzter UFOs gelangten. Trotzdem sollte man auch nicht vergessen, daß mit an Sicherheit grenzender Wahrscheinlichkeit Geheimdienste und Luftwaffen das UFO-Phänomen ausnützen und unter seinem Deckmantel geheime Tests und Experimente durchführen. Der in Folge der New-Age-Bewegung wiederbelebte Glaube an die Weltraumbrüder hat soziologische Ursachen. Leider wird die Gutgläubigkeit dieser Menschen von vielen Geschäftemachern ausgenützt und die phantastischsten Geschichten von sensationslüsternen und uninformierten Journalisten weiterverbreitet.

Diese Geschichten benützen wiederum die organisierten Skeptikerorganisationen, um das komplette UFO-Phänomen zu entlarven. Wäre das UFO-Phänomen nur ein psychologisches oder soziologisches Phänomen, wie manche Skeptiker behaupten, so müßte man die Funktionsfähigkeit Hunderter modernster Radargeräte bezweifeln und das nationale Sicherheitsdenken der USA in Frage stellen. Ob psychologische Phänomene in der Lage sind, physikalisch meßbare Spuren an Böden, Hunderte oft bis ins kleinste Detail übereinstimmende Erlebnisse von einander nicht bekannten Personen, Narben an Menschen und möglicherweise verstümmelte Tiere zu hinterlassen, ist eine Frage, die jeder kritische Leser selbst beantworten darf.

Anhang

Erklärung der wichtigsten Abkürzungen

AFOSI: Air Force Office of Special Investigations. Das AFOSI ist eine Abteilung der amerikanischen Luftwaffe, die für diese spezielle Untersuchungen ausführt.

AMC: Air Material Command. Das AMC hatte seinen Sitz in Wright Field und war 1947 nachweislich in UFO-Untersuchungen verwickelt.

ATIC: Air Technical Intelligence Center. Das ATIC am Wright-Patterson-Luftwaffenstützpunkt war der Sitz der anfänglichen UFO-Projekte der amerikanischen Regierung.

CBI: Colorado Bureau of Investigations. Das CBI ist eine Institution, die sich mit der Untersuchung von Tierverstümmelungen beschäftigt.

CIA: Central Intelligence Agency. Die CIA ist der amerikanische Geheimdienst und koordiniert seit 1953 die UFO-Untersuchungen der amerikanischen Regierung.

CIC: Central Intelligence Corps. Der CIC war während des Zweiten Weltkrieges der Heeresnachrichtendienst und bis 1947 der Vorgänger des CIA.

DIA: Defence Intelligence Agency. Die DIA ist eine nachrichtendienstliche Organisation innerhalb des amerikanischen Verteidigungsministeriums und koordiniert alle Geheimdienstaktivitäten innerhalb der Luftwaffe, der Armee und der Marine.

FBI: Federal Bureau of Investigations. Das FBI ist die amerikanische Bundespolizei und war in den vierziger und fünfziger Jahren ebenfalls auf unterster Ebene in UFO-Untersuchungen verwickelt. Das FBI untersucht seit Ende der siebziger Jahren erfolglos Tierverstümmelungen und versucht dabei die Zusammenhänge mit dem UFO-Phänomen zu vertuschen.

FOIA: Freedom of Information Act (Gesetz zur Freigabe von Informationen: 5USC-552, vom 4. Juli 1974). Dieses Gesetz ermöglicht die Herausgabe von Dokumenten durch die amerikanischen Bundesbehörden, die auf Anfrage an jeden amerikanischen Bürger erfolgt, sofern durch die Freigabe nicht die nationale Sicherheit, die Privatsphäre von Personen und Wirtschaftsgeheimnisse der USA gefährdet werden.

MJ-12: *Majestic-12* war eine Gruppe von zwölf Personen, die sich mit der Untersuchung von UFOs nach dem Roswell-Zwischenfall beschäftigten.

MJ-12 ist bis jetzt aber noch nicht von offiziellen Stellen bestätigt. Es ist zur Zeit ebenfalls nicht sicher, ob diese Gruppe wirklich *MJ-12* hieß oder eine andere Bezeichnung hatte. Wie es scheint, wurden die nicht über den gesetzlichen Weg freigegebenen *MJ-12*-Dokumente aus irgendeinem Grund gefälscht.

NORAD: North American Aerospace Defence Command. NORAD ist die nordamerikanische Luft- und Weltraumüberwachungsbehörde der USA. NORAD registriert in die Erdatmosphäre eindringende Flugkörper, sowie den Flugverkehr bis weit in den russischen Luftraum. Die NORAD-Bodenstationen erhalten ihre Daten von AWACS-Aufklärungsflugzeugen und von Satelliten des Verteidigungsministeriums. Seit Ende der achtziger Jahre weiß man, daß NORAD massiv an der Zurückhaltung von UFO-Daten beteiligt ist.

NRO: National Reconnaisance Office. Die Existenz des NRO wurde am 18. September 1992 offiziell bekanntgegeben. Das NRO existierte aber schon seit 1962. Diese Behörde arbeitet mit Spionagesatelliten und Aufklärungsflugzeugen (Projekt AURORA wird mit ziemlicher Sicherheit ebenfalls vom NRO geleitet).

NSA: National Security Agency (nationale Sicherheitsbehörde der USA). Die NSA ist die weltgrößte Geheimdienstorganisation. Sie besitzt die Möglichkeiten, mittels Spionagesatelliten Telefongespräche und andere Kommunikationsmethoden weltweit abzuhören. Die NSA hält UFO-Dokumente mit einer Sicherheitseinstufung, die höher als TOP SECRET klassifiziert ist, von der Öffentlichkeit fern und ist deshalb maßgeblich an der Vertuschung des UFO-Phänomens beteiligt.

OFI: Office of Federal Investigations. Das OFI führt die Untersuchungen an Personen, die bei geheimen oder sensitiven Regierungsprojekten arbeiten, durch. Der Physiker Robert Lazar behauptete ebenfalls, daß OFI-Agenten seinen Lebenslauf kontrollierten.

Danksagung

Die beiden Autoren wollen ihren Dank den folgenden Personen, ohne
deren direkte Mithilfe dieses Buch in dieser Art nicht zustande gekommen wäre, aussprechen:

Walter Andrus Jr. dem internationalen Direktor der zum größten Teil aus
Wissenschaftlern bestehenden UFO-Forschungsorganisation Mutual Ufo
Network (MUFON); *Chris Barrus,* der uns einige Photos von der Area-
51 zu Verfügung gestellt hat; *Graham Birdsall* und *Mark Ian Birdsall* von
der britischen UFO-Forschungsorganisation Quest International für die
Unterstützung unseres Buches durch Photomaterial und für durch das
FOIA-Gesetz freigegebene Geheimdienstdokumente; *Ms. Sandra Brind*
vom Syndication Department der London Times; *Grant Cameron* und
T. Scott Crain Jr.; dem Stealth Watcher *Glenn Campbell* (Psychospy) für
seine Informationen über AREA-51; *Anthony Dodd; Dr. Wolfgang
Düregger;* dem Atomphysiker *Stanton T. Friedman* für seine Unterstützung bei unseren Recherchen über die Ereignisse in Roswell, New Mexico, und MJ-12; *Monty Gaddy,* dem Editor der Zeitung Ranchland
News; *Stuart Goldman* vom Astronomiejournal Sky & Telescope; unserem Lektor *Hermann Hemminger; Cyndia Hind; Budd Hopkins;* der
Dokumentarfilmerin und Journalistin *Linda Moulton Howe* für ihre
Hilfe bei unseren Recherchen über Tierverstümmelungen und die Unterstützung unseres Buches durch Photomaterial über verstümmelte Tiere
und die Big Mama-UFO-Photos; *Infinity Focus,* eine Ausstellung, die
von *Gavin Turk* organisiert wurde und aus Arbeiten über Tierverstümmelungen, Kornkreise und UFOs von *Linda Moulton Howe, Rod
Dickinson* und *John Lundberg* bestand (diese Ausstellung fand vom
4. Februar bis 2. April 1994 im Independent Art Space, 23a Smith Street,
London SW3, statt); *Martin Kremsner,* der Teile des Manuskripts sti-
listisch überprüft hat; *Dipl.-Ing. Rolf-Dieter Klein* von MUFON-CES
für die von ihm untersuchten Greifswald-Photos und -Videos; den Kin-
dergärtnerinnen und den Kindern der Oberaicher Kindergärten; *Herta
Lammer; Edith Lindtner* für die Anfertigung von Illustrationen; *Marion
Lindtner* für die Unterstützung bei den Recherchen; dem Leiter von
MUFON-CES, *Dipl.-Phys. Illobrand v. Ludwiger,* für interessante Mitteilungen und das Vorwort unseres Buches; dem umstrittenen UFO-For-

scher und ehemaligen NASA-Mitarbeiter *Bob Oechsler; Vivienne Olbison;* Police Officer *Charles Ted Oliphant III* für seine Unterstützung bei unseren Recherchen über Tierverstümmelungen; *Diana Pepper,* Syndication Assistant der britischen Zeitung The Independent; *Dr. Pia Maria Plechl,* Stv. Chefredakteurin der Wiener Zeitung Die Presse; *Jenny Randles; Chris Rutkowski; Rita Schömburg* vom Sekretariat der Flug Revue; dem unter tragischen Umständen verstorbenen *Stuart P. Smith* von der britischen UFO-Forschungsorganisation Independent UFO Network (IUFON); *Irmgard Standler; Dr. Stanimir M. Stankov; Michael Strainic* von MUFON-Kanada für die Unterstützung unseres Buches mit Photomaterial über Tierverstümmelungen; *Armen Victorian* für die Erlaubnis der wortgetreuen Wiedergabe seines Telefongespräches mit Dr. Eric Walker; *Dr. Kurt Wimmer,* Chefredakteurstellvertreter der Kleinen Zeitung. Last but not least wollen wir *Christina* für die letzte, intensive Durchsicht des Manuskriptes danken und *Tino* für die Erstkorrektur.

Weiters wollen wir folgenden Personen danken, ohne deren umfangreiche Forschungsarbeiten dieses Buch ebenfalls nicht in dieser Form zustande gekommen wäre:

Dem Pathologen *Dr. John H. Altshuler;* dem Luftfahrtjournalisten *Don Berliner; Arthur Bray;* dem Folkloristen *Dr. Thomas E. Bullard;* dem Psychologen *John S. Carpenter; Lawrence Fawcett;* der klinischen Psychologin *Dr. Edith Fiore; Raymond E. Fowler,* USAF Security Service; dem Journalisten *Timothy Good; Barry Greenwood;* dem im April 1986 verstorbenen Professor und Astronomen *Dr. J. Allen Hynek* (er war 20 Jahre lang der Chefberater des USAF-Projektes Blue Book und Gründer des Center for UFO Studies [CUFOS]); Professor für Geschichte *Dr. David M. Jacobs,* Temple University; *Dr. Bruce S. Maccabee,* Naval Surface Weapon Center; Professor of Psychiatry *Dr. John E. Mack,* Harvard Medical School; *William Moore; Kevin D. Randle,* Captain der U.S. Air Force in Reserve; dem amerikanischen Kongreßabgeordneten *Steve Schiff* (US Rep.), der das General Accounting Office (GAO) in die Untersuchung über den Roswell-Zwischenfall einbrachte; *Donald R. Schmitt,* Director of Special Investigations des Center for UFO Studies (CUFOS); *Dr. Leo Sprinkle,* University of Wyoming; *Dennis Stacy; William Steinman; Clifford E. Stone,* U.S. Army; *Leonard H. Stringfield,* USAF; *Dr. Karla Turner;* dem Astrophysiker und Informatiker *Dr. Jacques Vallée; Tim Weiner; Fred Whiting* vom Fund for UFO Research; und allen anderen, die ihre Freizeit opfern, um das Geheimnis der UFOs zu lösen, sowie allen UFO-Zeugen und UFO-Opfern, die von uninformierten Journalisten und der Öffentlichkeit belächelt werden.

337

Ebenfalls wollen wir folgenden Organisationen, Zeitungen und Zeitschriften für ihre direkte oder indirekte Unterstützung unseres Buches danken:

The Associated Press, British UFO Research Association (BUFORA), England; *Center for UFO Studies* (CUFOS), USA; *Chicago Daily News, Citizen Against UFO Secrecy* (CAUS), USA; *Computer UFO Network* (CUFON), USA; *Flug Revue,* Deutschland; *Fund for UFO Research* (FUFOR), USA; *Ground Saucer Watch,* USA; *The Independent,* England; *Independent UFO Network* (IUFON), England; *International UFO Reporter,* USA; *Just Cause; Kleine Zeitung,* Graz, Österreich; *Linda Moulton Howe Productions,* Pennsylvania, USA; *Mutual UFO Network* (MUFON), Texas, USA; *Mutual UFO Network Central European Section* (MUFON-CES), Deutschland, Österreich, Schweiz; *MUFON Ufo Journal,* USA; *National Enquirer,* USA; *Neue Zeit,* Graz, Österreich; *Popular Science,* USA; *Pueblo Chieftain,* USA; *Die Presse,* Wien, Österreich; *Quest International,* Leeds, England; *Ranchland News,* Colorado, USA; *Roswell Daily Record; The Times,* London, England; *Das Steirerblatt,* Steiermärkische Landesbibliothek, Graz, Österreich; *UFO Brigantia,* England; *UFO Magazine,* Leeds, England; *Die Wahrheit,* Steiermärkische Landesbibliothek, Graz, Österreich.

UFO-Organisationen

AREA-51 Research Center and Secrecy Oversight Council, HCR BOX 38, 2 Main St., Rachel, NV 89001, U.S.A.

British UFO Research Association (BUFORA), Suite 1, The Leys, 2c Leyton Road, Harpenden, Hertfordshire AL5 2TL, England.

Citizens Against UFO Secrecy (CAUS), P.O. Box 176, 02180 Stonehom, Ma., U.S.A.

Center for UFO Studies (CUFOS), 2547 West Peterson Avenue, Chicago, Illinois, 60659, U.S.A.

Deutschsprachige Gesellschaft für UFO Forschung (DEGUFO), P.O. Box 2831, D-55516 Bad Kreuznach, Deutschland.

Fund For UFO Research (FUFOR), P.O. Box 277, Mount Rainer, Maryland 20712, U.S.A.

Independent UFO Network (IUFON), 1 Woodhall Drive, Batley, WF17 7SW, England.

Mutual UFO Network (MUFON), 103 Oldtowne Road, Seguin, Texas 78155-4099, U.S.A.

Mutual UFO Network Central European Section (MUFON-CES), Gerhart-Hauptmann-Straße 5, D-83620 Feldkirchen-Westerham, Deutschland.

Quest International, 1st Floor, 66 Boroughgate, Otley near Leeds, LS 21 1AE, England.

SOBEPS, Asbl, Avenue Paul Janson, 74, B-1070, Bruxelles, Belgien.

UFO Reporting & and Information Service, Computer UFO Network, (CUFON) P.O. Box 832, Mercer Island, Washington 98040, U.S.A.

UFO-Zeitschriften

AURA-Z OVNI Presence, c/o AURA-Z, B.P. 57, 13244 Marseille-LA Plaine, Cedex 01, Frankreich

DEGUFORUM (DEGUFO), P.O. Box 2831, D-55516 Bad Kreuznach, Deutschland

International UFO Reporter (CUFOS), 2547 West Peterson Avenue, Chicago, Illinois, 60659, U.S.A.

Journal for UFO Studies, J. A. Hynek Center for UFO Studies (CUFOS), 2547 West Peterson Avenue, Chicago, Illinois, 60659, U.S.A.

Journal for Scientific Exploration, Stanford University, ERL 306, Stanford, California 94305-4055, U.S.A.

Just Cause (CAUS), P.O. Box 176, 02180 Stonehom, Ma., U.S.A.

Linda Moulton Howe Productions, Videodokumentationen und Bücher über Tierverstümmelungen, P.O. Box 538, Huntingdon Valley, Pennsylvania 19006, U.S.A.

MUFON UFO Journal (MUFON), 103 Oldtowne Road, Seguin, Texas 78155-4099, U.S.A.

MUFON-CES Berichte (MUFON-CES), Gerhart-Hauptmann-Straße 5, D-83620 Feldkirchen-Westerham, Deutschland

UFO Brigantia (IUFON), 1 Woodhall Drive, Batley, WF17 7SW, England

UFO Magazine (Quest International), 1st Floor, 66 Boroughgate, Otley near Leeds, LS21 1AE, England.

Bibliographie

Literatur zum Vorwort

1   Phillips, T.: *Close Encounters of the Second Kind: Physical Traces*, MUFON Proceedings, Juli 1981, Cambridge, 1981
2   Schuessler, J. F.: *Unidentified Flying Objects, Part II*, UFO Magazine, Vol. 12, 6, Jan./Feb. 1994, S. 29, 1994
3   Bloecher, T., und D. Webb: *HUMCAT – (Humanoid Catalogue)*, MUFON, Seguin, Texas, 1979
4   Aschascha, V.: in *UFOs – Zeichen und Zeugen*, Hrsg. I. von Ludwiger, Berlin, Edition Q, 1995
5   Vallée, J.: *Konfrontationen*, Frankfurt a. M., Zweitausendeins (Orginal: Confrontations, 1990), 1994
6   Hopkins, B.: *Eindringlinge*, Hamburg, Kellner Verlag (Orginal: Intruders, 1987), 1991
7   Jacobs, D. M.: *Secret Life – Firsthand Accounts of UFO Abductions*, New York, Simon & Schuster, 1992

I   Abgestürzte und vom Militär geborgene UFOs – werden Gerüchte zur Wirklichkeit?

1   *UFOs* in: *Geheimnisse des Unbekannten*, Time-Life Bücher, 1988.
2   Brown, Frank, M. (Special Agent): FBI-Memorandum über Kenneth Arnold, 16. Juli 1947.
3   Extremely Rare UFO Newsclippings Worldwide Selection 1, Quest Publications International LTD, P.O. BOX 2, Grassington, Skipton, North Yorkshire, BD23 5UY, England.
4   Bloecher, Ted: *Report on the UFO Wave of 1947*, Washington, D.C., 1967.
5   *»Flying Saucers« in the Sky – An American Mystery*, The Times, London, England, July 8 1947.
6   *»Fliegende Untertassen« über USA*, Das Steirerblatt, Graz, Österreich, 8. Juli 1947.

7 *RAAF Capture Flying Saucer On Ranch in Roswell Region – No Details of Flying Disk Are Reveald,* Roswell Daily Record, New Mexico, USA, 8. Juli 1947.

8 *Army Finds Flying Saucer – Disk Goes To High Officers,* Chicago Daily News, Chicago, USA, 8. Juli 1947.

9 *U.S. Army To Examine a »Flying Disk«,* The Times, London, England, 9. Juli 1947.

10 *Ramey Empties Roswell Saucer,* Roswell Daily Record, New Mexico, USA, 9. Juli 1947.

11 *»Fliegende Untertassen« sind Wettermeßgeräte,* Die Wahrheit, Graz, 10. Juli 1947.

12 *»Fliegende Untertassen« aufgeklärt,* Die Neue Zeit, Graz, Österreich, 10. Juli 1947.

13 Berlitz, Charles, und Moore, William: *Der Roswell-Zwischenfall, Die UFOs und der CIA,* Wien, Hamburg, Zsolnay, 1980.

14 Friedman, Stanton, T.: *The Roswell Incident: Beginning of the Cosmic Watergate,* MUFON International Symposium Proceedings, 1981.

15 Randle, Kevin, and Schmitt, Donald R.: *UFO Crash at Roswell,* New York, Avon Books, 1991.

16 Randle, Kevin, and Schmitt, Donald R.: *The Truth About the UFO Crash at Roswell,* M. Evans and Company, Inc., New York, 1994.

17 Stringfield Leonard H.: *UFO Crash/Retrievals: The Inner Sanctum,* Status Report VI, MUFON, 103 Oldtowne Road, Seguin, Texas 78155, 1991.

18 DuBose, Thomas J.: Interview vor laufender Kamera in: *UFOs-The Evidence,* Royal Atlantis Films GmbH, 1992.

19 Whiting, Fred: *The Background of the GAO Investigation,* MUFON UFO Journal, Nr. 311, 1994.

20 Berliner, Don: *A Hypothetical Plan For Crash/Retrieval,* MUFON Symposium Proceedings, 1989.

21 Stone, Clifford E.: *Operation Bluefly,* MUFON Symposium Proceedings, 1992.

22 Memorandum der USAF: Memorandum, Washington, 3. November 1961.

23 Randle, Kevin, Schmitt Donald: *The Twining Letter, Project Moon Dust, and a History of Deception* in: *The Truth About the UFO Crash at Roswell,* M. Evans and Company, New York, 1994.

24 Sider, Jean, and Scott, Irena: *Roswell And Its Possible Consequences on American Policy,* MUFON UFO Journal No 296, 1992.

25 Good, Timothy: *Above Top Secret*, MUFON Symposium Proceedings, 1989.

26 Friedman, Stanton T.: *The Final Report On Operation Majestic Twelve (MJ-12)*, Quest Publications International LTD., April 1990.

27 Hillenkoeter, Roscoe: *Briefing Document: Operation Majestic-12*, November 1952.

28 Good, Timothy: *Above Top Secret, The Worldwide UFO Cover-Up*, Grafton Verlag, 1987, (in Deutsch: *Das geheime UFO-Wissen der Regierungen*. Zweitausendeins, Frankfurt, 1993).

29 Goldberg, Leo: *Donald Howard Menzel*, Sky and Teleskope Vol. 53 No 4, April 1977.

30 Friedman, Stanton T.: *Update On Operation Majestic-12*, MUFON Symposium Proceedings, 1989.

31 Friedman, Stanton T.: *Crashed Saucers, Majestic-12 And The Debunkers*, MUFON Symposium Proceedings, 1992.

32 Schmitt, Donald R.: *New Revelations From Roswell*, MUFON Symposium Proceedings, 1990.

33 Spickler, T. R.: *The Truman MJ-12 letter*, International UFO Reporter Vol. 16 No 3, 1991.

34 Birdsall, Graham: *Majestic Twelve Documents – US Government Finally Acknowledges Hoax*, UFO Magazine Vol. 11 No 6, 1993.

35 Redfern, Nicholas: *MJ-12: The FBI Link*, UFO Magazine Vol. 12 No 2, 1993.

36 Cameron, Grant and Scott Crain T. Jr.: *UFOs, MJ-12 and the Government. A Report on Government Involvement in UFO Crash Retrievals*, MUFON Texas, 1991.

37 Die Presse, Wien, 17. Dezember 1993.

38 Good, Timothy: *Cosmic Journey: The Aftermath* in: *Alien Update*, Random House London, 1993.

39 Oechsler, Bob: Bob Oechsler Workshop: Quest UFO Konferenz, Leeds, 1994.

40 Falcon, Condor: *UFO Cover-up? Live,* produced by Michael Seligman and distributed by Lexington Broadcast Service (LBS), 14. Oktober 1988.

41 Vallee, Jacques: *Revelations*, Ballantine Books, New York, 1991.

42 Corbin, Michael: Robert Lazar KLAS-TV Transcript, ParaNet Information Service, November 1989.

43 Kirby, John: *An Interview With Robert Lazar*, MUFON UFO Journal, No 306, 1993.

44 Good, Timothy: *Alien Technology* in: *Alien Liason – The Ultimate Secret*, Random Century, London, 1991.

45 Ludwiger, Illobrand v.: *Der Stand der UFO Forschung*, Zweitausendeins, Frankfurt, 1992.

46 Knapp, George: *Area 51, Bob Lazar, and Disinformation – A Reevaluation*, MUFON Symposium Proceedings, 1993.

47 Mahood, Tom: *The Robert Lazar Timeline*, Elektronische Veröffentlichung, Juli 1994.

48 England, Terry: *LA Man Joins Jet Set*, Los Alamos Monitor, 27. Juni 1982.

49 Good, Timothy: *Dreamland* in: *Alien Liason – The Ultimate Secret*, Random Century, London, 1991.

50 Deissinger, Ernst: *... läßt die superschnelle Concorde einfach stehen*, PM, Januar 1993.

51 *Secret Advanced Vehicles Demonstrate Technologies for Future Military Use*, Aviation Week & Space Technology October 1 1990 Vol. 133, McGraw-Hill Publications.

52 Brown, Stuart F.: *Searching for the Secrets of Groom Lake*, Popular Science, März 1994.

II Tierverstümmelungen

1 *Sightings Reported – Dead Horse Riddle Sparks UFO Buffs*, The Pueblo Chieftain, Colorado, October 7, 1967.

2 Howe, Linda M.: Interview mit Dr. John Henry Altshuler, in: *An Alien Harvest-Further Evidence Linking Animal Mutilations and Human Abductions to Alien Life Forms*, Linda Moulton Howe Productions, P.O. Box 538, Huntingdon Valley, Pennsylvania 19006, 1989.

3 Vallée, Jacques: *Messengers of Deception – UFO Contacts and Cults*, Berkeley, California, 1979.

4 *Burgeoning Losses Bring FBI Into Rustlers Probe*, The Des Moines Register, Iowa, April 19, 1973.

5 *Weired, Mysterious Killing of Cattle Reported*, Great Falls Tribune, Montana, February 13, 1975.

6 *Slaughter Continues*, Ranchland Farm News, Colorado, August 28, 1975.

7 Good, Timothy: *Alien Liason – The Ultimate Secret*, London, Random Century Ltd, 1991.

8 *Gazette Telegraph, Colorado Springs,* October 23, 1975.

9 *U.S. Reports Visits of UFOs to Bases,* The Washington Post, Washington D.C., January 19, 1979.

10 Persönliches Gespräch mit Bob Oechsler bei der 12. Quest International UFO Conference in Leeds, England, September 25 1993.

11 Brief von Senator Floyed K. Heskell an FBI-Special Agent in Charge Theodore P. Rosack, August 29, 1975.

12 *FBI Won't Help Investigate State Cattle Mutilations,* Gazette Telegraph, Colorado, September 24, 1975.

13 *Cattle Mutilations – ... ranchers arming themselves,* Colorado Springs Sun, Colorado, October 5, 1975.

14 Interview mit Sheriff George Yarnell, in: *Phantom surgeons strike again,* Ranchland News, Simla, Colorado, September 19, 1985.

15 Howe, Linda M.: *A Strange Harvest.* KMGH-TV (CBS), Denver, Colorado, May 25, 1980, Linda Moulton Howe Productions, P.O. Box 538, Huntingdon Valley, Pennsylvania 19006.

16 *Do UFOs Fly in Colorado?,* Gazette Telegraph, Colorado Springs, Colorado, April 24, 1977.

17 Beantragung eines Untersuchungsausschusses über Tierverstümmelungen an das FBI, von U.S. Senator Harrison Schmitt, 21. Dezember, 1979.

18 FBI-Memorandum über Tierverstümmelungen, März 6, 1979.

19 *FBI Joins Investigation of Animal Mutilations Linked of UFOs,* National Enquirer, June 5, 1979.

20 *Cattle mangled by UFOs?,* Amarillo Globe-News, Texas, May 1978.

21 Rommel Kenneth M. (Special Agent): Brief über Tierverstümmelungen an das FBI-Labor in Washington D.C., 5. März, 1980.

22 Howe, Linda. M.: *Further Evidence Linking Animal Mutilations and Human Abductions to Alien Life Forms,* MUFON International UFO Symposium Proceedings, 1991.

23 Stripling, Juanita: *»Cookie cutter« excision of heifer on L.C. Wyatt farm near Hope, Arkansas,* in: Little River News, March 10, 1989.

24 Howe, Linda M.: *Alien Life Forms,* Quest Publications International LTD, P.O. Box 2, Grassington, Skipton, North Yorkshire, BD23 5 UY, England.

25 Report of Laboratory Examinations, Veterinary Diagnostic Laboratory, College of Veterinary Medicine Oregon State University, P.O. Box 429, Corvallis, Oregon 97339-0429, 1991.

26 Howe, Linda M.: *An Alien Harvest-Further Evidence Linking Animal Mutilations and Human Abductions to Alien Life Forms,* Linda

Moulton Howe Productions, P.O. Box 538, Huntingdon Valley, Pennsylvania 19006, 1989.

27 Emery, Eugene C.: *R.I.firm on cutting edge of surgery,* in: All Hours, A publication for and about people who work at the Rhode Island Hospital, Vol. 1, Nr. 4, September 1991.

28 Howe, Linda M.: *1992 Animal Mutilation Update,* MUFON UFO Journal, Nr. 294, 1992.

29 Persönliches Gespräch mit Linda Moulton Howe bei der IUFON (Independent UFO Network) UFO-Konferenz in Sheffield, England, 14. August, 1993.

30 Persönliche Mitteilung von Police Officer Ted Oliphant III, 5. März, 1994.

31 *Report on Cattle Mutilations,* Press Conference at Fyffe, Alabama, USA, April 7, 1993.

32 *Cover-up alleged over UFO-linked animal slaughter,* Sunday Times, Perth, Australia, July 15, 1984.

33 Dodd, Tony: *Slaughter of the Innocents – The Mutilations in Great Britain Continue,* UFO Magazine, The Official Publication of Quest International, March/April, 1992.

34 Dodd, Tony: *Animal Mutilations Continue,* UFO Magazine, The Official Publication of Quest International, July/August, 1993.

35 Persönliche Mitteilung von Michael Strainic (MUFON Kanada), 21. Dezember, 1993 und Canadian Cut-Ups & Crop Circels, MUFON UFO Journal, Nr. 301, 1993.

36 Sprinkle, Leo: *Hypnosis Session with Judy Doraty,* in: *A Strange Harvest,* Linda Moulton Howe Productions, P.O. Box 538, Huntingdon Valley, Pennsylvania 19006.

37 Carpenter, John: *Hypnosis Session with Cindy Doraty,* in: *Alien Life Forms* by Linda Moulton Howe, Quest Publications International LTD, P.O. Box 2, Grassington, Skipton, North Yorkshire, BD23 5 UY, England.

38 Sprinkle, Leo: *Hypnosis Session with Myrna Hansen,* in: *An Alien Harvest – Further Evidence Linking Animal Mutilations and Human Abductions to Alien Life Forms.* Linda Moulton Howe Productions, P.O. Box 538, Huntingdon Valley, Pennsylvania 19006, 1989.

39 English, William: *Projekt Grudge/Blue Book Report 13,* Quest International, Vol. 8, Nr. 5, 1989.

40 Turner, Karla: *Into the Fringe – A True Story of Alien Abduction,* USA, Berkley, 1992.

41 *Bovine beasts, humans share ›perfect match‹ chromosomes,* Texarkana Gazette, Texas, February 27, 1984.

III Entführungen

1 Ludwiger, Illobrand v.: *Der Stand der UFO Forschung,* Zweitausendeins, Frankurt, 1992.
2 Randle, Kevin: *Antonio Villas Boas* in: *The UFO Casebook,* Warner Books, New York, 1957.
3 Fuller, John: *The Interrupted Journey,* Souvenir Press London, 1980.
4 Walton, Travis: *The Walton Experience,* Berkley Publishing Corporation, New York, 1978.
5 Gotlib, David A.: *Medical and Ethical Issues in Abduction Research,* MUFON UFO Symposium, 1990.
6 Hopkins, Budd: *Eindringlinge,* Kellner Verlag, 1987.
7 Jacobs, David M.: *What Can We Believe In Abduction Accounts?,* MUFON Symposium Proceedings, 1991.
8 Meyer, Ginna: *Abductee Memory Loss,* MUFON UFO Journal No 287, 1992.
9 Strieber, Whitley: *Communion, A True Story,* Avon Books, 1987.
10 Fowler, Raymond E.: *The Allagash Abductions,* MUFON UFO Journal No 300, 1993.
11 Fowler, Raymond E.: *Die Wächter,* Kapitel 11, Bastei Lübbe, 1990.
12 Howe, Linda M.: IUFON Konferenz, Sheffield, 1993.
13 Hopkins, Budd: *Invisibility And The UFO Abduction Phenomenon,* MUFON Symposium Proceedings, 1993.
14 Dodd, Anthony: *Abductions… Truth or Fantasy?,* UFO Magazine, Vol. 11 No 3, 1992.
15 Neal, Richard M.: *The Missing Embryo/Fetus Syndrome,* MUFON Symposium Proceedings, 1992.
16 Jacobs, David.: *Secret Life, Firsthand Accounts Of UFO Abductions,* Simon & Schuster, New York, 1992.
17 Hopkins, Budd: *UFO Abduction Cases In Gulf Breeze,* MUFON UFO Symposium Proceedings, 1990.
18 Walters, Ed and Francis: *UFO Abductions In Gulf Breeze,* Avon Books, 1994.
19 Carpenter, John: *The Reality of the Abduction Phenomenon,* MUFON Symposium Proceedings, 1991.

20 Fowler, Raymond E., *The Allagash Abductions,* Wild Flower Press, 1993.

21 Howe, Linda M.: *The UFO Jigsaw,* MUFON Symposium Proceedings, 1992.

22 Carpenter, John: *Reptilians And Other Unmentionables*, MUFON UFO Journal No 300, 1993.

23 Vallée, Jacques: *Dimensions – A Casebook of Alien Contact,* Ballantine Books, New York, 1989.

24 Barry, Joan: *Even children are fair game to our alien visitors! Is there some way we can prevent our children from being guinea pigs?*, UFO Universe Vol. 3 Nr. 1, 1993.

25 Mack, John E.: *The UFO Abduction Phenomenon: What Migh It Mean For The Human Future,* MUFON Symposium Proceedings, 1993.

26 Carpenter, John: *Abduction Notes: Healthy Skepticism vs. Psychological Denial,* MUFON UFO Journal No 304, 1993.

27 Howe, Linda M.: *Further Evidence Linking Animal Mutilations and Human Abductions to Alien Life Forms,* MUFON Symposium Proceedings, 1991.

28 Howe, Linda M.: *An Alien Harvest,* MUFON Symposium Proceedings, 1989.

29 Hopkins, Budd: IUFON Konferenz, Sheffield, 1993.

30 Bowart Walter., *Operation Mind Control,* Dell, New York, 1978.

31 Becker, Robert O., *The Body Electric,* William Morrow, New York, 1985.

32 Hind, Cynthia: *Abductions in Africa, Worldwide Similarities,* MUFON Symposium Proceedings, 1993.

33 Carpenter, John: *Abduction Notes: Still More Explanations,* MUFON UFO Journal No 306, 1993.

34 Laibow, Rima E: *Experienced Anomalous Trauma: New Directions,* MUFON Symposium Proceedings, 1990.

35 Bloecher, T., Clamar, A. and Hopkins, B.: *Summary Report On the Psychological Testing of Nine Individuals Reporting UFO Abduction Experiences* in: *Final Report on the Psychological Testing of UFO ›Abductees‹,* Fund for UFO Research, Mt. Rainier, 1985.

36 Ludwiger, Illobrand v.: *The most Significant UFO Sightings in Germany,* MUFON Symposium Proceedings, 1993.

37 Hopkins, Budd: *The ›Linda Cortile‹ Abduction Case,* MUFON UFO Journal No 293, 1992.

38 Hopkins, Budd: *The Linda Cortile Abduction Case: Part II*, MUFON UFO Journal No 296, 1992.

IV *Die Vertuschung des UFO-Phänomens*

1 Memorandum von General Nathan Twining betreffend die Untersuchungen über die fliegenden Scheiben, 23. September 1947.
2 Moore, William: *Phil Klass & The Roswell Incident: The Sceptics Deceived,* William L. Moore Publications & Research, 1986.
3 USAF-Bericht über den Zwischenfall von Hauptmann Thomas Mantell, unterzeichnet von Major Armond E. Matthews, Wright Field Service Center, Wright Field, Dayton, Ohio, 9. Januar, 1948.
4 Ruppelt, Edward J.: Interview in *UFO Cover-Up?* Live, produced by Michael Seligman and distributed by Lexington Broadcast Service (LBS), 14. Oktober 1988.
5 Analysis of Flying Object Incidents in the U.S. (Top Secret), Air Intelligence Division Study No. 203, Directorate of Intelligence, HQ Army Air Forces, 12. Februar, 1948.
6 Randle, Kevin D.: *The UFO Casebook,* USA, Warner Books, 1989.
7 Randles, Jenny: *The UFO Conspiracy – The First Forty Years*, U.K., Blanford Press, 1987.
8 Keyhoe, Donald E.: *The Flying Saucers are Real,* True, Januar, 1950.
9 Streng vertrauliches FBI-Telex an den Direktor J. E. Hoover, betreffend die Datensammlung über UFOs, 12. August, 1950.
10 Ruppelt, Edward J.: *The Report on Unidentified Flying Objects,* Doubleday & Company, New York, 1956.
11 Artikel über die Fliegenden Untertassen in: Die Kleine Zeitung, Graz, Österreich, 27. Juli, 1952.
12 Luftwaffenbericht über den UFO-Zwischenfall in Washington D.C., 21. Juli 1952.
13 Barnes, Harry G.: in: *Die UFOs – Geheimnisse des Unbekannten,* Time Life Bücher, 1988.
14 *UFO Cover-Up?* Live, produced by Michael Seligman and distributed by Lexington Broadcast Service (LBS), 14. Oktober 1988.
15 *Mysteriöse Lichter über Washington – Vergebliche Verfolgung durch Düsenjäger,* Die Presse, Wien, Österreich, 29. Juli, 1952.
16 Fournet, Dewey and Holcomb: USAF Intelligence Report, 26./27. Juli, 1952.

17 USAF Intelligence Report, 26./27. Juli, 1952.

18 Good, Timothy: *The CIA and the Freedom of Information Act* in: *Above Top Secret – The Worldwide UFO Cover-Up*. London, Grafton, 1988, (in Deutsch: *Das geheime UFO-Wissen der Regierungen*. Zweitausendeins, Frankfurt, 1993).

19 CIA-Memorandum über die UFO-Situation, von Edward Tauss, dem Leiter der Waffen- und Ausrüstungsabteilung der CIA, August, 1952.

20 CIA-Memorandum an den Direktor General Walter Bedell Smith, Office of Scientific Intelligence (OSI) Studie über UFOs, 24. September 1952.

21 *»Fliegende Untertassen« wurden auch über Chile beobachtet*, Bauern Zeitung, Bulgarien, 12. Juli, 1947.

22 Popovich, Pavel: *Ufology in the Comonwealth of Independent States: Organisation Problems* in: *UFOs – The Ultimate Mystery of the Millenia*, MUFON International Symposium Proceedings, 1992.

23 Vladimir, Ajaja G.: *Ufology: New Approaches* in: *UFOs – The Ultimate Mystery of the Millenia*, MUFON International Symposium Proceedings, 1992.

24 Hamilton, William F. III: *Cosmic Top Secret – America's Secret UFO Program*, New Brunswick, Inner Light Publications, 1991.

25 The Robertson Panel Report, Januar 1953.

26 Keyhoe, Donald E.: *Aliens from Space,* London, Granada, 1975.

27 Hynek, Allen J.: Interview vor laufender Fernsehkamera in: *UFOs – The Evidence*, Royal Atlantis Films GmbH, 1991.

28 *The Confirmation Paper,* 19. Februar, 1992, The UFO Reporting and Information Service, CUFON (Computer UFO Network), P.O. Box 832, Mercer Island, WA 98040, USA.

29 Brief von Dr. H. P. Robertson an Dr. H. Marshall Chadwell, 20. Januar, 1953, The UFO Reporting and Information Service, CUFON (Computer UFO Network), P.O. Box 832, Mercer Island, WA 98040, USA.

30 CIA-Dokument, das beweist, daß der Robertson-Panel vom Intelligence Advisory Commitee (IAC) einberufen wurde, 12. März, 1953, The UFO Reporting and Information Service, CUFON (Computer UFO Network), P.O. Box 832, Mercer Island, WA 98040, USA.

31 CIA-Memorandum von Dr. H. Marshall Chadwell mit der Forderung nach einer seriösen regierungsbezogenen UFO-Untersuchung, 2. Dezember, 1952, The UFO Reporting and Information Service, CUFON (Computer UFO Network), P.O. Box 832, Mercer Island, WA 98040, USA.

32 *Das Zeitalter der Fliegenden Untertassen* in: *Die UFOs – Geheimnisse des Unbekannten,* Time Life Bücher, 1988.

33 *Your Eyes Only: Omni's Top Tips for Accessing Classified Material on UFOs,* Omni, April, 1994.

34 Klass, Philip J.: *UFOs Explained,* Random House, New York, 1974.

35 CIA-Report über die Nachwirkungen des Robertson-Panels, erstellt vom Office of Sientific Investigations (OSI), 17. Dezember, 1953.

36 Birdsall, Graham W.: *Crop Circle Games,* UFO Magazine, Vol. 11, Nr. 3, Juli/August, 1992.

37 Howe, Linda M.: *Crop Circles, Biology, and Frozen Music – Scientific Analysis,* in: *Glimpses of Other Realities – Volume I: Facts and Eyewitnesses,* Linda Moulton Howe Productions, P.O. Box 538, Huntingdon Valley, Pennsylvania 19006, 1993.

38 Delgado, Pat: *Crop Circles – Conclusive Evidence?,* London, Bloomsbury, 1992.

39 Dudley, Marshall and Chorost, Michael: *The Radionuclides Paper,* MUFON UFO Journal, Nr. 288, April, 1992.

40 Chorost, Michael: *Project Argus Report.* Mufon UFO Journal, Nr. 304, August, 1993.

41 Walter, Werner: *UFOs am Rande der Wirklichkeit?,* Sterne und Weltraum, 8. September, 1993.

42 Schmidt, Hans: *Klein Grün und Unersättlich,* Vorstellung von Ulrich Margins Buch: *Von UFOs entführt – Unheimliche Begegnungen der vierten Art,* Bild der Wissenschaft, Nr. 2, 1993.

43 Margin, Ulrich: *Von Ufos entführt – Unheimliche Begegnungen der vierten Art,* Seite 18, München, Becksche Reihe, 1991.

44 *Außerirdische landen im Februar 1994,* Tagesspiegel, Berlin, 8. November 1993.

45 *Blicke voller Angst und Sehnsucht – TELE-PRISMA über den aktuellen Trend zum Außerirdischen,* Tele-Prisma, Deutschland, 1994.

46 SOBEPS: *UFO-Welle über Belgien,* Zweitausendeins, Frankfurt, 1993.

47 Fawcett, Lawrence and Greenwood, Barry J.: *Clear Intent.* Prentice-Hall, New Jersey, 1984.

48 CIA-Berichte betreffend UFO Sichtungen über Österreich und Skandinavien, 20. Juni und 20. August, 1954.

49 Sitte, Fritz: *Fliegende Tassen über Urangrube,* Die Presse, Wien, Österreich, Nr. 13, 29. März, 1952.

50 CIA-Bericht über den Zeitungsartikel von Fritz Sitte: Fliegende Tassen über Urangrube, 16. August, 1952.

51 Nachrichtendienstliche Anweisung an die amerikanischen Luftwaffe zur Meldung von UFO-Sichtungen, 12. August, 1954.

52 USAF-Dokument über Projekt *Moondust,* AFCIN Intelligence Team Personnel, Department of the Air Force, Headquarters United States Air Force, Washington D.C., 1961.

53 Fuller, John G.: *The Interrupted Journey – Two Lost Hours. Aboard a Flying Saucer,* London, Souvenir Press Ltd., 1980.

54 Brief vom späteren U.S. Präsidenten Gerald Ford an den Kongreßabgeordneten Mendel L. Rivers, 1968.

55 Symposium on Unidentified Flying Objects, Hearings before the Committee on Science and Astronautics, U.S. House of Representatives, 19th Congress, 2nd Session, 29. Juli, 1968.

56 *Eine erbitterte Kontroverse* in: *Die UFOs – Geheimnisse des Unbekannten,* Time Life Bücher, 1988.

57 Randle, Kevin D.: *1969: The Condon Committee,* in: *The UFO Casebook,* USA, Warner Books, 1989.

58 Memorandum vom Dekan der Universität von Colorado, Robert Low, in bezug auf den Condon-Ausschuß, 1968.

59 The University of Colorado Report on Unidentified Flying Objects, by a Panel of the National Academy of Sciences, 1969.

60 McDonald, J. E.: *Review of The Condon Report, Scientific Study of Unidentified Flying Objects,* New York, Bantam Books, 1969, in: Icarus, Vol. 11, Nr. 3, 443–447, November, 1969.

61 News Release, Office of Assistant Secretary of Defense (Public Affairs), Washington D.C., 17. Dezember, 1969.

62 Goldberg, Leo: *Donald Howard Menzel,* Sky and Teleskope, Vol. 53, Nr. 4, April, 1977.

63 Persönliche Mitteilung von Stanton T. Friedman, 8. September, 1993.

64 Saunders, David R. and Harkins, R.: *UFOs? Yes!* New York, Signet, 1968.

65 USAF Memorandum von General C. Bolender, 20. Oktober, 1969.

66 Stacy, Dennis: *Cosmic Conspiracy: Six Decades of Government UFO Cover-Ups-Part One,* Omni, April, 1994.

67 USAF: Information to be Reported and When to Report, JANAP 146 (E). (Hier wird klar zwischen feindlichen Raketen, Flugzeugen und UFOs unterschieden.)

68 English, William: *Projekt Grudge/Blue Book Report 13,* Quest International, Vol. 8, Nr. 5, 1989.

69 Stringfield, Leonard H.: *UFO Crash/Retrievals: The Inner Sanctum,* Status Report VI, 1991.

70 Persönliches Gespräch mit Graham Birdsall in Leeds, England, Juli, 1993.

71 UFO-Sichtungsberichte der amerikanischen Luftwaffe über der Malmstrom Luftwaffenbasis und über Gebieten des Strategic Air Command (SAC), November, 1975.

72 UFO-Dokument des National Military Command Center, Washington D.C., 31. Januar, 1976.

73 Good, Timothy: *NORAD Secret,* in: *Alien Liason-The Ultimate Secret,* London, Century, 1991, (in Deutsch: *Sie sind da. UFO-Dokumentation,* Zweitausendeins, Frankfurt, 1992).

74 Censored Information from the records of NORAD's Unknown Track Reporting System, Just Cause, Citizens Against UFO Secrecy, P.O. Box 218, Coventry, Conneticut 06238, Dezember 1989, Juni 1990.

75 Dobson, Christopher, and Ronald, Payne: *The Dictionary of Espionage,* Harrap, London, 1984.

76 Good, Timothy: *The Defense Intelligence Agency* in: *Above Top Secret-The Worldwide UFO Cover-Up.* London, Grafton, 1988, (in Deutsch: *Das geheime UFO-Wissen der Regierungen.* Zweitausendeins, Frankfurt, 1993).

77 Fawcett, Lawrence, and Greenwood, Barry J.: *Clear Intent: The Government Cover-Up of the UFO Experience,* Prentice-Hall, Englewood Cliffs, New Jersey, 1984.

78 UFO-Dokument der Defense Intelligence Agency (DIA), über den UFO-Zwischenfall im Iran, 20. September, 1976.

79 The U.S. Government & the Iran Case, International UFO Reporter, Center For UFO Studies, Januar, 1978.

80 UFO-Dokument der Defense Intelligence Agency (DIA), über den UFO-Zwischenfall in Peru, 9.–10. Mai, 1980.

81 UFO-Dokument der Defense Intelligence Agency (DIA), über den UFO Zwischenfall in Brasilien, 16. und 19. Mai, 1986.

82 AFOSI-Telex über Stanton Friedman, Dezember 1981.

83 Friedman, Stanton T.: The Cosmic Watergate, 79 Pembroke Crescent Fredericton, New Brunswick, Canada E3B 2V1, 1991.

84 Frick, John R.: *Gen. MacArthur knew of UFOs – General's huge UFO files suppressed by U.S. gov't,* The News World, New York, 7. August, 1982.

85 Randles, Jenny: *USA – Freedom of Information?* in: *The UFO Conspiracy – The First Forty Years,* London, Blandford Press, 1988.

86 Ludwiger, Illobrand v.: *Der Stand der UFO-Forschung,* Zweitausendeins, Frankfurt, 1992.

87 Cameron, Grant, T. Crain, Scott. Jr.: *UFOs, MJ-12 and the Government – A Report on Government Involvement in UFO Crash Retrievals,* Mutual UFO Network, Inc. (MUFON), 103 Oldtowne Rd., Seguin, Texas, 78155-4099, USA, 1991.

88 A Freedom of Information Act Request (USA) – Directed towards the NSA and CIA, by Stanton T. Friedman, Nuclear Physicist and UFO Lecturer. Quest Publications International Ltd., P.O. Box 2, Grassington, Skipton, North Yorkshire, BD23 5UY, England.

89 Eine Seite von einem der 14 CIA-Dokumente, welche die NSA in Verwahrung hat und die Stanton Friedman nach zwei Jahren und 35 Monaten 1989 vom amerikanischen Geheimdienst CIA erhielt.

90 Persönliches Gespräch mit Walter Andrus Jr. bei der BUFORA UFO-Konferenz UFO CASEBOOK, University of Bristol, School of Chemistry, Lecture Theatre 1, Cantocks Close Bristol, Avon, England, 24. July, 1993.

91 Birdsall, Graham W.: *UFOs – No Defence Significance?,* UFO Magazine Vol. 12, Nr. 6, Januar/Februar, 1994.

92 Groves, L. R.: *Now it can be told.* New York, Harper & Row, 1962.

93 Hearings on the National Security Act of 1947 Before the House Committee on Expenditures, in: The Executive Department, 80th Cong., 1st Ses., 1947.

94 Ranelagh, John: *The Agency: The Rise and Decline of the CIA.* New York, Vintage, 1983.

95 Weiner, Tim: *Files and Wispers: The CIA Opens Its Safe,* The New York Times, Sunday, 29. August, 1993.

96 Victorian, Armen: *The National Reconnaissance Office – [NRO],* UFO Magazine Vol. 12, Nr. 3, Januar/Februar, 1993.

97 *MILSTAR,* Aeronautics and Space Report of the President, Fiscal Year Activities, 1991.

98 Guillemette, Roger, G.: *First Titan IV/Centaur Launch Puts MILSTAR I into Orbit,* Spaceflight – The International Magazine of Space and Astronautics, Vol. 36, Nr. 5, 1994.

99 Weiner, Tim: *Blank Check – The Pentagon's Black Budget,* New York, Warner Books, 1991.

100 Aeronautics and Space Report of the President, Fiscal Year Activities, 1992.

101 Bärwolf Adalbert: *Die Geheimfabrik – Amerikas Sieg im Technologischen Krieg,* Herbig, München, 1994.

102 Krotky Peter: *Bill Clinton und Ronald Reagans Raketentraum – Das Geld für die umgemodelte Weltraumverteidigung fließt auch unter dem neuen Präsidenten weiter,* Die Presse, Wien, Österreich, 14. Mai, 1993.

103 Good, Timothy: *Majestic Clearance,* in: *Alien Liason – The Ultimate Secret,* London, Century, 1991, (in Deutsch: *Sie sind da. UFO-Dokumentation.* Zweitausendeins, Frankfurt, 1992).

104 Friedman, Stanton T.: *Crashed Saucers, Majestic-12 and the Debunkers,* in: *UFOs: The Ultimate Mystery of the Millennia.* MUFON International Symposium Proceedings, 1992.

105 Weiner, Tim: *Secret Weapons,* in: *Blank Check – The Pentagon's Black Budget,* New York, Warner Books, 1991.

106 Schroeder, Patricia: Member, House Armed Services Commitee, 1991.

107 Tucci, L.: *Air Force, NASA To Discuss Aerospace Plane Strategy,* in: Space News, April 4–10, 1994.

108 Persönliches Gespräch mit Graham W. Birdsall im Juli 1993 in Leeds, England und: Birdsall, Graham W.: *AURORA – The Facts so Far,* in: UFO Magazine Vol. 11, Nr. 4, 1992.

109 Antwortschreiben der FOIA-Managerin der US Air Force, Anne W. Turner an Lee Graham in bezug auf einen FOIA-Antrag über den Tarnkappenjäger F-117 Night Hawk, 1987.

110 Proposed Studies on the Implications of Peaceful Space Activities for Human Affairs. Prepared for the National Aeronautics and Space Administration (NASA) by the Brookings Institution, Washington D.C., Report of the Commitee on Science and Astronautics U.S. House of Representatives, eighty-seventh Congress First Session, 24. March, 1961.

111 Oechsler, Robert L., and Regimenti, Debby: *The Chespeake Connection: An Implication of Corporate Involvement in the Cover-UP,* in: MUFON International UFO Symposium Proceedings, 1989.

112 Marchetti, Victor: *How the CIA Views the UFO Phenomenon,* in: Second Look, Vol. 1, Nr. 7, Washington D.C., Mai, 1979.

V   Sichtungen

1 Ludwiger, Illobrand, v.: *Der Stand der UFO-Forschung,* Zweitausendeins, Frankfurt, 1993.

2 Kage, M., und Klein, Rolf-Dieter: *Analysis of German UFO Photos and Video Films,* MUFON-CES-Report Nr. 11, 1993.

3 SOBEPS: *UFO-Welle über Belgien,* Zweitausendeins, Frankfurt, 1993.

4 Walters, Ed und Frances: *UFOs – Es gibt sie,* Knaur, München, 1990.

5 Walters, Ed and Frances: *UFO Abductions in Gulf Breeze,* Avon Books, New York, 1994.

VI   *Von woher könnten UFOs kommen?*

1 Benest, D.: *Planetary Orbits in Double Star Systems,* The 24th Annual Meeting of the American Astronomical Society Division for Planetary Sciences, Munich, Germany, 12–16 October 1992.

2 Ball, John A.: *The Zoo Hypothesis,* ICARUS, Vol. 19, 347–349, 1973.

3 Horowitz, Paul: *Projekt Meta – What have we Found?,* The Planetary Report, A Publication of The Planetary Society, Vol. XIII, Nr. 8, 1993.

4 Gribbin, John: *In Search of Schrödinger's Cat-Quantum Physics and Reality,* London, Black Swan, 1984.

5 DeWitt, Bryce, and Graham, Neill: *The Many-Worlds Interpretation of Quantum Mechanics,* Princeton University Press, 1973.

6 Davis, Paul: *Wormholes and Time Machines,* Sky & Telescope, 20–23, 1992.

7 Morris, Michael S., Thorne, Kip S., Yurtsever, Ulvi: *Wormholes, Time Machines, and the Weak Energy Condition,* Physical Review Letters, Vol. 61, Nr. 13, 1446–1449, 1988.

8 Boyer, Timothy H.: *Das Vakuum aus moderner Sicht* in: *Elementare Materie, Vakuum und Felder,* Spektrum der Wissenschaft, Heidelberg, 1986.

9 Visser, Matt: *Traversable wormholes: Some simple examples,* Physical Review D, Vol. 39, Nr. 10, 3182–3184, 1989.

10 Alcubierre, Miguel: *The warp drive: hyper-fast travel within general relativity,* Classical and Quantum Gravity, Vol. 11, L73, 1994.

11 Crawford, Henry J., and Greiner, Crawford H.: *Die Suche nach selt-samer Materie*, Spektrum der Wissenschaft, März, 1994.
12 Vilenkin, Alexander: *Kosmische Strings* in: *Kosmologie und Teilchen-physik*, Spektrum der Wissenschaft, Heidelberg, 1990.
13 Ludwiger, Illobrand v.: *Der Stand der UFO-Forschung*, Frankfurt, Zweitausendeins, 1992.

Eine Bitte der Autoren

Wenn Sie selbst außergewöhnliche Erfahrungen, wie sie in diesem Buch geschildert wurden, hatten, oder den Verdacht haben, entführt worden zu sein, beziehungsweise ein auf die in dem Buch beschriebene Art und Weise verstümmeltes Tier gefunden haben, schreiben Sie an:

Dr. Helmut Lammer und Dipl.-Ing. Oliver Sidla
c/o Wilhelm Heyne Verlag
Türkenstr. 5–7
D-80333 München

Oder wenden Sie sich an:

MUFON-CES
Gerhart-Hauptmann-Straße 5
D-83620 Feldkirchen-Westerham

Register

359

360

362

Eine neue Hypothese, die viele bislang offene Fragen klären kann

JOHANNES FIEBAG

Die Anderen

Begegnungen mit einer außerirdischen Intelligenz

Herbig

Die »Anderen« – wer sind diese Wesen, die uns seit Jahrtausenden begleiten? Begegnungen mit ihnen sind nicht nur Kontakte zu einer fremden Intelligenz – es sind auch Begegnungen mit uns und dem Universum selbst. Unsere Wirklichkeit ist für die Fremden vermutlich so etwas wie eine künstliche Cyberspace-Welt, und ihr Handeln verbirgt sich unter dem Mantel unserer eigenen Phantasien, Hoffnungen und Ängste.

HEYNE BÜCHER

Stichwort

*»Die Taschenbuch-
Reihe gibt knappe,
übersichtliche und
aktuelle Auskünfte
zu den jeweiligen
Themen.«*

Westfälische Rundschau

Eine Auswahl:

Angst
19/4062

Autismus
19/4019

Börse
19/4008

Dalei Lama
19/4046

Drogen
19/4046

Geheimbünde
19/4004

GUS: Völker und Staaten
19/4002

Intelligenz
19/4028

Judentum
19/4055

Kelten
19/4072

Konjunktur und Krise
19/4032

Nationalitätenkonflikte
19/4073

Neue Medien
19/4075

Nostradamus
19/4063

Ozonloch
19/4014

Palästinenser
19/4045

Philosophie
19/4071

Psychotherapien
19/4006

Scientology
19/4068

Seuchen
19/4080

Viren
19/4082

Heyne-Taschenbücher